珍藏本
纪念版

汉译世界学术名著丛书

多桑蒙古史

下册

〔瑞典〕多桑 著

冯承钧 译

SINCE 1897
商务印书馆
The Commercial Press

2017年·北京

目　　录

第四卷

第五卷

第六卷

第七卷

第 四 卷

第　一　章

加秃丁之君临呼罗珊、伊剌克、祃拶答而——札阑丁之滞留印度——其归波斯——其抵起儿漫——其经过法儿思——其夺弟位——其攻伐哈里发——阿哲儿拜占之侵略——一征谷儿只——归帖必力思——二征谷儿只——从梯弗利思往讨起儿漫叛将博剌克——与蒙古战——加秃丁之携贰——蒙古人之退兵——加秃丁之结局——三征谷儿只——起剌特之围攻——起剌特之攻下——札阑丁与鲁木王之争战——札阑丁之败及与二王议和——绰儿马罕之进兵波斯——丞相薛利夫木勒克与诸将之携贰——札阑丁之逃亡与被害

波斯自从成吉思汗退兵以后，地多残破。然而属花剌子模人统治者，尚有数年。等待后来蒙古人重取其地以后，西亚细亚始列入蒙古帝国版图。

花剌子模沙摩诃末分封土地的三子之下落，从前业经说过。长子札阑丁（Djélal-ud-din）逃亡印度（Inde）；别子鲁克那丁（Rokn-ud-din）曾在速敦阿完的堡（Sutoun avend）被蒙古人所杀；别子加秃丁（Ghiath-ud-din）自从可疾云（Gazvin）军溃以后，退守祃拶答而（Mazendéran）之哈仑堡（Garoun）。其伊剌克阿只迷

(Irac-Adjem)一地，自从鲁克那丁被杀，同蒙古人退兵以后，曾被突厥统将脱欢太石(Atabey Togan-Taïssy)及额德克汗(Edek khan)二人所割据。时额德克据有亦思法杭城(Ispahan)。加秃丁想将他收为己用，曾许以妹下嫁。会额德克被脱欢太石所攻杀，加秃丁至亦思法杭，脱欢就奉戴他为主。加秃丁乃以妹嫁于脱欢，未几遂领有伊剌克、呼罗珊(Khorassan)、祃拶答而诸地。

札阑丁既被成吉思汗的军队所追逐，逃往印度境内。未至底里(Delhi)城时，曾求此城之王容留。当时的底里王苫思丁亦勒的迷失(Schams-ud-din Iletmisch)原突厥人，初为古儿(Gourides)朝末代国王的家奴，古儿朝亡，据印度北部而自主。今见此英勇有为的亡客逃到国内，不敢容留，乃遣人奉以重币，并说本国气候不良，请他暂居木勒坛(Mouletan)城。札阑丁听说，由是退回，大掠术的(Djondi)一带。

时有伊剌克驻军统将数人，不满加秃丁，以军来附。札阑丁既得援助，遂率此军往攻信度(Sind)国王哈剌札(Caradja)，攻掠数城，并将信度的军队击败。亦勒的迷失引军来救信度。札阑丁回军往御，可是底里王不同他交战，而同他议和，并以女儿嫁他。

亦勒的迷失旋又反悔，又同信度王及诸邻国国王会盟合军，想将花剌子模人逐于印度境外。札阑丁自量不能抵抗此种联合军队，乃集诸将会议，弃加秃丁而来归者，欲还伊剌克，遂劝王归夺大位。统将月即伯(Euzbec)则独主张暂留印度，以避成吉思汗较为可畏之军锋。札阑丁想恢复祖业，乃从诸将议，决定回到波斯。他将印度领地交给月即伯管理。至若古尔(Gour)及哥疾宁(Ghazna)，则委付于维法蔑力(Vefa Mélik)。

（回历六二〇年，公元 1223 年）札阑丁经过印度同起儿漫（Kerman）中间之沙碛时，因有饥馑疾病，丧失了一部分军队，及抵起儿漫境，仅存有四千人[①]时有突厥统将博剌克哈吉伯（Borac-Hadjib），原哈剌契丹（Cara-khitai）人，初仕哈剌契丹为将，后归花剌子模王摩诃末为侍从官，所以有哈吉伯（Hadjib）之号。后仕加秃丁为亦思法杭长官，然与国相不和，乃请率军往从札阑丁。路经起儿漫境，克瓦昔儿（Kévaschir）长官想夺他的随从、妇女、辎重，以兵邀击不胜，退守邻堡。博剌克将他擒杀，并进围克瓦昔儿城。适札阑丁行抵此地，博剌克乃奉以重币，并献一女。札阑丁至克瓦昔儿城下，守城者开城迎降[②]札阑丁留此城月余，听说博剌克有叛意，统将斡儿罕（Orkhan）劝王先拘其人而夺其地。可是王相火者吉罕（Khodja Djihan）以为叛形未著，不宜惩罚首先归命之诸侯，致失人心。札阑丁乃隐而不发，离此他适，博剌克遂为克瓦昔儿之主，不久便据有起儿漫全境。自是以后八十六年，博剌克同他的后裔九人君临此地。因为创建此朝的是哈剌契丹人，所以人称此朝曰哈剌契丹。

札阑丁至法儿思（Fars）境，时君临此地的君长是撒的（Atabey Sa'd）。初突厥部长撒勒合儿（Salgar）之孙升豁儿（San-cor）占据法儿思，乘塞勒术克朝（Seldjoucides）之衰而建撒勒合儿朝，定都泄剌失（Schiraz）（回历五四三年，公元 1148 年）。札阑丁未至此城时，遣人往告其至。撒的遣其子率骑兵五百往迎，并告王

① 见《札阑丁传》，《世界侵略者传》，《史集》。

② 见《世界侵略者传》，Tarikh gouzidé bab IV，fassel 10。

云：曾经发愿，从不亲自出迎何人。札阑丁知道撒的曾怨加秃丁侵夺其地，想利用他，只好隐忍，乃许将侵地归还，并纳其女[①]。

札阑丁留此未久，即往与其弟争位。加秃丁为人暗弱淫佚，自从成吉思汗退兵以来，国中秩序混乱，至是尚未能恢复，人多割地自主。兵燹之后，继以暴征，各地在公共祈祷之中，虽诵加秃丁之名，可是不奉贡赋。加秃丁军队多突厥人，既无军饷可给，只好听其强夺民物，设有高级军官来索军资，则以爵位饵之。原为异密（émir）者，则升为蔑力（mélik）；原为蔑力者，则授以汗（Khan）号[②]。

札阑丁至亦思法杭，复由此城率领少数精骑，往袭其弟。时加秃丁在剌夷（Rayi）城集合军队，札阑丁以类似蒙古人旗帜之白旗付其军。加秃丁见之遁走，可是未久聚集有骑兵三万人[③]。札阑丁见其弟兵势甚盛，谋以计取。乃命人往告加秃丁，说他历经危难，不过想在弟处略事休息，原无他意，既以兵拒，则拟他往。加秃丁惑于使者之说，以为其兄不复足畏，遂归剌夷城遣散其军。札阑丁之使者并游说加秃丁诸将，各赠以札阑丁所付之指环一枚。诸将中有受其饵者，其不愿从者，转以指环献加秃丁，使者遂被拘留。札阑丁知道军队多已归心，乃决定进取，从行者虽仅骑军三千，然加秃丁之军队皆望风纳款。加秃丁逃避于一堡中，札阑丁遣人慰谕，乃出投兄营。

由是国人大致归命，奉戴札阑丁为王。诸将丧衣系颈，匍伏求

---

① 见《札阑丁传》，《世界侵略者传》，《史集》。

② 见《札阑丁传》。

③ 见《世界侵略者传》，《史集》。

恕其未先归命之罪，札阑丁皆慰抚以安其心。已而呼罗珊、祃拶答而、伊剌克等地因乱而产生之诸侯，皆畏慑相率入朝。其素行较善者，听其归守其地，余则惩罚有差[1]。

（回历六二二年，公元1225年）哈里发（khaliphe）纳昔儿（Nassir），是札阑丁祖与父之世仇，领有忽即斯单（Khouzistan）、伊剌克阿剌伯（Irac Aréb）两地。札阑丁即位以后，即引军侵入忽即斯单，进围其都会脱司泰儿（Tousster，Toster）。惟是军实皆缺，乃以抄掠自给，获有所需之马骡无算。围攻二月，不能拔其城，遂引去，进向报达（Bagdad），抵距报达七程 fersenks[2] 之雅库拔（Ya'couba）。哈里发闻警，即缮守备，并遣军往御，以百万底那（dinar）犒师。札阑丁致书大马司（Damas）王木阿匝木（Moazzam），约其夹攻哈里发，并谓哈里发招致蛮族，侵入波斯，其父之死彼为主谋。大马司王谢曰：任何事皆可惟命，惟反对伊斯兰教教主则不敢从[3]。

哈里发遣军二万人，命忽失帖木儿（Couschtimour）率往御敌。别以鸽传书，命额儿比勒（Erbil，Irbil）王率万人以攻敌军之后。时札阑丁军队甚少，恐众寡不敌，遣使往告忽失帖木儿，谓此来原无敌意，惟欲求哈里发之助，以御现尚胁迫伊斯兰教诸国之大敌，倘若哈里发见许，则彼将以防守波斯自任。忽失帖木儿不答，陈军备战。札阑丁乃设伏兵，而自领骑兵五百诱敌，伪若不胜败走。敌军来追，伏兵四起，敌军大溃。忽失帖木儿殁于阵，溃兵被

① 见《札阑丁传》。

② 钧案：每程约合华里十里。

③ 见《伊斯兰教王朝史》。

逐至于报达都门。

札阑丁获胜以后，攻拔答忽哈城（Dacouca），进军塔克利特（Tacrit）。闻额儿比勒王木偰非儿（Mozaffer）之军相距不远，木偰非儿先率支队来袭。札阑丁自领勇士一队往袭，擒额儿比勒王，旋释之归国[①]。

至是札阑丁放弃夺取报达之企图，意欲占领阿哲儿拜占（Azerbaïdjan）。先至蔑剌合（Meragha），兴复其城。时其舅父兼妹婿突厥统将脱欢太石[②]受哈里发之册封，领有哈马丹（Hémédan）及其附近各地，自阿哲儿拜占赴哈马丹，驻冬于阿阑（Arran）。当其经过阿哲儿拜占之时，曾肆抄掠，得马、骡、驴、牛、羊无算。札阑丁闻讯，自蔑剌合潜师薄其营，于夜半抵其地。脱欢太石以为札阑丁尚在答忽哈城，及曙，忽睹军队与王伞盖，大惧，乃命其妻为之先容。脱欢妻是札阑丁妹，札阑丁释不问。脱欢太石遂以军属王，而偕之归蔑剌合。

阿哲儿拜占君长月即伯（Atabey Euzbec）[③]闻花剌子模王近在其境，不自安，以国政委其妻蔑力克（mélike），使其留镇帖必力思（Tébriz），自己避往干札（Gandja）。蔑力克是伊剌克塞勒术克朝末王脱黑鲁勒（Togroul）之女。札阑丁进兵帖必力思，围攻五日，甫要攻下，居民请降。札阑丁责其去年不应杀戮花剌子模士卒，并以首级献蒙古人之罪。居民答谓权在吾君，人民无法阻止。

① 见《史集》，《全史》301 及 302 页。

② Tayi. Dayi，突厥语犹言舅，Tayiss 犹言诸父。钧案：此人名在此处作 Togan Tayissy。与前此所著录之 Togan Taissy 写法微有不同，然应为一人。

③ 案：即第 1 卷第 6 章阿塔华月即伯。

札阑丁善其对，乃许以不死。居民又请为月即伯妻保留库亦城(Khouï)，同其他在阿哲儿拜占的领地。札阑丁允之，命卫送月即伯妻至库亦城。札阑丁留镇帖必力思数日，等待其军占领附近各地以后，乃谋往征谷儿只(Görgie)[①]。

先是谷儿只人乘月即伯之沉湎于酒，不理国事，屡屡以兵犯境，抄掠阿阑、阿哲儿拜占，并及设里汪(Schirvan)、额儿哲鲁木(Erzen-ur-Roum)等地，而为诸地伊斯兰教居民之灾者有年。札阑丁急欲报复，所以甫得阿哲儿拜占，即向谷儿只宣战。谷儿只人答曰："汝父较汝英勇。鞑靼(Tatares)兵至，尚不免身死国亡。吾人曾与鞑靼较力，鞑靼且终不免于退走。"札阑丁怒，首先收复数年前谷儿只人所夺取之脱文城(Tovin)，旋破谷儿只军于脱文城附近之哈儿尼川(Carni)。谷儿只军七万，损失二万，诸将多被虏，脱文城主沙鲁维(Schalove)亦在其内，惟总领军队之伊万涅(Ivane)得脱走，退守克格堡(K'heghé)。札阑丁进围此堡，并分兵于谷儿只各地大肆焚杀。赖札阑丁有事于帖必力思，否则此国将为其侵略。而防卫国土者，亦恐不免于屠虏逃亡矣。

札阑丁未入谷儿只境以前，留守帖必力思的丞相薛利夫木勒克(Schérf-ul-Mulc)遣使告变，说帖必力思官吏谋叛，欲以其城归月即伯。札阑丁闻讯，秘而不发，等待战胜谷儿只人以后，始告诸将，命将所据谷儿只诸地肆其破坏，以军委付其弟加秃丁，而自归帖必力思。及至，捕诸叛首，而处市长(reïss)以死刑。

乱事既平，遂纳蔑力克为妻。可是蔑力克是有夫之妇，乃使人

① 见《全史》404 页。

证明其婚姻之正当。以为月即伯曾发誓言，彼杀一奴婢之日，即出其妻。兹月即伯既杀奴婢，根据伊斯兰教法律，应予离异。札阑丁留居帖必力思时，曾遣军夺取干札。月即伯复逃往纳黑出汪城（Nakhtchovan）附近之阿兰札堡（Alandja）。

（回历六二二年，公元 1225 年 12 月）札阑丁复还谷儿只。时谷儿只人重整军队，并纠合附近之阿兰（Alans）、勒司格（Lesgues）、钦察（Kiptchakes）等诸部族，合兵以抗，复为札阑丁所败，斩杀甚众。乘胜进攻梯弗利思（Tillis）（回历六二三年，公元 1226 年 3 月 9 日）。伊斯兰教居民响应于内，遂拔其城，尽屠谷儿只人，惟皈依伊斯兰教者得免。归孺皆成俘虏，城市亦被抄掠。

札阑丁既已报复谷儿只人侵害伊斯兰教人之仇，其军队既屠杀异教人甚众，所俘虏之妇孺亦多，（6 月）乃离谷儿只而进兵起剌特（Khelatt）[①]。起剌特城是艾育伯朝（éyoubites）亲王阿思剌夫（Aschraf）之领域，他并兼领有哈朗（Harran）、鲁哈（Roha）两地。其兄大马司王木阿匝木，曾与阿思剌夫交恶。又与其长兄埃及（Égypte）王哈米勒（sultan Kamil）不和[②]，曾遣使至梯弗利思，约札阑丁进攻起剌特，牵制其弟。木阿匝木景慕花剌子模王之为人，常衣其赠袍，骑其赠马，在夜宴中时常称道此王[③]。花剌子模人亦想夺取此城之财富，不意其军甫抵起剌特城下，即闻起儿漫之警报。时起儿漫长官博剌克乘王远征而谋自主，遣密使往告鞑靼，说

① 见《札阑丁传》。

② 三王皆为撒剌丁（Saladin）之弟阿的勒（Adil）之子。撒剌丁死后七年（1200），阿的勒承埃及王位，而以传之后人。

③ 见诺外利（Novaïri）书。

札阑丁兵势日盛,不可不防。札阑丁闻讯,舍起剌特而进兵起儿漫。博剌克闻王至,退守要塞而请纳款。札阑丁见其塞之不易攻取,乃受降于亦思法杭城,并以袍服赐之,俾守其位。

当此时间,丞相薛利夫木勒克从梯弗利思表奏阿思剌夫军队邀击花剌子模军队之事。缘留防谷儿只的军队缺乏军食,曾侵入额儿哲鲁木,抄掠牲畜无算,并虏略妇女而还。路经起剌特附近,为其镇将邀击,尽夺其掠虏之物。所以薛利夫木勒克促王急返谷儿只。

(9 月)札阑丁归梯弗利思。时谷儿只将伊万涅偕谷儿只军诸将退保阿尼城(Ani)。札阑丁围攻其城,并围哈儿司城(Carss)。(10 月)旋归梯弗利思,声言往征阿卜哈司(Abkbaze)。此役乃是一种战略,盖欲使起剌特防军知其远离,不为设备,所以仅留阿卜哈司十日,即引军往袭起剌特。然未抵此城之二日前,起剌特镇将已得间谍报告。(11 月 5 日)花剌子模兵至,猛攻而不能克,次日又攻城,虽拔其附郭,然因抵抗之烈被迫退出。城中居民因花剌子模人之残忍,所以为失望之固守。时阿思剌夫赴大马司,面恳其兄木阿匝木转求札阑丁解围[①]。札阑丁不从,围攻如故,迄于冰雪交迫之时,始解围去[②](12 月 15 日)。时有突厥蛮(Turcmans)之伊万尼(Ivaniyens)部落,在阿哲儿拜占境内侵扰,抄掠居民,劫夺商队。札阑丁急引军回袭突厥蛮于山中,断其归路,聚而屠之,俘其家属,取其战获品而还帖必力思。

① 见《全史》。

② 见诺外利书。

（回历六二四年，公元 1227 年）花剌子模人因驻冬而退出梯弗利思。居守哈儿司、阿尼等处的谷儿只军队，遂联合侵入梯弗利思，屠其伊斯兰教居民，因为不能防守，乃焚其城而去。

札阑丁有将受封于干札为亦思马因（Ismaïliyens）派教徒所刺杀。札阑丁为复仇侵入其国，大肆焚杀。会有蒙古军队进至达蔑干（Damégan），札阑丁往击败之，追逐数日而还。

当札阑丁有事于此方之时，起剌特镇将忽撒木丁阿里（Houssam-ud-din Ali）乘势侵入阿哲儿拜占（7 月）。缘此地居民颇怨札阑丁军队之需索，而王后在从前习于操纵月即伯的故技，亦不满札阑丁之所为，乃约同库亦城的居民，招致胡散木丁占领阿哲儿拜占。胡散木丁乃以兵至，占据库亦、蔑连的（Merend）、纳黑出汪及其他诸要塞，而挈札阑丁王后归起剌特[①]。

（回历六二五年，公元 1228 年）蒙古军至伊剌克边境，札阑丁遣骑兵四千往剌夷、达蔑干侦敌，被蒙古军所却，退向札阑丁驻军所在之亦思法杭。蒙古军追随其后，营于此城东相距一日程之地[②]。蒙古军分为五队，塔吉（Tadjï）、巴库（Bacou）、阿撒脱欢（Assatogan）、台马思（Taïmaz）、台纳勒（Taïnal）五人领之[③]。有星者告王，四日内不可战。札阑丁从其说，而不敢违。蒙古军队既迫，诸将群赴宫内见王。王故示镇定，先言他事久之，始及战事。诸将告别时，王命诸将宣誓，不以背向敌，宁愿战死，不愿偷生。王并为相类之宣誓。然后命亦思法杭城之法官及市长检阅武装

① 见《全史》。

② 见《札阑丁传》。

③ 见《史集》。

市民。

蒙古军见敌闭城不出，以为札阑丁不敢出战，拟围攻亦思法杭，分遣骑兵二千至罗耳(Lour)诸山掠粮。札阑丁遣三千人蹑其后，占据山隘，断其归路，虏获四百人而还。札阑丁在宫内手刃俘虏，余以赐民众屠之，陈尸以饲鹰犬。

(8月26日)卜战之期既届，札阑丁陈兵而出，加秃丁以受兄辱，乘时离贰，率所部去，并诱统将只罕帕鲁汪伊勒赤(Djihan Pehluvan Iltchi)所部之军以从。札阑丁似未注意其弟之出走，且见敌军分队分行陈列之阵式，以己军队足以克敌，命民军入城。其军左右翼相距甚远，日未暮，以右翼冲敌之左翼。敌败走，追逐至于柯伤(Caschan)。日将暮，札阑丁以此战胜为足，乃顿兵憩于战场之涧侧。其部将伊朗不忽(IlanBougou)奋然进言曰："吾人求天赐此复仇之日已久。今天赐此日，而不利用，敌人一夜将退二日程途之远，任其脱走，诚恐追悔已迟。"札阑丁感其言，上马再战。兵甫逾涧，忽有蒙古精兵一队从山后突出，冲其左翼。左翼复走中军，左翼诸将多守誓战死，其脱还者仅有三人。王在中军，中军已乱，四面皆敌，执旗者逃，王自手刃之。时左右仅存卫士十四人，乃突围而出，左翼、中军皆溃，或走法儿思，或走起儿漫，有奔阿哲儿拜占者，其失马者则逃入亦思法杭。

二日后，右翼从柯伤还，以为全军皆胜，及闻其败，亦皆溃散[①]。

蒙古军虽胜敌，然其伤亡较多于敌，仅一现于亦思法杭城下，

① 见《札阑丁传》。

即踉跄退走，三日退至剌夷[①]。复由此东趋你沙不儿（Nischabour）。退军之时，沿途被虏被杀，损军无数。其能渡阿母河（Djihoun）者为数甚微。

时人不知札阑丁存亡者八日。有人以其殁于阵，曾觅之于战场积尸之中；有人以其为敌所虏。故亦思法杭城有人欲谋立新君，民众且欲夺取花剌子模人之妇女、辎重。此城法官宣谕城民，贝蓝（Beïram）令节将届，姑且等待国王音信迄于是日。盖战争之日为斋月（Ramazan）之二十二日，相距仅有数日也。此法官并与城中诸贵人约，倘若节庆之日祈祷之时，国王不出，则举阿塔毕（Atabey）脱欢太石为王。缘战争之日，脱欢适病，未曾出战也[②]。

及至节庆之日。札阑丁忽出现于祈祷之场。盖其在战后恐在亦思法杭城内为敌人所围，不敢入城，绕道罗耳。至是始归。人见王至，合城腾欢。王留城数日，收集逃亡，赏右翼诸将，其原为蔑力者，皆晋为汗[③]。寻常兵士之有功者，进为蔑力。至若作战不力之将士数人，则以妇女覆面之纱覆其首，使之游行全市以示罚[④]。

加秃丁退入忽即斯单，欲求哈里发之助而复其位。其与札阑丁之交恶，盖因其杀兄幸臣一事。有古尔贵族，名摩诃末哈儿迷勒（Mohammed Ibn-Kharmil）者，得幸于王，游乐必从。战前数日，加秃丁有卫士数人因无饷给，曾弃之往从摩诃末。某日王宫夜宴，加秃丁醉，诘摩诃末缘何不将其卫士遣还。摩诃末答曰："此辈择

① 见《世界侵略者传》。
② 见《札阑丁传》。
③ 见《札阑丁传》。
④ 见《史集》。

有食者以事，不知忍饥。”加秃丁大怒。王闻之，谓加秃丁醉，命摩诃末退。加秃丁随之至其家，以刀刺之。摩诃末创甚，数日死。王痛幸臣之死，责加秃丁曰：“汝曾誓为吾友之友，吾敌之敌。今汝枉杀吾最忠最爱之友，违约背誓，吾对汝不复有情义可言。设若死者之弟请以复仇之刑处汝，吾将一任法律裁判。”王命将死者之柩两过杀人者之门。

加秃丁既对众受辱，故在作战之日报复，率所部而去，退至忽即斯单。遣其相往使报达，述其在位时对于哈里发如何亲睦，而札阑丁之如何在报达境内肆其焚杀，脱哈里发助其复位，彼将举全国以事之。哈里发待遇使者甚厚，并以三万底那馈加秃丁。顾自蒙古退兵以后，加秃丁不自安，乃弃忽即斯单他适①。

札阑丁遣军追蒙古军，至于阿母河，而自归帖必力思。当其在此城广场击球之日，闻其弟进取亦思法杭之讯，即弃球杖而赴亦思法杭。在半道中，又闻其弟欲赴亦思马因派徒之国，乃转赴此国，遣人谕亦思马因国主，命将逃避于阿剌模忒堡（Alamout）中之加秃丁献出。国主答曰：“君之弟避难吾国，彼为算端（sultan），并为算端之子。吾人不能将其献出，然愿将其留置国内，担保其毫不侵犯君之领地。设其在君境内有何敌对行为，君将如何处分吾国，皆唯命是从。”国主并誓守此约②。札阑丁许之，亦自誓不咎以往，遣侍从二人往迎加秃丁。然加秃丁不敢归投其兄，又奉其母奔起儿漫③。至未久，起儿漫长官博剌克欲妻其母白克鲁阿伊（Beglou

① 见《札阑丁传》。

② 见《全史》。

③ 见《札阑丁传》。

Aï),不得已从之。及至起儿漫都城克瓦昔儿,有博剌克亲属二人欲谋杀此不义长官,而奉加秃丁为主。加秃丁不从。后事觉,博剌克磔杀二人,拘加秃丁,旋以弓弦缢杀之。其母闻声往救,亦遇害,从者五百人皆死[①]。

太和岭(Caucase)诸族,见札阑丁之野心勃勃,而不自安。乃集谷儿只、阿美尼亚(Arménie)、阿兰、薛利儿(Sérirs)、勒司格、钦察、苏散(Soussans)、阿卜哈司、札尼特(Djanites)诸部之兵四万人,屯于阿阑之北。札阑丁往讨之,营于漫都儿(Mendour)。顾其兵少,其相薛利夫木勒克请暂坚守,断敌粮道,俟其饥然后击之。札阑丁恚,以文具掷击其首,大言曰:"安有狮子畏惧羊群之众者欤?"罚其相五万底那,而惩其妄言之罪。

明日,两军相遇。札阑丁分赏宝货、战马以励其军。登山瞭敌,见右翼钦察人约有二万。乃遣其将一人持面与盐往告之曰:昔者我父欲杀俘虏,赖我劝释得免。今执兵相迫,何无情义。钦察人遂退。及见谷儿只人进,又遣使告其统将伊万涅曰:汝军久行必疲,设欲在此日休憩,俾两军青年可以角力较艺为戏。谷儿只人允之。

谷儿只战士一人入场,札阑丁往斗,以枪杀之。其人三子陆续来斗,并为札阑丁所杀。又有身高力健者一人来斗,札阑丁之马已乏,乃下马夺枪刺杀之。旋以马鞭为号,不守休战之约,麾军进击。谷儿只人败走。

(回历六二六年,公元 1229 年 7 月)此方敌患既除,遂又围攻

① 见《史集》。

起剌特城。迄于冬季，虽经冰雪，不能不将大部分军队分驻附近诸村。然仍围攻如故。额儿哲鲁木王鲁克那丁只罕沙（Rokn-ud-din Djihan Schah）者，鲁木国（Roum）塞勒术克朝之支派，曾与札阑丁龃龉者也，现为释旧恨，来营委质，并献值一万底那之贡品。札阑丁命其筹备战具，只罕沙又献发石机一具，盾矢及其他战具甚夥[①]。阿米德（Amid）、马儿丁（Mardin）两部之王亦遣使来朝。札阑丁命其在祈祷中用其名祝颂。时报达亦遣使至，先是哈里发纳昔儿以在位之四十六年死（1225）。阿拔思朝（Abbassides）之哈里发以此人在位年数为最长，子咱喜儿（Zhahir）嗣位，在位九月死。咱喜儿子木思坦昔儿（Mostanssir）继立。乃遣使至，要以二事：一毛夕里（Mou soul）、额儿比勒、阿布耶（Abouyé）、哲巴勒（Djebal）四地本属哈里发，不得胁为属地；二在波斯公共祝祷中仍用哈里发名。札阑丁立许之。缘其父摩诃末进攻报达之时，曾禁止祈祷中诵及哈里发之名，而札阑丁亦未将此表示伊斯兰教教主上大权之习惯恢复，故哈里发有此要求。札阑丁命侍从一人送使臣归报达，旋偕哈里发之二臣还。哈里发赐王册封波斯袍服，对于宫廷贵人皆有赉赐，惟仅授王可汗（khacan）之封。札阑丁固请授算端封号，然哈里发向未以此封号授人，乃复以“沙之沙”（schahinschah）之号封之。自是以后，札阑丁对于哈里发遂奉表称臣，而称哈里发为其君主。

当其围攻起剌特之时，札阑丁曾命在亦思法杭建设学校一所，又墓堂一所，以备移葬其父。墓堂落成以前，先迎其榇置于剌夷城

① 见诺外利书。

北三日程秃马温(Doumavend)山中之额儿迭罕(Erdehan)堡,请其诸母祃拶答而王妃沙可敦(Schah khatoun)偕此州之贵人教主奉迎"大算端"之遗骸置于是堡。札阑丁之掌印官奈撒人摩诃末(Mohammed de Nessa)曾有记载,以为先王原葬里海(Mer Caspienne)岛中,较之额儿迭罕更为安全。盖鞑靼人所至之处发墓焚尸。其视凡属君王坟墓,所葬者皆是花剌子模朝一系之遗骸,所以无一免者。娑匐的斤(Sebuk-tekin)之子马合谋(Mahmoud)葬后二百年,亦不免于焚尸,其他可见。同一著者又云:"不幸将来事变果不出余之所料。札阑丁算端死后,鞑靼人取额儿迭罕堡,以摩诃末之遗骸送致可汗,而被可汗火焚。"①

(回历六二六年,公元 1229 年 5 月)先是札阑丁进围起剌特,曾在蔑剌合城遣使致书于鲁木或小亚细亚国主阿剌瓦丁凯库拔算端(Alaï-ud-din Koubad),欲与其缔结一种亲密的联合。据谓一国在西,一国居东,两国皆为防护伊斯兰教民族而抗御异教民族之屏障,实有联合之必要。阿剌瓦丁许之,并约定以札阑丁之女妻鲁木算端之子凯豁思鲁(Key-Khossrou)②。

鲁木算端凯库拔遣使二人至起剌特之札阑丁行营报聘。花剌子模人命其呈递礼物,如同臣民之进呈贡品。使臣为凯库拔之子求婚,札阑丁不允。使臣又诉其主之从弟兼藩臣额儿哲鲁木领主叛逆不臣,请算端将此人交出,并许凯库拔占其领地。札阑丁闻之怒,报以恶声曰:"吾亦不直只罕沙之为人。可是彼既来朝,即是我

① 见《札阑丁传》。

② 见《鲁木国塞勒术克朝史》,其突厥文写本现存巴黎图书馆。

之宾客，不能以客付其敌人。”其尤致使者愤懑者，丞相薛利夫木勒克待遇使者之矜张傲慢。《札阑丁传》之撰人曾述其事，谓其往见薛利夫时，鲁木使臣在座，闻薛利夫云：“设若算端见允，只须余之所部军队，即足侵略汝等之国。”撰者又云：“使者去后，余曾询丞相：其国主既对吾人表示亲睦，缘何如此恶待使臣？丞相答曰，彼等所馈之礼物合计不足两千底那。”

使臣不得要领而还，札阑丁遣使三人偕之归国。使臣抵鲁木，先谒其主，备言其事。凯库拔乃决定与阿思剌夫缔结同盟，即命二使者中之一人往使，以达其意。

（回历六二七年，公元 1230 年 4 月 2 日）六个月后，札阑丁攻拔起剌特城，欲禁止抄掠。然诸将言军队在长期围城之时丧失战马牲畜不少，设若禁其抄掠，势将不能重再作战，且恐有逃亡者。固请始允，由是纵掠三日，起剌特居民死者无数，所余居民又因迁徙及饥馑，所存甚寡，妇孺皆被虏去[①]。阿思剌夫之妻谷儿只页特（Gourdjiyet 此言谷儿只女）亦为算端所俘，当夜纳之。谷儿只页特者，谷儿只王伊万尼（Ivani）之女，先嫁阿思剌夫之兄奥哈德（Avhad）者也。阿思剌夫幼弟雅库伯（Ya’coub）、阿拔思（Abbas）二人亦在俘虏之列。札阑丁修复其城，以起剌特所属之地分赏诸将[②]。

额儿哲鲁木王在围攻起剌特时，曾以粮食刍秣供给花剌子模军队，因是修怨于阿思剌夫。闻阿思剌夫与鲁木算端结盟，乃以其

① 见《全史》，诺外利书。

② 见诺外利书。

事告札阑丁，劝其在两国军队尚未联合之时，先发制之。初木阿匝木死，埃及算端哈米勒以大马司国界其弟阿思剌夫，而易其所领哈朗、鲁哈、苏鲁治（Suroudj）、莱司阿因（Rees-aïn）、剌迦（Racca）、遮米烈因（Djéméléin）等地①。阿思剌夫闻札阑丁陷起剌特而纳其妻，急赴剌迦求援于兄哈米勒。时鲁木算端之使亦至，提出同盟合攻札阑丁之议。阿思剌夫谋之于兄，哈米勒劝其允之。然哈米勒闻其子撒里黑（Salih）有篡立之谋，仓卒归埃及。阿思剌夫率骑兵七百至哈朗，招致阿勒波（Alep）、毛夕里、美索波塔米亚（Mésopotamie）诸部之兵，同赴西瓦斯（Sivas），与凯库拔算端连兵。共向起剌特②。

札阑丁从额儿哲鲁木王之策，进兵喀儿特培儿特（Khartpert），命使者持红箭征调诸将，会兵于其地。会札阑丁病且剧，诸将以其必死，曾谋待其死后各人割据一州。已而病愈，然敌军两军业已会合。札阑丁兵少，而新近遣归之阿朗、阿哲儿拜占、伊剌克、祃拶答而等地之军未曾调集，其相薛利夫之军又在马纳司格儿德（Manazguerd）城下，别有一军适在围攻贝儿克利（Berkéri）③。然札阑丁仍率其军进战，遇敌于额儿赞章（Erzend an）。时凯库拔军两万骑，西利亚（Syrie）④王军五千，皆精兵。札阑丁为所败，士卒伤亡大半，额儿哲鲁木王被擒，其驻地要塞宝藏皆为其从兄凯库拔

① 1227年11月13日木阿匝木死，子纳昔儿（Nassir）嗣立。1229年哈米勒算端夺大马司以畀其弟阿思剌夫，而以哈剌克（Carac）、黍伯克（Schoubec）、古而因（Goureïn）、巴勒哈（Balca）……诸地授纳昔儿。

② 见诺外利书。

③ 见《札阑丁传》。

④ 按即大马司。

所得[①]。花剌子模军将被俘者皆被杀。

札阑丁逃马纳司格儿德，收围攻此城之军奔起剌特，取其可能取之宝货库藏，余皆焚之[②]，挈雅库伯、阿拔思二王及谷儿只贡特而去，经过阿哲儿拜占时，留其相率军居守塞克漫城(Sekman-Abad)以御敌。而自留库亦城附近，时诸将皆已弃之而去。

阿思剌夫别凯库拔算端而还起剌特，致书于薛利夫木勒克曰："汝主为穆斯林之算端，并为抵御蒙古人之壁垒。其父之死为伊斯兰教之不幸，吾人知之；算端之衰弱亦为伊斯兰教之不幸，吾人亦知之。执事经验充实，缘何不劝其修好？余敢对于算端担保凯库拔及吾兄埃及拔王之诚实友谊及充分援助。"薛利夫以闻，札阑丁许与之和，乃宣誓，不再侵略起剌特。然对于鲁木算端，则因其从前不与彼同盟，而与阿思剌夫同盟，旧怨未释，虽经西利亚使者之固请，仍坚拒不与修好。久之始闻其相侮辱鲁木使臣之事，及至蒙古军侵入伊剌克警讯频至以后，始对凯库拔作尊重其领土之宣誓[③]。

此蒙古军约有三万人，乃由窝阔台(Ogotaï)皇帝所属诸军抽调而集。窝阔台初即位时，命那颜(Noyan)绰儿马罕(Tchormagoun)统此军往征波斯[④]。绰儿马罕首欲攻灭札阑丁，所以急遽通过尚未平定之呼罗珊，从额司法剌因(Esféraïn)、剌夷之通道进取。札阑丁已由库亦还帖必力思，希望蒙古军将在伊剌克驻冬，未

① 见《全史》。
② 见《札阑丁传》。
③ 见《世界侵略者传》、《史集》。
④ 见《札阑丁传》。

必骤至，并欲在此期内作病后之休养。

札阑丁遣军校率十四骑向伊剌克诇敌。行至赞章（Zend-jan）、阿八哈耳（Ebher）之间，与蒙古军前锋遇，从骑尽没。军校疾驰获免，归报札阑丁。札阑丁弃帖必力思，走里海边阿阑属之木干（Mougan），征调驻冬于此州及设里汪两地之兵，遣呼罗珊、祃拶答而之诸领军先行侦敌，命在阿儿德比勒（Ardebil）、卑路斯（Firouz-Abad）两城安置驿马。札阑丁等待征兵之至，左右仅有卫卒千人，昼出猎，夜与诸幸臣纵饮。蒙古军夜至昔儿克布特（Schlrkébout）堡附近，袭之。札阑丁几不免，仓卒奔阿剌思（Aras）河。蒙古军以其渡河奔往干札。然札阑丁实绕赴阿哲儿拜占，至于马罕（Ma-han）平原。释阿思剌夫弟雅库伯往其兄处修好，约其连兵御敌，并谓敌人所欲者，不仅札阑丁暨其所治诸国，且欲蹂躏其余伊斯兰教诸国。先遣人送雅库伯至薛利夫木勒克所，命其遣使偕往。时薛利夫已不忠于其主，虽遣其家宰偕行，然命其尽反算端修好之词。

札阑丁出走时，弃其后宫于帖必力思。兹薛利夫迁算端之后宫与宝货于阿阑之辛德苏剌克堡（Sind-Sourakh），并分藏其宝货于阿阑、突厥蛮酋长所属数堡中，自赴杞章堡（Khizan）而举叛旗。初薛利夫滥用无度，算端禁其任意动用公帑，至是已有二年。故薛利夫怨札阑丁，兹以蒙古兵袭之于木干，度必不免，而不知其算端业已脱走。乃为己谋，致书鲁木算端及西利亚王，请许守阿阑、阿哲儿拜占两地，愿委质于此二国，并于祝祷中祝颂二王之名。其在致二王书中，名札阑丁曰“失位暴君”。复又致书诸州长官，命共叛其主。有数书为札阑丁所得。札阑丁且闻其相在其堡附近拘留花剌子模军校，拷取财货，又命突厥蛮酋长勿以算端之亲属及宝货交出，并在所致书中亦称之曰“失位暴君”。叛迹既著，札阑丁乃传檄各州，不许再从其相之命[①]。

（回历六二八年，公元 1231 年）札阑丁驻冬于马罕平原。冬杪，闻蒙古军自斡章（Odjan）来追，乃走阿阑。至薛利夫所居之堡附近，伪若不知其叛，召之使至。薛利夫以丧服系颈出迎请罪，札阑丁赐之酒。按例花剌子模丞相不与算端宴饮，薛利夫受此殊礼，以为尚见信任，乃随算端同赴阿阑，然不复与闻政务。

札阑丁国势日危，新得二州之人，皆谋离贰，帖必力思民众且谋尽杀花剌子模人，献功蒙古。阿阑、阿哲儿拜占两州叛者数起，杀算端之人献首于敌。

札阑丁欲遣使一人至阿阑，征调此州驻军。曾谋之于其掌印官，谓其需要一可能取信于突厥蛮而不贪其财货之人为使者。又谓：“然吾不能以此事属随从中之突厥人。”算端数以为言。奈萨人摩诃末揣其主之意欲以此事属己，而不愿明言，乃告算端愿以此事自任。即晚驰赴各地，未久征集军队甚众。其侵入阿阑之蒙古支队，闻花剌子模之军已集，乃退走斡章，与其大军合。

蒙古军遣使至拜勒寒（Baïlecan），命其长官出降。长官执使者以献算端。札阑丁命其书记问使者绰马儿罕军之实力，若实告则许以不死。使者亦伊斯兰教人，事蒙古将台马思为家令，谓绰马

① 诸外利谓此相失位之原因，根据书记失哈不丁（即《札阑丁传》之撰者 Shcihabud-din，亦前此著录之摩诃末）之说如此。然据其他诸撰人之说，薛利夫离贰之原因，盖因算端狂妄之举所致。是以诸将亦不满其所为，而与丞相相结合。诸外利并引有其殡葬阉奴而失人心一事，其事见后。

儿罕在不花剌(Bokhara)阅军时此军有战士二万人。札阑丁恐其军畏敌军之众,乃杀使者以灭口。

算端恐薛利夫往煽人民叛变,留之不遣,挈之至干札附近阿儿杂克(Artsakh)山中之札剌培儿特堡(Djarapert)[①]。守堡将突厥老人,性恶而残酷。算端命堡将在其行后将薛利夫拘系,已而遣卫卒六人往杀之。薛利夫见卫卒至,知不免,乃请暂缓执行,俾其祈祷上帝,迨洗涤并颂《可兰经》毕,命卫士入,告之云:"信任无义人者之报如此。"卫卒询其欲死于组抑死于刃。答云:"愿死于刃。"卫士云:"贵人无断首之例,以死于组为较甘。"薛利夫答曰:"任汝等为之。"遂将其绞杀。

时干札城尽杀花剌子模以叛。算端往平其乱,营于城下,遣人善谕之。民众愈骄,蜂拥出城,欲执算端。花剌子模军击之即逃,相杂偕入干札城。军队欲抄掠,算端止之,命城人执献其叛首三十人,杀之。

札阑丁留干札城十五日,议退敌策,决定求援于西利亚王。算端意颇不欲,诸将固请始允。阿思剌夫闻使臣在途,即赴埃及。使臣至大马司,阿思剌夫致书给使臣,谓不日率军往援其主。使臣归报。札阑丁知阿思剌夫无来援意,似待算端与蒙古人战争之结果始归。

札阑丁遣其书记摩诃末往求援于木偰非儿合吉(Mozaffer Gazi)。木偰非儿者,阿思剌夫之弟,而授封于起剌特者也。札阑丁请其率所部暨阿米德、马儿丁两部之军来援。命使者告木偰非

① 见 St. Martin 撰《亚美尼亚纪事》第 1 册 152 页。

儿，设上帝许其战胜鞑靼，将必以大国界之。札阑丁在诸将前告其书记之词如此。及诸将退出以后，乃密语摩诃末曰："吾不复能信赖此辈突厥将校。缘此辈只知凭借幻想，惟求避免战斗，是以妨害余之种种计划。兹命汝往使者，盖欲得一足使此辈绝望之答复归来。"算端决定赴亦思法杭，先遣六千人往掠鲁木国之喀儿特培儿特、额儿赞章、马剌迪牙(Malattia)等地，得牲畜无数而还。

摩诃末至木傑非儿所，传达算端之意。木傑非儿告之曰："余虽对札阑丁算端宣誓，然亦曾对凯库拔算端宣誓。兹汝主抄掠其国，此为汝主誓中之所无。况且余属余之二兄埃及王与西利亚王，未能自主，无命不能援助算端。加之所部军队甚少，虽助亦不得其力。至若阿米德、马儿丁两部之王，并不属余。余亦知彼等与算端有书信往还。倘算端求援彼等，将必见其缺乏诚意。不如谋之于守约而忠于算端之阿思剌夫王。其赴埃及者，盖欲征集军队往援汝主。"①。

摩诃末留起剌特数日还。别时语起剌特王，无论将来胜负如何，王必有所悔。设若算端胜敌，王虽以大地之一切宝藏献之，必不能再与算端言和；设若算端为敌所败，将必有唇亡齿寒之痛。木傑非儿答曰：此意余亦知之，然余不能自主。会培儿克利(Perkri)有鸽传书，告鞑靼已逾此城追逐算端。摩诃末还至哈尼(Hany)，仅见军中之妇女、辎重，算端已赴哲贝勒搠儿(Djébel-Djor)。先是有一蒙古降人畏罪来降，献计算端，设置埋伏，诱敌至此，俟其抄掠时袭之。算端乃弃辎重于路，命斡秃司汗(Otouz khan)以骑兵

① 根据《全史》，蒙古人曾命哈里发及其他诸王勿助算端。

四千先往诱敌。然此无勇无智之统将，未遇敌径归，给算端，谓鞑靼已离马纳司格儿德他去。算端闻之，离伏兵之地而还哈尼，集诸将，命其书记报告奉使结果。诸将见此方无援可恃，乃决赴亦思法杭，仅携其最爱之妻儿而行。

决议之后二日，阿米德王马思忽惕（Mess'oud）之使者至营献策，劝算端先取鲁木，而与钦察相结，可制鞑靼。马思忽惕许以四千骑从算端，迄于全取鲁木之日。初鲁木算端凯库拔夺阿米德王之数堡，阿米德王欲借札阑丁之力而报怨。札阑丁为所动，乃不赴亦思法杭，而赴阿米德，营于此城附近。夜饮大醉，有突厥蛮来告，算端前夜所驻地，见有外来军队，宜为备。札阑丁责其妄言，谓阿米德王欲其离去，故为此狡谋。然黎明蒙古军奄至，围王幕，算端尚醉未醒。统将斡儿汗以军来救，敌微退。诸校入帐扶其上马，算端仅衣白衫，犹命左右二校护守其妃法儿思王女而逃。

札阑丁见蒙古骑追逐不舍，命斡儿罕趋别道以误敌，自率百骑至阿米德，城人闭门不纳，欲奔美索波塔米亚。斡秃司汗进言：欲免蒙古人之追逐，最可靠之方法，即在取径蒙古人甫已经过之地。乃从其说，行抵蔑牙发儿斤（Méyafarkin）境内某村，憩于仓中。至夜，斡秃司汗委之而去。及曙，蒙古兵奄至，从者多死，札阑丁得脱。蒙古军闻俘虏言，脱走者即为算端，十余骑往追。有二骑追至，为札阑丁所杀，余皆不及而返。

算端逃入山中[①]，为守山口劫掠逃人之曲儿忒人（Kurdes）所执，将剥其衣而杀之。乃密告其酋，彼为算端。并谓能送我至额儿

① 《世界史略》490 页谓即 Tsofnio 境中之一山。

比勒王木偰非儿所者，必获厚赏。抑送其归国，则将以蔑力爵号授之。其酋愿送之归国，引至其家，使其妻护视，自去山中求马未归。有一曲儿忒人入见之，询酋妻：此花剌子模人为何等人，缘何不杀？酋妻谓：为其夫保护之人。并谓：其为算端。其人曰："如何知其所言非伪？洵为算端，则为在起剌特杀我兄弟一人之仇人。"遂以枪刺杀之[①]。

（回历六二八年，公元1231年8月15日）花剌子模朝末王之结局如此。《札阑丁传》之撰者云："札阑丁躯干不逾中人。母为印度人，故其面黝。勇敢异常，性沉毅，寡言笑，操突厥语及波斯语。"[②]

此王实具有突厥蛮人之性质，有兵卒之能，无统将之才，亦无人君之度。不知谨慎将事，亦无先见之明，以抄掠为生。蒙古人未来侵时，不知与邻国修好，而乃侵略四邻。时饮酒作乐，常醉卧不醒，虽为蒙古军所追逐时亦然。不知抚慰军心，军队无饷，以抄掠自给，遂致国弊民疲。且其行为狂妄，故人多怨之。先是，札阑丁居帖必力思附近时，有一其最爱之阉奴死，悲甚，曾命诸将卒步行送柩，自亦步行随之，诸将大臣固请，始允上马。又命帖必力思居民皆出迎柩，然嫌其出送未远，欲惩罚之，赖诸将谏阻，始止。留尸不葬，常悲涕忘食。有人奉食，则命其以馔祭其阉奴。有一侍者曾谓阉奴已不在世，而被算端处死。必须祭者祭后来言："某人匐伏算端足下，谨告算端，阉奴病势较瘥。"[③]

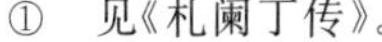

① 见《札阑丁传》。

② 见《札阑丁传》，《伊斯兰教王朝史》。

③ 见《全史》340页，诺外利书。

札阑丁死后未久，木偰非儿王遣人往收其骸，得其所乘之马与鞍刀，暨其系于头上之木杖一段。木偰非儿以诸物示札阑丁之将校数人，诸人皆谓诸物皆属算端。木偰非儿乃觅其遗骸，藏于一墓堂之中[①]。

后数年，有人传说札阑丁未死，曾在数地见之。亦思皮达儿(Ispidar)有一人自谓其为算端。蒙古统将令人察之非是，乃将其人处死[②]。

札阑丁死后二十二年，有一人衣印度丐僧之服，渡阿母河，告舟子曰："余即是世人以为在阿米德山中被曲儿忒人所杀之花剌子模沙札阑丁算端。然其所杀者实是余之马仆。余游行有年，未以此事告人。"舟子拘之以献附近之蒙古军校，严刑拷问，至死不移其词[③]。

斡儿汗与算端别后，收集残部。至额儿比勒，已有骑士四千。复由此至亦思法杭，夺据其城。然此城未久即属蒙古[④]。

① 见《札阑丁传》。

② 见《世界侵略者传》。

③ 见《世界史略》。

④ 见诸外利书。

第 二 章

蒙古人之摧陷美索波塔米亚、曲儿忒、阿哲儿拜占、阿美尼亚、谷儿只诸地及伊剌克阿剌伯边境——其侵入鲁木——凯豁思鲁算端军队之败北——鲁木一部分之侵略——鲁木之降附——蒙古人之退出鲁木——额儿赞章之屠掠——蒙古一军之征阿勒波——谕诸伊斯兰教国王归附——小阿美尼亚王之降附——美索波塔米亚、底牙儿别克儿两地及伊剌克阿剌伯之再陷——谷儿只两大维德王之分国——凯豁思鲁诸子之争位——大汗之干涉——拜住之第二次侵入鲁木——也速丁之失败及被废——其弟鲁克那丁之立——海屯之入朝大汗蒙哥

(回历六二八年,公元 1231 年)札阑丁在阿米德附近被袭,其军遂溃。花剌子模士卒散走以后,多被诸地乡民曲儿忒人阿剌伯族的游牧部落(Bédouins)等所虏。由是鞑靼人攻陷阿米德、额儿哲鲁木、蔑牙发儿斤诸州。围攻马儿丁东方二日程之萨莱德(Sa’red)五日后,城虽降,然其居民被屠者,据说有一万五千人。堂查城(Tanza)、马儿丁城处境亦同。马儿丁王避于子城得免。纳昔宾城(Nassibin)虽未陷落,可是附近诸地皆被蒙古人蹂躏。蒙古

人攻入辛札儿(Sindjar),抄掠哈布儿(El-Khabour)、阿剌边(A'raban)两城。其一军进向毛夕里,抄掠毛夕里与纳昔宾间之牟纳撒(El-Mounassa)。此镇同附近平原之居民,避难于镇内一货栈中,皆被蒙古军屠杀。当时史家伊宾额梯儿(Ibn-ui-Ethir)[①]记述其事云:"此地某人述其隐藏屋内所见外间之事,谓见蒙古人每杀一人,即呼拉伊拉嘻(La illahi)。屠杀以后,继以抄掠,虏略妇女,嬉戏马上,歌笑欢呼拉伊拉嘻。"

别有一军进攻比德里思(Bidliss)。其地居民或避难子城,或逃亡山中。蒙古人焚城而去。(10 月)又陷起剌特境内之巴勒利(Balri)寨,尽屠其人。阿儿吉思(Ardjisch)大城亦陷同一悲境。

别一蒙古军进围蔑剌合,城降,许其不死,然居民被杀者仍复甚多。此军抄掠阿哲儿拜占以后,攻入额儿比勒境内,尽屠其地之突厥蛮人、曲儿忒人、者布儿堪(Tchébourcans)人,凶暴残忍未可言状。额儿比勒王木偰非儿丁(Mozalfer-ud-din)征集军队,毛夕里王亦以兵来援。蒙古军乃退,转攻答忽哈。

自札阑丁死及其军溃散以后,两月之间,蒙古军历陷底牙儿别克儿(Diarbékir)、美索波达米亚、额儿比勒、起剌特等地。未见有一人敢执兵以抗。此类小国国王皆避藏不出,人民亦皆惊怖失措。史家伊宾额梯儿记述有云:"世人恐怖之极,致有出人意外之事。未历其境者,必不以其为真。闻人言,有一鞑靼骑兵,独入一人烟甚众之乡村中,陆续杀其居民,竟无一人敢抗。又闻人言,有一鞑靼人手无兵器,而欲杀所虏之人,命其卧于地。自往觅刀,归杀其

① 案即也速丁阿里额梯儿。

人，其人竟不敢逃。又有人告余云：曾偕十七人行，见一鞑靼骑兵至，命吾人互相反接两手。同伴者从之而不敢违。余曾告诸同伴云：此人仅一人，应杀之而逃。同伴答云：吾辈恐怖已甚。余又云：彼将杀汝等，若杀其人或者可免，竟无一人敢加刃于其人。余乃杀之，吾辈始脱此难云云。如是之例，举不胜举。"[①]

札阑丁死后三月，时人尚不知其存亡。有疑其藏于某地者，或疑其已赴他国者。蒙古军侵入阿哲儿拜占之中心，其统将营于帖必力思附近，劝告此城降附。帖必力思之法官及市长，偕同城中绅者，奉金钱、布匹、酒食等物甚夥，赴军前请降，蒙古统将命其遣送织布匠人，以备送致其主。城人不敢违，并付给此种贵重布匹之价。蒙古统将又命其献一帐幕于其主。伊宾额梯儿云："所制之帐，为从来所未见者。幕外用金锦，幕内用貂獭。"帖必力思每年並应献纳金钱布疋若干[②]。

额儿比勒为哈里发之领地。既被蒙古军攻陷，哈里发木思坦昔儿遂征集军队，并求援于诸伊斯兰教国王及阿剌伯诸部落。埃及算端哈米勒领地之在额弗剌特(Euphrate)河外者，同时被侵，亦自开罗(Caire)率军往救，从大马司向额弗剌特河进军。经行此河与色勒米牙特(Selemiat)中间之沙碛时，军队虽众，须分途而行，士马因缺水而渴死者甚众。已而闻蒙古军业已退出起剌特，乃进围阿米德。其远征之目的实在夺据此地。(回历六三〇年，公元1232年10月18日)时此城属马思忽惕(Mass'oud)王，围攻五日，

① 见《全史》。

② 见《全史》344至348页。

马思忽惕以城降。哈米勒算端以界其子撒里黑，别以埃及之若干封地界马思忽惕。（11月）哈米勒既得阿米德，又进攻希申凯发（Hissn-Keïfa）城，此城亦降，是为其远征之终点[①]。

蒙古军先由绰马儿罕统率。绰马儿罕死后，继由拜住统率，摧陷抄掠波斯以西诸地者，亘二十年。（回历六三三年，公元1235—1236年）曾二次侵入额儿比勒，进兵至达曷水（Tigre）。旋攻拔额儿比勒城，大肆焚掠，然未能取其子城。居民力守，其因缺水而渴死者甚众。四十日后，献巨金于蒙古军，始解围去[②]。

（回历六三五年，公元1237—1238年）蒙古军接连攻陷伊剌克阿剌伯北部，被其残破之地，已抵赞克（Zenk-Abad）同塞儿门剌夷（Sermenraï）两城。哈里发木思坦昔儿亟缮报达防具。他想征集所有能执兵抗敌之人，于是以下一问题征求博士（Oulémas）团之答复："默伽城（La Mecque）之巡礼与反对异教人之战争，二者孰重？"人皆为一致之答复，咸以神圣战争为重。由是在报达城发动神圣战争，律士、领主、平民皆习武备。哈里发自欲出战，为人谏止。其军队遇敌于达曷水上塔克利特北方之哲贝勒汉母林（Djébel Hamrin），大破敌兵，杀戮甚众，救出敌人在额儿比勒、答忽哈两地所得之俘虏。已而蒙古军又以一万五千人侵入报达境内，进兵至札费利耶（Dja'feriyé）与哈里发之阿剌伯（Arabes）人与突厥（Turcs）人所组合之军队遇，蒙古军不战退走[③]。

---

① 见诺外利书。马克利齐撰《埃及史》第一册。

② 见《史集》记述秃剌乞纳（Tourakina）及贵由（Gouyouc）大汗时代诸王之一章。《世界史略》697页。

③ 见《史集》记述蒙哥（Mangou）大汗时代诸王之一章。

（回历六三五年，公元 1238 年 3 月）同年听说有鞑靼兵一万至一万五千人侵入伊剌克阿剌伯，已至火勒汪（Holvan）南方之汉奈斤（Khanekin）镇。哈里发命统将札马鲁丁贝力克（Djémal-ud-din Beïlik）率七千骑往御。蒙古人仍习用其寻常战术，伪若不胜退走，诱敌至伏兵之处，哈里发之军队几全军覆没，统将贝力克不知所终[①]。

北方一带，蒙古人曾在 1235 年时取阿阑境内之干札，焚其城而屠其民。次年，绰儿马罕一军自木干平原同时侵入阿勒班尼（Albanie）、谷儿只、大阿美尼亚等地。诸城几尽陷没，诸国国王人民皆避难山内。谷儿只女王鲁竹丹（Rouzoutan）则避于亦米莱忒（Iméréthi）山中之乌桑奈惕堡（Ousaneth）。

1238 年，绰马儿罕侵略阿剌思河与库尔（Kour）河两河中间之地。其地是谷儿只诸藩王之领土。诸王多是谷儿只国大将军伊万涅之亲属[②]。蒙古统将合达罕攻取克答拔谷（Kedapagou）、瓦儿撒纳黍德（Varsanaschod）二城。别一统将木剌儿攻取赡喀儿（Schamkhar）城及其附近诸堡。绰儿马罕之弟佐剌取喀真（Khatchen）堡，堡将札剌勒（Djalal），伊万涅之侄也，退守堪查撒儿（Kandzassar）附近之豁克（Khohk）堡，旋以堡降。察合塔取罗

① 见诸外利书，《世界史略》。

② 根据阿美尼亚史家占哲安（Tchamtchéan）的记载，绰儿马罕所属诸将，位高者二人，名称帛纳勒那颜（Penal noyan）、木剌儿那颜（Moular noyan），位较低者十五人，名称合达罕（Ghadaghan）、察合塔（Tchaghata）、秃合塔（Toughata）、苏尼塔（Sonitha）、佐剌（Djola）、阿速都（Asouthou）、巴柱（Batchou）、脱脱（Thoutou）、忽都（Khouthou）、阿儿思兰（Arslan）、窝可塔（Okotha）、火剌（Khola）、忽儿浑赤（Khourhuondji）、忽难（Khounan）、哈剌不花（Cara Bouga）。

儿希(Lorhi)城,此城属阿尼王沙歆沙(Schahinschah),亦伊万涅之侄也,堡陷,王得脱走。蒙古军复侵入谷儿只,取特曼尼色(Tmanisé)、赡瑞勒迭(Schamschouildé)、梯弗利思等城。秃合塔围伊万涅之子阿瓦克(Avak)于伽延(Gaïén)堡,阿瓦克以堡降。(回历六三六年,公元1239年)明年赡喀儿王瓦蓝(Vahram)与斡儿佩良(Eligoum Orpélian)并出降[①]。绰儿马罕偕瓦蓝、阿瓦克往取阿美尼亚之古都阿尼城,命使者往谕其降。城人答曰:无沙歆沙之命不能以城降附。使者将退,民众执使者杀之。绰马儿罕遂围其城。城中缺食,居民多出城投蒙古军。绰马儿罕以粮给之,城中人来投者愈众,旋为绰马儿罕分隶于各队尽杀之。及城破,蒙古军尽屠其民而焚其城。

哈儿司(Kars)城闻阿尼城被屠,恐亦不免,乃以此城锁钥送赴绰马儿罕军前。然其居民仍不免于屠杀,所存之儿童工匠,皆作俘虏。蒙古军屠杀哈儿司城以后,退驻木干平原[②]。

1240年,阿瓦克王偕其妹檀姆塔(Thamtha)往朝大汗窝阔台。大汗待之甚厚,其归国时,曾付以圣旨,命绰马儿罕将其领地交还,并以其他诸阿美尼亚王之领地交还各人。阿瓦克复请谕诸将,除原定贡赋以外,不得别有苛敛。大汗许之[③]。

达曷水同额弗剌特水附近一带居民经兵燹以后所余无几。蒙古人又想侵略鲁木国。此国为塞勒术克朝之一支,统治者已逾一世纪有半。1080年顷,波斯王灭力沙(Melik-schah)命其从弟苏

① 见占哲安撰《阿美尼亚史》,《新亚洲报》第2册200页。
② 见 Michæl Chamich 撰《阿美尼亚史》,Johan Avdall 译本第2册235页。
③ 见上引占哲安《阿美尼亚史》202页。

黎曼沙(Soleïmanschah)率领突厥古斯(Turcs-Gouzes)或突厥蛮(Turcmans)八万户侵略异教人之国,占领东罗马帝国所属小亚细亚中部诸州,建一新国,即以鲁木(Roum)名其国。鲁木者,犹言罗马国,定都科尼亚(Conia,Iconium)。苏黎曼沙以国土分封从征之突厥蛮。由是突厥蛮散居各地,诸州之基督教徒遂为凶猛的游牧部落所统治。

蒙古人进取此国之日,适当苏黎漫沙后裔第八代算端加秃丁凯豁思鲁(Ghiath-ud-din Keï-Khosrou)在位之第五年①。时绰儿马罕已死,拜住代领其军,阿美尼亚及谷儿只亦以军从,进围额儿哲鲁木城。守城将锡南哀丁雅库特(Sinan-ud-din Yacout),前王凯库拔解放之家奴也。蒙古军以投石机十二具攻城,攻之二月,破其外城,次日子城亦破,尽屠守城者,俘其工匠妇女,毁城而去②。

(回历六四〇年,公元 1243 年)次年,拜住侵入额儿赞章州。凯豁思鲁率两万骑赴西瓦斯往御。失普勒司岛(Chypres)人里米那塔(Jean Liminata)及吉那哇(Gènes)人迦司特洛(Boniface de Castro)率富浪人(Francs)二千以从③。阿美尼亚、歆姆司(Hims)、蔑牙发儿斤诸部之王,曾许以兵来援,而背约不至。凯豁

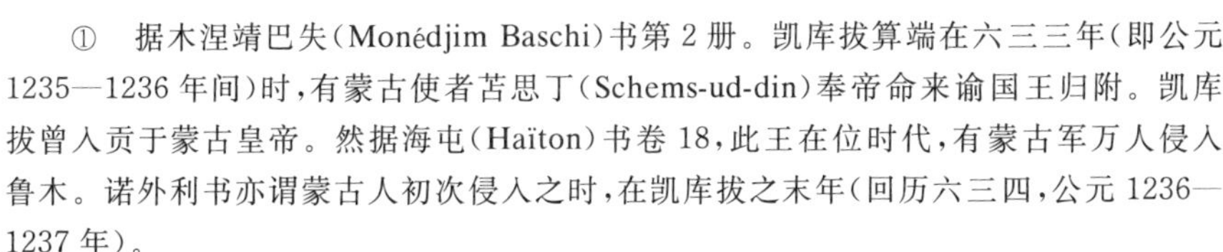

① 据木涅靖巴失(Monédjim Baschi)书第 2 册。凯库拔算端在六三三年(即公元 1235—1236 年间)时,有蒙古使者苫思丁(Schems-ud-din)奉帝命来谕国王归附。凯库拔曾入贡于蒙古皇帝。然据海屯(Haïton)书卷 18,此王在位时代,有蒙古军万人侵入鲁木。诸外利书亦谓蒙古人初次侵入之时,在凯库拔之末年(回历六三四,公元 1236—1237 年)。

② 见诸外利书,木涅靖巴失书第 2 册,《世界史略》。

③ 见海屯《东方史》卷 18。又据 Matin Sanut 之说,其第二人名 Boniface de Molinis,是维尼思(Vénise)人。

思鲁自西瓦斯进军，至额儿赞章境内阿克失哈儿（Acscheher）小城之平原[①]，营于阿剌库黑山（Alacouh）上，此山亦名库萨达山（Koussadag），距蒙古军结营之地不远。鲁木军开始攻击，然敌军甫发矢，突厥人遽退走，全军皆溃。算端奔回营帐，挈其宫嫔，弃其辎重、财宝而逃。蒙古军见敌军不战而溃，疑设伏，不敢遽追。二十四小时后，诇知敌军实逃，乃往掠其营，旋进攻各地。西瓦斯居民急遽请降，得免屠虏。然蒙古军仍抄掠，并堕其城，焚其战具而去。嗣又掠脱哈特（Tocat）、凯撒里亚（Césarée，Caïssariyé）两城[②]。

算端部将某与阿马西牙（Amassia）城之法官，相偕自动赴西瓦斯城附近谒拜住求和，代算端约岁贡四十万底那，外献布、马、奴婢若干。拜住许之。凯豁思鲁在科尼亚闻其部将代订和约之讯甚喜[③]。

① 见诺外利书。

② 见诺外利书，《世界史略》，海屯书第 18 章，木涅靖巴失书第 2 册，文生（Vincent）书第 30 卷第 60 章。诸史家记述此事之年，皆不一致。《世界史略》及木涅靖巴失位其事于六四〇年（公元 1242—1243 年）。马克利齐（Macrizi）书谓在六四一年（公元 1243—1244 年）。文生书及占哲安书谓在 1243 年。海屯书谓在 1244 年。然吾人以为《世界史略》之证据较为确实。根据此书，蒙古军在 1243 年 6、7 月间驻在鲁木。顾回历六四一年开始于 1243 年 6 月 21 日，除非知在何日作战外，颇难确定其事在六四〇年抑在六四一年。诸外利书在他处记载颇为翔实，而在此处则有一种重大年代错误。此书位置拜住之侵入与库萨达之败于六五四年，盖误以六五三年拜住之第二次侵入鲁木与第一次之侵入为一事。鲁不鲁乞（Rubruquis）书卷 52 谓据亲见此战者云，拜住之军不及万人。海屯书卷 18 则谓其有三万骑。

③ 见木涅靖巴失书，根据文生书所志西孟（Simon）教士之说（第 31 卷第 28 章）。按照此约，塞勒术克算端应岁贡希培儿培儿（Hyperperes）一百二十万、绢五百匹、骆驼五百匹、羊五百匹，应由鲁木国人自运至大汗所。此外呈进之物，价值不得少于岁贡之额。凡鞑靼使臣在鲁木国中者，应供给其所需之马匹、粮食等物。

蒙古军在鲁木国作战之时,计有两月。和议成,乃退兵,而营于额儿赞章。命此城人纳币,城人不允,遂破其城而屠其民[①]。

别有一蒙古军进取西利亚,近马剌迪牙。此城之人闻凯撒里亚屠掠之讯甚惧,守城官吏分取库藏金银出逃阿勒波。(公元1243年7月)同时基督教民与伊斯兰教民亦多出走,然行至距城半日程之地,为蒙古军追及,屠其人,虏其妇孺。然蒙古军不围马剌迪牙,而进至阿勒波。统将牙撒兀儿(Yassaour)命城人纳币,得之即退。回军时复过马剌迪牙,伪作攻城之势。守城官吏征集货币金银,连同主教堂所藏宝物,共值四万金钱之物,输纳蒙古军。牙撒兀儿乃退军,还向波斯[②]。

1244年终进军至阿勒波附近者,疑为同一蒙古统将。此军曾两次命令安都(Antioche)国王博黑孟德五世(Bohémond V)堕其诸城,输纳全国赋税,并献幼女三千。王拒之。蒙古统将以时未至,未遽攻击。已而安都王与其他基督教诸侯数人请降纳贡始免[③]。

蒙古军统将曾遍致书于西亚细亚诸国王,命其降附。1241年时,蔑牙发儿斤王暨其他伊斯兰教诸王皆接到蒙古使者所致书,内容大致谓:地上辅佐天主之可汗招谕诸王降附。其致书于蔑牙发儿斤王失哈不丁(Schihab-ud-din)之使者传语云:可汗曾以太仆(Selahdar)官位授王,命王将诸城堕毁。王答曰:本国不及鲁木、

① 见《世界史略》521页。

② 见《世界史略》522页。

③ 巴利(Mathieu Paris)书876及937页。

西利亚、埃及诸国之大,请使者赴诸国招谕,本国必随其后入贡称藩[1]。

西里西亚(Cilicie 即小阿美尼亚)王海屯一世(Hethoum I)曾许以阿美尼亚军援助鲁木算端。然观望持两端,不以军往援[2]。及见鲁木国降附蒙古,敌军近迫国境,乃商得国内诸贵人之同意,纳款于蒙古军,于 1244 年春遣使奉重币往请喀真(Khatchen,今名哈剌巴格[Cara-bagh])王札剌勒介见拜住、绰马儿罕之妻及其他诸蒙古统将。初凯豁思鲁之母偕其妻女避兵于西里西亚,至是拜住令其献出,并遣使偕西里西亚使臣还国。海屯虽为此条件所窘,然不得不从,以鲁木诸妃主献出。拜住乃与海屯结盟,并以证明其为大汗藩臣之文书(Altemga)付之。

1245 年,蒙古军取完湖(Van)以北诸地。大汗窝阔台命以其中之起剌特城授谷儿只公主坛姆塔。坛姆塔者,伊万涅之女,阿瓦克之姊,阿思剌夫之妻也。蒙古军旋取阿米德,进军美索波塔米亚,取鲁哈、纳昔宾等城。其地居民闻蒙古军至皆逃。然因酷暑,军中战马多死,蒙古军不得不退出其地。

蒙古斥地日广。毛夕里王别都鲁丁卢卢(Bedr-ud-din Loulou)曾代大马司王与蒙古人缔约。根据此约,西利亚国人视贫富而纳丁税,富者科十底儿痕(dirhem),次富者纳其半,贫者纳一底儿痕[3]。

同年报达接到鸽书,蒙古军已入报达北方八日程之失海儿竹

① 见马克利齐书,《伊斯兰教王朝史》。

② 见《世界史略》。

③ 见马克利齐《埃及史》,《伊斯兰教王朝史》第 2 册。

儿(Scheherzour)。此城领主蔑力克哀丁摩诃末(Mélik-ud-din Mohammed),桑豁儿(Sangour)之子也,逃避于一堡中[①]。

1246 年,蒙古人进军至雅库伯,为副掌印官(dévatdar)所统率之报达军队所击退[②]。

拜住虽取谷儿只,然其王后鲁竹丹尚固守乌桑奈惕堡而不出降。拜住遣使持币往谕,并求与之面订盟约,鲁竹丹不报。自窝阔台死后(1241),成吉思汗系之宗王以拔都(Batou)为最强,亦遣使招降,鲁竹丹亦不允,惟以其子大维德(David)为质于拔都所。

拜住怒鲁竹丹之不出降,欲为谷儿只人别立一君,以附蒙古。谷儿只前王剌沙(Geonge Lascha),鲁竹丹之兄也,有私生子,亦名大维德。鲁竹丹嫁女于凯豁思鲁时,遣之偕至鲁木,而被拘留于凯撒里亚城者十年。至是拜住命赡喀儿王瓦蓝往迎大维德至蒙古营。阿美尼亚诸王奉之为国王,并对之宣誓,竭忠拥戴。瓦蓝率阿美尼亚军及谷儿只军,偕蒙古军,共奉大维德至谷儿只总主教旧驻之梅兹杞塔城(Metskitha),举行即位典礼,嗣以兵向乌桑奈惕堡。鲁竹丹以其子托拔都汗,而自仰药死。

谷儿只王虽即位,尚未受大汗册封,乃赴蒙古往朝大汗,而于 1246 年 8 月参加大汗贵由即位典礼。时拔都亦使鲁竹丹之子赴选举大汗之大会。两王争国,贵由乃使之分国而治。剌沙之子主谷儿只本国,鲁竹丹之子主此国西部,包含亦米莱忒、明格烈里(Mingrélie)、阿卜哈司等地。二国国境以息鹿司(Cyrus)、发司

① 见诺外利书。

② 见诺外利书。

(Phase)两河之分水岭为界。两王皆受国王册封，惟刺沙之子大维德为其表弟大维德之主君[1]。

小阿美尼亚王海屯遣其弟大将军三帕德(Sempad)入朝，贺新帝即位。三帕德请返鲁木算端所侵占西里西亚之数城，贵由汗许之，命其往谕拜住执行。

数年以后，报达又闻警报。(回历六四七年，公元1249—1250年)蒙古军进陷答忽哈，而杀其长吏比勒边(Bilban)[2]。

(回历六四八年，公元1250—1251年)大马司王纳昔儿得大汗之保障文书，献重币以谢。

(回历六五〇年，公元1252—1253年)蒙古军侵入美索波塔米亚，抄掠底牙儿别克儿、蔑牙发儿斤两地，进至莱司阿因、苏鲁治。此役杀人逾万，有商队自哈朗赴报达，蒙古军杀其人而掠其货，得物甚夥，中有糖及埃及棉线六百担，别有金钱六十万底那。掠后返起剌特[3]。

同年，牙撒兀儿又率一军往侵马剌迪牙城，沿途杀戮甚众，马剌迪牙附近一带皆被蹂躏[4]。

加秃丁凯豁思鲁算端死，国中贵人于1245年奉其长子也速丁凯迦武斯(Yzz-ud-din Keï-Kavous)即位，以新王两弟鲁克那丁克里吉阿儿思兰(Rokn-ud-din Kelidj-Arslan)、阿剌瓦丁凯库拔(Alar-ud-din Keï-Cobad)辅政，货币上及公共祈祷(Khoutbé)中

---

① 见St. Martin《阿美尼亚纪》第1册384页，第2册292页。

② 见诺外利书。

③ 见诺外利书。

④ 见《世界史略》。

并著三王之名。

国中有贵人欲奉鲁克那丁为王,丞相苫思丁(Schems-ud-din)亦思法杭人也,杀奉戴鲁克那丁之党,而妻也速丁算端之母,欲鲁克那丁之远离,乃命其奉岁币往朝大汗贵由。鲁克那丁至大汗所,其随从官吏有别海哀丁忒儿术曼(Behai-ud-din Terdujuman)者,诉其国丞相擅杀忠于此王之贵人,妻其前王之后,而未奉大汗之命擅立鲁木算端。蒙古大汗乃命废也速丁,而立鲁克那丁为国王,以别海哀丁为丞相而代苫思丁之位。

苫思丁闻易君讯,即命马剌迪牙州长剌施都丁(Reschid-ud-din)赍金钱宝石甚夥,赴大汗所,希图复位。使者至额儿赞章城附近,闻鲁克那丁及新相将至,惧不敢往,乃置其所携宝物于克马失堡(Kemasch),而逃阿勒波。(公元 1249 年)未久,别海哀丁以蒙古军二千至,宣告鲁克那丁主国事,时鲁克那丁离国已三年矣。

苫思丁欲奉也速丁算端自科尼亚奔海滨,然为诸贵人擒以献敌。别海哀丁遣蒙古人数人赴科尼亚,拷问苫思丁藏置财物之处,旋杀之。

至是约定兄弟二人分国而治。西瓦斯河(Sivas)以西,也速丁主之;余属鲁克那丁。然鲁克那丁之臣欲依大汗命,使其王独主其国,由是奉戴也速丁诸臣乃用诈谋,诳其敌曰:也速丁愿从大汗之命,欲与其弟会于凯撒里亚,任以何地授也速丁,皆所愿也。鲁克那丁偕其相至约会之所,皆为也速丁之臣执赴科尼亚。然也速丁不正其罪,仍约两弟共执国政。

(回历六五二年,公元 1254 年)蒙哥汗在位之第二年,召也速丁入朝。畏其弟鲁克那丁夺据其位,不敢行,令其幼弟阿剌瓦丁凯库拔代往，以大将赛甫丁塔郎台（Seïf-ud-din Tarenttaï）、海域长官叔札乌丁（Schudja-ud-din）二人从行，赍贡物经黑海钦察平原而赴蒙古。也速丁上书皇帝，谓其幼弟亦为算端，故遣其入朝。本人不能亲至者，缘恐其敌希腊人（Grecs）及阿美尼亚人来侵，必须留守，然冀不久将亲往朝见[①]。

鲁克那丁党谋立其王，伪为也速丁致塔郎台等二使书，命将阿剌瓦丁及贡物交于来使掌印官苫思丁（Schems-ud-din）及异密赛甫丁札里失（Seïf-ud-din Djalisch）二人。由此二人奉王及贡物入朝，而招塔郎台等还科尼亚。此二使追及鲁克那丁于拔都汗所，谒拔都，谓先所遣二使，塔郎台前被雷击，不宜入朝；叔札乌丁为医师，善巫蛊，携有毒药，恐不利于可汗。是以算端命其二人代往，而召塔郎台等二人归国。拔都命搜检塔郎台等行李，见有药物，其中杂有泻药（scammonée）。拔都令叔札乌丁尝其药物，诸药皆尝，惟遗泻剂。拔都疑是毒药，然其侍医识为医师所用药料。拔都乃命后二使随幼算端入朝，前二使则赍贡物分道以往。阿剌瓦丁道卒[②]。

四使至大汗蒙哥所，各誉其主。大汗仍命二王分治其国。西瓦斯河以西，也速丁主之；河以东迄于额儿哲鲁木边地，鲁克那丁主之。岁赋亦均为二[③]。

阿剌瓦丁行后，鲁克那丁之党以也速丁欲不利于其王，乃奉王至凯撒里亚征集军队，进向科尼亚。也速丁败之。鲁克那丁被擒，

① 见《世界史略》506 页。

② 阿剌瓦丁之母，即谷儿只王后鲁竹丹之女。

③ 见诺外利书。

而被禁于不毛堡[1]。

(回历六五三年,公元1255年)次年[2],拜住以也速丁算端岁贡晚期,兴师问罪,在科尼亚、阿克塞莱(Acseraï)两城间与算端军遇,败之。也速丁偕其家人逃避安塔里亚堡(Anthalia)。拜住出鲁克那丁于狱,使主国事[3]。

也速丁逃依东罗马帝剌斯迦利司(Thédore Lascaris)所。时东罗马帝在萨儿德城(Sardes),见也速丁至,恐开衅于鲁克那丁之党,并得罪蒙古,乃劝其归。也速丁还鲁木,上书旭烈兀(Houlagou)求内附。旭烈兀仍命兄弟二人分国而治。也速丁复归科尼亚,而主其国[4]。1251年蒙哥即帝位,海屯请拔都为之先容。拔都劝海屯往朝大斡耳朵(Ordou),并于经过时来见。然海屯畏道远,又恐离国久而妨国务,不果往。会阿儿浑(Argoun)奉命征西方贡赋,携伊斯兰教掾属多人至阿美尼亚,待遇基督教民甚苛。阿美尼亚史家云:"阿儿浑命阿美尼亚人十岁以上者,各纳六十钱。其不能纳者,严刑拷索,土地没收,妻子卖作奴俾。有不幸而逃亡者,则执其人鞭挞之,然后以饲猛犬。"[5]海屯王闻大阿美尼亚之苛敛事,乃决定入朝,为其国人请命。然因其妃伊萨贝耳(Isabelle)死,致迟行期二年,1254年始成行。微服过小亚细亚,先谒拜住于哈儿思城,停大阿美尼亚某王所。待其父孔士坦丁(Constantin)寄送

① 见《世界史略》506页。

② 诺外利书谓在六五五年,木涅靖巴失书谓在六六四年。

③ 见《世界史略》521页,诺外利书,木涅靖巴失书。

④ 见Pachymères书第1册12及13页,Nicéphore Grég。书第1册33及34页,参照Stritter Turcicor书第22章368节400页。

⑤ 见Michael Chamich撰《阿美尼亚史》第2册246页。

贡品至，乃取道打耳班（Derbend）而至拔都汗所，见拔都及拔都子撒儿塔（Sartakh）。时以撒儿塔为基督教徒。又从拔都汗所行五月而抵大汗廷。蒙哥大汗优礼之，授以保护其国之文书，暨蠲免其国教堂赋税之圣旨。海屯留蒙哥汗所五十日，辞归，取道河中（Transoxiane）、波斯而于 1255 年还西里西亚。时旭烈王大军亦抵波斯矣[①]。

自札阑丁死，迄于旭烈兀王率大军自鞑靼国至波斯，完成西方诸国侵略之时，蒙古军侵略西亚细亚之事散见于诸书者，已鸠集摘录于前。当时绰儿马罕与继其后之拜住，所统军队虽不及哈里发、鲁木、埃及等国算端西利亚、美索波塔米亚及其附近诸地诸王联合军队之众，顾诸伊斯兰教君长不知合军以御敌，故鞑靼人次第击破诸国之军，分别侵略臣服其地。除鞑靼人从未试欲侵略之埃及外，诸王皆次第受其怯懦自私之害。

吾人兹将叙述旭烈兀西征以前波斯之蒙古长官之事迹。

① 见杞刺可司 Kirakos Kaidzaketsi 撰《海屯入朝大汗行纪》（《亚洲报》第 12 册 Klaproth 刊本）273 页。

第三章

波斯之蒙古长官——真帖木儿——阔里吉思——阿儿浑——也里部克儿特朝之兴——起儿漫部博剌克以后之嗣君

成吉思汗退出波斯以后，其长子术赤（Djoutchi）使真帖木儿（Tchintimour）留镇花剌子模。窝阔台大汗命绰儿马罕讨札阑丁，真帖木儿受命将花剌子模军以从。绰儿马罕追逐札阑丁时，留真帖木儿平呼罗珊，即以之为呼罗珊长官。当时视此种侵地为成吉思汗诸子之所共有，故四系各遣官一人以佐真帖木儿。可汗遣克里剌特（Kélilat）[①]，拔都遣奴萨勒（Noussal），察合台（Tchagadaï）遣忽勒脱花（Coultoga），拖雷（Toulouï）之妻及其子遣统河（Tounga），共镇其地。呼罗珊虽经蒙古军队之残毁，尚有若干区域因其降附之速，未经抄掠。先是蒙古人只知掠取布匹、牲畜，尚不知金银、宝石之可贵。真帖木儿至，则专苛求此种物品。除所征之税金外，并拷虐人民，强其献出藏物，既而杀之，其仅存之民甚至房屋亦须赎回。

又一方面，花剌子模余党亦在呼罗珊境内肆其破坏。所至之

① 亦写作 Keulbilat。

处，杀戮绰儿马罕所置官吏，并搜寻附于蒙古之人[1]。统率此党者，为札阑丁算瑞之旧将哈剌札(Caradja)、脱欢桑古儿(Togan Sangour)二人。所部康里(Cancalis)人约万人，大致窜据你沙不儿、徒思(Thous)两地诸山中。真帖木儿三次往讨而不能克。克里剌特往讨，战于撒卜咱瓦儿(Sebzévar)附近，力战三昼夜，丧失两千人，始能将其击退。哈剌札败遁西只斯单(Sidjistan)，脱欢逃往忽希斯单(Couhistan)。克里剌特遣四千骑往追，三日后破伊斯兰教大教堂，尽歼其中之康里人[2]。

大汗又命八的吉思(Badghis)守将塔亦儿把阿秃儿(Tair Bahadour)往讨哈剌札，命尽平叛人所居之地[3]。帅在道，闻哈剌札为克里剌特所败，退守阿剌克昔思田堡(Arak Sistan)，进兵围之。然二年后始拔此堡。

塔亦儿把阿秃儿自昔思田(Sistan)移书真帖木儿，言其已受帝命，代之为呼罗珊长官。并责其残毁呼罗珊甫经兴复诸区，使无罪之民获哈剌札叛变之咎，并谓将遣人入奏而待帝命。会绰儿马罕又召集真帖木儿及其他诸将率军往会，而命塔亦儿把阿秃儿留守呼罗珊、祃拶答而两州。真帖木儿与诸属官谋，决遣克里剌特赴大汗所，请留真帖木儿居守呼罗珊、祃拶答而，并使此两地之数小王随之入朝。(回历六三〇年，公元1233年)顾伊兰(Iran)诸王之入朝哈剌和林(Caracouroum)，斯为创举。窝阔台闻知甚喜，以绰儿马罕统治其地数年，未能遣其地一王来觐。遂以真帖木儿为能，

① 见《世界侵略者传》。

② 见《也里(Hérat)州志》。

③ 《世界侵略者传》因此引证波斯谚语云："狼知裂，应教之使知缝。"

复命之领呼罗珊、祃拶答而，克里剌特为副，使不受绰儿马罕及其他诸将节制。厚礼诸王，册封之为各本部王而遣之归。

真帖木儿以花剌子模人舍里甫丁（Schéréf-ud-din）为大必阇赤（Ouloug Biticoudji），术外因（Djouveïn）人博海丁摩诃末（Behai-ud-din Mohammed）管理财赋。博海丁者，《世界侵略者传》撰者之父也。三系宗王统兵之将，各以一人属经理财赋省，经收各王所应得之赋税。

1235年，真帖木儿死，以年近百岁之奴萨勒[①]代之。未久复为阔儿吉思（Keurgueuz）所代。初，真帖木儿遣其掌印官阔儿吉思偕术外因人摩诃末入朝，报告呼罗珊、祃拶答而之治绩。窝阔台问及诸州情形，阔儿吉思答云："帝泽远被，人民安乐。昔日冬寒之区，今现春和之象。鸟鸣花香，无异天堂乐园。"帝闻对甚喜。时其同部人镇海（Tchincaï）用事，颇庇护之。

阔儿吉思以才能进，生于畏吾儿（Ouïgours）都城别失八里（Bisch-balic）附近之一村中，幼善畏吾儿书，事术赤之部将某。一日随其主从术赤出猎，适术赤得父书，书记皆不在侧，求随从诸人中能读者。阔儿吉思为读之，术赤乃收为己用，命以畏吾儿书授诸子。及真帖木儿受任为花剌子模长官，以阔儿吉思为书记，不久得其信任而为掌印官。

阔儿吉思甫归祃拶答而，真帖木儿死。奴萨勒继任时，仍守旧职。已而大汗召之入觐，垂询呼罗珊事。镇海之敌答尼失蛮哈只卜（Danischmend Hadjib）欲以真帖木儿之子翁古帖木儿（Ongou-

① Noussal，《史集》则名其人曰 Yéschil。

Timour)嗣父职，镇海则欲用阔儿吉思。镇海独对时，力荐之，谓呼罗珊诸贵人咸愿阔儿吉思主州事。窝阔台乃命其暂时征收两州赋税，并括其户口，不许他人干涉其事。阔儿吉思归呼罗珊执行其职。奴萨勒老，既解任，不足为阔儿吉思患。惟克里剌特颇有才能，每有所言，阔儿吉思辄以不许他人干涉之诏旨示之。由是组织呼罗珊、祃拶答而官厅，并惩治无数苛敛之人。

舍里甫丁与克里剌特均失势，颇不平，怂恿翁古帖木儿谋嗣其父之位。舍里甫丁阳与阔儿吉思善，而阴谋陷之。翁古帖木儿乃诬阔儿吉思以罪状入告，窝阔台命阿儿浑(Argoun)往按其事。

阔儿吉思闻翁古帖木儿有使入告，乃留博海丁摄其职，自行往辩，路遇使者于费纳克忒(Fénakét)。使者命其返，不从，继以斗殴。阔儿吉思折一齿，不得已随使者行，夜遣其亲信一人持溅血衣入诉。

使者至呼罗珊，诸队长及克里剌特、翁古帖木儿、奴萨勒等持杖逐阔儿吉思之书记、掾属等于其邸外。阔儿吉思待帝命而不与较。窝阔台见血衣，怒，命召两造文武长吏至大汗所鞫讯。阔儿吉思闻命即携亲信数人行，克里剌特与翁古帖木儿亦遽就道。两造同时抵不花剌，其地官吏宴之。克里剌特出帐，为伏者杀之于野。

两造至大汗所，各献一帐于大汗。大汗先就食于翁古帖木儿所献之帐，食毕出帐，其帐即为风所仆。大汗不怿，命人裂之。数日后，入阔儿吉思所献帐，见珍异罗列，中有一宝石带[①]，大汗束之，顿愈腰疾。大汗甚愉，遂畅饮。

---

① 其宝石名称 Yarcan。

大汗命镇海与其他数畏吾儿人鞫其事。其助阔儿吉思者，皆属具有才能名望财富之人。至其敌方，自其魁克里剌特死后，诸子皆幼稚，而翁古帖木儿亦为无经验之人。双方曲直不难预睹。鞫讯数月未竣，帝欲两造修好。命阔儿吉思与翁古帖木儿同居一帐，共杯而饮，然迄不能使之言和。镇海等乃以鞫讯结果上闻。窝阔台命两造来前亲讯之，遂断翁古帖木儿等为有罪，告翁古帖木儿曰："汝属拔都之人，余将以汝付拔都惩治。"镇海悯翁古帖木儿，乃代之答曰："翁古帖木儿言可汗为拔都之主。贱犬如余者，不足当两主会讯，惟可汗自决之。"窝阔台曰："汝言诚是。如汝所犯之罪，虽其亲子，拔都必不宥之。"然仍宥翁古帖木儿不罪，其党或予杖，或付阔儿吉思俾其以枷械其首，而诸人皆应随之归。帝云："依成吉思汗法令(Yassaï)，凡诬告者皆应处死。惟思其妻子皆盼其归，所以宥其罪，然不许再犯。同时并告阔儿吉思，彼与诸人皆属余臣。余既宥其罪，不得仍怀旧怨，否则将正其罪。"遂以绰儿马罕所征服阿母河(Oxus)以西诸地委付阔儿吉思管领。

波斯诸贵人亦求授以诏敕。阔儿吉思以为设若诸人皆奉有同一诏敕，将不服其管理。乃与镇海约，皆不以诏敕授之。

当审讯时，舍里甫丁仍阳示忠于阔儿吉思，而阴助其敌。及阔儿吉思得直，翁古帖木儿之党知帝眷未衰，乃以舍里甫丁所致翁古帖木儿诸手书献阔儿吉思，其阴谋始著。帝闻之，恐阔儿吉思修怨，乃留舍里甫丁不遣。阔儿吉思之友为谋，以为敌人在远尚足为害，不如留在左右，较易监视。阔儿吉思乃借词呼罗珊课税尚未征集，若留舍里甫丁不遣，恐税吏侵蚀公帑。帝乃许其偕之归。

(回历六三七年，公元 1239—1240 年)阔儿吉思归至徒思，即以其地为治所，召集呼罗珊、伊剌克诸贵人暨诸蒙古统将宴乐数日，公布皇帝新颁诏命。

先是绰儿马罕遣官管理伊剌克阿哲儿拜占诸地，横征暴敛，诸官皆得为所欲为，以公帑入私囊。至是阔儿吉思命其子偕课税司掾属数人赴诸地，去其官吏之贪赃溺职者，并追其赃入官。

阔儿吉思复保护波斯人之生命财产。至是蒙古官吏不复再能任意杀人，军行所过，士卒亦不复能扰害平和居民，故人皆敬而畏之。

徒思城自经兵燹以后，仅余五十户。及择此城为治所之后，波斯贵人遂在城内购买邸舍。一星期后，房地之价增加百倍[①]。

也里(Hérat)城亦同时兴复。此城自1222年攻陷以后，十五年间居民甚少。至1236年，窝阔台命将呼罗珊诸城兴复，由是也里城亦召集流亡。先是有异密名也速丁(Yzz-ud-din)者，曾经拖雷命其率民一千户徙居别失八里，至是命其率百户还也里。归后生计艰难，无牛耕地，乃以人引犁。沟渠已塞，势须以人工灌溉。所种之麦棉，初次收获以后，选壮者二十人各负棉二十“门”(menns)往阿富汗斯单(Afghanistan)交换耕具[②]。1239年，本地诸酋遣人往求大汗，再遣侨民。五月后，又有二百户迁来也里，次年籍户口，已达六千九百人。自是以后，由各地迁居此城者，日见其众[③]。

---

① 见《世界侵略者传》。

② 原文尚有连同diraz dunbal之语。按此二字波斯语犹言长尾，殆《也里州志》欲指一种羊类而言。

③ 见《也里州志》。

阔儿吉思至徒思时，即命以枷械舍里甫丁之首，得其构陷之事，乃以罪状入告。使者在道，闻窝阔台死。阔儿吉思自亦入觐，过河中(Transoxiane)，与察合台汗之侍臣某斗。侍臣谓将诉之察合台汗妃。阔儿吉思答云不惧。侍臣归报，王妃亦怒。旋阔儿吉思闻窝阔台死，而又开罪王妃，乃还徒思。舍里甫丁之妻遣人往愬诸宗王，诸使者皆在中道被扣留，仅有一人达于察合台汗(Ouloug Iff)廷。察合台诸妃与子命阿儿浑往捕阔儿吉思。时阔儿吉思已将舍里甫丁付与撒卜咱瓦儿城知事，命其处死，兹闻讯，急命停止执行。

阿儿浑至，阔儿吉思深藏不出，命诸将校往捕始出，并拘其家宰乌赛鲁丁(Ousseil-ud-din Rogdi)。由是呼罗珊、祃拶答而重沦于混乱之中。

捕阔儿吉思至察合台汗廷，审讯后，复送大汗所。时皇后秃剌乞纳(Tourakina)摄政。镇海因得罪皇后已逃。阔儿吉思既无庇护之人，尤不幸者，无钱证其无罪。皇后复命将其送交察合台诸子鞫问。阔儿吉思答词不慎，哈剌旭烈兀(Cara-Houlagou)命人以土塞其口毙之。阔儿吉思晚年时曾弃佛教而改信伊斯兰教[1]。

阿儿浑至大汗廷，摄政皇后命其代阔儿吉思为波斯长官。阿儿浑，斡亦剌部(Ouïrate)人也。幼时父贫，曾以之易牛肉，而为窝阔台傅札剌儿部(Djelaïre)人某所得，后为皇帝宿卫[2]。通畏吾儿书，窝阔台大汗时为中书省官。曾偕豁班(Coban)至中国。及按

① 见《世界侵略者传》。

② 见《史集》。但据《世界侵略者传》，其父为斡亦剌部之千户长。又云斡亦剌部因与成吉思汗族通婚，故为诸部落中之一重要部落。

翁古帖木儿、阔儿吉思之事，以阔儿吉思为直，大汗乃命其为阔儿吉思之副。然阔儿吉思专其职，而不欲其分任其事。阿儿浑乃还家合台汗廷，至是乃命其往捕阔儿吉思。

阿儿浑赴大汗廷时，以舍里甫丁俱。时伊斯兰教妇人法迪马(Fathma)用事，颇得皇后宠。阿儿浑求之转请以舍里甫丁为大必阇赤。舍里甫丁许以四千巴里失(balischs)献。

舍里甫丁，花剌子模城担夫子也。其城长官悦其色，录之为侍者。真帖木儿偕绰儿马罕奉命往征呼罗珊，求一能通译之书记，因须反对穆斯林，无人敢任此职。花剌子模城主以其色衰，乃荐之于真帖木儿。舍里甫丁由是解蒙古语，任通译者只彼一人，故凡事皆经其手，遂成要人。

(回历六四一年，公元 1243—1244 年)阿儿浑偕皇后派来征收课税之使者数人至呼罗珊，留诸使于此地，而自赴伊剌克、阿哲儿拜占两地，解除诸蒙古统将之苛敛。至帖必力思、鲁木、西利亚之使臣来见，求其保护，遂遣人至其国接收贡赋。

舍里甫丁当此时间，则肆其搜括，置督税人于税户而督征之，锢诸税户，不予饮食，加以拷虐。伊斯兰教教师曾经蒙古人蠲免课税者也，求其略微减少，不允。寡妇孤儿根据伊斯兰教法规及成吉思汗法令，亦属蠲免课税之人，求其蠲免，亦不允。帖必力思致有人质卖子女以纳课税。有一征税人入一死者之家，无物可取，乃取其裹尸之布而去。剌夷城诸征税员将其在伊剌克境内所搜括之物共其牲畜，置于此城伊斯兰教教堂之中。幸而舍里甫丁以 1244 年死。阿儿浑乃一反其所为，其未能缴纳者则蠲免之，其因课税而在狱中禁锢者则释放之。初窝阔台死，成吉思汗系诸宗王不守法令，各以敕令征取财赋，或蠲免课税。至是开选举大汗会议，召阿儿浑与会，乃尽取所奉诸王敕令，赍所征税额，携所属官吏，而赴蒙古。时大汗贵由业已当选，其所呈贡物尤足博得大汗之欢心者，厥为诸王之敕令。大汗嘉其守正不阿，命其仍长波斯省事。其所荐擢之人，亦皆报可。舍里甫丁已死，乃以火者法合鲁丁(Khodja Fakhr-ud-din Bihischti)代之。

阿儿浑还至波斯，诸贵人聚集于马鲁城(Merv)以迎，聚宴数日。

旋阿儿浑知朝中有敌，欲入朝营谋。行至答剌速(Taraz)，闻大汗贵由死。先是贵由命宴只吉带(Iltchikadaï)以军往征波斯未下诸部，至是宴只吉带劝其归筹饷给，乃还。同时诸王又以敕令来预征数年课税。自贵由之死讫于蒙哥之立，人民复受掊克。

(回历六四九年，公元 1251 年)贵由汗死，召集大会。阿儿浑率领波斯诸文武长吏赴会。及至，蒙哥汗已即位，乃以诸王滥发敕令征赋扰民之事为言。帝命波斯诸长吏分别陈述其弊。诸人皆以为民贫乃因税重，应采牙剌洼赤(Mahmoud Yelvadie)前在西域河中所定按贫富分别计丁出赋而蠲免其他一切课税之法。帝报可，乃定贫者出丁赋一底那，富者十底那，并以丁赋供给民兵、驿马、使臣之费，不再以之科派人民。

仍以阿儿浑领波斯行省事，佩虎符[①]。以术外因人博海丁为课税使；察合台汗捏古伯(Nikbey)以萨剌治哀丁(Sarradj-ud-din)为副使；帝并遣使二人；诸皇弟忽必烈(Coubila)、旭烈兀、阿里不

① 钧案：原作狮头牌。应是沿《史集》之误，兹改正。

哥(Arig-Boca)、末哥(Moga)各遣使一人佐之。分波斯为四府,各以蔑力(Mélik)官号者一人领府事,佩虎符。其他掾属各佩金符、银符有差。皆赐以中国布帛所制之袍服。(回历六五一年,公元1253年)阿儿浑归波斯后,重籍民户,按照新例征赋[①]。

初雪你惕(Sounites)部人蔑力克沙(Mélikschah)为万户,以畏吾儿、合剌鲁(Carloucs)、突厥蛮、合失合儿(Caschgar)、苦叉(Coutché)诸部人戍波斯[②]。灭力沙死,子欣都札克(Hindoudjac)袭,擅杀忽木(Coum)城之蔑力。阿儿浑奉帝命戮之于徒思城外,其财产、家属、奴婢没官,分配于四系宗王。阿儿浑整理政务以后,奉命入觐,携捏只木丁(Nedjm-ud-din Kilabadi)以行[③]。

蒙哥帝以波斯东部分封苫思丁摩诃末克儿特(Mélik Schems-ud-din Mohammed Kurt)[④]。苫思丁者,呼罗珊杞萨儿堡(Khissar)之领主也。伯祖乌马儿蔑儿干尼(Omar Mergani)仕古儿(Gours)朝加秃丁(Ghiath-ud-din)算端为丞相。以其弟斡思蛮蔑儿干尼(Osman Mergani)为杞萨儿区域长官。斡思蛮死,子阿布伯克儿(Abou-Bekir)嗣,娶加秃丁算端女,而生苫思丁。1245年阿布伯克儿死,苫思丁嗣为古尔算端。蒙哥帝即位之日,苫思丁入朝。帝以其祖与父皆受诸帝优礼,亦厚遇之,册封为也里国王,并界以北至阿母河南至申河(Sind)、马鲁、古儿、西只斯单、可不里(Caboul)、阿富汗斯坦诸地。命阿儿浑赐其从官五十秃满(tou-

① 见《世界侵略者传》,《史集》。

② 参照《史集》"雪你惕"条。

③ 见《世界侵略者传》,《史集》。

④ 钧案:原书 Kurt 亦作 Kert。

mans)。次日又入谒,帝复赐以御用袍服、三牌子(Païze)、一万底那、印度刀、阿勒哈特(Alkhatt)[①]枪、牛头骨朵、战斧、匕首各一。苫思丁偕帝使一人还也里,绕道至阿儿浑所。阿儿浑遵帝命以五十秃满赐其从官。自是以后,苫思丁君临也里,并略取格儿姆昔儿(Guermsir)、阿富汗斯坦两地之数堡[②]。

起儿漫守将博剌克杀花剌子模之加秃丁算端后,请命哈里发求封其为算端。哈里发从其请,遂自名忽都鲁算端(Coutloug Sultan)。塔亦儿把阿秃儿进围昔思田时,命博剌克以兵助大汗,并命入朝。博剌克答谓:以其兵力足以了此。又谓年老不能亲入朝,特命其子鲁克那丁火者(Rokn-ud-din Khodja)代往。鲁克那丁未至大汗廷时,其从弟忽都不丁(Coutb-ud-din)僭立。(回历六三二年,公元1234—1235年)鲁克那丁至大汗廷,窝阔台汗待之甚厚,册封之为起儿漫算端,并袭忽都鲁算端之号。同时命忽都不丁入朝。忽都不丁至未久,帝命随牙剌洼赤赴中国治事。窝阔台死,忽都不丁曾参列选举大汗大会。贵由帝立,谋封为起儿漫算端,因镇海庇鲁克那丁而未果。复还中国,至牙剌洼赤所。及贵由死,重赴选举大会。(回历六五〇年,公元1252—1253年)蒙哥大汗立,牙剌洼赤为之进言,始得复位,反还本国。鲁克那丁携其宝货退避于罗耳,而请命于哈里发。哈里发畏蒙古人不敢纳之。(回历六五一年,公元1253—1254年)乃入觐,同忽都不丁质对于大汗法庭,不得直。帝以鲁克那丁畀其敌杀之。忽都不丁君临起儿漫,迄于

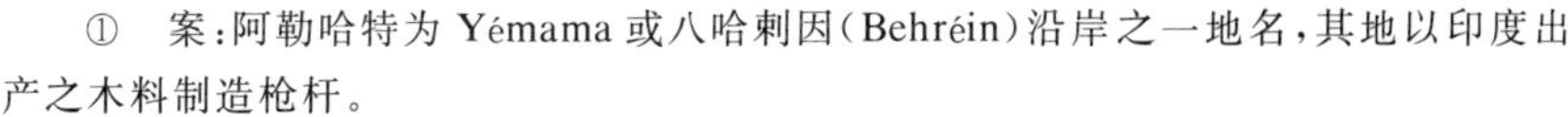

① 案:阿勒哈特为Yémama或八哈剌因(Behréin)沿岸之一地名,其地以印度出产之木料制造枪杆。

② 见《也里州志》。

1258年死时。忽都不丁之父塔尼古(Tanigou),博剌克之弟也,仕哈剌契丹为答剌速长官[①]旭烈兀西征波斯时,忽都不丁迎至毡的(Djend)城。

① 见《世界侵略者传》,Tarikh Gouzidé。

第四章

蒙哥即位初年大会决议之征波斯——统军者旭烈兀王之准备——其军队之组织——其经行魅靼地域——其抵波斯——其破灭亦思马因教徒之准备——此伊斯兰教宗派之宗教信仰——其密传信徒之秘密教义——阿刺模忒诸亦思马因教主之沿革——哈散撒巴与其诸继承人所常组织之暗杀——花剌子模沙札阑丁算端与亦思马因教主之纠葛——旭烈兀谋取亦思马因诸堡与其王鲁克那丁忽儿沙之作战及交涉——沙底司之围攻——鲁克那丁之出降——其传谕诸堡投降旭烈兀——送之入朝而杀之中道——亦思马因教徒之几尽遭屠杀

(回历六四九年,公元 1251 年)选举蒙哥为大汗之大会,曾决议两大远征:一为南侵金国,以皇弟忽必烈主之;一为西征波斯,由皇弟旭烈兀主之。

成吉思汗系诸宗王所部兵,各十佥其二,以近亲统率从旭烈兀西征。由中国招致工师千人,管理投石、发弩、放射石油等攻城机械。遣校先行,保留哈剌和林、别失八里(Bischbalic)间之统阿特山(Toungat)[①]以西之草地,以供驻军之用。原驻之军应将诸地让出,并修缮道路、设备船桥。命拜住退军至鲁木边界,波斯官吏应为每兵卒一人预备面粉百"门"、酒五十"门"。乃蛮人怯的不花(Kitouboca)以(回历六五〇年)1252 年 7 月杪率万二千人先行。

旭烈兀别时,蒙哥帝谕以谨守祖父训教,并以祖父为榜样,诸民族之自愿来归者善遇之,抵抗者殄灭之。命将亦思马因教徒首先殄灭,缘帝在西域时,可疾云城大法官苫思丁(Schems-ud-din)来谒,身衣锁子甲。帝询其故。答云:常衣此甲以防亦思马因人之匕首。因详述此派教徒之暴行,故至是蒙哥尚忆而未忘[②]。可疾云城与亦思马因人之据地仅有一山之隔,山以北属亦思马因人[③]。城之居民常在警备之中,物之贵重者夜间辄藏地下,武器常不去手[④]。帝又谕,俟灭亦思马因人以后,应强迫哈里发臣服,然后回归鞑靼地域,凡事应与其妃脱古思(Docouz)同议。脱古思者,王罕(Oangkhan)孙女,初嫁拖雷,未成婚而拖雷死。时旭烈兀在阿母河外,曾依蒙古人之一种普通习惯娶以为妻。蒙哥以金银宝石分赐旭烈兀及其诸妃、诸子,并厚赐从征诸将。

旭烈兀于 1253 年 5 月 2 日自帝所还其斡耳朵,诸宗王赍赆物来送。10 月 19 日出发,以其封地委其次子出木哈儿(Tchoumoucour)。盖长子之母位次在下也。宗王巴剌寒(Balacan)、秃马儿(Toumar)二人率拔都从征之军为前锋,每至一站,官吏皆备粮储

① 钧案:疑是唐努山。

② 见《史集》。

③ 见 Cazvini,Assar ul-bilad vé Akhbar ul-y'bad。

④ 见 Fakhr-ud-din Razi,Tarikh ud-Duwel。

马湩以待。

旭烈兀至阿力麻里(Almalig),察合台汗国王妃斡儿哈(Organa)宴劳之。又西行,突厥斯单(Turkustan)、河中(Transoxiane)两地长官马思忽惕(Mass'oud)偕两地诸将来迎[①]。旭烈兀在1254年夏季留驻突厥斯单。惟至1255年9月始抵撒麻耳干(Samarcand)。马思忽惕献金锦帐,立帐于此城附近草原丰美之地,旭烈兀留此宴乐者四十日。

至碣石(Kesch)城,波斯长官阿儿浑偕呼罗珊之贵人达官来迎,留居此地一月,分遣使者往谕西亚细亚诸王曰:"今奉可汗之命来灭木剌夷(Molahidas)[②],设自率军队来从征者,事后必有赏。犹移不定者,如赖天之助平复此国以后,必将以待遇此国之同一严酷待之。"

1256年1月2日,从船桥渡阿母河,鲁木算端之使者偕法儿思部阿塔毕(Atabey)之使者来贺,伊剌克、呼罗珊、阿哲儿拜占、阿阑、设里汪、谷儿只诸部君主皆赍重币来迎。

阿母河旁林中狮子甚夥,旭烈兀欲在此处行猎,马畏狮吼不敢进。乃以酒醉骆驼代之,猎得狮子十头。

旭烈兀营于黍布儿干(Schoubourgan)之草原,欲留其地一日,适遇风雪,七日不止,马多冻死,乃决定驻冬于此地。及春,阿儿浑入觐过此,献绣帐及饰以宝石之金银食器一份,留其子克烈蔑

---

① 汉文蒙古史名《续弘简录》者,附有某从征者之《行纪》,宋君荣在所撰《成吉思汗史》126页有节译文。Abel Rémusat在《亚洲报》第2册284页以后有全译文。然此《行纪》所言和林以西之路程不甚详晰,地名亦有脱误,能有裨于吾人参考者甚少。

② 是为阿剌伯语名波斯亦思马因人之称,此言迷途者。

力(Kéraï Mélïk)、掌印官阿合马(Ahmed)与阿剌丁阿塔木勒克(Alaï-ud-din Ata Mulk)从征。阿刺丁者,术外因(Djouvéin)人,撰名重当世之《世界侵略者传》者也。

亦思马因人,伊斯兰教一种教派之称,在忽希斯单、鲁德八儿(Roudbar)、西利亚等地据有堡寨甚众,奉一世袭之首领,视之如同神人。由其暗杀方法,颇为诸国国王贵人所畏惮。由其教义,又为诸良善穆斯林所嫌恶。兹于叙述旭烈兀征伐此教派之前,先应说明其沿革与其信仰之大概。今请首述伊斯兰教最堪注意之诸异端宗派。

伊斯兰教一如其他宗教,亦有宗派不少,颇有不守正宗派之《可兰经》而立说者。其一派(Cadriyés)以为上帝不能仅由其意志而为创造。又有一派(Khavaridjes)以为若等背教之大过,应受永劫不灭之惩罚。设有一教长(Imam)犯之者,信徒对此教长叛变,则为一种神圣义务。此派盖为阿里(Ali)之敌。至若拥护摩诃末(Mahomet)婿阿里一派,则名十叶派(Schiyis)。此派以为阿里乃为摩诃末之直接继承人,视此哈里发为一神灵。其以前之三哈里发:阿布别乞儿(Aboubékir)、乌马儿(Omar)、斡思蛮(Osman)三人,概为僭位者。

其后又有一派(Djéhémiyés)不承认《可兰经》中所表现上帝之特性。别有一派(Motézilés)则主张此种特性之存在,惟不承认其为永劫不灭者而已。盖仅有上帝永劫不灭,乃由其本性而存在,而全知全能,不由其特性之存在之知识之权能也。此派且主张不应视上帝如同人类,而欲《可兰经》表现此种类视之文,应以比喻解释之。此派又主张自主之说,即上帝不能造恶之说。又有一派

(Kéramiyés)立说则与此派相反，全信《圣经》与《可兰经》所记上帝行为，而以一种类乎人类之形貌赋之。至伊斯兰教纪元三世纪时，又有一派(Caramattes)以为《可兰经》文以及伊斯兰教训戒含有一种譬喻之义，应由本派解释之。此派曾与乌马牙朝(Omayades)[①]诸哈里发之军队战斗，而略取数州者也。

诸派亦有其支派，而在教义之若干点上相差别，其数逾百。乃穆斯林则仅承认有七十有三，盖以慕阇(Mages)分七十派，犹太教徒(Juifs)分七十一派，基督教徒(Chrétiens)分七十二派，而木速蛮[②](musulmans)则分七十三派也。

诃论(Haroun-Raschid)之子末门(Ma'moun)哈里发，曾在伊斯兰教纪元三世纪初年，命人将希腊(Gréce)诸哲学家之著作译为阿剌伯文，由是将发生不少学说之诠审精神及意见完全自由之榜样，输入伊斯兰教世界之中，思想范围遂以扩张。虽与宗教信仰有害，然为哲学理论实开辟一种莫大之境界矣。其尤使诸异端采摘其抽象观念与辩论方法者，要为亚里斯多德(Aristote)之著作。特其所持者，不常为此种神学讨论，有时且诉之于武力。而其狂信竟致流血焉[③]。

适用抽象教义之伊斯兰教宗派，从来不甚流行。其使伊斯兰教发生最大分裂者，要为摩诃末教权与俗权之继承一事。当摩诃末之从弟兼女婿阿里被其敌摩拽(Moaviah)所败之时，当阿里为刺客所害之时，当其二子哈散(Hassan)、忽辛(Husseïn)被白衣

① 案即白衣大食。

② 伊斯兰教。

③ Macrizi，Al Khittat，t. III，Fi acaïd ehl ul-Islam.

大食(Omayades)所杀之时,曾有无数穆斯林归命于摩诃末之后裔,而咒诅僭位之人。旋因秘密传道者之在各地招收门徒,其数日增。十叶派信徒既众,分派遂多,其支派计有四十九种。诸派皆以为阿里为摩诃末之相续人,由是为其正统继承人,最高教职应属阿里之后裔,只能因暴力而丧失,只能因时势而将其暂时抛弃。各教长必须指定其继承人。最高教职只能本于此种指定。世间常有教长一人存在,此教长有时可见,有时不能见之。教长在死亡以前,以其圣灵移转于其继承人之身。十叶派之根本教义如此。然诸支派在阿里后裔继承教长人数问题上,与其他穆斯林所公然反对之一定教义上,见其纷歧焉。有若干支派以为阿里本人具有一部分神性,而以此神性移转于其继承人,由是教长不能犯有罪戾。又以为教长通晓人类所不能知之神秘,是为拯救途中之惟一导师,诸信徒必须一种如是之指导,庶不致分趋各途。宗教即在此教长之认识,设能认识其人而敬奉之,则止于至善。由是免除教律所强人遵守之义务,如祈祷、斋戒、巡礼、布施等义务是已。

如上所述,具见此种宗派曾假灌注说与轮回说于火袄教之慕阇也。所以信仰人之灵魂视其功过而移转于一种上级或下级物体之中,赏罚之解应基于此。竟有若干支派将阿里位置在摩诃末之上,而以为奉天命者乃为阿里。

其十叶派之以一种神性赋与教长者,其信仰神性灌注于人身者,其以为其一切否认为无效者,其信仰一定死者可能复活与轮回之说者,曾被其他穆斯林名之曰基剌特派(Ghilates),其意犹言过激派。

亦思马因派即属过激十叶派中之一种特别宗派。初,阿里之第五代继承人茶拂儿萨底克(Dja'fér Sadik)教长曾指定其长子亦思马因(Ismaïl)为其继承人,旋因其沉湎于酒,乃废之而改立其次子牟栖(Moussa)为嗣。曾有不少十叶派信徒以为教长既受上帝之感应而执行,不能为误,不得反悔,应以第一次之指定为有效。亦思马因虽亡于其父死之前五年,而未执行教长之职,然其党仍不承认牟栖为茶拂儿后之正统教长,以为最高教职应从亦思马因移转于其子摩诃末(Mohammed),是为第七代与第末代之可见的教长。此派与其他诸十叶派不同之点在此,缘其他诸十叶派以为教长有十二代,故以十二代派(Imamiyés)信徒而自名[①]。

茶拂儿之第六代后人奥贝都剌(Obeïd-oullah)者,在回历纪元三世纪末年时,为十叶派之教长,驻在西利亚之色勒米牙特城。此派之传道师曾传布其教于非洲(Afrique),得信徒甚众。(回历二九七年,公元 910 年)遂逐黑衣大食哈里发之长官占领数州,在利迦迭特城(Ricadét)宣布奥贝都剌为教主,而号"信徒之长"(Emir-ul-muminin),别号麻哈底(Mahadi),犹言亦思马因派之弥施诃(Messie)。(回历三六二年,公元 973 年)其第三代继承人谟伊司(Mo'izz)取埃及、西利亚及阿剌伯之一部(Arabie pétrée)于黑衣大食,而徙都开罗。阿里一系由是在三百年后,建设一国势强于黑衣大食之敌国。盖当时报达之哈里发仅局处于伊剌克阿剌伯一隅也。

亦思马因派有一秘密教义,按段传授于信徒。其在开罗传授此秘密教义者,为传道长(Da'yi-ud-Da'yat),分九段传授秘密于

① 见 Schéhéristani,Kitab ul-Millel vé en-Nahal。

信徒。信徒在入第一段以前，须发重誓，谓若不守所传之秘，若中止为亦思马因派教友之友教敌之敌者，将受此世最大之灾，彼世最重之罚。传道者于其人发誓以后，定其传授报酬之价，必须知其信徒确已灌注所授之说，始许其由此段升入彼段。

传道者先以下说授信徒，谓：上帝永以设立与保存其教之任务付托教长，教长应为信徒之惟一导师。上帝创造最伟最丽之物，为数有七，如行星天地者，故亦定教长之数为七。此七人名阿里、哈散、忽辛、阿里者因阿比丁（Ali Zeïn-ul-Abidin）、摩诃末贝克儿（Mohammed Bakir）、茶拂儿萨底克、亦思马因与亦思马因之子摩诃末。此末一教长之认识秘密，为前此诸教长之所未及，其知识为神所授，复转以授之亦思马因派之博士（Da'yis）。而其他诸阿里派之博士概不得其传焉。

其以一种新教代替旧教之设教人（Prophète）为数亦有七。每设教人在世时有辅佐人（siouess）一人，合计继承之辅佐人，共有七人，其名曰沉默人，盖其仅辅佐设教人而保存其教而已。迨至此七辅佐人相继去世以后，则又有一新时代开始，复有一设教人出，废旧教而立新教，亦有辅佐人七人。如是变迁讫于第七设教人出世之时，将从前一切宗教废止，再立新教。第一代设教人为 Adam，以其子 Seth 为辅佐人；第二代设教人为 Noé，以其子 Sem 为辅佐人；第三代设教人为 Abraham，以其子 Ismaïl 为辅佐人；第四代设教人为 Moïse，初以其弟 Aron 为辅佐人，及 Aron 死后，又以 Noun 之子 Josué 为辅佐人；第五代设教人为玛利亚（Marie）之子耶稣（Jésus），以 Siméon 为辅佐人；第六代设教人为摩诃末，以 Abou-Talib 之子阿里为辅佐人。阿里以后，连续有辅佐人六人。

自哈散迄于亦思马因,其名前此业已著录。亦思马因之子摩诃末,则为第七代及第末代之设教人,其欲得秘密教义之解者,只能向其求之。一切人类皆应服从此设教人,是为前四段中所授之教义。

信徒在第五段,则习知执行最高教职之教长应有传道师十二人周历世界,其数乃为神智所定,如同一年之有十二月,亦思剌哀勒(Israël)民族之有十二部落,摩诃末之有十二伴侣。人之手掌代表大地;四指代表四洲,其拇指则代表大地之柱石,拇指之两节则代表设教人与其不可分离之辅佐人;人身之十二脊椎骨隐喻十二传道师,以最上者为尊,因其近于教长也;七颈椎骨则指七设教人,而七教长则代表人面之七孔。

授道者在第六段中解说伊斯兰教关于祈祷、布施、巡礼、清净等事之秘义。如是诸事不使人类堕入恶道,并命信徒研究皮塔葛尔(Pythagore)、柏拉图(Platon)、亚里斯多德及其诸弟子之著作,告以切勿妄信传说,勿信简单引证,只应承认理性的证明。

在第七及第八段中,则传授一种宗教之创立人必须有一传授其训戒之辅佐人。前者为主因(assl),后者由前者转化而出(sadr),乃为高级世界所被覆的下级世界之意象。前者无名无形,不能言其存在,抑不存在,不能言其无知抑全能,对于其形亦然。若有肯定,则在彼与创造的万物之间发生一种类视。如有否定,则未免将其某种特性剥夺。既非永劫不灭者,亦非时代之产物。其永久存在者,乃为其训戒。《可兰经》中所言之复活与赏罚,其义在俗人所解之外,是盖为宇宙大变迁终了而一新时代开始之时期,一如一定哲学家所言星宿变化所决定之变迁也。

传道师在最后第九段中,又反复申言前此所授之一切教义,及至其确知其信徒值得认识秘密之时，然后使其注意哲学家所撰形上形下等学、理论神学以及其他哲学部分之著作。然后揭示最后之秘幕，而告信徒曰："所谓创造及主因，盖比喻物质之起源与变化，感应仅为精神之愉乐。传道人盖以天启之事传播于人类，而使其新教在秩序及正义中合乎人类之需要。当此宗教为公益所必须之时，始成为必须遵守之宗教。然哲学家不必实行之，只须认识可已。哲学家并须认识其强人遵守之一切义务，然此种义务非对彼等设定。故哲学家不受其拘束。"复次又告信徒，宗教创造人之任务，乃在对于一般人类秩序之维持制定规则。而哲学家之任务，则在以此授之于个人[①]。

观不少撰述中所志亦思马因派诸博士之说，具见其得之于希腊人、犹太人及火袄教徒者不少。其对于宗教训戒有一秘密意义皆应解释之信仰。由是阿剌伯语对于此派与夫首先主张此说之Caramattes派，皆有内省派(Bathiniyens)[②]之称[③]。

法迪马朝(Fathimites)之哈里发，曾派遣秘密传道师至波斯，故在波斯亦有亦思马因派信徒甚夥。其中之一要人乃为哈散撒巴(Hassan Sabbah)。哈散撒巴者，父名阿里(Ali)，阿剌伯耶门(Yémen)地方火迈伊儿(Homeïrs)部人也。初徙剌夷城，而生哈散。后哈散因执行其教职游行波斯，阅年甚久。后居可疾云城，派遣传道师至低廉国(Deïlem)。(回历四八三年，公元1090年9月6日)信徒既众，遂自至低廉，居于阿剌模忒堡附近。旋变更姓名

① 见Macrizi撰《埃及志》第2册《大传道师职务》章。

② 案第1卷第6章译作巴迪尼派。

③ 见Schéhéristani，Kitab ul Millel véen Nahal.，Es-Schi'at。

移藏堡中，终逐塞勒术克算端灭力沙派守此堡之堡将麻哈底(Mahadi)而占有此堡。

哈散得此根据地以后，复占领附近诸乡，而组织一名曰鲁德八儿(Roudbar)之区域。境内诸堡，或以情诱，或以力取，凡险峻之处皆建堡以守之。鲁德八儿者，灭力沙算端臣某突厥人之封地。见地被夺，乃抄掠之，至于阿剌模忒堡下，而将亦思马因人所领诸地摧毁。

哈散派往忽希斯单之传道师，亦在其地招收信徒，故亦思马因人亦在此处据险设堡，如同鲁德八儿①。

(回历四八五年，公元 1092 年)灭力沙算端见亦思马因派之势盛，颇以为忧，曾同时遣军围攻阿剌模忒堡及忽希斯单境中之要堡，旋因此算端之死而解围。时塞勒术克帝国内乱开始，亦思马因派之势力遂日见其张。

哈散赖有其所指挥之盲从的党羽，致使远人畏慑。最初为其党羽所暗杀者，为灭力沙时之名相尼咱木勒克(Nizam-ul-Mulc)。(公元 1092 年 10 月 16 日)此人在灭力沙死前约三星期，被亦思马因派所害。哈散在其所居岩上，执有其敌人生死之权，塞勒术克宫廷之要人亦为所用。在在位置刺客，阴结党羽，使其敌日在警备之中。有欲害其敌人者，辄诬其为亦思马因派之党徒。由是告密日增，无人不受猜疑。灭力沙且疑及其最亲信之人，有时恐他人疑其与"内省派"同谋，曾任其臣民将被诬为赞成此派之说之起儿漫王

① 忽希斯单，山地也，以哈音城(Caïn)为首府。境内有柔任(Zouzen)、秃温(Toun)二城。地处你沙不儿、也里、亦思法杭、耶司德(Yezd)诸地之间(见木涅靖巴失书第 2 册)。

处死。其子白儿甲鲁克(Beurkyarouc)即位之初,曾为一内省派党徒所刺伤。当时营中有亦思马因人甚众,诸将在日间皆衣锁子甲,夜间亦寝息不安。人民谣传算端善视亦思马因派。白儿甲鲁克为释其疑,曾严搜军队。得亦思马因人甚夥,乃尽歼之,并命诸州将所发现之亦思马因人处死。

白儿甲鲁克之弟摩诃末(Mohammed)在位时,曾将鲁德八儿禾稼毁坏,连续有七年之久,盖欲用此法断绝阿剌模忒、兰巴撒耳(Lemscher,Lembesser)两堡之粮道,复继之以围攻。(回历五一一年,公元1117年)时人以为阿剌模忒必难久守。然同年摩诃末死,其子马合谋(mahmoud)继立,其宫廷要人与哈散勾通者停止战事。

已而君临呼罗珊之塞勒术克算端辛札儿(Sindjar),遣军往取忽希斯单境内亦思马因人所据诸堡。哈散遣使求和,辛札儿不许。哈散乃命算端之侍者一人,俟其夜寝时植匕首于床前地上。辛札儿见之,不知为何人所为,乃秘其事。旋得哈散来书云:"设余对于算端不怀善意,则地中所植之匕首将植于其胸。算端应知余在此山巅之上能指挥其左右之人。"辛札儿见之,始许与亦思马因人言和,当其在位时代,不复再言讨伐亦思马因人之事。而此时代亦为亦思马因派势力最强之时。

(公元1124年5月23日)哈散撒巴以人据阿剌模忒堡之第三十四年死。其在此长期之中,从未下堡一次,仅有二次足逾其居宅之外。终身皆在其退隐之室写读其派之教义,统治其所创设之国家[1]。

---

① 见 Djouvéini《世界侵略者传》第2册。《乐园》第4册。木涅靖巴失书第2册。Mohammed de Ravend 撰《塞勒术克朝史》(Leyde图书馆藏突厥文写本)。A'mad-ud-din d'Isfahan 撰 Nossret ul fithret ve O'ssret ul fithret,本书内有《塞勒术克朝诸相列传》,巴黎图书馆藏阿剌伯文写本。

哈散曾以简单诱导之说，表示其教义之真云："至若认识上帝，必须出于两途，而此两途实为一途。抑以为无须何种教示，只用理性之启发，即可识之。抑承认必须有一教师指导，而不能仅恃理性之启发。顾主张前一说者，若不承认有一博识导师之必要，则不能反驳他人理性之说。"哈散用此双关论法反驳希腊哲学家之说。又云："导师之必要既已证明，则应知凡教师是否皆良，抑必须有一不误之导师，顾其主张凡教师皆良者，若不承认有一尽人信从的导师之必要，则不能辩驳其敌之教师。"彼遂持此说以驳其持传说解释圣经之徒。又云："由是证明人类必须有一真实不误之教师。顾欲有之，必须识之。则应有业经指定之人，而其真实业经证明者在也。世之行路者不用乡导，诚属大误。则于发足之初，必须觅此乡导。"彼遂以此说反驳十叶派之教义。

"意见之纷杂可证其误，意见之一致可证其真。复杂者错误之征，一致者教授之果；复杂必至意见自由，教授则使之归于一致。而此一致系于对一教长之服从，意见自由则致出于首领纷杂之宗教分裂。"①。

哈散持己甚严，遵守《可兰经》之训教，莫敢或逾。观其处置其二子之严厉，具见其性质之刚强。其一子因刺杀亦思马因派一首领之为忽希斯单长官者，其一子因行为放逸，皆被哈散杖死。哈散未死以前，传位于其旧侣兰巴撒耳堡统将甲不速儿克乌米德(Kia Buzurk Umid)。

① 见《世界侵略者传》第 2 册。Schehristani 撰《宗教及哲学派别》，Leyde 图书馆阿剌伯语写本。

此新教主在位时代，暗杀之事愈增。其被刺者不仅属此派之敌人。当时之君主贵人不敢敌视亦思马因派，而与之缔交修好。教主遣效死之徒[①]，为之效命。诸王贵人曾利用此辈刺杀其敌人，然受害者之报复往往波及无辜，不特尽屠亦思马因派之居民，且将与彼等共处之人聚而歼之。辛札儿算端之相阿不纳昔儿（Abou Nassir），曾将亦思马因派之地摧毁，次年即被暗杀。辛札儿屠内省派万人。而为其相复仇。黑衣大食之哈里发二人陆续为刺客所害，（公元 1135 年）谟司帖剌施德（Mostéreschid）死于蔑剌合城附近，（公元 1138 年）剌施德（Raschid）死于亦思法杭城前。自是以后，黑衣大食之诸哈里发不复呈现于公众之前。

后一暗杀事件前之四月，甲不速儿克死，其子摩诃末（Mohammed）嗣立。摩诃末在位二十五年死，子哈散（Hassan）嗣位。

迄于是时，阿剌模忒堡之诸王皆以教长之传道师自命。质言之，自命为法迪马系之哈里发，并严守伊斯兰教习惯。至是，哈散乃自称曰隐藏不见的教长之辅佐人，曾在斋月中聚亦思马因人而告之曰：自是以后，教长将宗教强其遵守之义务解除，现已届再兴之日，只须自觉默思上帝，每日无须为五次祈祷，亦无须遵守教中所定之其他外表习惯。宣示以后，为民众设食破斋。自是以后，此斋日遂为亦思马因人之再兴节，饮酒游乐。故良善穆斯林皆引以为耻，由是阿剌伯语遂有木剌夷（Molahidés）人之称。木剌夷者，犹言迷途之人也。

哈散既将亦思马因派之秘密教义披露，遂在第九段传授中，谓

① 其人自称曰 fidayis，阿剌伯语牺牲之谓。

应视再兴天堂地狱之教义寓有一种比喻之意。缘内省派曾采是说于若干希腊哲学家，以为世界无始无终。世界之末日，仅为宇宙一大时代之告终，继以别一时代之开始，而其时期皆由星宿之变化定之。再兴云者，一时代之末日人类呈现于上帝之前之谓。此日到达，所在一切宗教习惯皆废。

哈散更进而以上帝之辅佐人教长自居，欲附合一种故事，自称为涅查儿（Nézar）之孙。涅查儿者，法迪马系哈里发木思坦昔儿（Mostanssir）之子也[①]。自是以后，亦思马因人多以其主赋有一种神性。（公元1166年）后哈散为其妻弟所刺杀，其子摩诃末（Mohammed）嗣位，尤热烈主张再兴之说。（公元1171年）适埃及之法迪马朝为撒剌丁所废，阿剌谟忒王遂成为一切亦思马因人之教主。良善穆斯林之视低廉城教徒，如同异端。其宣言此辈为背教之人者，首为鲁阳城（Rouyan）教长法合鲁伊思兰（Fakhr-ul-Islam），其在可疾云城命此城居民勿与内省派缔结何种交际。并云："缘此辈甚狡，行将诱惑汝等中之若干人，而使汝等不和。"可疾云人从其劝告，凡自内省派地方来者，皆杀之。及此教长返鲁阳城时，即为人所刺杀（公元1180年）。鲁阳者，祃拶答而山中之一城也[②]。

别又有一教长结局较善。有著名教长法合鲁丁（Fakhr-ul-

① 此哈里发曾指定其子涅查儿为嗣位之人。然在1064年终，木思坦昔儿死后，其大将军阿甫查勒（Afzal）私奉哈里发之幼子嗣位。涅查儿拒不称臣，而退居亚历山大城（Alexandrie），阿甫查勒旋捕之，涅查儿遂不知所终。至是亦思马因派遂又分裂。有不少信徒以为涅查儿为其真正嗣君，故此派自称为涅查儿派。兹哈散既自称为此教长及其继承人之孙，而此二人皆已不可得见，由是同时自命为其神性之继承人。

② 见Cazvini，Kitab Assar-ul-Bilad《伊斯兰教王朝史》。

din)者,摩诃末同时之人也,在剌夷城教授神学,每次驳亦思马因派之教义时,辄诅之云:"愿上帝咒之灭之。"摩诃末乃命其"效死者"一人至剌夷城,矫装为学子,听其授课,乘隙袭之于其内室,闭门以匕首胁之曰:"缘何汝常诅詈亦思马因派及其教义。"教长惧,乃对其宣誓,不再言及亦思马因派徒。刺客乃告之曰:"余未奉杀汝之命令,否则汝必不免。吾主哈散之子摩诃末命余传言,彼不畏庸人之演说,而畏言词之出于声望如汝者之口,盖其深印于人心也。吾主请汝往见,俾其能面致其钦佩之忱。"教长谢之,然重再申言其不再侮辱其主。刺客乃以三百银币(miscal)置其前,并告其每年可得此款,别有耶门地方所制之衣二袭在彼居室中,命往取之,遂遁去。嗣后法合鲁丁之弟子某询其何以不再诅詈亦思马因派,答云:"彼等论据甚锋利,吾亦无可如何也。"①

(公元1198年)可疾云城附近十余里高山之上,有阿儿思兰库沙德堡(Arslan-Kuschad),亦思马因人夜袭据之。可疾云城居民曾求援于数王而无效。有一部主岳辇人阿里(Ali le Jonien)者,乞援于花剌子模算端塔哈失(Tagasch)。算端以兵围攻此堡。堡人请降,算端以兵戍之,而引军退。亦思马因人夜由地道入,尽杀戍兵,阿里复往求援。塔哈失算端自领兵至,与可疾云居民合攻此堡。亦思马因人抗拒两月,又乞降,请许其退出。分两队行,设先行者无恙,然后第二队继之,否则力守此堡。算端许之,迨第一队出堡敬礼算端去后,不见第二队之出。诇之,则已尽行矣。算端命将阿儿思兰库沙德堡堕平而去。然亦思马因人未释恨于阿里也。

① 见 Nigharistan de Gaffari。

（公元 1205 年）阿里曾赴默伽巡礼，迨其归游西利亚时，在公共祈祷后，为人刺杀于大马司伊斯兰教堂人群之中[①]。

（公元 1210 年）摩诃末死，子札剌勒丁哈散（Djélal-ud-din Hassan）嗣立，改奉正宗伊斯兰教，以其改教之事通知黑衣大食哈里发，花剌子模算端摩诃末及伊剌克诸长官，并强其臣民归依正教。（公元 1212 年）其母往礼默伽，至报达时，曾受优礼。哈里发命在札剌勒丁旗下之巡礼人赴默伽时，列于诸伊斯兰教国王旗下巡礼人之前。花剌子模算端摩诃末闻之甚恚，其后兵攻哈里发纳昔儿时，此即其所声言之一罪也。

已而哈里发嘱亦思马因教主遣刺客数人来，命之刺杀默伽城之异密。然刺客不识其人，误中其弟。

据亦思马因人之说，成吉思汗西征花剌子模之军未逾锡尔河（Sihoun）时，札剌勒丁曾致书于蒙古大汗纳款请降。然成吉思汗之军渡锡尔河后，首先遣使称臣之伊斯兰教君主，确为札剌勒丁也。

（公元 1221 年）札剌勒丁死，子阿老瓦丁摩诃末（Alaï-ud-din Mohammed）嗣立，时年九岁。又弃正教而不遵守。其前此畏札剌勒丁之罚而显然归依正教者，兹又放弃正教习惯，并组织一党虐待尚奉摩诃末教之信徒。阿老瓦丁未受何种教育，缘教长任在何年皆无错误，信徒皆应服从，无论其行为若何，事后皆不能挽回，且无一人敢为劝告[②]。

---

① 见 Zacaria de Cazvin，Kitab Assar-ul-bilad，Arsslan-Kuschad & Keschmer 条。后一地为你沙不儿之一村名。

② 见《世界侵略者传》第 2 册。《乐园》第 4 册。木涅靖巴失书第 4 册。Tévarikh Al Seldjouc。亦思法杭人 A'mad-ud-din 撰《塞勒术克算端诸相传》。Nigaristan de Gaffari。

阿老瓦丁摩诃末幼年时，阿剌模忒之宫廷曾与札阑丁算端发生严重纠葛。初，札阑丁之归自印度，曾以呼罗珊委付斡儿罕管理。斡儿罕之部将曾在邻接此州之亦思马因人地方肆其焚杀，奴温（Noun）、海音等城皆遭兵燹。阿老瓦丁遣使至库亦城，诉之札阑丁算端。算端召斡儿罕至，使与使者辩对。斡儿罕聆使者威胁之辞，乃于靴中腰间取数匕首掷于使者之前曰："是为吾人之匕首，吾人并有更较锐利之刀，此汝辈所无者也。"使者不得要领而还。嗣后未久，斡儿罕在干札城附近为内省派三人所刺杀。诸刺客持带血之匕首入城，高呼"阿老瓦丁万岁"，侵入相邸。时薛利夫木勒克已赴宫内。刺客觅之未得，伤其阍者一人，仍欢呼而出。居民群集屋顶，以石投之，皆毙。然刺客死时尚云："吾辈是吾主阿老瓦丁之牺牲。"

别有一阿剌模忒使者名别都鲁丁阿合马（Bedr-ud-din Ahmed）者，奉命赴札阑丁算端所。行至拜勒堪城，闻干札城之事，踌躇不敢前。适薛利夫木勒克慑于刺客之威，欲与亦思马因人修好，乃召此使者至，并保证其必满意而归。亦思马因人要求修好，算端则要求将蒙古人侵入时亦思马因人所据之达蔑干城退还。至是双方约定，亦思马因人给付三万底那，以为割让此城之代价。时札阑丁已赴阿哲儿拜占，使者乃偕其相赴其地。一日使者饮酒微醉，语薛利夫云："汝等军中有我辈之'效死人'不少，诸将之仆役中亦有之，甚至公之厩中，算端之门监属吏中，亦皆有之。"薛利夫欲见其人，促使者召之至，并以手帕付使者，以为不加害于此辈之担保。使者乃召五人至，中有一人，印度产，健壮果决之人也，告薛利夫云："某日某地，设余不待后命，早已加刃于公。"薛利夫闻之，卸其外服于肩，而露其襦，坐而言曰："因何理由结怨于阿剌丁？余为何事其必欲余死？余为其奴与为算端之奴无异。余现在汝等之手，任汝等随意处置可也。"如是悲悯之词，哓哓不已。算端闻之，怒其怯懦无耻，命其将此五人投诸火。薛利夫谢不敢为，算端乃命置薪于薛利夫幕前，将此五人焚死。五人未死前皆曰："吾辈为吾主阿剌丁之牺牲。"算端又以其门监用人不慎，亦并杀之。

札阑丁赴伊剌克，薛利夫留守阿哲儿拜占。驻在巴耳打阿(Berda'a)城时，亦思马因人之王遣使来告云："汝将效死人五人焚死，脱汝欲保求性命，须给付每人代价两千底那。"薛利夫闻之怖甚，厚待使者，命掌印官奈萨人摩诃末作书，将阿剌丁王年进之岁币三万底那减去一万底那。此书曾经薛利夫签名交于使者。

亦思法杭战后，札阑丁驻在剌夷城时，阿剌丁王又遣使者偕效死人九人来见。使者言其主欲与算端修好，请算端指出其欲除之人。算端集诸臣议之，诸臣多劝其从使者之请。惟伊剌克相佐舍里甫丁(Schéréf-ud-din)以为阿老瓦丁之意，无非欲觇算端之秘，设若指出其人，恐反为所卖。札阑丁以为然，乃告使者曰："何人为余之友与敌，汝辈应知之。设汝辈欲践汝辈建议之言，可自为之，勿须指明。设若得天之助，吾人之刀将必不使吾人求助于汝等之匕首。"

使者返阿剌模忒时，逃亡此地之算端弟加秃丁又从此地出走。算端甚怒，缘亦思马因人之王背约，任其弟出走，并且供给兵器马匹也。(回历六二六年，公元 1229 年)当其派遣其掌印官奈撒人摩诃末出使阿老瓦丁所之时，余怒尚未平息。摩诃末曾记述其奉使事云：

“余因数事被派至伊剌克。初，算端攻下起剌特城以后，亦思马因人之王遣使来献岁币两万底那。乃岁币之额原为三万底那，而亦思马因人未献者已有两年。此次来献，对于不足之额，借词不付。余此次奉使除别有要求外，并要求此岁币余额。

“初，算端从薛利夫之言，对于哈里发宣誓，不再要求报达之两藩王、只巴勒（Djibal）、爱维（El Eïvé）二蔑力臣服，并不要求佥军助战。至是又因舍里甫丁之进言，以为失计。盖此二王若不臣服，则算端将不能为伊剌克之主。顾未知此二王顺逆以前，算端未便致书，乃命余赴伊剌克，设其愿归命，则自亦思法杭城致书二王与耶司德王，征其军队，使舍里甫丁统之，往屯可疾云城。然后余应赴阿剌模忒，要求阿剌丁在公共祈祷中诵及算端之名，并献岁币余额，设其拒绝，则应遣军侵入其国，肆其焚杀。

（回历六二七年，公元 1230 年）“余至亦思法杭，派赴三王处使者归报，三王皆愿以兵来会。及兵至，余乃命舍里甫丁率之，往屯可疾云缘此城为阿剌模忒最近之城也。

“算端有数事颇不满于阿老瓦丁王，尤怒其背约，不将其弟加秃丁交出。算端命余传达之词颇为强硬，命余须待阿老瓦丁亲自出迎，始入阿剌模忒。见时不许吻其手，并不许表示进见时必须遵守之一切礼节。余曾以此事商之舍里甫丁。彼告余云：此国之王未达一定年岁，则不能行逾一定界限。其阿老瓦丁尚未达此年龄也。若公以此为进入阿剌模忒之绝对条件，则使命必无结果。今为公谋，余先遣人预告以算端之要求。公随使者之后，不待答复径入其堡，设其依从更善。然余敢言其必不亲自出迎。设其不从，公既入堡，则于奉使事固无碍也。余遂从其言，入阿剌模忒，仅见阿老瓦丁之宫廷贵人来迎。果不出舍里甫丁所料，其相阿马都丁(Amad-ud-din el-Meuhtéschem)来见，请先转达奉使之词，以便先与其主计议答复。余拒之。三日后，在深夜中谒阿老瓦丁于山巅，其相阿马都丁坐于王座之右，延余坐于王座之左，余乃致奉使之词。

“余先要求将算端之名加入公共祈祷之中，一遵前此算端之父‘大算端’之例。盖前者大算端曾遣断事官谟只剌丁(Modjir-ud-din)至今王阿老瓦丁之父札剌勒丁哈散所，命将其名加入公共祈祷之中，曾经见许。现谟只剌丁尚存，并作书交余证明其事。彼等始不认有此事，并以谟只剌丁之书为伪，反复辩论久之。顾其事甚近而且甚著，终亦无词自解，再者，尽人皆知曩昔亦思马因年纳岁币十万底那于算端。

“复次乃言及岁币欠额问题。据答，卑路斯忽堡(Firouzkouh)统将曾将从忽希斯单运赴阿剌模忒之一万五千底那夺取，是以岁贡不足。余答以其事在修好订约之前，彼等又诘余云：然则吾人何时曾为花剌子模宫廷之敌？别言之，吾人何时非其友欤？吾人不问算端之盛衰，始终皆曾为之效命，当其渡申河后日暮途穷之时，吾人曾在印度为之效命也(后余以此语转达算端，算端亦承认其事)。余又谓此皆非减少岁币之理由。彼等终乃言丞相薛利夫曾将岁币减少一万，并将其签名之文出示。余云，此种帑金属于算端，只有算端可能处理。彼等答云：丞相用其签名处分算端之一切收入，并曾随意耗费，不能谓其对于吾人独受限制也。最后乃约定交余两万底那，至若所余之一万底那，则请付与期限，以待算端之最后决定。”①

阿老瓦丁既长，得心疾，精神错乱。然医者讳言其疾，亦不敢诊治之。盖狂信之党徒不许人信教长能得心疾，设有言之者，必为此辈所杀。疾遂日剧，终致疯癫。第其信徒仍以为其言行出于天授。阿老瓦丁幼时即受惯养，不容人稍违其意，无人敢以恶讯告之，恐触其怒，所以不知外事，以致国内盗者充斥，人民横受压迫。

阿老瓦丁至十八岁，生子名曰鲁克那丁忽儿沙（Rokn-ud-din Khourschah），立为嗣，及长，众望属之，视若未来教长，奉之如同其父。阿老瓦丁忌之，欲立他子为嗣。然其臣民不附，盖根据此派之说，初次指定不能挽回也。阿老瓦丁由是虐待其子，鲁克那丁不能忍，诉之于其亲信之人，诸人亦受其狂暴举动之窘，亦甚怨之。鲁克那丁以其父不能理事，致蒙古之兵入境，欲背其父遣使至大汗所纳款，诸贵人多从之，许拥戴鲁克那丁以抗其父之党。然若其父自来攻击，则彼等决不加害。（回历六五三年，公元 1255 年 12 月 2 日）已而阿老瓦丁醉卧，夜半为人所杀，身首分离，其旁卧之一印度人与一突厥蛮人，亦并受伤。

八日后，始悉凶手为阿老瓦丁之幸臣哈散（Hassan）。鲁克那丁不明正其罪，而使人密杀之，并将其尸同其二子一女投诸火。其疑鲁克那丁为主谋者至是益信。

鲁克那丁忽儿沙即位以后，命其臣民遵守正教习惯，清除道路盗贼。自其所居之麦门底司堡（Meïmoun-diz）遣使至哈马丹城牙

① 见《札阑丁传》。

撒兀儿军前请降。牙撒兀儿命其径向旭烈兀王所纳款。鲁克那丁乃遣其弟沙歆沙(Schahinschah)至。(回历六五四年,公元 1256 年 6 月)牙撒兀儿遣子偕往。然数日后,牙撒兀儿以突厥人及波斯人所组合之一军进攻阿剌模忒,猛攻不下,乃坏其禾稼并蹂躏其全境而去。

先是怯的不花以前锋万二千人侵入忽希斯单,攻下数堡,进围其要堡吉儿都怯(Guird-couh),筑长围以攻之。堡之周围筑垒一重,垒外有宽濠一道,别于营后又筑垒一重。防守虽密,阿老瓦丁所遣援军有一百十人尚能突围入堡。时守堡者为疫所苦,然迄于旭烈兀抵波斯时,尚与忽希斯单其他诸堡坚守不降。旭烈兀至匝维(Zavé),遣忽合亦勒合(Gouga-ilga, Kogailgai, Gueuka-ilga)[①]往偕怯的不花共平忽希斯单未下诸地。二将取秃温镇,屠其居民,虏其幼妇儿童,还与旭烈兀大军合。

旭烈兀至波斯长官治所之徒思城,结幕于阿儿浑之园林中,阿儿浑之妻妾厚款之。又赴附近之剌亦干(Raïgan)草原,留居数日,附近诸地皆以粮储酒食来献。进至你沙不儿洲之哈不珊镇(Khabouschan),此镇原为成吉思汗之军队所毁,旭烈兀命兴复之,并指定一种款项,以供重建伊斯兰教教堂与商场之用。

(回历六五四年,公元 1256 年 6 月)无何,沙歆沙来见。旭烈兀因致书鲁克那丁,谓既遣其弟请降,则其父虐遇蒙古人之罪可宥。若鲁克那丁毁其数堡,亲自来营谒见,可保其国不受损害。鲁克那丁乃堕其数堡,除去阿剌模忒、麦门底司、兰巴撒耳三堡之门,

① 钧案:此人疑即郭侃。

并将其要塞一部分削平。旭烈兀乃命牙撒兀儿退兵出境。鲁克那丁虽请降,并许在其国内设置一蒙古长官或八思哈(basskak),惟对于出谒一事,则请宽限一年。

(9月)旭烈兀复自比思塔木(Bistham)遣使往见鲁克那丁,谕以恩威,命其来见。鲁克那丁遣其父之从弟,偕其相苫思丁乞烈乞(Schams-ud-din Kiléki)从使者归,仍以宽限为请。鲁克那丁并求许其保有阿剌模忒、兰巴撒耳、剌勒(Lal)三堡,然后将其他诸堡献出,并谓已命吉儿都怯及忽希斯单其他诸堡守将赴营纳款。其意以为有此退让,旭烈兀将许其展期出见,冬寒将至,蒙古军将不能在此山国中作战也。

时旭烈兀已攻下沙底司堡(Schahdiz),又谕鲁克那丁亲来秃马温城(Dumavend)营中谒见,如因事不能遽来,可缓数日,先以子来。鲁克那丁闻讯,颇为狼狈,乃谓将遣子来,并佥军三百人以从。设若其国不受兵侵,则允将诸堡堕毁。(10月8日)乃遣其父与一曲儿忒女奴所生之七岁庶弟,冒为己子,偕大臣数人出见。旭烈兀知其诈,抚慰之,谓其年龄太幼而遣之归。(10月26日)同时并命鲁克那丁遣其次弟沙歆沙来。鲁克那丁乃遣之,率佥军三百人出见,盖欲以此缓兵,不亲自出见,待冬季之届,又可有一不出见之借词也。

会鲁克那丁之相偕吉儿都怯堡将至剌夷城附近谒旭烈兀,乃命沙歆沙归,再谕其兄堕其麦门底司要塞,并亲自来见,将厚待之,否则未来之事只有上帝知之。鲁克那丁仍以同一借词避不敢出。旭烈兀乃命围绕鲁德八儿一带,诸军同时并进。不花帖木儿(Boca-Temour)、忽合亦勒合将右翼自祃拶答而进军。捏古答儿斡兀勒(Négoudar Ogoul)、怯的不花将左翼从哈儿(Khar)、西模娘(Sémenan)一道进。博勒海[1]、秃塔儿[2]两王从阿剌模忒一道进。旭烈兀自将中军万人自耶司克烈(Yeskélé)从塔里寒(Talécan)一道进。由附近诸地及曲儿忒、阿美尼亚转运军粮,征发所有牲畜以供转输。旭烈兀命将鲁克那丁佥发之军三百人秘屠之于可疾云城附近。

(11月9日)旭烈兀至麦门底司,巡视一周,集诸宗王及统将议,应即时进攻,抑待未年。时际冬令,粮储既少,而刍秣并缺。诸将多请待来春,惟有数人主张立时进攻,旭烈兀从之。

然在进攻以前,尚欲用交涉方法谕其出降,遣人至鲁克那丁所,告王已亲至,设其出降,仍许不加害于彼及其民,限期五日,期满进攻。堡人答鲁克那丁不在堡中,无命不能出降。乃进攻,伐树木以造投石机,运至附近山巅。旭烈兀设帐于最高山峰之上,被围者亦发弩以御。次日又进攻。鲁克那丁遣人来言,前不知蒙古王亲至,兹请停战,彼将于当日或次日出见。及至次日,又求付给谕降文约。旭烈兀命其相术外因人阿塔木勒克作书报之。鲁克那丁又约次日出降。迨至其弟出堡之时,堡人暴动,阻其出堡,谓将杀出降之人。鲁克那丁又遣人以其事告旭烈兀。旭烈兀乃谕其不必犯冒此险。次日,堡之周围同时进攻,至夜始止,被围者并投岩石以拒。

鲁克那丁原冀冬季雨雪,可使国内山道难行,作战不易。不意

① 钧案:此处写作 Bolgai,即前之 Balacan 后之 Bolga。

② 钧案:此处作 Toutar,即前之秃马儿(Toumar)。

此时天时温和,终乃决定出降。先命其子偕大官数人赴蒙古营。(11 月 19 日)次日自率诸大臣及著名天文家徒思人纳速剌丁(Nassir-ud-din)、名医哈马丹人谟瓦非怯迪莱(Movaffik-ed-dévlet)与来速迪莱(Reïs-ud-dévlet)诸子出降。诸人皆常劝其纳款者也。见旭烈兀献其宝藏,实不及世人所信之富。旭烈兀以之表散诸将。次日麦门底司堡军民皆退出,蒙古军遂入据之。

旭烈兀待遇鲁克那丁甚厚,以数将监守。命其转谕鲁德八儿、火木思(Comouss)、忽希斯单等地诸堡守将,将堡献出。鲁克那丁遣人偕旭烈兀使者谕下四十余堡,尽堕之。仅有阿剌模忒、兰巴撒耳拒守不从,谓须面献旭烈兀本人。旭烈兀乃赴阿剌模忒,路经失哈剌克(Scheherek),低廉君主之故都也,在此城宴乐九日。至阿剌模忒,遣鲁克那丁至城下谕降,堡将拒命。旭烈兀命一军围攻,堡人始允出降。数次遣人往见鲁克那丁,求转请许其不死。乃限以三日退出。(12 月 20 日)至第四日,蒙古军偕波斯民团入堡抄掠,纵火焚其房屋。旭烈兀巡视阿剌模忒,见此地山高,颇以为异。其相阿塔木勒克请将亦思马因派诸王所藏著名图书保存,旭烈兀命其往取之,得诸《可兰经》本及其他有价值之著作,暨天文仪器,仅将关系此派教义之抄本焚毁①。

阿剌模忒堡初建于 860 年低廉王额儿只斯单(Erdjistan)在位之时,其基甚固,所存粮储亦多。凿岩为室,贮藏种种饮食。其饮料中有葡萄酒、醋、蜜等物。据谓此种食物在哈散撒巴时代业已存

① 阿塔木勒克在此藏书室中得《吾主传》抄本一部。其《世界侵略者传》中之关系哈散撒巴诸事,有一部分乃从此书转录者。

贮,留存一百七十年而未变,亦思马因人遂以为哈散撒巴之神力所致。堡之周围半凿岩为濠,引巴希儿(Bahir)河之水以入。一蒙古军校率一队波斯民团堕毁此堡,所费时间与人力甚久。

阿剌模忒降后数日,忽希斯单长官至营。旭烈兀命守原职,偕同鲁克那丁使者还忽希斯单,谕下诸堡,其被堕毁者五十有余。

旭烈兀至兰巴撒耳,堡人坚守不降,乃留塔亦儿不花(Taïrboca)率蒙古、波斯军围攻。(公元 1257 年 1 月 5 日)而自还可疾云附近四十余里之大营,宴乐八日。

鲁克那丁随旭烈兀至哈马丹,遣从官二三人偕旭烈兀使者至西利亚谕说属于亦思马因人之诸堡堡将,以堡献蒙古人。鲁克那丁在营悦一蒙古女,旭烈兀以此女赐之,鲁克那丁娶以为妇。迄于是时,旭烈兀待之甚善,缘欲利用其说降诸堡,免费兵力,否则必须多年之争战,并疲耗波斯诸州民力之转输也。及事定,欲除之,惟已明许其不死,不欲公然负约。适鲁克那丁自请入朝蒙哥皇帝,乃命携随从九人,偕蒙古军校数人入朝。至大汗所,蒙哥拒不欲见,谓不应送之来,枉劳驿马。鲁克那丁还至统阿山附近某地,护行之军校并其从者杀之①。

初,旭烈兀出师时,蒙哥命其尽灭亦思马因人,至是分其人隶各营。鲁克那丁入朝后,乃下令尽杀诸营中之亦思马因人,虽在襁褓者亦不免。其鲁克那丁之族,皆在阿八哈耳、可疾云之间被杀,不留一人。呼罗珊之蒙古统将以佥发民兵为名,聚忽希斯单境内之亦思马因人歼之,死者万二千人。其在他处之亦思马因人,亦遭

① 见《世界侵略者传》。《史集》则谓其来朝时蒙哥命人杀之中途。

相类之屠杀。[①]。

① 见《世界侵略者传》第2册。《史集·旭烈兀传》。《世界侵略者传》云："自是以后，木剌夷人遂如犹太人分散于诸国。其受此类刺客之威胁者，至是遂安。鲁木、西利亚、富浪诸国国王所付之岁币至是遂免。"然忽希斯单境内之木剌夷人并未全灭。《也里州志》，1500年顷之撰述也，谓当时此州尚有一部分人信奉此教，互纳一种名曰哈散撒巴捐之捐款，用以修饰哈散坟墓。并云："有不少老媪，别留其纺线十分之一，名曰教长十一税。教长者指哈散撒巴也。"西利亚之亦思马因人别名哈失歆(Haschischin)，西利亚之富浪人读若阿思新(Assissin)，此谋杀者(Assassin)一名之所本也。按哈失什(Haschisch)在阿剌伯语中，为种种干草之称，并为一种麻叶酿酒之名。惟西利亚亦思马因人之别号则未详其所本。诺外利书著录有《阿剌模忒史》(Tarikh-ul-Alamout)，Aboul-Hassan Ali Coftti 撰。此人殁于1248年，曾相阿勒波王蔑力纳昔儿(Mélik Nassir)者也。

第五章

讨伐哈里发——黑衣大食国之一瞥——谟斯塔辛——报达之乱——旭烈兀之谕降及哈里发之答复——哈里发致旭烈兀之怪书——旭烈兀之星者——旭烈兀之进兵——又遣使——安八儿之战——报达之围——报达之攻下——报达之抄掠——哈里发之死——旭烈兀之还哈马丹——取额儿比勒——财宝之寄藏——毛夕里算端之臣服——罗耳阿塔毕之被害——法儿思阿塔毕之臣服——鲁木算端之至——蔑剌合之天文台——阿儿浑之治绩——塔克利特基督教徒之屠杀——穆斯林之被贱视——阿剌伯穆斯林侵略后东方基督教徒之待遇——基督教徒之宗教分裂：雅各派、聂思脱里派、阿美尼亚派、麦勒乞特派

旭烈兀灭亦思马因人以后，即思征服报达，而灭哈里发之国。徒思人天文学者纳速剌丁，阿里派之教徒也，得旭烈兀之信任，颇襄助斯举[①]。当其偕两名医随鲁克那丁忽儿沙出降时，旭烈兀即

① 见 Habib-us-Siyer 第 3 册。

将此三人录用，许其将存于麦门底司堡之衣物及随从诸人携出[①]。纳速剌丁初事忽希斯单之亦思马因人长官纳速剌丁阿布都剌忻（Nassir-ud-din Abdour-Rahim），曾为撰一波斯文著作，题曰《纳昔儿之伦理》[②]。纳速剌丁曾赋诗以赞哈里发谟斯塔辛（Mosta'ssim）之德，以诗寄呈哈里发。哈里发之相伊宾阿勒迦密（Ibn Al-camiyi），十叶派之热烈信徒也，以诗转致忽希斯单长官，并在诗后附书数语，谓纳速剌丁敢与哈里发通信，必须监视之。长官将其置于狱，已而挈之赴阿剌模忒，献于阿老瓦丁摩诃末。故麦门底司降附旭烈兀时，纳速剌丁适在此堡[③]。

（回历六五五年，公元 1257 年 3 月）旭烈兀自可疾云至哈马丹，拜住自阿哲儿拜占来见。旭烈兀怒责之曰："自汝接统绰儿马罕之军以后，已胜者何敌，已服者何国？仅以哈里发之强盛恐怖蒙古军队，汝之能为只此而已。"拜住跪答自信无过，已尽力之所能为，侵略鲁木，至其未进围报达者，乃因此城居民之众，兵力之强，而道路难行也。

（回历六五五年，公元 1257 年 9 月 21 日）旭烈兀遣使至报达谕降，时当哈里发谟斯塔辛在位之十五年[④]。谟斯塔辛为人长厚，

---

① 见《史集》。

② Akhlac Nassiry，此书欧洲诸图书馆藏有写本数本。书分三篇，第一篇言人类之道德，附有 Abou Ali Mescouyah 所撰阿剌伯文之《道德要略》；第二篇言经济或家庭之人；第三篇言政治社会。撰者在原序中谓最后两篇多取材于希腊哲学家之撰述。

③ 见瓦撒夫（Vassaf）书第 1 册，Habib-us-Siyer 第 3 册。

④ 其父木思坦昔儿殁于 1242 年 12 月 12 日。此哈里发英武有谋略，其弟 Khaf-adji 亦甚英勇，大臣畏其刚毅，不敢奉之为主。以木思坦昔儿之子谟斯塔辛暗弱易制，乃奉之为哈里发（《伊斯兰教王朝史》）。

信道颇笃，然少决断，无毅力。以政事委诸大臣，专以游乐为事，嗜乐舞，妄自尊大。诸王来朝者，不许入谒，悬绢于宫门，代表哈里发之袍角，诸王来朝者应吻此绢。宫门置石，亦应跪吻之，盖访巡礼默伽者敬礼黑石与屋幕之意也。节庆之日，盛陈卤簿，骑而出，以黑纱覆面[①]。

哈里发为穆斯林最高首领，视诸奉正教之君主，如同其委任之人。报达为上邦，诸国为藩国，诸国君长不论其号为算端、为蔑力、抑为阿塔毕者，即位之时，皆应通知哈里发，请求册封。哈里发遣使一人，奉封册[②]偕藩国使者至其国，并赐王袍一、缠头巾一、刀一、指环一、骡一，鞍勒饰以宝石。使者至最后一站，诸法官(Cadhis)、教长(Imams)、司教(Scheïks)、绅耆来迎。新君亦盛陈卤簿自迎使者，吻使者之手。使者停一二日后，赴宫中宣命，以哈里发所赐袍与巾衣算端，口宣“应公正勿违法”一语三次，然后许新主就位。引哈里发所赠之骡入，新主对众以口吻骡蹄，至是，报达使者散给钱币于人民。算端偕使者骑而出，上覆伞盖，前以王旗军乐导之，经行城市[③]。

诸大藩国对其藩臣或大官，册封之礼亦同。当时受谟斯塔辛之册封者，为埃及、鲁木之算端，法儿思、起儿漫之阿塔毕，额儿比勒、毛夕里及若干小国之王。然此时鲁木、法儿思、起儿漫已成蒙

① 见瓦撒夫书第 1 册。

② 诺外利书著录有封册文两件：一为哈里发木思坦昔儿 1233 年册封埃及算端哈米勒之文，一为别一木思坦昔儿 1261 年册封贝巴儿思(Beïbars)算端之文。

③ 礼节较次者，使者至引骡至位置王座之台上，下一幕。算端起吻骡蹄，然后使者以哈里发所赐之袍巾衣之，手引算端就位。

古之藩国矣。

谟斯塔辛所委政之大臣，有苏黎曼沙(Soleïmanschah)为大将军，据云统有六万骑，大掌印官[①]一人、副掌印官一人、献酒人(Scharabi)一人，偕丞相木牙代丁摩诃末伊宾阿勒迦密(Mouayyad-ud-din Mohammed Ibn El-Alcamiyi)共执国政。阿勒迦密者，阿里派之热烈信徒也，为相已十三年。近因事怨哈里发，缘哈里发长子阿合马(Ahmed)遣军至报达城阿里部人所居之迦儿克坊(Carkh)，掠物杀人，并虏阿里后裔(Seyid)数人而去。有人见诸卒将此名族之子女科头跣足置于鞍后，骑以过市。阿勒迦密引以为辱，其在致希烈(Hillé)市长赛亦德·塔只乌丁摩诃末(Seyid Tadj-ud-din Mohammed)书中，痛言此事[②]。言曾诉之于哈里发，乃哈里发答云应将十叶派人歼灭。阿勒迦密在书中微露其欲复仇之意。据闻阿勒迦密在木剌夷国灭亡以后，曾秘密致书输诚于旭烈兀，谓报达易取，请以兵来。惟旭烈兀以报达尚强，又有鉴于绰儿马罕之两次失利，未能全信其说，乃善为复书，要求其表示诚意。阿勒迦密旋续致数书，告以哈里发国势衰弱，促其从速进兵报达。

并闻其同时曾进言于哈里发，谓诸伊斯兰教君主既皆为藩臣，自应为其牺牲生命财货，无须每年自置重兵而费巨饷。乃献议将其父木思坦昔儿哈里发所置重兵裁减，使诸将分守诸州。哈里发专务逸乐，即以此事属其相，迨至报达得旭烈兀进兵之讯时，军队

① 案：掌印官原作 dévatdar，此言执文具人。

② 此书原文一部分为诗体，已见瓦撒夫书第 1 册著录。

业已遣散[①]。

时有重臣数人，谋废哈里发，改奉其宗亲一人为主。主其事者副掌印官艾伯格(Eïbeg)也。丞相闻其谋，入告。谟斯塔辛召艾伯格至，告以此事，谓其不信人言之实，疑系其相构陷。艾伯格闻之似甚感动，乃示其首与刀，谓若有罪，必当自投。遂反诉丞相与蒙古通谋，曾密致书于旭烈兀，欲以哈里发献，故进此谗，以释人疑。哈里发慰遣之，皆释不问。

艾伯格日夜与其党谋愈急，已届实行之时，哈里发惧，以兵抗之，报达内乱遂起。已而哈里发知势不敌，不得不招抚叛徒。乃亲作书致艾伯格，谓人言其谋逆，已知纯属诬陷，彼仍始终信任也。艾伯格得书，乃入见。哈里发厚抚之，宣示城中，为之昭雪，在公共祈祷中以其名列于哈里发之后[②]。

旭烈兀遣使致书于哈里发曰："吾人讨伐木剌夷，征汝兵从征。而汝不以兵至，其实应以兵助，始能表示汝为余之盟国。乃以借词，终不发兵。汝朝立国虽远而著名，国势虽强，然汝应知之，日入之后，月始有光[③]。蒙古军队自成吉思汗时代以来，秉承天命。花剌子模塞勒术克诸朝、低廉诸王、诸阿塔毕以及其他诸强大君主，莫不被灭。此类国君皆曾居住报达，而报达皆未闭门不纳。以我之强，缘何见拒？吾人前此业已有所劝谕，今向汝进此言曰，避免战争，勿以拳触锥上，勿视太阳为灯火，否则必贻后悔。然已往者皆可不咎。设汝堕报达之城而平其濠，使汝子治国事，亲来纳降。

① 见瓦撒夫书第1册。

② 见《史集》。

③ 波斯诗句。

抑不欲亲来，则遣丞相、苏黎曼沙、掌印官三人来，俾其能确实转达吾人口谕。汝若能从，则汝可保汝之土地、人民、军队，然若不从，如愿战斗，则集汝军，指定战地，吾人已严阵以待也。但汝应知，吾人一怒之下，进兵报达。汝虽藏伏天空地腹，亦不能逃。如汝欲保全汝身汝朝，须敬聆吾等之言，否则吾人将见天意之所属也。”

哈里发答书曰：“青年人得志甫十日，汝便自信已为世界之主，以为汝之命令如同司命裁判之不可抗拒。殊不知汝所求者皆汝之所不能得，具见汝不知自西徂东凡崇奉上帝信仰正教者，皆为余之臣仆。设余意有所欲，只须以古民之遗众，余将为伊兰之主，进兵突兰(Touran)，恢复原状。持此举将足以变更世界之面目，故余不欲战，而欲避免人类之灾。余不欲余之用兵致使余之臣民诅咒，且余为可汗及旭烈兀王之友。设汝如余之散布友好种子，则余之城濠于汝固无碍焉。愿汝遵平和之途而远呼罗珊。”[①]

哈里发命侍臣三人携答书偕蒙古使者归。使者出城，群众在城外诅詈使者，裂其衣而唾其面。若无丞相所遣卫士之至，使者几不免。

旭烈兀闻使者受辱，怒曰：“哈里发对余之行为，如此弓之曲。然若得天之助，余将惩之，俾其能如一箭之直。”及见谟斯塔辛答书更恚，遣来使归，而告之曰：“天以大地之国界大成吉思汗及其后裔，汝主既不降附，往告其备战可也。”

哈里发询其相退敌之法。其相献策，以宝货献，输贵重物品千担、骡千头、盛饰鞍辔之马千匹，列其名于公共祈祷及货币之中，哈

① 此书见《史集》，惟观其文体似非真书。

里发从之。

掌印官反对此策，进言于哈里发，谓首相只愿个人利害，欲牺牲一切，而献功于旭烈兀。并云："吾人防守诸道，设若遣使者赍贡物过此者，必截留之。"

哈里发闻其言，乃不用其相之策，反谓其相过虑，蒙古人不过以虚声夺人，必不敢以兵至。设其敢于攻击君临不少藩国之黑衣大食朝，是无异自速其亡。

大将军苏黎曼沙、掌印官偕其他诸统将，集相邸会议，咸以哈里发怯懦无能，专与俳人舞者为伍，而不知抚慰将士。诸人在其父在位时代之所得者，兹皆不能不售卖以自给。苏黎曼沙云："设其再不自强，吾人将见敌人进迫报达都门，将与不少城市同其命运；无论贵贱贫富，将不免于屠杀；而吾人之妻妾将沦入此种蛮族之手。不如乘此未四面受敌之时，征调一军往袭之。纵若不胜，死亦有名。"

有人以苏黎曼沙之语告哈里发。哈里发胆遂壮，乃命其相征调诸军，以付苏黎曼沙统率。然其相命征兵使者迁延其事。此方备战之事遂为蒙古人所闻，袭击计划遂不果行。逾五月，兵始集。及至发饷之时，又因哈里发吝啬迁延不发。

至是哈里发又遣二使者以此怪书致旭烈兀曰："其诸国君主来攻黑衣大食朝都城者，无论其国势如何之强，终必得不幸之结果。本朝根基甚固，应延存至于世纪末日。此事汝或不知之。汝可询熟悉此国之历史者，彼等必告汝。古时瑣法儿朝（Soffaride）之 Yacoub Leïss 曾率大军进攻报达，未抵此城而身先死。其弟 Amrou 亦欲进攻，然为撒曼朝（Samanide）之 Ismaïl Ibn Ahmed 捕送报达。巴撒悉利(Bessassiry)虽自埃及侵入报达,拘守哈里发,然逾二年即为塞勒术克朝之脱黑鲁勒贝(Togroul-Bey)所击杀。别一塞勒术克朝之摩诃末(Mohammed)算端,曾进兵报达而败还,死于退军之际。最后花剌子模沙摩诃末在进兵报达途中,其一部分军队死于风霾,终因天怒而退走。设汝亦欲进攻报达,殆恐遭同一命运。"

旭烈兀不注意使者之词而遣之归,以报达城防守之人甚众,乃增调军队,以备进围此城。首欲将隔离两伊剌克地方[1]之山地略取。哈马丹通报达之大道,经行高山,山顶终年积雪。山中有打儿坦克堡(Dertenk),通道中险要之地,亦伊剌克阿剌伯之门户也[2]。旭烈兀知此堡守将胡撒木丁阿怯(Hossam-ud-din A'ké)以事怨哈里发,遣使召之至,厚抚之,命其略取扼守此地之其他诸堡。阿怯从之,然旋悔,请阿里部人额儿比勒守将伊宾瑣剌野(Ibn Solayé)转求哈里发,宥其一时之惑。设若哈里发仍见信任,则请以骑兵一队至,彼将招集曲儿忒突厥蛮部兵十万,以御蒙古人进攻报达之军。伊宾瑣剌野立即转陈丞相,然哈里发拒之。

旭烈兀闻阿怯有异心,遣怯的不花以骑兵一队往捕之。怯的不花行近此堡,遣人往告阿怯,言将进兵报达,有事须与之议。阿怯不为备,至蒙古营,怯的不花拘之,而告之曰:"脱汝欲保全性命,仍为诸堡之主,应使堡中之人尽出,俾能括其数而定丁赋之额。"阿怯从之。怯的不花又言:"设汝忠于吾主,可将诸堡堕平。"阿怯知事

① 译者案:即伊剌克阿只迷及伊剌克阿剌伯两地。

② 见 Djihan numa 465 页。

露，然不敢不从。旋为怯的不花所杀，其家人、军队皆死。其子撒的(Sa'd)异密者，以蒙古人无信，不敢降，逃亡山中，后死于报达。

初，皇帝命星者胡撒木丁(Hossam-ud-din)从军行，俾旭烈兀询以进兵结营吉凶之事。兹以进兵报达事询之，星者恃其平素之见信，遽答曰："观星象不宜攻取报达。前者进兵报达之人，皆失其位而亡其身。设王不信余言，必欲进兵，则将见六种灾难之至：(1)战马皆死而军中有疫，(2)日不出，(3)雨不降，(4)风霾地震扰乱全球，(5)年岁必荒，(6)同年皇帝死。"旭烈兀命其笔录之[①]。设在一定期间内预言不应，则将其处死。后在 1262 年 11 月 23 日果杀胡撒木丁[②]。

佛教博士(Bakschis)及诸蒙古统将皆主进兵，旭烈兀以询纳速剌丁。此星者云，胡撒木丁之预言皆必不应。旭烈兀询之曰：然则将来情形若何？此阿里派之信徒答曰：旭烈兀将取哈里发而代之。乃招胡撒木丁至与之辩对，纳速剌丁历引从前诸哈里发死于穆斯林之手而无天灾之例以折服之。

旭烈兀遂决定进兵报达，令诸军并进。初，拜住奉命至鲁木，夺也速丁算端所据鲁克那丁之分地，以界鲁克那丁。至是奉命还讨报达。还军时抄掠阿布里斯廷(Aboulistin)，杀居民七千人，虏童男女而去。至马剌迪牙，也速丁之守将逃。拜住强其居民改属鲁克那丁，索重币，而为鲁克那丁置一守将而去[③]。在毛夕里渡达曷水，至报达城西不远，与不花帖木儿(Boca-timour)、速浑察(So-

① 见《史集》。

② 见 Habib-us-Siyer 第 3 册。

③ 见《世界史略》523 页。

ugoundjac)所统之军合为右翼,术赤诸孙孛勒合(Bolga)[①]、秃塔儿(Toutar)、忽里(Couli)将此系所佥之兵以从。怯的不花、忽都孙(Coudoussoun)统左翼之军自罗耳边境进。(回历六五五年,公元 1257 年 11 月中)旭烈兀留其家属辎重于哈马丹附近,使哈塔克(Catak)守之。自将中军从乞里茫沙杭(Kermanschahan)、火勒汪一道进。统将忽合亦勒合、乌鲁克图(Oroctou,Ourouctou)、阿儿浑、必阇赤(bitikdji)哈剌海、(Caracaï)、丞相赛甫丁(Seïf-ud-din)、火者纳速剌丁、内政长官(sahib)赛卜(Saïb)、阿剌丁阿塔木勒克暨波斯之诸王贵人官吏皆从[②]。法儿思之阿塔毕阿布别克儿(Abou Becr Ibn Sa'd)因平木勒夷,遣其子撒的(Sa'd)来贺,并遣侄摩诃末沙(Mohammed-schah)率兵助战[③]。旭烈兀在额塞德城(Essed-Abad)遣使召哈里发来营。哈里发不至,惟许退兵后奉以岁币。旭烈兀答曰:我既近抵此地,不见哈里发不归。

旭烈兀进兵入曲儿忒人山地,掠乞里茫沙杭,结营于塔克怯斯剌(Thak-Kessra)附近,召右翼诸宗王及拜住、速浑察、速纳台(Sounataï)诸将来会。诸将以所擒敌军前锋二突厥领将至。据闻右翼诸将离大营前,曾以火灼羊胛骨以占吉凶。

哈里发军前锋统将名哈剌辛豁儿(Cara Sincor)者,突厥钦察人也。蒙古前锋统将名算端搠克(Soultand jouc),突厥花剌子模人也,作书招之降。哈剌辛豁儿答书云:"黑衣大食朝立国以来亘五百年,历见国家之兴废,而仍存在如故。蒙古人敢侵犯之,诚不

① 钧案:此人与前此之巴剌寒博勒海应为一人。

② 见《史集》。

③ 见《乐园》。

量力。当其侵略亦思马因人诸堡时,哈里发已甚怒。然汝主如知悔,退兵至哈马丹,余将转求掌印官求宥于哈里发,或者哈里发可恕其罪。”算端搠克以书呈旭烈兀,旭烈兀一笑置之。

旭烈兀进兵以前,又遣使往谕哈里发,促其来见,并命先遣丞相、苏黎曼沙、掌印官三人来营议事。哈里发不至。(12 月 18 日)进兵至火勒汪,留十三日。适怯的不花已占领罗耳之地一大部分。

拜住、不花帖木儿、苏浑察引军在塔克利特渡达曷水[①]。朵者勒(Dodjaïl)或小达曷水、亦沙吉(El Ishaki)蔑力克(Mélik)渠、伊撒渠(Yssa)等地之居民,皆避兵入报达城。逃亡之男妇怖甚,投水就舟,其欲渡达曷水者,或以金镯,或以锦服,或以巨金付舟子,作渡资[②]。副掌印官艾伯格偕统将费秃丁(Feth-ud-din Ibn Corer)结营于火勒汪道上,雅库拔及巴只色利(Badjséri)之间,闻蒙古军进至达曷水西,乃渡水击其前锋速浑察之军于安八儿(Anbar)。(回历六五六年,公元 1258 年 1 月 16 日)蒙古军退至小达曷水附近之别歇利野(Beschériyé),与其大军合。费秃丁老于军事,不欲轻进。艾伯格欲乘其无援时击之,乃责其不忠所事,促其进兵,进至朵者勒附近[③]。蒙古军回战至夜,(1 月 17 日)据闻费秃丁在骡上督战,缚系骡蹄,以示不退。及夜,两军相对结营。蒙古军夜决

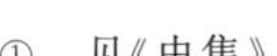

① 见《史集》。

② 见《哈里发史略》。

③ 朵者勒即小达曷水。据 Djiahn Numa(460 页)之记载,是黑衣大食朝哈里发时代所开之渠,以通达曷与额弗剌特两水者也。距岸十六里有朵者勒大镇,周围有村庄甚夥。哈里发朝亡,此渠遂废。据舆地家牙忽惕(Yacout)之说,此渠在 Cadessiyét 附近,通达曷水。然未言其在何处通额弗剌特。至若伊撒、蔑力克两渠,亦为连接达曷、额弗剌特两水之水道,惟在报达之南。

堤，哈里发军营后平原皆为水淹没。次日蒙古军进攻，覆其众。费秃丁、哈剌辛豁儿偕万二千人殁于阵，其为水淹没者无数。艾伯格率残军退入报达，亟命修缮城墙戍楼，街市设妨碍物，征集全城居民执兵御敌[①]。

（1 月 22 日）至下星期二，蒙古统将三人进至达曷水西岸，占领报达城之附郭。时怯的不花亦进至涅哈洗耶特（Néhasslyét）及撒儿撒儿（Sarsar），旭烈兀在 1 月 18 日已结营于城东。合围后[②]，蒙古人在河两岸筑垒，垒外掘濠向城，二十四小时工毕[③]。取砖于附近，筑小丘，置机与炮石火油瓶于其上[④]。旭烈兀将中军营于阿只迷（Adjémi）门外，忽合亦勒合营于克勒瓦的（Kelvadhi）门外，忽里、博勒合、秃塔儿、失烈门（Schiramoun）、乌鲁克图营于苏克算端（Souc-Soltan）门外。河之右岸，不花帖木儿营于南，拜住、速浑察营于西[⑤]。1 月 30 日，诸军同时进攻，阿只迷门之戍楼最低，一部为炮石所毁[⑥]。

至是谟斯塔辛遣其相偕其幸臣伊宾答儿讷思（Ibn Darnouss）、景教（nestoriens）大主教马吉哥（Makiko）赍赠物使蒙古营，谓今既使丞相至，乞如前约。旭烈兀答曰：此我在哈马丹提出之条件，现已在报达都门，除丞相外，应遣苏黎曼沙偕掌印官来。

① 见《史集》，瓦撒夫书，《世界史略》527 页。据末一撰述，此战在 1 月 15、16 两日。

② 见《史集》。

③ 见 Nikby ben Mess’oud 书。

④ 见瓦撒夫书。

⑤ 见《史集》。

⑥ 见《哈里发史略》304 页。Djihan Numa（458 页）记述斡都蛮（othomane）时代（钧案：即土耳其统治时代）报达城有戍楼一百六十三座。

次日，丞相又偕内政长官及居民代表至蒙古营。旭烈兀拒不见。

嗣又连续进攻六日，以矢缚书射入城中，对于法官、律士、司教、阿里族人皆许以不死。报达附近缺石为炮，乃在其北方三四日程之哲贝勒汉、母林、哲鲁剌（Djéloula）等地运至，并伐椰树以作投击之物。

2月1日，阿只迷门戍楼全毁。同月5日，蒙古军在此楼附近登城，逐其守兵。术赤诸孙攻苏克算端门之戍楼未下，旭烈兀责其进攻不力，诸王乃于夜登城，尽据城之东墙。

蒙古军防城中人逸出，在陆地筑土垒，设炮机。在报达上下之达曷水上，列兵船巡逻。以不花帖木儿统万人守谟答音（Modain）道上。掌印官欲从达曷水逃出，舟至鹫镇，被石矢所击，退还报达，失三舟，舟人尽死。

至是，哈里发见不能不降，乃遣其从官二人，赍赠物甚薄出见，缘恐赠物多而要求愈甚也。旭烈兀拒不见。

2月5日，哈里发次子奥都剌合蛮（Abd-our-Rahman）偕内政长官及诸贵人赍重币赴营求见。亦拒不见。

次日，哈里发长子偕丞相至。亦被拒还。

又次日，旭烈兀遣伊宾术吉（Ibn-ul-Djouzi）、伊宾答儿讷思[①]二人还，命召苏黎曼沙偕掌印官二人出见，并谓哈里发来否听之，惟兹二人必须出城。二人不得已乃出。又遣其还，挈其所属诸人并出。据云，将遣之赴西利亚，故城中军民随出城者甚众。后皆分

---

① 阿不都合尼伊宾答儿讷思（Abd-oul-Gani Ibn-Darnouse）者，出身担夫，木思坦昔儿在位时，为宫门戍楼之阍者。谟斯塔辛即位，颇宠遇之，命为门监长，旋命为侍从官，颇见信用。往见伊宾阿勒迦密，首相辄起立，在座诸人皆退。首相常与共议政事，并以厚禄饵之（《哈里发史略》第1篇32页）。

隶各营,尽屠之。

城中绅耆遣代表至,请勿杀不再抵抗之居民,并以其首领为质于蒙古王处。会旭烈兀有必阇赤名信度(Hindou)者,为流矢伤一目。旭烈兀怒,命亟下其城,并命纳速剌丁在哈烈别(Halébé)门抚慰出城居民。

同月8日,杀副掌印官艾伯格。旭烈兀召苏黎曼沙至,询之曰:“汝为星者,知天文吉凶,何以不能预睹此日,而以忠言进汝主?”答曰:“哈里发命数已定,不听忠臣之言。”旭烈兀并其家属七百人悉杀之,正掌印官之子哈只乌丁(Émir Hadj-ud-din)亦遇害。时毛夕里之王子撒里黑(Salih)以军从,军中并有迦儿克坊之十叶教使[①]。旭烈兀以三首付撒里黑,俾送致其父别都鲁丁卢卢。毛夕里王与苏黎曼沙交甚厚,见之悲泣,命以三首示众。

同月10日,哈里发挈其三子奥都剌合蛮、阿合马(Ahmed)、木八剌(Mobarek),暨阿里族人教长、法官、贵人等三千人出降,旭烈兀礼接之,致寒暄词,命其传谕城中居民出城,俾籍其人数。谟斯塔辛乃谕城民,欲免死者速弃其兵械出投蒙古,城中军民蜂拥而出,陆续被杀。

旭烈兀徙哈里发父子于克勒瓦门外怯的不花营,命人守之。至是哈里发知不免。

同月13日蒙古兵入城,开始杀掠,焚庐舍,仅有少数基督教徒及外国人得免。

15日,旭烈兀入城,大宴诸将于哈里发宫中,召谟斯塔辛至,语之曰:“君为室主人,我为客。何以款我?”哈里发以其言诚,惟战

---

① 见《史集》。

粟不复识其宝藏之锁钥，乃破键出衣二千袭，金底那一万暨宝石无数以献。旭烈兀曰："此为可见之宝货，不难觅取之，只可犒吾从者，应出示伏藏之物。"哈里发指示宫廷一处，命人掘之。见一池，满藏金银，每锭各重百两(miscales)[①]。蒙古人于宫厨得金银食器无数，视之如同铜锡焉[②]。

旭烈兀旋命人籍其后宫人数，得宫嫔女奴七百人，宦者千人。哈里发求将此种未见日月光之妇女付之，旭烈兀许留百人，谟斯塔辛乃选其亲属而挈之去。

旭烈兀夜还营，命速浑察徙哈里发宝藏于城外，黑衣大食朝五百年之蓄积，遂陈列于成吉思汗孙营帐之四围焉。

报达城之掠杀，延续有七日，伊斯兰教堂多毁于火，居民遣代表三人乞免。旭烈兀以城既属己，命人止杀[③]。计死者八十万人。其隐伏待军退后始出者，为数无几[④]。

此役报达城伊斯兰教居民之被屠，以谷儿只军队最为出力。景教之大主教聚基督教徒于一教堂中，皆获免。其回教富人以财货寄托大主教者，皆被杀[⑤]。

城中气秽，旭烈兀移驻城外之瓦迦夫村(Vacaf)附近，遣异密奥都剌合蛮(Abd-our-Rahman)往平忽希斯单，命人召谟斯塔辛。谟斯塔辛知不免，求救于其相。阿勒迦密答曰："余髯长，安能为力。"缘其劝哈里发纳贿行成时，艾伯格曾力阻之，谓丞相髯长，髯

① 见《史集》。

② 见瓦撒夫书。

③ 见《史集》。诺外利书云，旭烈兀欲焚城，怯的不花那颜谏止之，以为留之可取不少贡赋。瓦撒夫书云，蒙古人自报达城载捕获品四千担而去。

④ 见《埃及诸王史》第 3 册引《伊斯兰教王朝史》。

⑤ 见《世界史略》529 页。

长者，犹言见短也，故今以此语报之。哈里发乃决就死，请先沐浴。旭烈兀遣五蒙古人偕往，谟斯塔辛拒之，谓不欲与此种地狱之恶魔为伍。2 月 21 日，以囊盛哈里发及其长子，并宦者五人，在瓦迦夫村附近驱马践之，至死始止[①]。谟斯塔辛之母，额梯斡皮（Ethiopie）种之女奴也，名哈只儿（Hadjir）[②]，以 1212 年生谟斯塔辛。至是得年四十六岁，在位十五年，为黑衣大食三十七代之哈里发。此后伊斯兰教信徒无教主者有三年[③]。

越日，尽杀怯的不花营中随从哈里发诸人。22 日，杀哈里发之次子及黑衣大食朝之诸宗室，其幸免者甚少，哈里发之幼子木八剌沙（Mobarek-schah）获免。旭烈兀以付其妃完者可敦（Oldjaï-

---

① 诸外利书云，蒙古人杀君主亲王不使见血。《世界史略》529 页，《埃及诸王史》第 3 篇。

② 见木涅靖巴失书。

③ 波斯史家 Nikby 云：哈里发献其宝藏后，旭烈兀以盘满盛黄金，置于谟斯塔辛前，命之食。哈里发曰：金不可食。旭烈兀曰：何故不以金散给军队而自守之？何以不将此铁门熔为箭镞？否则汝将进至阿母河与我争渡矣。哈里发曰：是天意也。旭烈兀曰：今日之事亦天意也。《乐园》所记亦同。殆为旭烈兀乐于辱其俘虏，致有金盘盛宝置于哈里发前而使饿毙之故事发生。Joinville 之《圣路易史》（St. Louis）（122 页）所记哈里发败亡之事有云：国王适在建筑赛德城（Sayéte，Saïd）。有商人来自东方者，言鞑靼王取报达城事。时伊斯兰教教主为报达城主者名曰报达之哈里发。商人述其事云：鞑靼王进围哈里发城时，遣人谕哈里发，谓愿与和亲，哈里发许之。鞑靼王命其遣大臣四十人来会盟和亲之事，哈里发从之。鞑靼王又命其遣富家名族之四十人来，哈里发又从之。第三次又命其遣最优秀之四十人来，哈里发亦从之。鞑靼王以为城中之贵人皆至，乃尽杀之。旋攻下此城，擒哈里发，以铁笼盛之，不予之食。旋问之曰：饥否？哈里发答曰：饥。乃以大金盘盛宝石至。问曰：汝识此物否？答曰：识为余物。又问曰：爱否？答曰：爱。乃曰：既爱之，择欲食者食之。哈里发曰：此非肉，不可食。鞑靼王曰：汝病在此，设汝早能俵散汝金，汝必不至于亡云云。案：所记之年有误。盖圣路易建筑赛德城时在 1253 年，而报达之攻下则在 1258 年也。海屯（Haïton）《东方史》第 26 章云，旭烈兀命将哈里发闭置室中，掷黄金、宝石使之食，不许给与饮食。此外记载此事者尚有数种撰述，兹不备引。

Khatoun),可敦遣之至薎剌合城火者纳速剌丁所。后娶蒙古女,生二子焉。

哈里发死之日,旭烈兀命阿里八哈都儿(Ali-Bahadour)为报达城长官。阿勒迦密仍守相职,达薎干人法合鲁丁(Fakhr-ud-din)为内政长官,阿合马伊宾唵木朗(Ahmed Ibn A'mran)管领报达以东诸地[①],尼咱木丁(Nizam-ud-din Abd-oul Mouémin)为大断事官,亦勒合那颜[②]哈剌不花(Cara Boca)以三千蒙古骑兵戍报达,收埋积尸。

由是五百年来伊斯兰教世界之首都残破,居民减少,降为一州之首府矣。黑衣大食之哈里发初驻安八儿。至762年,第二代哈里发满速儿(Al Manssour)初建都城于达曷水西岸。数年以后,又在东岸建新报达城,而徙都焉,旧城遂成新城之附郭。此城适在交通便利之处,中国、印度输入之物,由弼斯啰(Bassora)港转运至此。北方出品亦由达曷、额弗剌特两水顺流而下[③]。此城在1256年夏杪曾没于水者五日,达曷水亦涨,曾将沿岸平原淹没[④]。

① 《乐园》云:此人逸事有足记者。伊宾唵木朗者,贱人也,初事雅库拔长官。本地风习,主人眠时,使人为之搔足。旭烈兀至报达之前一年,长官使唵木朗为之搔足,已而皆入卧乡,唵木朗梦见哈里发国已亡,谟斯塔辛已不在世,而自为报达长官。及寤,以梦告其主。其主怒其诞,以足踢之仆。至报达被围时,唵木朗知蒙古军中缺粮,乃作书,谓旭烈兀如得一名唵木朗者之助,必获其用。以矢缚书射入营中。旭烈兀得书,求哈里发将此人送至营中。及至,乃告旭烈兀将以粮献。旭烈兀虽不信其言,然命人随之往取。唵木朗偕使者至雅库拔附近某地,发地仓,得麦甚多,足供蒙古军十五日粮。旭烈兀取报达后,命之为报达长官。果符其梦,云云。案:所记微有误。伊宾唵木朗未为报达长官,仅为报达以东诸地之长官而已。

② 钧案:此处未作忽合亦勒合。此人后来尚在波斯,疑与忽合亦勒合为二人,否则忽合亦勒合似非郭侃。

③ 见 Cazvini,Kitab Assar-ul-bilad,诸外利书。

④ 见《史集》,《伊斯兰教王朝史》。

报达攻下前后，人皆言伊宾阿勒迦密叛主通敌。故在学校道院书籍之上，曾标有此语："其不咒诅伊宾阿勒迦密者，将受上帝之咒诅。"其实此人之行为似未能免于毁谤。报达城屠掠后逾三月，伊宾阿勒迦密死，其子舍里甫丁(Schéréf-ud-din)代之[①]。

① 其叛逆之事未经《史集》辨正，瓦撒夫书且证实之。然当时之《哈里发史略》撰者，则颇称扬此人。据云："丞相伊宾阿勒迦密幼习文学，善属文，书法亦佳，能强记，为人聪明长厚。故人亦敬之。知治术，廉洁自持，不受货贿。喜文人，学者多归之。好藏书。其子舍里甫丁(Schéréf-ud-din Aboul Cassim Ali)曾告余云，其父藏书，善本有万册。""哈里发诸臣皆羡而忌之。然哈里发颇信任之，惟忌之者众，致无实权。世人谤其背主通敌，实无此事。设其有此，旭烈兀决不付与信任，而使之主报达事。其甥怯鲁马丁阿合马(Kémal-ud-din Ahmed Ibn Zahhak)曾告余云，旭烈兀营于报达城下时，欲见之，哈里发强之始行。旭烈兀见之，悦其言。且徒思人纳速剌丁摩诃末(Nassir-ud-din Mohammed)颇左右之。故在报达攻下以后，使与阿里八哈都儿共主此城。惟逾三月死(5月)。""其祖父原尼罗河(Nil)边人也，因曾开阿勒迦密渠(Alcami)，故以为名。此渠即今名Cazani者是已。"然诸史家似多信其叛背。瓦撒夫书云："伊宾阿勒迦密以为将主报达州事，不意主州事者为伊宾唵木朗，而以伊宾阿勒迦密副之，遂悔不应不忠于哈里发而受此辱。"较晚之《伊斯兰教王朝史》云："木思坦昔儿在位时增加之军队，至谟斯塔辛时则裁减之，盖从其相伊宾阿勒迦密之言也。此人乃Rafizi派，欲灭黑衣大食朝，而奉一阿里后人为哈里发，所以与鞑靼交通。哈里发不问政事，故不知之"。又据同一撰者之说，伊宾阿勒迦密至旭烈兀营时，首为己谋，归报哈里发，言旭烈兀欲以其女妻哈里发之长子，为保其位。与待鲁木算端者相同，并劝其归附蒙古，仿前此其祖先之归附塞勒术克算端，旭烈兀必可退军而免流血。哈里发受其绐，乃赴旭烈兀营。伊宾阿勒迦密又回报达，给诸贵人律士，使出城，襄礼哈里发子与旭烈兀女之婚事，诸人信之，皆为蒙古人所杀，旋将哈里发踏毙。鞑靼人入报达，各那颜各据一坊，大肆屠杀，计有三十四日(瓦撒夫书谓有四十日)，死者八十万人。案：《埃及诸王史》第三篇所记皆同，《乐园》所记微异，并互证前此所引Joinville之说。哈里发之受绐，《史集》虽未著录，或有其事。然《史集》所记屠城之事，案日记录，较为近真，不能有三四十日之久也。《埃及诸王史》对于伊宾阿勒迦密之判断，与《伊斯兰教王朝史》合。据云："伊宾阿勒迦密既属Rafizi派徒，所以欲黑衣大食朝之灭，而改奉阿里后人为哈里发。木思坦昔儿时加增军队至十万，伊宾阿勒迦密与鞑靼勾通，劝谟斯塔辛减少军额。旭烈兀进兵报达时，曾命毛夕里王供给粮械，毛夕里王曾秘密通知哈里发。惟其书为伊宾阿勒迦密所格，不能达。故哈里发对于外间之事一无所知，而鞑靼遂盛矣。"

下星期五之公共祈祷中，教师应依例诵祷哈里发者，乃作此悲悯之词曰："赞颂上帝，降下大丧，罚此下民。"其结词曰："祈余上帝，拯救伊斯兰教及其子孙从来未受之灾难。吾人既属上帝，仍归依上帝。"[①]

旭烈兀集伊斯兰教诸律士询之曰："公正之异教君主与不公正之伊斯兰教君主孰优?"诸律士不敢答。剌西乌丁(Razi-ud-din Ali Ibn Tavouss)，名重当时之律士也，见诸人踌躇，乃取纸书曰："异教人公正者，优于不公正之伊斯兰教人。"诸人皆从之[②]。

报达被围时，希烈城(Hallé)[③]之阿里派徒曾致书于旭烈兀曰：据其祖先十二教长及哈里发阿里之传说，旭烈兀将应征服伊剌克阿剌伯与其王，此城之人自愿臣服[④]。旭烈兀命长官二人往，并遣完者可敦之弟不花帖木儿往取希烈、苦法(Coufah)、瓦夕的(Vassitt)诸城。希烈城人闻其至，设桥于额弗剌特水上，郊迎宴劳之。不花帖木儿甚喜。离此师行七日至瓦夕的。瓦夕的人闭门不纳，破其城，杀四千人。自是移师徇下忽即斯单之脱司泰儿(Toster)暨弼斯啰等城。

旭烈兀应其相赛甫丁必阇赤之请，命蒙古人百人戍守阿里之墓。

3 月 8 日，旭烈兀离瓦迦夫而还哈马丹。4 月 17 日至奥鲁

① 见《埃及诸王史》第 3 册。

② 见《哈里发史略》。

③ 钧案：原书亦作 Hillé，即《元史》卷二〇三《亦思马因传》之旭烈，因此名足以发生误会(如《蒙兀儿史记 · 世系表》"阿八哈"条考证误作西域旭烈兀汗国之类)，故改作希烈。

④ 见瓦撒夫书。

(Ogrouks)。奥鲁者,蒙古人留置家属辎重之处也。

先是旭烈兀未进兵报达之前,命乌鲁克图那颜往取额儿比勒。额儿比勒守将塔只乌丁伊宾琐剌野(Tadj-ud-din Ibn Solaya)至营请降,命其献城,以示其降附之诚。塔只乌丁还城,戍守之曲儿忒人拒不纳。乌鲁克图将塔只乌丁送致旭烈兀营杀之,进围额儿比勒,并命毛夕里王别都鲁丁卢卢遣军来助。城人夜袭蒙古营,焚其炮机,杀伤蒙古人甚众,然未久蒙古人攻拔额儿比勒而堕其城。

旭烈兀得报达及木剌夷诸堡所藏之财货甚众,诸蒙古将在鲁木、谷儿只、阿美尼亚、曲儿忒、罗耳诸地所掠者亦多,乃于阿哲儿拜占境内之乌儿米亚湖(Ormia)中一险峻之岛名塔剌(Tala)者之上,建一堡以藏之[1]。熔金银为锭(balisch),遣使赍一部分财物,表上其侵略成绩于蒙古皇帝,并言其将往征西利亚与埃及。

(8 月 1 日)旭烈兀至蔑剌合,毛夕里王别都鲁丁卢卢算端来朝[2]。别都鲁丁者,底牙儿别克儿孙哈儿朝(Souncar)奴鲁丁阿儿思兰沙(Nour-ud-din Arslanschah)王之奴也。王死,命之为其子马速忽惕(Mass'oud)之傅,嗣王即位,别都鲁丁为毛夕里长官。1218 年,马速忽惕死,两子幼,两年之间相继死,别都鲁丁遂为毛夕里之王。至是年八十岁,在位三十九年矣。据闻其往朝旭烈兀时,诸贵人以蒙古王残猛,惧王入朝不还。别都鲁丁曰:"余冀使其柔顺,且将耳提而面命之。"及见旭烈兀,献重币,颇受礼待。别都鲁丁出金耳环下坠大珠一双以献,语王曰:"愿汗许我以此置汗耳,

① 据舆地家阿不非答(Aboulfeda)之记载,以千人戍之,每年易其守将。

② 见《史集》。

俾他国诸王及余臣民皆知汗待我之厚。”旭烈兀许之。乃以耳环次第系于耳下，旋视其随从之人，示其已践其言[①]。后八日，别旭烈兀而还毛夕里，数月后以疾终[②]。

先是旭烈兀进兵报达城时，罗耳之阿塔毕帖吉烈（Téguélé Ibn Hézar Asb）将兵以从。旭烈兀以其军附于怯的不花万户（Touman）军中。旭烈兀旋闻其慊慊于报达之屠与哈里发之死，欲面责之。帖吉烈惧，不辞而行。旭烈兀责怯的不花不应听其去，命其偕昔答克（Sidac）那颜往拘之。帖吉烈弟苫思丁阿勒卜阿儿浑（Schems-ud-din Alb Argoun）请代往见旭烈兀，以息其怒，嘱其兄彼未归时勿与蒙古军战，帖吉烈许之。苫思丁行至罗耳边境，怯的不花等杀其从者，而拘系之，仍进兵入其境。帖吉烈恐蒙古人杀其弟，不战退守满札失特堡（Mandjascht）。蒙古将召之降。帖吉烈恐受其绐，不敢出。然旭烈兀以指环赐之，表示宥罪之意，乃降，送之至帖必力思。旭烈兀命人鞫讯，正其罪而杀之都市，使其弟苫思丁主罗耳[③]。

罗耳斯单（Louristan）分为两部，曰大罗耳，曰小罗耳。小罗耳之阿塔毕别都鲁丁马速忽惕（Bedr-ud-din mass'oud），亦借旭烈兀之力而得国者也。初，马速忽惕与其从兄弟争主此国，哈里发以军助其从兄弟。马速忽惕乃求援于皇帝蒙哥，蒙哥命其随旭烈兀至波斯，曾参与报达之役，旋受册封而为小罗耳王[④]。

① 见诺外利书，《世界史略》530 页。

② 见《史集》，《世界史略》532 页。

③ 见 Tarikh Gouzidé。

④ 出处同前。

(8 月 9 日)法儿思之阿塔毕撒的伊宾阿布别克儿(Sa'd Ibn Abou Bécr)亦来朝,贺取报达也。同时鲁木之两算端鲁克那丁、也速丁亦先后于五日间至旭烈兀营。先是也速丁自萨儿德归科尼亚,纳款于旭烈兀,至是来朝。然因前此曾以兵抗拜住,心有未安,欲谀谄以求解。谒见时跪进一靴,靴底绘己貌,匍伏言曰:"愿王以其尊足置于其仆首上。"旭烈兀见其如此自卑,益以脱古思可敦为之解,乃宥之①。俾与其弟分国而治。旭烈兀往征西利亚,二王偕至美索波塔米亚,始辞归②。旭烈兀以所得报达之物厚赐之③。

天文家纳速剌丁求择地建一天文台,旭烈兀许之。纳速剌丁曾建言曰:欲卜事变吉凶,必须编定良善天文表,按日指示日、月、五行星之方位。此种星宿有一岁差之运行,而由历代所编之表表现之,则须有一定时间之测验。顾欲编定新表,必须继续有三十年之测验。盖土星之运行,在此期间以后始满。旭烈兀询以能否将此期限减短,而在十二年中编定此表。纳速剌丁答曰:若天假其年,或能在此期内完成此事,第须参考前人所编之表,其最古者为千四百年前 Enerdjess 所编之表,二百七十五年后,又有 Ptolomée 所编之表。嗣后有哈里发末门时代报达城之观测,Tébani 在西利亚之观测,最近者则为二百五十年前 Hakémi 及 Ibn-ul-A'lém 在埃及之观测④。纳速剌丁在蔑剌合城北高岗上,于 1259 年时开始

① 见《史集》。

② 见《世界史略》532 页。

③ 见木涅靖巴失书第 2 册。

④ 见纳速剌丁所撰之 Ez Zidj-Ilkhani,今欧洲诸图书馆藏有写本数本。

建筑天文台，至嗣王在位时代始成。纳速剌丁延著名天文家四人襄助其事。兹四人为大马司城之木牙代丁（Moueyed-ud-din Ibn Ourzy）、可疾云城之捏只木丁（Nedjm-ud-din Kaitb）、毛夕里城之法合鲁丁（Fakhr-ud-din）、梯弗利思城之法合鲁丁（Fakhr-ud-din）。天文台中设备有浑天仪及观星器，台顶开天窗以透日光，俾所观测子午线及日时，中有地球仪一座，分全球之气候为七带。后在阿八哈（Abaca）时代，纳速剌丁曾以其观测之成绩撰为天文表，题曰《伊儿汗历》（Zidj Ilkhani），以此表比较以前诸表，其年太阳方位相差有四十分。瓦撒夫书云："纳速剌丁此书有数表，为从前诸表如 Gouschiar、Fakhir、A'layi、Schahi 诸人所编之表所无者。"[①]此天文台之藏书室，藏有取自报达之书甚多[②]。旭烈兀曾自中国携有中国天文家数人至波斯，其中最著名者为 Fao-moundji 博士[③]，即当时人习称为先生（Singsing）者是已。纳速剌丁之能知中国纪元及其天文历数者，盖得之于是人也[④]。

纳速剌丁开具建筑天文台之经费单，呈于旭烈兀。旭烈兀嫌其费巨，乃询：天文台有何功用，而所费如此之多？纳速剌丁请其命人持一铜盘击之山上，士卒闻声皆仓卒出帐观之。旭烈兀与纳速剌丁知此声之所自来，则不为动。纳速剌丁曰：星宿运行认识之功用在此。盖其预示事变，知之者可能预防，不知者则惊愕也。旭

① 见瓦撒夫书第 1 册。

② 见马克利齐书第 1 册。

③ 钧案：后二字疑为蛮子之对音，其人或者姓包姓鲍。

④ 见 Abd-Oullah Beidavæi，Hist. Sinensis，1689。

烈兀许以巨款建天文台，仅仪器一项已费两万底那[①]。

（回历六五六年，公元 1258 年 9 月）阿儿浑自大汗所还至波斯。先是有人构陷阿儿浑，大汗命人按其事，知其被诬，乃遣之还[②]。时大必阇赤火者法合鲁丁死，命其幼子胡撒木丁（Hossam-ud-din）代其位。此人虽幼，然谙蒙古语，知畏吾儿书。《世界侵略者传》云："是为当时所认为之最要功能。"

先是丁税最富者每人每年纳十底那，最贫者纳一底那。顾此税额不敷佥军、正军、驿马等项之需。遂又于同一比例中加增附税。由是贫者之负担较之富者为重。前者若富人在十处有其产业者，须纳五百至一千底那，兹仅纳十底那。阿儿浑曾将此弊陈明，大汗乃敕令其变更丁税。由是最富者所纳之税加至五百底那，而贫者仍以一底那为限。

阿儿浑至谷儿只，抵梯弗利思未久，鲁速丹（Rousoudan）[③]之子大维德举兵反抗蒙古人。（回历六五七年，公元 1259 年 9 月）旭烈兀遣一杂有蒙古人与伊斯兰教人之军队往讨之。阿儿浑适至梯

① 见 Djihan Numa 书 386 页"蔑剌合"条所引 Vafi-ul-Vafiat 书。《史集》云：成吉思汗系诸王以蒙哥皇帝较有学识。彼知解说 Euclide 氏之若干图式，曾欲建一天文台，早闻纳速剌丁之名。旭烈兀西征波斯时，曾命其于平木剌夷后，将此有名天文家送致东方。惟蒙哥可汗是时适在侵略中国南部。旭烈兀欲将其留为己用，所以命其在波斯建筑天文台一所。

② 见《世界侵略者传》。阿美尼亚史家所志此案，有数事为《世界侵略者传》所未及者。据云：阿儿浑曾被械系，其同僚二人欲陷害之而取其位。适阿美尼亚亲王三帕德因事使大汗所，蒙哥汗曾以阿儿浑之事询之，三帕德证其无罪。蒙哥汗乃破械出之，将构陷之二同僚处死，厚赏阿儿浑而遣之归（见 Étienne Orpélian 书第 8 章）。

③ 案：即谷只儿王后（钧案：本书前作鲁竹丹），穆斯林名之曰吉思蔑力（Kiz Mélik），此言女王。上一字出突厥语，下一字出阿剌伯语。《世界侵略者传》即以此名名之。

弗利思。旭烈兀命其统领从伊剌克调发而来之一军。及其重返梯弗利思之时,大维德之乱尚未平复,盖蒙古人要求其献纳逾期之贡赋也[①]。

报达城之屠杀,基督教徒得免,前已言之。缘旭烈兀妃脱古思可敦世奉基督教,曾公然庇护同教之人也。旭烈兀曾以报达城中副掌印官之邸舍赠给景教大主教,其对于基督教虽有此种优待表示,然仍不免将伊剌克阿剌伯境内一小城之基督教徒屠杀。当报达城被屠之日,塔克利特之基督教民曾求大主教转请派一官吏至城保护。故同一时代此城之伊斯兰教贵人皆为蒙古人所杀,而基督教徒则藏伏于一教堂中,逾六星期而得免。然有一穆斯林在蒙古长官处告发基督教徒,谓其窝藏被杀人之不少财货。长官鞫询其事,基督教徒自承有之,将穆斯林寄托之物完全献出。旭烈兀惟知按照蒙古法律,命将塔克利特督之基教徒处死,仅老人与幼童得免。后来告发人亦被此城之新长官处死,盖此长官为一基督教徒也[②]。

报达攻下之年,伊剌克阿剌伯、美索波塔米亚、西利亚、鲁木等地大饥,益以瘟疫,死者甚众。黑衣大食朝既亡,伊斯兰教世界遂丧失其五百年来所奉之教主。此种天灾颇有利于东方之基督教徒,盖其将伊斯兰教对于基督教徒之压迫解除也。

先是在阿剌伯人侵略西利亚、埃及、哈勒都(Chaldée)诸地时代,乌马儿(Omar)哈里发在位之年,此种地域之基督教徒不改奉

① 见《世界侵略者传》。

② 见《世界史略》。

伊斯兰教者，必须服从最屈辱之条件，始许其保有生命财产。当时名此穆斯林曰属民，命变其缠头巾之颜色式样，使与穆斯林有别。基督教徒用蓝色缠头，犹太教徒用黄色。额上不许留发，必须剃除。系一名曰瑣纳儿(zonar)之腰带。其入公共浴场者，必须系一铃或一铅圈抑铜圈于项。属民之妇女亦须有特别之表征，除瑣纳儿带外，裙上或襦上必须系一铅圈，双履各异其色，一为黑色、一为白色。所戴宝石之上，不许雕刻阿剌伯文字。

不许属民执兵器。不许乘马，只许乘驴。不许用鞍，只许用极。应让穆斯林行于中道。聚会中若穆斯林至，应让坐。不许先向非穆斯林致敬。语言时其声音不许高于穆斯林之声音。其房屋不许高于穆斯林之房屋。其教堂之外貌不许有何表征，使与其他房屋有别。在穆斯林所居之处，不许击钟燃火。不许出示其十字架。不许出示其偶像画像于公众之前。殡葬时不许悲啼。不许将死者葬于伊斯兰教坟园附近。不许重新建设教堂，只许其将旧有者修缮而已。不许在穆斯林中招收信徒。不许将穆斯林之奴婢或俘虏藏于室中。不许购买业已分配于伊斯兰教战士之俘虏为奴隶。不许以《可兰经》教授其子弟。不许用雕刻阿剌伯字之印章。不许雇用穆斯林使为劳苦工作。凡一基督教徒或犹太教徒与一穆斯林妇女交者，处死刑①。

① 见诺外利《埃及年历》七〇〇年(公元1300—1301年)下之记载。是年非洲(Magreb)国王之相赴默伽巡礼，路经开罗，见埃及属民之自由，颇以为异。曾以其国待遇属民之情形告埃及人，谓其国不许此种人乘用马骡，不许其为官。并言其禁令甚久。为政府所闻，乃招集诸律士审议其事。诸律士召基督教徒大主教、主教及犹太教掌教长老等，询以祖宗时待遇之情形，诸人答以不知。诸律士检寻旧令，始悉有上述之禁令，以示基督教之大主教。大主教许命其同教人遵守。犹太教掌教亦许传命其国人服

此种禁令既须时常命人遵守，具见其不常实行。须待穆斯林重行要求时，始再申旧令。其虐待基督教及犹太教徒之先例可考者，为853年黑衣大食朝第十代之哈里发谟塔瓦吉勒（Motavakkil）虐待之事[①]。当时不知本于何种原因，曾将大主教 Théodose 械系，将一切教师驱逐于其都城寨儿门剌夷之外，命基督教徒皆系琐纳儿带，禁止乘马，不许服有颜色衣，星期五不许外出，不许高声祈祷，不许授子弟以阿剌伯书，削平其坟墓，以魔像置其门，拆毁教堂道院数所，掷宗教遗物于达曷水中，禁止任用基督教徒或犹太教徒为官吏[②]。

其例尚有可引者，十一世纪初年法迪马朝哈里发哈金（Hakim）虐待埃及、西利亚基督教徒与犹太教徒之事。此哈里发曾命基督教徒系一十字架于项上。此架高约一肱，重约五斤（rattel），犹太教徒则系木一段与铃数枚。并将埃及之一切教堂拆毁[③]。惟应注意者，哈金常有心疾，其待穆斯林亦同然也。

当阿剌伯人侵略时代，亚洲之基督教徒曾因化身（incarnation）神秘问题，业已分为三大宗派。五世纪以来业已流传之景教，

从。遂命令埃及、西利亚诸地长官执行此种禁令。诺外利续云：曾在一书（题曰《穆斯林美德及多神教徒恶德之记事珠》）中，见有西利亚、埃及两地之基督教徒上乌马儿（Omar）哈里发书，重申前约，许遵守一切禁令。乌马儿在所开禁令之后，续增数语云："不许殴击任何穆斯林，始受保护。设若违背禁令之一项者，许受其他叛徒之待遇。"乌马儿死后，诸律士又决定，设若属民违犯上列条件之一者，诸伊斯兰教君主得将其处死，或没入为奴婢。

① 见《乐园》。

② 见 Assemani《东方丛书》第3册510至511页，《乐园》"谟塔瓦吉勒哈里发"条下。

③ 见诺外利书。西利亚史家 Marés 云：犹太教徒须悬一犊首于脑后。

曾主张耶稣基督(Jésus-Christ)二身之说。其一身为圣母所诞之人身,别一身为圣身。谓化身并非圣身与人身之自然的联合,仅为圣身之寓于人身。同时别有一派名曰一身派(Monophysites)或雅各派(Jacobites),主张耶稣基督只有一身,并合圣身人身,然不相混。此派大致流传于西利亚、埃及两地。以东之基督教徒,大致多属聂思脱里派(Nestor)(景教)。嗣后阿美尼亚教会在迦勒色端(Chalcédoine)宗教大会以后,又因持有基督一身说与其他诸说,自成一派。其仍旧保存正宗信仰者,则名希腊派或麦勒乞特派(Melkites),质言之帝国派,缘其承认东罗马帝之管辖,而受治于安都城之大主教也。

此大主教之管辖区域,原及亚洲一切主教区域。自从聂思脱里、雅各、阿美尼亚三派分离以后,所辖区域有限。雅各派有大主教一人,或驻在阿米德城,或驻在马剌迪牙附近之巴尔苏马(Barsuma)道院。别有大司教(Maphrian)一人驻在塔克利特城,管辖东方诸主教区域,其地位在大主教与主教长之间。当时西利亚、小亚细亚及额弗剌特、达曷两水流域,计有雅各派主教区一百二十一所。阿美尼亚派之大主教驻在额弗剌特河畔之哈剌特鲁木城,所辖主教区有六十四所。景教派之诸大主教当波斯王朝时代,曾驻在色流西城(Séleucie)附近之豁歇城(Coché)。迨至黑衣大食诸哈里发定都报达之时,则徙其驻所于此城。此派之诸大主教在聂思脱里分派以前,原属安都城大主教。而名曰色流西城之主教长。至 498 年顷,与正宗教会分离,遂以迦脱力克(Catholique)大主教自名。由报达附近诸区之诸主教长与主教所组织之会议选举之,得哈里发之承认后,则遵旧例在豁歇城之教堂举行就职典礼。

景教之大主教曾得哈里发之许可，其属于希腊派安都大主教之主教，与雅各派之大司教，不得驻在报达。仅许雅各派之主教一人驻在此城，并许希腊派之主教一人时常莅此巡视其同派教徒。

传布景教之亚洲诸地，曾分为二十五大区或主教长辖区。所辖主教区共有七十余所，包括伊剌克阿剌伯、美索波塔米亚、底牙儿别克儿、阿哲儿拜占、西利亚、波斯、印度、河中、突厥斯单、中国、西夏(Tangoute 唐兀)等地[①]。

景教之大主教不特为其教之教主，兼为基督教徒之断事官，哈里发曾许其判断雅各派教徒间或希腊派之教徒间之争持。根据现存阿剌伯文之文状两件，哈里发曾许其管辖此两派之教司。其文云："信徒宗主任命汝为居留救世城(报达)及其他各地之景教教长，并管辖居留或经过伊斯兰诸国之雅各派与希腊派之教徒，应使一切基督教徒遵守汝之命令。"[②]。

昔有不少基督教徒执医师之业。虽有官厅不许录用之禁，然有不少基督教徒在报达或其他伊斯兰诸国官厅之中为书手。此种医师或书手，曾利用其声势，操纵其同教之人，而主持大主教之选举。白衣大食及黑衣大食时代，且有若干基督教徒为诸州之县尹，埃及之基督教徒在撒剌丁以后诸嗣王时代，曾见一时之繁荣[③]。然此种有幸时代延长不久，常因小事而启穆斯林之嫉恨。基督教

① 见 Assemani《东方丛书》第 2 册 1560 及 1569 页。又《一身派论》第 3 册第 2 部分 171 页、190 页、616 至 656 页。

② 见 Assemani《东方丛书》第 3 册 2 页。

③ 可参照诸外利书所载撒里黑(Salih)算端留给其子木阿匝木(Moazzam)遗嘱之文。

徒由其技艺所获得之财产，往往为其败事之原因，常受官厅之剥削，有时为民众暴动所牺牲，偶亦因其互相轧轹而致败。蒙古人对于基督教徒与穆斯林无所轩轾，惟其侵略伊斯兰教地域，当然有怀柔反对统治民族的人民之利益，所以基督教徒曾受蒙古人之保护，而启其转谋统治其旧统治者之心。

东方之基督教徒与十字军，见旭烈兀之将袭击西利亚，颇引为幸，曾预睹此地伊斯兰教势权之灭亡，而希望从中获得蒙古远征之利益。兹请于后章略述西利亚、埃及两地处此侵略时代之情形。

第六章

埃及艾育伯朝之亡——玛麦里克部酋艾伯格之即位——埃及玛麦里克部得势之由来——艾伯格与西利亚王纳昔儿之争战——议和——西利亚王之遣使于旭烈兀——旭烈兀致西利亚王书——答书——旭烈兀进兵西利亚——马儿丁王之臣服——美索波塔米亚北部之侵略——纳昔儿与哈剌克王之失和——纳昔儿军队之瓦解——纳昔儿之遣使于埃及算端忽秃思——艾伯格之被杀——其子满速儿之即位——忽秃思之僭立——旭烈兀之侵入西利亚——阿勒波之围攻——阿勒波之攻下——哈马特之自愿臣服——纳昔儿之退走埃及边境——大马司之降附——大马司城之略取——哈林堡之降附及其居民之被屠——旭烈兀之还波斯——蒙古人之蹂躏西利亚南部——纳昔儿之被擒——招谕埃及算端降附——杀蒙古使者——战争之准备——忽秃思之进兵西利亚——阿音札鲁特之战——蒙古人之退出西利亚——埃及军队之退走——忽秃思之被杀——贝巴儿思之即位

西利亚尚属撒剌丁(Salah-ud-din，Saladin)后裔一人之统治，惟其再从侄则失位于埃及矣。(1249 年 11 月)当圣路易军队占领

答米耶忒(Damiette)之时,撒里黑算端适殁于满速剌城(Manssoura)。其子木阿匝木突兰沙(Moazzam Touranschah)分封之地在美索波塔米亚之希申凯发城,秘不发丧而待其至。迨法国军队败亡,圣路易被擒之三星期后,(1250 年 4 月)突兰沙又死。缘其欲屏除其父所用之玛麦里克(Mameloucs)部酋,代以其随从幸臣,而为诸酋所杀也。

撒里黑算端有妃名实哲鲁都儿(Schedjer-ud-durr)者,素得宠,为算端所信任。突兰沙未至以前,曾代执国政。诸酋既杀撒里黑,乃奉之为王后,而推举一玛麦里克酋名曰艾伯格(Eïbeg)者为大将军,兼阿塔毕。王后取以为夫,逾三月,让位于艾伯格。艾伯格即位后,取谟伊思(Mo'izz)以自名,用艾育伯朝之宗王阿思剌夫(Aschraf)共执国政。阿思剌夫者,哈米勒算端之曾孙,时有六岁。

玛麦里克部酋能在埃及废艾育伯朝而自立,具见此部军人势力之大。初,法迪马朝哈里发之军队,集黑人、埃及人、阿剌伯人为之。撒剌丁时,遣散旧军,代以曲儿忒人与突厥人,其数有一万二千骑之众。撒剌丁与其诸嗣王喜购突厥奴隶,而训练之为军。惟至撒剌丁第六代继承人撒里黑时,突厥玛麦里克部人之势始盛。缘撒里黑未即位时,此部之人为其随从军校者,颇忠于所事。撒里黑被难时,曲儿忒人曾弃之去,而玛麦里克人仍拥戴之。即位以后,乃大购突厥玛麦里克人于里海及高加索山之北,是即世人统名之曰钦察之诸突厥部落所居之地也。当时贩运此种奴隶甚难,诸商人只能为秘密之贩卖。迨至蒙古人侵入此种游牧部落之地以后,以败者之儿童出售,遂有大多数奴隶输入西利亚及埃及。撒里黑算端约有突厥玛麦里克千人，所戍地在开罗城尼罗河一岛中之老达特堡(Raoudhat)，名此军曰巴黑里军(Bahriyés)[①]。教幼奴以弓枪，授以伊斯兰教教义。训练完成以后，入王卫为卫士。时禁卫专以此种突厥玛麦里克人为之。撒里黑算端于诸酋中选用其近侍大官及亲信侍臣，故其人多跻最高军职，据有美好采地，享有巨额收入。盖埃及正式军队自撒剌丁以来，少则万骑，多则二万五千骑。其给养或出白军人经营之土地，或出自一区赋税之收入也[②]玛麦里克人于抵御圣路易战士之战中曾建大功，满速剌之战，曾击破法国军队而解埃及之厄，其势力即在其团结精神与其野心之中，故其部酋陆续据有埃及王位。

纳昔儿撒剌丁亦速甫(Nassir Salah-ud-din Youssouf)者，撒剌丁之曾孙，以 1236 年袭为阿勒波王，时年六岁。1250 年突兰沙被杀后，取埃及算端之藩国大马司而有之，既几据西利亚全境，乃谋驱逐僭位埃及之突厥，然为艾伯格所败。(1251 年)已而哈里发遣使调停，两王乃言和。纳昔儿以耶路撒冷(Jérusalem)、合匝(Gaza)及迄于纳不鲁思(Napelous，Nablous)之海岸割让于埃及算端。

(1253 年)艾伯格嫉玛麦里克一部酋法利速丁阿克台(Faris-ud-din Acttaï)之势盛，遣人杀之。此部酋所部之军七百骑，偕诸玛麦里克将校贝巴儿思、哈剌温(Calavoun，Kélavoun)等夤夜逃出开罗，往依纳昔儿王。纳昔儿赐以钱币袍服屯田。诸逃将请其进

① 案：阿剌伯语 bahr 亦为海洋大江之称，则巴黑里人亦得训为海人江人。

② 马克利齐《埃及史》第 1 及第 3 册，Djuyousch ud-Devlet il-Turkiyet。

兵埃及。惟纳昔儿疑诸逃将,不从其言。然曾利用此事,藉词诸玛麦里克部人在其前所割让诸地之中有其封地,今既改隶,乃要求埃及算端将割让之地退还。艾伯格许之。纳昔儿以诸地仍授诸部酋。

然诸部酋忠于纳昔儿为时亦不久也。盖见此王之柔弱,不足供其利用。曾往求艾育伯系之别一宗王哈剌克(Carac)王莫吉特乌马儿(Moguith Omar),伪言埃及诸将许为内应,请助其进击艾伯格。莫吉特者,埃及算端阿的勒子,曾被突兰沙拘禁于黍伯克堡,迨突兰沙被杀,堡将释之,遂于1251年为黍伯克、哈剌克两地之主。时埃及亦有机可乘,艾伯格适被杀,其子满速儿(Manssour)嗣立,仅年十五岁,统将忽秃思(Couttouz)辅政。(1257年12月)哈剌克王乃进兵埃及,然为忽秃思所败。忽秃思擒玛麦里克部酋数人斩之[1]。

数年前,西利亚王曾遣其相宰奴丁(Zeïn-ud-din el-Hafizzi)赍重币往朝大汗蒙哥,而得保护其国之文书还报其主[2]。兹见旭烈兀之兵威与计划,不自安,颇悔其未曾纳款于此蒙古侵略者,乃谋补救,于1258年遣其子阿昔思(A'ziz)偕其相宰奴丁共军将一人、侍从官数人,赍重币往朝旭烈兀,并致书于毛夕里王别都鲁丁卢卢,求其绍介[3]。

使者至旭烈兀所,旭烈兀问其主何不亲来,使臣言西利亚王恐

---

① 见诸外利书,马克利齐书第一篇,Ibn Tagri Birdi(Djémal-ud-din Youssouf)书第三篇。案:Tagri-birdi 为突厥语 Tangri virdi 之阿剌伯语读音,其义犹言天赐(钧案:此书即《埃及诸王史》)。

② 见《史集》。《史集》谓旭烈兀至波斯后,阿勒波王密与通谋一说似不可信。

③ 见诸外利书。马克利齐书第一篇谓纳昔儿曾遣使求旭烈兀助其取埃及于玛麦里克人。

离国后其邻与敌之富浪人来侵，故遣其子代。旭烈兀留阿昔思，逾冬季始遣之归，命纳速丁以阿剌伯文作谕降书付之，俾呈其父。

书曰："代表创造天地之上帝谕纳昔儿王曰，吾人在六五五年至报达，虏其主，质其罪。彼知悔，而自承死罪。彼啬于财，终至全丧其财，由其冥顽，遂致最宝贵之财产变成虚空。语有云，'其抵于极巅者必堕。'乃吾人之势则日见盛强。

"纳昔儿王、赛甫丁（Seïf-ud-din Ibn Yagmour）、阿老瓦丁海马里（Alaï-ud-din El-Caïmari）等，以及西利亚之将卒，皆应知吾人为地上之天军。上帝创造吾人，俾惩罚其所怒之人。不少国家之先例，可为汝等之鉴戒；他人之不幸，可为汝等之教训。'在其幕半开之前，'[①]汝辈速降。盖悲啼与呼吁皆不足以感动吾人。天使吾人不知怜悯。其不属吾人者，必致不幸。吾人所略之国、所灭之民，汝辈应知其数。在汝辈只有逃亡，在吾人只有追讨。然汝辈有何路可逃，有何地可庇欤？吾人兵威所临，无可为妆辈之保障者。吾人之马如电、刀如雷，胸如磐石之坚，战士如沙礫之众，其欲抵抗吾人者必致后悔，其求宥者必获救。吾人之帝国受尊敬，吾人之藩属得安宁。设汝辈款附，则在彼此之间皆属共有；设若顽抗，是无异自取灭亡。既已预先警告，则曲不在我。凡要塞不足为吾人之障碍，凡军队不足止吾人之进行。汝辈反对吾人之愿将不能偿，缘汝辈食禁食，行不践言，背约叛教，信奉异端，离经叛道，汝辈已为人所鄙视。'将有一日汝辈将受傲慢放逸背教之罚。'[②]汝辈以吾

① 《可兰经》第 50 章第 20 节。

② 《可兰经》第 46 章第 18 节。

人为异教之人，而吾人则知汝辈为背教之徒。天使汝等受吾人之统治。在汝辈所视为最尊，而在吾人则视为至贱。其敢于抵抗者，必致不幸与惊忧；其归附者，必获宽宥与安宁。吾人自东徂西，侵略土地，剥夺货财。‘吾人已将诸管悉皆夺取。’[①]则汝辈可择最安全之道途，不待战火之开，而使其光焰射达。汝等应速作答，否则汝辈将受最大之灾，转瞬汝国将成荒地，汝辈将无庇身之所。死神将告汝等：‘其中竟无一人尚有生气，抑尚能微吐呻吟之声者欤。’[②]吾人既然预先忠告，可从速表示从违，俾免惩罚之出于不意，应求所以自保之道。观此书毕，可一读《蜂章》章首与《撒的》(Sad)章末之文[③]。吾人业已散布吾人语言之金刚石，是在汝辈作答，敬礼遵循拯救之途者。”

旭烈兀得致自阿勒波城之答书云：“‘吾之上帝，诸国之主，汝以威权付与汝所喜者。’[④]赞美上帝，赞美此宇宙之王，敬礼并祝颂上帝之使者，及最后之使者不识文字之摩诃末暨其全族。

“兹接悉伊儿汗殿下及算端陛下(愿上帝使之认识正道接受真理)来书，谓汝等为上帝所创造，而惩罚其所怒之人，悲啼呼吁皆不足以动汝等之心，天使汝等不知怜悯。殊不知是为汝等之一大病。盖此为魔鬼之气质，而非君王之气质也。此自动的自白，足遗汝等之羞。‘啊，异教之人。汝所崇拜，非我之所崇拜者。’[⑤]汝等在一

① 《可兰经》第 18 章第 78 节。

② 《可兰经》第 19 章第 98 节。

③ 是为《可兰经》两章之标题。《蜂章》章首云：“天罚已近，勿促其至。”《撒的》章末云：“此文为对于人类之警告。汝辈将有一日见其所言之真。”

④ 《可兰经》第 3 章第 25 节。

⑤ 《可兰经》第 109 章第 1 节。

切启示之文书中皆被咒诅，汝辈已表示最可嫌恶之面目，汝辈已为一切天使所指出。自从汝辈创造以后，吾人早已识之。汝辈盖为异教人。‘上帝之咒诅降临于异教人之身。’①汝辈谓吾人信奉异端，离经叛道，是以己所不顾者而责人，何异古埃及王（Pharaon）之否认正道，而劝人赞美上帝。要知吾人实为真正信徒，不能以何种背教之事责吾人。天降《可兰经》，盖降之于吾人也。其永劫不灭者，盖为吾人所崇拜之上帝也。吾人深信启示之语，吾人知其作何解释。然火之创造，确为燃烧汝等皮肤之用。‘当天裂星散海混墓翻之时，灵魂将见其全生之经历。’②以伤胁狮，以豺胁虎，以无赖胁勇士，谓非异事可乎。吾人之马出于巴儿哈（Barca），吾人之刀出自耶门，吾人之臂著名于东西，吾人骑士之突击如同狮子，吾人之马追及其所欲追及之人，吾人之刀可以脔割，吾人之击如同雷击，吾人之肤为吾人之甲，吾人之胸为吾人之铠。辱詈不足以伤吾人之心，威胁不足以短吾人之气。抵抗汝等，即是服从上帝。设吾人能歼汝辈，则吾人之愿已偿；设吾人被杀，则天堂必虚位以待。来书云：‘胸如磐石之坚，战士如沙砾之众。’殊不知安有屠人畏羊之众，而微火可以燃大薪欤？吾人决不因辱生而逃死。吾人若生，将为有幸之人；吾人若死，将为殉教之徒。‘其获胜者，能非上帝之军队欤？’③汝辈欲使吾人服从汝辈，如同服从教主，吾人宁与教主偕亡，而不服从汝辈。汝辈要求吾人在其幕半开之前投降，殊不知此语误用。设若幕开，设若命定，将可见何人转向偶像之教，而奉

① 《可兰经》第 2 章第 89 节。
② 《可兰经》第 82 章第 1 节。
③ 《可兰经》第 5 章第 65 节。

多神？'汝辈发言太奇，足致天裂地开山岳崩倒。'[①]可告汝等代作书之书记，其书虽简略，惟措词不当，吾人视之无异琴(rabab)声或蝇声也。彼受其恩主之惠，不知报德，应当严惩。'吾人固将记录其词，然吾人将施以过当之罚。'[②]汝以虚声恫喝，汝欲示汝善辩。得谓汝所忆者少，而所忘者多。汝之所书，犹谓'邪人将有一日逃其定命'[③]，汝意虽如此，兹答汝曰：'上帝命令将必执行，切勿促之。'[④]

① 《可兰经》第19章第92节。

② 《可兰经》第19章第78节。

③ 《可兰经》第20章第227节。

④ 见瓦撒夫书第1册。此史家以为相传纳速剌丁所撰之前一书，为鸿文巨制。此种阿剌伯人所重视之文体，要在其极端简略，还用响亮字句，章句简单，使什韵调。然因借韵之必要，有时必须加入助词，而且所引《可兰经》诸条，皆不适当。盖在一异教王之致书中，引证关系伊斯兰教之经文，颇不适宜也。此二书并见马克利齐之《埃及史》与阿合马伊宾阿剌伯沙(Ahmed Ibn Arabschah)之《帖木耳(Timour)传》。马克利齐谓第一书系旭烈兀远征西利亚还波斯后致埃及算端忽秃思书，阿合马则谓首先在某书中见此二书。惟第一书系帖木耳谕降书，第二书系蔑力咱喜儿(Melik Ez-Zahir，案：即埃及算端 Bercouk)之答书。又云，并在一古写本中见此同一谕降书，传为徒思人纳速剌丁代鞑靼旭烈兀所作谕埃及算端者，惟答书则未详为何人撰。兹二书业经撒西(Silvestre de Sacy)收入其阿剌伯名文集，并附译文注释。马克利齐(《埃及史》六五七年下)云，旭烈兀付西利亚王，转致其父书之文曰："吾人得天之助，攻下报达，杀其防御之人，毁其庐舍，屠其居民。一如《圣经》所云，'国王取一城者，将其毁灭，贵人成为贱民。'吾人曾审讯哈里发，彼所言不实，旋亦自悔，自承死罪。彼曾聚集货财，然其情可鄙。彼曾积蓄金钱，而不知募集军队。汝辈接此书后，应速降附，以将卒宝藏归顺地球之算端，俾免其怒，而得其宠。《圣经》有云：'人类只有行为，将审查其行为而为待遇之标准。'切勿再若从前久留吾人之使者，应善接而礼遣之。吾人闻西利亚之商人、居民已挈其家属货财逃避。然应知虽逃亡山上，吾人将刈其山；逃入地内，吾人亦将随之进入。"《史集》谓旭烈兀取报达后，于六五六年第三月(1258年3月)在汉奈斤城遣西利亚王之使者还，付以纳速剌丁用阿剌伯语所写之谕降书，其文如下："吾人于六五六年至报达，前定之末日遂届。吾人曾谕其主出降。彼不从，吾人曾惩治之。兹吾人招谕汝等出降。设若亲来，可保不死。设若抵抗，灭亡可待。切勿效以自爪杀自身之人，亦勿效以自手劓自鼻之人。应为以行为而自求多福之人，将必有赏。敬礼遵循善道者。"

"纳昔儿王、赛甫丁、阿老瓦丁以及西利亚之其他将卒不畏作战，急盼马嘶与战士之冲突。盖彼等曾发誓愿与汝等一战也，切勿跃入地狱，亦勿以刀击鬣。设汝辈具有有力之臂，是即雄辩，勿须引证经文，亦勿须作书修史。吾人今待汝辈之至，上帝将以胜利付与其所喜之人。吾人不欲散布语言之金刚石，然所欲言者尽于是矣。吾人颇谅口吃之人，用特专致敬礼。"

旭烈兀命其军侵入西利亚，以毛夕里王别都鲁丁年老，命其子蔑力撒里黑亦思马因（Mélik Salih Ismaïl）领所部之军以从。撒里黑至，旭烈兀以花剌子模沙札阑丁算端之女妻之[1]。别都鲁丁以1258年8月15日死，时年八十[2]。

怯的不花那颜为前锋，领军先行。辛忽儿（Singcour）、拜住将右翼，孙札克（Soundjac）将左翼，旭烈兀自将中军，于1259年9月12日从阿黑剌特（Akhlatt）[3]一道进，逾哈喀儿（Hakkar）山，见曲儿忒人尽歼之。入底牙儿别克儿，取哲吉莱特（Djéziret）城。旭烈兀命其子亦失木忒（Yschmout）偕蒙台（Montaï）那颜往取蔑牙发儿斤[4]。城主哈米勒（Kamil）者，艾育伯朝之宗王也，数年前曾入朝大汗蒙哥，蒙哥曾优礼之，并以保护文书付之。后有西利亚教师持大汗保护文书至其国，为哈米勒所杀，又将蒙古官吏驱逐。哈里发求援时，哈米勒曾以兵往助，至半道闻报达破始引还。最近哈米

① 见《史集》,《世界史略》523页。

② 见马克利齐书。

③ 钧案：即起剌特。

④ 见《史集》。

勒又赴大马司约纳昔儿王共抗蒙古。因是旭烈兀欲讨其罪①。

旭烈兀召马儿丁王赛德捏只木丁(Saïd Nedjm-ud-din Il-Gazi)至营。马儿丁王遣其子木偰非儿哈剌阿儿思兰(Mozaffer Cara Arslan)同大断事官谟哈吉拜丁摩诃末(Mohazzib-ed-din Mohammed)、异密撒毕海丁必勒班(Sabic-ed-din Bilban)持币及书往见,谓马儿丁王病,不能亲自来朝。旭烈兀曰:"王言病者,盖畏西利亚王纳昔儿也。设我胜彼,将以伪病自解。设我不胜,彼将以此自炫于纳昔儿。"命大断事官一人归,以此言告其主②。

旭烈兀命撒里黑进围阿米德,自引军往取纳昔宾。兵至哈朗,纳昔宾人来降,鲁哈之人亦从而纳款。皆善抚之。撒鲁治(Saroudj)③之人未遣使来,乃进屠其城。④。

旭烈兀进兵额弗剌特水,西利亚大震。纳昔儿王迄于是时,因与哈剌克王相争,无暇防备外侵。先是一年前,有降人三千骑自旭烈兀军来投西利亚。降人自称曰失海儿竹儿人,似为曲儿忒人与失海儿竹儿地方之人。纳昔儿收用降人并重赏之。闻诸降人有投哈剌克之意,复以重赏縻之。然降人仍去。哈剌克王莫吉特得降人,并从前来投之玛麦里克人,以为其力足取大马司而有之,遂向大马司城进兵。纳昔儿营于齐查湖(Ziza)畔以御之。遣使与莫吉特王交涉者六月,(回历六五七年,公元 1259 年)始约定莫吉特以

① 见《史集》,《埃及诸王史》第三篇,《世界史略》531 页。

② 见《埃及诸王史》第三篇。

③ 钧案:疑即前此著录之苏鲁治。

④ 见《世界史略》555 页。史家海屯云:"旭烈兀欲取圣地,召阿美尼亚王海屯至鲁哈与议。阿美尼亚王献策曰:如欲征服圣地,余意以为必须先取哈剌帛(Halap)。此城一得,余皆不攻自下。旭烈兀从之。"(《东方史》第 28 章)钧案:此哈剌帛即阿勒波。

玛麦里克人交还纳昔儿，并将失海儿竹儿人遣散。

此约缔结执行以后，纳昔儿归大马司。闻旭烈兀进至哈朗，与诸将议，决计敌抗蒙古。纳昔儿结营于大马司城北不远之伯儿哲(Berzé)[①]，其军以阿剌伯人、突厥人与志愿兵组织而成。纳昔儿恐不得其用，且知诸将卒不敢与旭烈兀战胜之军对敌[②]。纳昔儿王性暗弱，不理政事，喜作诗词。其军队亦不信其能有作为。其相宰奴丁见纳昔儿之震恐，乃称扬旭烈兀兵威之盛，劝其不如纳款。异密贝巴儿思(Beïbars el-Boundoucdar)怒其怯懦，手击之，谓其欲穆斯林之灭亡。宰奴丁诉之于其主。次夜，玛麦里克人袭纳昔儿于园中，欲杀之改立新主。纳昔儿几不免，偕其弟咱喜儿(Zahir)奔大马司。诸将及诸贵人劝其还营，纳昔儿乃还。及至，贝巴儿思已走合匝。遣将名台巴儿思(Taïbars)者纳质于埃及之新主。纳昔儿军心既已涣散，乃决定遣送王与将卒之家属赴埃及。纳昔儿遂遣其妃(鲁木算端凯库拔女)其子挈其宝藏，偕诸将之妻子赴埃及。居民之畏惧传染及于军队，军人遂以护送为名，与其家属同行，其中有一部分人竟有去而不返者，纳昔儿之军遂溃。

纳昔儿求援于莫吉特，并遣怯马鲁丁乌马儿(Kémal-ud-din Omar)赴开罗，求救于埃及王。时玛麦里克艾伯格已代艾育伯朝而主埃及，其后实哲鲁都儿以艾伯格欲害己，乘其浴使人杀之。其臣捕实哲鲁都儿献于故算端阿昔思(A'ziz)之后，后命宫嫔、宦者将其处死，而弃其尸于堡外壕中。诸玛麦里克部酋奉艾伯格子满

① 见诸外利书，马克利齐书第一篇。

② 见《埃及诸王史》。

速儿即位，先以艾伯格之旧侣阿克台（Acttaï）为阿塔毕，旋以艾伯格之奴忽秃思为阿塔毕。阿塔毕，犹言太傅也[①]。

纳昔儿使者至埃及，诸将集议于满速儿算端前，大断事官别都鲁丁哈散（Bedr-ud-din Hassan）、司教也速丁伊宾奥都思薛蓝（Y'zz-ud-din Ibn-us-Sélam）亦预议。诸将询其能否征战税以供军用[②]，伊宾奥都思薛蓝答曰："敌人侵入伊斯兰教地域之日，凡穆斯林皆应执兵御敌。汝等有权征取人民不需之物以作战，然须在国库空虚之后，已将所有金瓶暨有价值之物业已变卖，军人仅存马与兵械之时。如军人手中尚有金钱与贵重物品，则不当取之于人民。"诸将遂止。时算端尚幼，未发一言[③]。当时情势严重，国无长君。而满速儿年幼，只知儿戏，且为其母所姑息，业已染有恶习。异密赛甫丁忽秃思（Seïf-ud-din Couttouz）因主幼觊觎大权，俟诸将赴上埃及（Haute-Égypte）后，乃拘禁算端并及其母与其弟哈寒（Cacan），而自立为算端[④]（回历六五七年，公元 1259 年 11 月 6 日）。忽秃思者，相传为花剌子模沙札阑丁算端之侄[⑤]，幼为蒙古人所俘，初在大马司被卖为奴，旋辗转流徙至于开罗，木亦速丁艾伯格（Moïzz-ud-din Eïbeg）解放之。既自立为算端，乃仿玛麦里克之俗，以其主之名而自名，故亦称谟亦思（El-Moïzzi）。

诸将见忽秃思废满速儿而自竟为算端，颇不平。忽秃思设词

① 见诺外利书。

② 见马克利齐书。

③ 见《埃及诸王史》第三篇。

④ 见诺外利书。

⑤ 见马克利齐书。

以谢诸将曰：当此旭烈兀进兵而西利亚王告警之时，国无长君，如何抵御鞑靼？将来汝等破敌以后，任选何人为君可也。诸将之愤既平，自视君位已固，乃遣送满速儿暨其母与弟至答米耶忒。嗣后在后王在位时，又迁之于孔士坦丁堡（Constantinople）。忽秃思拘捕统将八人，接受军队之宣誓，乃急整军备战。致书西利亚王，言其誓不与其争地，自视为纳昔儿派在埃及之部将。脱纳昔儿欲至埃及，彼将奉之为君；设欲得其用，彼将以军往援，第若以其亲至致使纳昔儿感有不安，则请纳昔儿指定一将以统此军。纳昔儿得书，疑虑尽释。时旭烈兀已入西利亚，祸患已迫矣[①]。

旭烈兀徇下美索波塔米亚以后，攻拔额弗剌特水上之毕莱特（El-Biret）。时艾育伯朝宗王赛德（Saïd）[②]被囚于子城已九年，旭烈兀释之。蒙古军在马剌迪牙、哈剌特鲁木、毕莱特、吉儿吉西牙（Kirkissia）等处，设船桥渡额弗剌特河，破马布格城（Maboug），屠额弗剌特水上之毕莱特、奈札姆（Nedjam）、札八儿（Dja'bar）、哈鲁尼忽思（Callonicous）、剌失（Lasch）诸堡，而置戍兵[③]。旋进兵阿勒波。

阿勒波人畏闻蒙古之名，闻其至，多逃大马司。而大马司之居民又奔埃及。时当冬令，逃者多死于道，而被劫掠者为数亦多[④]。其尤为不幸者，鼠疫流行西利亚，尤以大马司受害为最烈[⑤]。蒙古

① 见《埃及诸王史》。

② 阿昔思斡思蛮（Mélik El-A'ziz Osman）之子。

③ 见《世界史略》532 页。旭烈兀妃脱古思时从征。《世界史略》常名此妃曰："信爱基督之王妃。"

④ 见马克利齐书第一篇。

⑤ 见瓦撒夫书。

一军营于色勒米牙特村(Salmiyet)。此村距阿勒波不远,分兵进取此城。城中戍兵偕义兵出城御敌,见敌兵众,遽退还。越日,蒙古全军至,守城之木阿匝木突兰沙(Moa'zzam Touranschah)王,见敌兵众,禁止出战。然有戍兵一部偕民众出城,屯于班忽撒(Bancoussa)山,见蒙古军进,下山击之。蒙古军退走,诱追者至相距一小时程之地,伏兵起,夹击之。残兵败走回城,班忽撒山之屯军及义兵亦遽奔还,死伤甚重。同日,蒙古军进攻阿勒波北方之阿匝思城(A'zaz),降之[①]。

无何,旭烈兀至阿勒波,遣阿儿哲鲁木王往谕木阿匝木王曰:"汝辈势难抵抗,不如任我置一戍将于城内,别置一戍将于子城。吾人进攻纳昔儿,设其兵败,则地将属我,汝辈可免穆斯林之流血。如我兵败,听汝辈将我二戍将或逐或杀可也。"木阿匝木拒之曰:"吾人只有战之一途。"[②]。

阿勒波城城壁既固,兵械亦足,蒙古军先沿城掘濠,宽四肱,深五尺,壁高五肱,一夜工毕,以炮机二十具攻之[③]。(回历六五八年,公元 1260 年 1 月 24 日)攻七日,拔其城[④]。屠掠五日,始下令禁止。积尸遍街市。有不少人得免死证,藏伏四贵人邸舍、一伊斯兰教道院与犹太教堂中者,皆得免。其被俘之妇孺约有十万人,或售之小阿美尼亚国,或售之欧洲人领地[⑤]。堕阿勒波城,毁其伊斯

① 见《埃及诸王史》。

② 见诺外利书,《眼历诸国行纪》。

③ 见《伊斯兰教王朝史》。

④ 见《史集》。

⑤ 见诺外利书,马克利齐书。《埃及诸王史》云:此城依降约而出降,然旭烈兀背约而纵焚杀。

兰教堂,破坏其园林[①]。

(2月25日)一月后子城亦降。攻城时,数蒙古将面上受伤。旭烈兀奖之曰:战士面须之染血,如妇女之施粉黛,皆美也。战胜者在子城中得战利品甚众,俘工匠甚夥[②]。蒙古军俘木阿匝木王,以其老免其死,然数日后死。蒙古军得纳昔儿之子数人,并得诸子之母,破狱出玛麦里克将九人,皆哈剌克王交还纳昔儿者也。中有宋豁儿阿失哈儿(Soncor el-Aschcar)、赛甫丁腾吉思(Seïf-ud-din Tenguiz)、赛甫丁别剌马克(Seïf-ud-din Beramac)、别都鲁丁伯迷失(Bedr-ud-din Begmisch)、剌真(Latchin)、咱姆答儿(El-Djamdar)、吉德合的(Kidgadi)[③]。

旭烈兀进兵西利亚时,哈马特(Hamat)之艾育伯朝宗王满速儿摩诃末(Manssour Mohammed)以城付宦者木剌施德(Moureschid),而走大马司。及阿勒波不守之讯至,木剌施德弃城走依其王。哈马特城之绅耆乃以城钥送赴阿勒波城旭烈兀军前,请其遣官往抚。旭烈兀遣一波斯人名忽思老沙(Khousrewschah)者往[④]。

---

① 海屯云:子城在城之中央,守十一日,蒙古人掘地道攻破之(《东方史》第28章)。

② 见《史集》。

③ 见诺外利书。当时西利亚文与阿剌伯文《世界史略》之撰者Bar Hebræus,适为阿勒波之雅各派大司教。然在围城前曾赴蒙古军谒旭烈兀,被留于奈札姆堡,不能在城救护教民。故有不少基督教徒逃避希腊教堂中者,或被鞑靼人所杀,或作俘虏。然有一阿美尼亚派教师将未死者收容于一教堂之中(《西利亚史纪年》533页)。海屯(《东方史》第29章)云:"旭烈兀曾将其在阿勒波城所得之物一大部分,赐与阿美尼亚国王,并以其侵地数地界之,由是阿美尼亚王得有邻近其国之数堡。嗣后旭烈兀又命安都王以物赐之,并将以前穆斯林所取阿美尼亚国之属地归之"。

④ 见诺外利书,《眼历诸国行纪》。

纳昔儿王闻阿勒波不守之讯时，尚在伯儿哲附近营中。诸将请其退守合匝，求救于忽秃思算端。纳昔儿乃偕哈马特王出走[①]。命大马司可能偕走之军民亟赴埃及。（1 月 29 日）有人贱售其财产从行，当时一骆驼之赁价致有七百银币（dragmes）之多者[②]。纳昔儿至纳不鲁思，留二将守此城，后皆为蒙古人所袭杀。闻敌军进逼，又走阿利失（El-A'risch），遣法官不儿罕丁（Borhan-ud-din）赴开罗，促忽秃思算端速以兵来援。

纳昔儿离大马司后，异密宰奴丁苏黎曼（Zeïn-ud-din Soleiman Ibn Ali）者，即以宰奴哈菲齐（Zeïn-ul-Hafizzi）之名而显者也。闭城集诸绅耆议，以城献蒙古，俾免流血。先是旭烈兀遣额儿哲鲁木王子法合鲁丁（Fakhr-ud-din El-Merdégaï）偕薛里夫阿里（Schérif Ali）使纳昔儿所，至伯儿哲营。至是，宰奴哈菲齐等决定以城付此二人，乃遣代表赍重币与城钥，赴阿勒波之蒙古营。代表首领为法官木哈亦丁（Mohayi-ed-din Ibn Ez-Zéki），旭烈兀以锦袍赐之，命其为西利亚之大断事官。（2 月 3 日）木哈亦丁还大马司，集诸律士、绅耆，衣其锦袍，宣读其受任之文，继颂读旭烈兀保证大马司居民不死之教令。虽有此种保障，居民之惊愕恐怖如故也。

旭烈兀遣二将至大马司，其一为蒙古人，其一为波斯人。旭烈兀谕以必从宰奴哈菲齐之言，并善抚居民。（3 月 1 日）无何，怯的不花率蒙古一军至，城民遣司教、绅耆等奉旗帜及《可兰经》往迎，

① 见诺外利书。

② 见马克利齐书。

此新长官宣布安民教令，不许侵害生命财产[①]。

大马司之基督教徒见蒙古军已据其城，乃出示旭烈兀保护基督教徒之命令，而以此向其压制之人挑衅。根据诸伊斯兰史家愤懑之记载，谓彼等公然对众饮酒，虽在斋月亦然。曾在街市以酒洒穆斯林之衣，并及伊斯兰教堂之门。持其十字架经过穆斯林之商店时，强迫穆斯林起立，不从者则施以侮辱。经行街市口诵赞颂之歌，谓基督之教为正教，并有毁其教堂附近之伊斯兰教堂与召人礼拜塔者。穆斯林愤甚，诉之于蒙古长官。然长官为基督教徒[②]，颇轻蔑穆斯林，且殴击之。乃对于基督教师则颇尊敬，常赴教堂保护基督教之长老。又一方面，宰奴哈菲齐则勒索居民巨款，购买布匹以献怯的不花、伯答剌（Baïdera）及其他诸蒙古将，每日供其宴会之酒食[③]。

时大马司之子城尚未降附，怯的不花于 3 月 21 日夜，开始以炮机二十余具围攻，至 4 月 6 日，子城始降。蒙古军入城抄掠，焚其庐舍，毁其戍楼过半，并将其一切战具销毁。宰奴哈菲齐致书旭烈兀请宥子城守将。旭烈兀不允，反命其赴蔑儿只巴儿忽忒（Merdj-Bargout）地方怯的不花营手杀之。

艾育伯朝宗王阿思剌夫牟栖（Aschraf Mozaffer-ud-din Moussa）者，昔儿忽黑（Schircouh）之孙也。初受封于歆姆司。十二年前，纳昔儿夺其地，以特勒巴昔儿（Telbaschir）易之。至是纳

① 见诸外利书，马克利齐书，《眼历诸国行纪》，瓦撒夫书。

② 海屯（《东方史》第 30 章）云："怯的不花极爱护基督教徒，盖其部人信奉基督已有三世。"案：怯的不花为克烈部（Kéraïte）人，信奉基督教已有数百年矣。

③ 见马克利齐书。

昔儿走埃及，乃入朝旭烈兀于阿勒波营。旭烈兀命为西利亚长官。阿思剌夫至蔑儿只巴儿忽忒，怯的不花命宰奴哈菲齐及大马司官吏移交其政权[①]。

旭烈兀于破阿勒波子城后，进兵安都道上距阿勒波西北二日程之哈林（Harem）堡，遣人谕降，许不侵害。堡人答曰：未识旭烈兀所奉之宗教，不能信其誓言。必须有一回教徒在《可兰经》上发誓，许以不死，则将堡献出。旭烈兀问其欲何人发誓，堡人乃指定前阿勒波子城守将法合鲁丁撒吉（Fakhr-ud-din Saki）。旭烈兀命其人往堡宣誓，堡人遂降。旭烈兀怒堡人不信其言，命先杀法合鲁丁撒吉，尽出堡中人屠之，无少长尽死，惟一善制金银器之阿美尼亚匠人得免[②]。

蒙哥皇帝死讯至阿勒波，旭烈兀乃决定归国[③]，命怯的不花代统西利亚军，法合鲁丁为阿勒波长官，伯答剌为大马司长官。离阿勒波时，命将此城之外城与子城堕平，命阿思剌夫牟栖将歆姆司、哈马特两城一并削平，阿思剌夫仅堕其都城之一部。命人堕平哈马特之子城，然此城之外城未毁。盖有扑买课税人名亦不剌辛（Ibrahim）者，曾进言于此城长官忽思老沙，谓富浪人近在希申阿克剌德（Hissn-ul-Acrad），设将哈马特城垣堕毁。居民将失其防

① 见诺外利书，马克利齐书，《眼历诸国行纪》。

② 见《史集》，《眼历诸国行纪》，《世界史略》533 页。

③ 见《史集》。海屯（《东方史》第 29 章）云："旭烈兀将欲进取耶路撒冷以还基督教徒，而其兄死讯至。"同一史家又谓，旭烈兀似欲自西利亚还蒙古而争帝位。至帖必力思，闻次兄忽必烈当选，始止。

御之具，并以重赂献，遂免于堕[①]。

海边之富浪人遣使赍赠物至蔑儿只巴儿忽忒营，以献怯的不花。纳昔儿王弟咱喜儿王（Zhahir）亦来营谒见，怯的不花命仍主撒儿哈特城（Sarkhad）事[②]。命忽失鲁罕（Couschlou-khan）率一军往徇纳不鲁思。堡人出敌，尽屠之。进至合匝，蹂躏西利亚南部，掠杀并俘其居民。还军大马司，售其所掠之牲畜物品。距大马司一日半程之巴尼亚司（Banias）小城，亦被残破。时怯的不花亦获纳昔儿王矣。

初，纳昔儿自阿利失复走哈梯牙（Cathia）。时忽秃思算端已进兵至撒剌希耶特（Salahiyet），见一艾育伯朝之宗王至埃及，颇不安，欲除之。乃致书于纳昔儿之军队，以金钱军阶为饵，召之归己。突厥蛮与曲儿忒人遂相属弃纳昔儿而投埃及，从纳昔儿者仅其弟咱喜儿、歆姆司王子撒里黑奴鲁丁亦思马因（Mélik Salih Nour-ud-din Ismaïl）、海蔑立（Caïméris）族之异密三人。进至哈梯牙，不敢入埃及境，改道赴黍伯克（Schoubek），沿途行李辎重皆被劫。至黍伯克时，仅余所乘之马与仆役二三人而已。复由此赴哈剌克，哈剌克王遣人献衣、马、帐幕及其他必须之物，听其留居黍伯克抑来哈剌克。纳昔儿不从，又走巴勒哈，其卫士二曲儿忒人叛亡，以其踪迹告怯的不花，遂被蒙古军获于齐查湖畔。怯的不花适在围攻阿哲仑（A'djeloun），蒙古军送纳昔儿至此城。怯的不花强其召谕此城守将降附，守将始不从，后竟出降。蒙古军堕其城。怯的不

① 见诺外利书，《眼历诸国行纪》。希申阿克剌德，一名曲儿忒堡，在歆姆司、特里波立（Tripoli）两城之间。

② 见诺外利书。

花命人送纳昔儿王、王弟咱喜儿、歆姆司王子撒里黑等至帖必力思。哈剌克王莫吉特亦遣其子阿昔思(A'ziz)从行,时阿昔思年尚幼。纳昔儿行经大马司、哈马特、阿勒波等城,见阿勒波之残破,泫然流涕。至帖必力思,旭烈兀待遇甚善,许在侵略埃及以后,以西利亚归之[①]。

埃及久为逃蒙古人锋镝或羁勒之灾民避乱之所,至是亦感被侵之虞。其尤足使人惊畏者,迄于是时,其兵锋所至,诸国莫不披靡。由是居留埃及之非洲人皆离此他适,会有蒙古使者至开罗,召谕忽秃思降附,如不降则对之宣战[②]。埃及算端集诸臣会议以决从违,前弃纳昔儿而附埃及之花剌子模将领六人,中有纳速剌丁海蔑立(Nassir-ud-din Caïméri)者进言曰:此王曾历次失信于亦思马因国主、哈里发、阿怯城主、额儿比勒王诸人,其言不可信。统将贝巴儿思亦主战。会议久之,诸臣皆请以忽秃思之意为从违。算端云:"如此吾人作战可也。无论胜负,吾人已尽职责,伊斯兰教民族不能以怯懦责吾人也。"遂决定将蒙古使者处死,进兵至撒剌希耶特。由是拘禁使者,预备战事。忽秃思为筹军费,乃征收伊斯兰教所认为不法之赋税,征收所得税,并命人出丁赋一底那。然此两税仅得六十万底那,遂将弃纳昔儿而来投之诸臣财产没收。纳昔儿妃亦被迫献其宝石珍物,诸海蔑立族异密之妻亦被迫献其珍品,中

① 见诸外利书,《埃及诸王史》,马克利齐书,《眼历诸国行纪》,《史集》。

② 《史集》云:旭烈兀离西利亚前,曾遣使者携随从四十人,致书于埃及算端曰:"天佑成吉思汗系,使之君临大地全土之国。其欲抗拒吾人之兵威者,皆已灭亡。吾人长胜军队之声威尽人皆闻,设汝降附则亲自来朝奉贡,听余在汝国内设置长官,否则备战可也。"惟据诸外利书,作此谕降书者盖为怯的不花。

有数妇且受虐待[1]。

(7 月 26 日)忽秃思俟诸将发效忠之誓后,即自山堡出发。其军约一万二千人,除埃及本国军队外,别有自西利亚来投之阿剌伯人与突厥蛮人。出发之日,杀蒙古使者与其随从三人,以其首枭示于匝威剌门(Zawila),仅宥青年一人不死,以隶玛麦里克队中[2]。宣谕全国,共起防护伊斯兰教。命诸州长遣发一切军人,其藏伏不出者处以笞刑。

忽秃思遣谍至旭烈兀命为西利亚长官之歆姆司王阿思剌夫所,与前被禁于毕莱特城后为旭烈兀畀以色拜别特(Sébaïbet)、巴尼亚司两地之赛德王所。使者初见赛德王,赛德王詈辱之,并及其主。旋见阿思剌夫,阿思剌夫跪接使者,位之上座。聆使者言毕,答使者曰:"请代余跪陈算端,言余敬从算端之命。余感谢上帝之佑,生此人以护伊斯兰教。设其往击鞑靼,敢保必胜。"[3]

军至撒剌希耶特,忽秃思集诸将议。诸将不愿再进,建议屯军撒剌希耶特。忽秃思曰:"伊斯兰教人之诸首领等:汝辈食国家之禄,久于兹矣,乃怯于神圣战争而欲退却。我则愿战,其欲战者可随我进,不欲战者可退归。然上帝必予监临,穆斯林妇女被辱之咎将归彼等也。"嗣命其确知其效忠于己者对其宣誓,随其进战。次日晨,鸣鼓进军。其不欲进战诸将,见他将之进,亦从之进。军队遂入沙漠。

(3 月 7 日)初,失海儿竹儿部之曲儿忒诸首领曾在合匝城遣

① 见马克利齐书。

② 见《史集》,诺外利书。

③ 见诺外利书。

将往见忽秃思算端，请求入觐，算端许之。诸首领至开罗，算端自出迎，赐以哈流伯（Calioub）地方为其食邑[①]。至是，贝巴儿思率前锋至合匝，与诸首领之军合。时蒙古军已退出合匝，贝巴儿思进据之。算端至此城，留数日，沿海岸进兵。圣让答克（St. Jean d'Acre）之十字军遣代表赍礼物来见，并许以兵从。忽秃思谢之，赐代表以袍服，命其宣誓守中立，并自对代表宣誓，设其加害于其军者，将于进攻鞑靼以前先往击之。

迨与敌兵近逼之时，忽秃思抚慰诸将，励其作战，谕以鞑靼破灭国土之众，不少其他战士境遇之可悲，如欲不受天罚，必须拯救西利亚，维护伊斯兰教。诸将闻言，皆感泣，誓愿努力驱逐敌人[②]。

怯的不花在巴阿勒伯克（Baalbec）闻埃及军至，聚集散布西利亚各地之军队，遣送其家属、辎重至大马司城。1260 年 9 月 3 日[③]，两军会于纳不鲁思、拜桑（Baïssan）两地间之阿音札鲁特（Aïn-Djalout，在 Goliath 发源处）平原。埃及军初颇畏战，始而左翼军乱退走。算端乃三呼曰："愿上帝佑其臣忽秃思战胜鞑靼。"冲入敌阵，鼓励其军进击。时左翼军又合而进战，敌军披靡，蒙古战将多死，统将怯的不花亦为一异密名札马鲁丁阿忽失（Djémai-ud-din Accousch）者所杀。有蒙古军一队屯于邻近高地之上，埃及军进围，歼之。异密贝巴儿思乘胜逐北，其得逃亡者为数甚微。其隐伏于附近蔺丛之中者，忽秃思引火焚之，伏者尽死。战胜以后，忽

① 见诺外利书。

② 见马克利齐书。

③ 钧案：回历作六五八年斋月或第九月之二十五日星期五。惟后文云：败讯在八月八日达大马司，则此处之公元 9 月殆是 7 月之误。

秃思下马祈祷，谢上帝之佑[①]。

艾育伯朝宗王赛德曾在蒙古军中作战，蒙古军败后，遂投埃及军。见算端至，急下马欲吻其手。然忽秃思忆其对于使者辱詈之言，以足蹴其口流血，近侍一人遽斩其首[②]。

战争剧烈时，前为忽秃思位置于玛麦里克队中之蒙古青年，适在从骑之列，欲复父仇，见有机可乘，引弓欲射算端，为近侍所格杀。又有一说，以为曾射算端马倒，算端改骑其从将一人之马[③]。

蒙古营暨其妇孺皆为胜者所得，旭烈兀所置数城之长官皆被杀害，其在大马司城中者得逃[④]。败讯在8月8日星期六至星期日之夜中达于大马司。宰奴哈菲齐偕诸蒙古统将等急出走，然为

① 瓦撒夫谓蒙古军之败，乃因埃及人之以计袭。埃及人执白旗，蒙古军误识为己军，所以致败，此说似非真相。《史集》谓蒙古军之败，乃因中伏。埃及史家与海屯皆以怯的不花死于战中，然《史集》所志又有不同。据云："蒙古军退走时，有人促怯的不花退走。怯的不花答曰：'宁死不退。汝等有能见旭烈兀者，可告之曰，战败之怯的不花，不愿归见其主，愿尽职而死。告王勿悲其军队之丧失，此辈与士卒之妻及厩中之马一年未生产者无异'云云。语毕独自进战，为敌包围。其防护自身，有如狮子，马倒遂为敌擒。埃及军缚之以献忽秃思。忽秃思语之曰：'其流不少之血者，其以欺诈背誓而杀害不少君主、破灭不少王朝者，终亦为吾人所擒欤？'怯的不花答曰：'设若我死汝手，是盖天意。勿炫汝一时之胜利。要知旭烈兀将为我作极恐怖之报复，西利亚与埃及将被蹂躏于蒙古马蹄之下，吾人之士卒将以汝国之沙携归。旭烈兀之骑士如我者有三十万，丧其一人，不足道也。'忽秃思曰：'勿须称颂汝之鞑靼骑士。此辈只知狡诈以取胜，非勇士也。'怯的不花怒曰：'我曾终身忠于我主，不似汝辈之叛弑其君者。可速杀我，我非汝侮慢之人也。'忽秃思遂杀之。有人以怯的不花之语告旭烈兀，旭烈兀颇惋惜之，乃厚恤其家。"

② 见诺外利书。此史家谓自花剌子模沙札阑丁算端以后，其击败鞑靼军队之伊斯兰教国王，以忽秃思为第一人。

③ 见马克利齐书。

④ 见《史集》。

乡间居民所劫掠，仅以身免。蒙古人占领大马司以来，至是共有七个月又十日。

同一星期日，算端在梯别里亚德（Tibériade）以战胜事谕任大马司城。城中伊斯兰教居民大悦，群起杀基督教徒，掠毁其庐舍，焚圣雅各（St. Jacques）、圣玛利亚（Ste. Marie）两教堂。犹太教徒亦被劫掠，赖有军队弹压，其庐舍、教堂始免焚毁。旋又搜杀附和蒙古之穆斯林。8月11日星期三，忽秃思兵至大马司，营于城外，至下星期五始入城，捕忠于蒙古之穆斯林数人及以纳昔儿行踪告蒙古军之曲儿忒人，缢杀之，并缢杀基督教徒三十余人，征大马司城军赋十五万银币（drachmes）。

统将贝巴儿思追逐蒙古败兵至于哈马特，逃兵与其妇女皆弃其辎重、俘虏逃往海岸，沿途为伊斯兰教居民所杀[1]。亦勒合那颜率残军退入鲁木[2]，忽秃思遂占有西利亚全境，达于额弗剌特河畔，以其地分封撒里黑部与谟亦思部之玛麦里克人[3]。暨其本人部下，命异密辛札儿（Sindjar 人名）为大马司长官，命辛札儿（Sindjar 地名）王木偰非儿阿老瓦丁阿里（Mozaffer Alaï-ud-din Ali）主阿勒波城事。木偰非儿者，毛夕里王别都鲁丁卢卢之子也。命满速儿王仍为哈马特城主，前被旭烈兀任命为西利亚长官之歆姆司王阿思剌夫仍为歆姆司王[4]。

① 见马克利齐书。

② 见《史集》。

③ 撒里黑部者，原隶于撒里黑算端之玛麦里克部人。谟亦思部者，原隶于艾伯格算端之玛麦里克部人也。

④ 见马克利齐书，《眼历诸国行纪》。

忽秃思任命诸将后，于 10 月 5 日自大马司归埃及。是役也，统将贝巴儿思功大而赏薄，求为阿勒波长官而不能得，颇怨算端，乃与其他不满者六人共谋刺杀算端。算端行至胡赛儿(Cosseïr)、撒剌希耶特两地之间，欲猎，从者仅有同谋诸人。贝巴儿思伪求忽秃思请宥某人之罪，忽秃思许之。贝巴儿思乃进前吻其手，同时异密伯克秃特(Bektout)以刀斫其后颈，异密温思(Unss)推之坠马，异密拔哈都儿(Bahadour)发矢射之，贝巴儿思终杀之[1]。诸人弃尸，奔赴撒剌希耶特结营之所，入王幕，奉诸人中之最尊者异密毕勒班(Bilban)据王座。阿塔毕法利速丁阿克台(Faris-ud-din Acttaï)惊问其故，诸人指毕勒班曰：奉之为算端。阿塔毕问曰：处此情况中，突厥人之习惯若何？诸人曰：以杀人者继其位。阿克台又问曰：何人杀算端？诸人指贝巴儿思曰：此人。阿塔毕乃手引贝巴儿思据王座。贝巴儿思曰：我奉上帝之命据此位，汝等可就座宣誓，阿塔毕曰：应由汝首先宣誓，诚实待遇诸人，视之犹如同辈，授以高官。贝巴儿思乃依其言宣誓，诸异密亦为效忠之誓[2]。

贝巴儿思偕诸将还开罗，埃及副王艾迭米儿(Eïdémir)来迎。贝巴儿思告以代立之事，艾迭米儿乃对其宣效忠之誓，先归开罗，预备奉迎新主。时开罗居民闻胜鞑靼，全城欢腾，盛饰以待忽秃思之归。乃至翌日晨，闻公吏宣呼曰："人民，为木偰非儿(El-Mozaffer，案：即忽秃思)算端之灵求天悯，为汝等之咱喜儿贝巴儿思

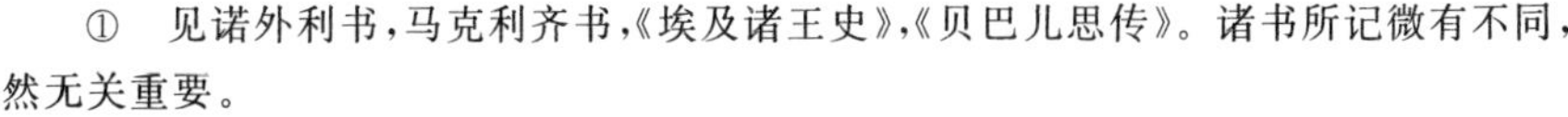

① 见诺外利书，马克利齐书，《埃及诸王史》，《贝巴儿思传》。诸书所记微有不同，然无关重要。

② 见《贝巴儿思传》。

(Rz Zahir Beïbars)算端祈天佑。”埃及人闻之,皆惊愕自失,盖其甚畏玛麦里克人之专政也[①]。

贝巴儿思[②]者,突厥产也,出于玉黎北里(Alborlis)[③]族之钦察部落。初以八百银币(drachmes)在大马司被卖为奴,买主见其眼中有瞖而解约,终为异密艾迭斤奔都克答里(Eïdékin El-Boundoucdari)[④]所得。曾按照玛麦里克人习惯,取其主之名而自名,故名贝巴儿思奔都克答里。1246年时,艾育伯朝算端撒里黑免艾迭斤职,而自领其所部玛麦里克人,后历擢贝巴儿思而为玛麦里克部之一重要将领。至是为算端,乃擢其旧主艾迭斤为统将,而命之为大马司长官[⑤]。

先是旭烈兀未闻败讯之前一日,命纳昔儿归主大马司州事,遣西利亚骑士三百人从之归。越日,阿音札鲁特之败讯至。有西利亚人某者,谓纳昔儿不可信任,必将往附忽秃思。旭烈兀乃命将率蒙古兵三百骑往追,追及色勒马司(Selmas)山中,尽杀之,仅星者一人得免。后此星者向《世界史略》之撰者详述其事云:“时我在纳昔儿帐中,为之推算星命。日中,见一蒙古将率五十骑至。纳昔儿出迎,蒙古将曰:旭烈兀命其宴劳,请其偕诸王往赴宴会。纳昔儿乃从往,偕往者约二十人。未久,又见蒙古骑兵来言:从王之文武

① 见诸外利书,马克利齐之《贝巴儿思传》。

② 突厥语名,贝者官号。巴儿思此言豹。

③ 钧案:虞集《句容郡王碑》文有玉黎北里。《元史》卷一二八《土土哈传》作玉里伯里。又卷一三四《和尚传》之玉耳别里,应亦是同名异译。西人考证皆未能考出此三名之对称(参照《亚洲报》1920年刊伯希和撰《库蛮考》),余以为皆属此名之旧译。

④ 案:奔都克答里为算端侍臣中之一官号,算端击球时,此侍臣职在献球。

⑤ 见《贝巴儿思传》,马克利齐书中之《贝巴儿思传》,《埃及诸王史》。

官吏亦应赴宴，仅留仆役、厨夫、牧人看守帐幕。吾人从往，至一深谷，四面皆悬崖，见蒙古将卒在其中。吾人与之言未毕，在吾人身后之蒙古人，各将吾人反缚。余当时急呼曰：余是星者，曾观天象，有言告蒙古王。彼等乃将余引至彼等之后，执诸人尽杀之。纳昔儿王、王弟暨其从者皆死。蒙古人旋又尽杀留守帐幕之诸仆人。”[①]

时在9月20日，与纳昔儿同死者，有其弟咱喜儿合吉（Zahir Gazi）、宗王撒里黑（Salih Ibn Schircouh）与同族宗王数人，惟纳昔儿之子阿昔思年幼，因脱古思可敦代请得免[②]。

哈剌克王莫吉特曾遣其子阿昔思（A'ziz）入朝旭烈兀，请求归附。史家诺外利曾记述其事云：“当时此王子年甫六岁，曾以其谒旭烈兀事告余云：‘余至帖必力思谒旭烈兀，彼命余坐，其妃命译人问余母是否尚存。余答曰：现在父所。妃又命译人问曰：汝欲归见父母，抑愿留我处？余答曰：此事余不能自主。余父遣余至汗所请求保护，兹余惟汗命是从。妃乃起立为此幼童请命于旭烈兀，旭烈兀许之。妃语余云：汗许保护汝父，并遣汝归，余闻此言，跪谢旭烈兀退出。’”王子行时，旭烈兀命其所任命之蒙古将为哈剌克长官者从行，于怯的不花战败前数日抵大马司。忽秃思至此城得王子，遣送至开罗，拘留山堡者二年。及贝巴儿思与莫吉特修好结盟，乃遣

① 见《世界史略》535页。此星者名木哈亦丁（Mohayi-ed-din El-Magrêbi），后旭烈兀遣之往从著名天文家纳速剌丁，命在蔑剌合天文台服务。《世界史略》之撰者曾在蔑剌合亲闻其说如此。《史集》云：诸蒙古将在色勒马司山中追及纳昔儿，伪言宴劳，俟其醉，杀之，并及其家属，惟其子阿昔思获免。从骑三百人尽死，而获免者仅一人，缘其人为星者也。

② 见《史集》，马克利齐书第一篇，《埃及诸王史》第三篇。

之归。然次年,贝巴儿思诱莫吉特至开罗,声其与鞑靼人交通之罪,杀之,旋将哈剌克夺据[①]。

① 见诺外利书。

第七章

蔑牙发儿斤之被围与攻下——哈米勒王之被害——马儿丁之被围与出降——蒙古人之再侵西利亚——歆姆司之战——蒙古军之退却——阿勒波之被难——别都鲁丁卢卢三子之称藩埃及——黑衣大食哈里发之即位于开罗——哈里发以政权册授贝巴儿思——哈里发之进袭报达——其在安八儿之败亡——蒙古军之围攻毛夕里——埃及一军之败于辛札儿——毛夕里之降——其居民之被屠——撒里黑王之被害——哲吉莱特之被围与投降——一突厥降人之至埃及——旭烈兀与别儿哥之失和——两汗之战——旭烈兀之败及其对于帖必力思不花剌两城别儿哥臣民之报复——别儿哥逃军之至埃及——贝巴儿思与别儿哥之互相遣使——埃及之蒙古降人——埃及与小阿美尼亚人之战——哈剌克王之被杀——旭烈兀之建造——任命诸州长官——杀哈菲齐——法儿思阿塔毕塞勒术克沙之叛——此王之被杀——法儿思境内一赛亦德族之叛——毕莱特之围攻——旭烈兀之死——脱古思可敦之死——旭烈兀之遗事——教皇致旭烈兀书

旭烈兀急欲为怯的不花复仇，然因蒙哥皇帝之死不能再作远征。

旭烈兀在西利亚时，蔑牙发儿斤城以力竭而出降。初，旭烈兀命其子亦失木忒往取此城。亦失木忒遣人召谕蔑牙发儿斤王哈米勒纳速剌丁摩诃末（El-Kamil Nassir-ud-din Mohammad）[①]来降。哈米勒答曰：彼有鉴于其他诸王之结局，不能信蒙古人欺诈之言，宁自卫而死。乃开其仓库宝藏，散给其所部将士曰：余不欲仿效谟斯塔辛因吝啬而致亡国丧身也。率之出战，杀敌甚众。城中有工师善发炮，围城者伤亡不少。而蒙古军亦得别都鲁丁卢卢王遣送工师一人之助，其人亦善发炮。据云：兹二工师同时发炮，炮石相触而炸裂。已而变围攻为封锁，城内之人常出击，有大力勇士二人，常杀敌而还。然封锁既久，城中乏食。初以猫犬为食，继之以鞋革，复继之以人肉。居民危急，来告亦失木忒，言已无人守城。亦失木忒遣乌鲁克图那颜往诇之，见死者满街市，其隐伏屋内饥而未死者，仅七十人而已。蒙古兵遂肆抄掠，勇士二人尚未死，登屋顶发矢射敌，蒙古兵进围之。命其降，不从，力战而死。蒙古兵得哈米勒王与其玛麦里克军九人，送致旭烈兀。时旭烈兀已由西利亚还至特勒巴昔儿矣。旭烈兀申其罪而碎剐之，以肉填其口而至于死[②]。哈米勒者，木偰非儿失哈不丁合吉（Mozaffer Schihab-ud-din Gazi）之子，艾育伯（Eyoub）之曾孙也，信道颇笃[③]。蒙古人

① 木偰非儿合吉[El-Mozaffer Gazi]之子，阿的勒[El-Adil Abou Bekr]之孙，艾育伯[Eyoub]之曾孙。

② 见《史集》。

③ 见《埃及诸王史》第三篇。据云：哈米勒曾求援于西利亚王纳昔儿，纳昔儿曾许以兵来援。

以其首置之矛上，徇示西利亚诸地，由阿勒波哈马特至大马司，用歌者鼓乐前导以示众，终以网盛之，悬于费剌的思（El-Feradiss）门上。后忽秃思算端至大马司城时[①]，始命人瘗之于此门附近之忽辛（Housseïn）祠。其玛麦里克军九人，八人被杀，一人得免，因其为蔑牙发儿斤王之猎士长，旭烈兀乃留用之而贷其死[②]。

旭烈兀既得蔑牙发儿斤，命其子亦失木忒进围马儿丁城。初，旭烈兀之归自西利亚也，命马儿丁王赛德来见。此王亦因旭烈兀之无信而不至[③]。命其子木偰非儿往阿勒波城见旭烈兀。旭烈兀遣其还曰："劝汝父来朝，阻止其叛变而亡身。"然赛德不听其言，而下其子于狱。至是，旭烈兀乃命亦失木忒往取马儿丁城[④]。此城位置在高丘之上，既为矢石所不能达[⑤]，蒙古军遂封锁之。逾八月，城中饥馑瘟疫盛行，赛德王病死，其子木偰非儿以城降。旭烈兀命其主马儿丁城事。后至 1296 年，其死时，尚保有此城也[⑥]。

蒙古统将伯答剌闻忽秃思算端之被刺，聚集阿音札鲁特之残军六千人与驻在美索波塔米亚之若干军队，而谋进取[⑦]。进至毕

① 见《眼历诸国行纪》。

② 见诺外利书。

③ 见《史集》。

④ 见《世界史略》534 页。

⑤ 见瓦撒夫书。

⑥ 见《世界史略》534 页，《史集》。《史集》云：木偰非儿说父降而不见听，乃毒死其父，而以城献旭烈兀。旭烈兀责之。木偰非儿答曰：杀其父以救城中生灵。旭烈兀乃以马儿丁城畀之。瓦撒夫书云：赛德自以城降，旭烈兀背约，而将其与大臣七人并处死，出木偰非儿于狱，命其主国事。然别设蒙古长官（八思哈 baskak）以监之。

⑦ 见《伊斯兰教王朝史》。

莱特，时主城事者别都鲁丁卢卢算端之子赛德也[1]。其兄撒里黑嗣父位为毛夕里王。忽秃思欲其通知蒙古军情，故以阿勒波城畀赛德。蒙古军至，赛德命一小队往御。玛麦里克部诸酋以为兵数太微，不但不足以御敌，反恐召之使至，赛德不听。其队御敌，果败还毕莱特。玛麦里克部人遂怨赛德王，及闻忽秃思被刺之讯，乃拘王而掠其资财，旋释之，自举异密胡撒木丁（Hossam-ud-din）为之长。敌兵至，胡撒木丁率其所部弃阿勒波退宁哈马特。蒙古军以1260年11月取阿勒波，进兵哈马特。满速儿摩诃末王偕胡撒木丁退守歆姆司。蒙古军进至歆姆司，时在12月10日。蒙古军约有六千人，歆姆司王阿思剌夫牟栖、哈马特王满速儿、异密胡撒木丁，同日率军一千四百人出战。阿剌伯酋长匝迷勒伊宾阿里（Zamil Ibn Ali）亦以其所部兵从。蒙古军败退，伤亡甚众。伯答剌退至阿勒波[2]。时附近诸区之居民皆避难于阿勒波城。蒙古统将忽合亦勒合至，命居民全数出城，本城之人及其他各城村之人各分聚一所，人皆不晓其意。西利亚人以为阿勒波人得免，阿勒波人以为外人得免，由是双方皆有混处者。鞑靼驱外人至巴比里（Babili），尽杀之。盖以其见蒙古人至而逃他所，故视其为敌人也。其中冒称为外人者与纳昔儿王之亲属数人，亦在难中。蒙古人因阿勒波人未离其城，许其不死放还，然围其城不许出入。旋闻

---

① 即是蔑力木傒非儿阿老瓦丁阿里（Mozaffer Alaï-ud-din Ali）。忽秃思以人马司并此城畀之，遂改号为蔑力赛德（Mélk Es Sa'id）。

② 见诺外利书，马克利齐书，《埃及诸王史》，《眼历诸国行纪》，《伊斯兰教王朝史》。《眼历诸国行纪》谓蒙古军有一千三百人，伊斯兰教军不及千骑。马克利齐书与《伊斯兰教王朝史》则谓蒙古军有六千人，伊斯兰教军有一千四百人。《伊斯兰教王朝史》又云："此役之最可异者，伊斯兰教军未失一人。"

埃及兵至,乃于4月初退走。阿勒波城既无军队,盗贼继起,任意劫杀,埃及军至始遁。埃及军强征居民军税十六万银币,居民苦痛遂臻极点[①]。

别都鲁丁卢卢死,旭烈兀命其子撒里黑鲁克那丁亦思马因(Salih Rokn-ud-din Ismaïl)嗣为毛夕里王。1261年,撒里黑得其弟赛德致书,劝其输诚于埃及算端,谓贝巴儿思已胜鞑靼,斥地东方,附之可以保国。撒里黑之一部将窃此书逃。毛夕里王恐其持献旭烈兀,不自安,乃挈其子阿老木勒克(Alaï-ul-Mulk)于同年5月奔埃及[②]。至开罗,埃及算端礼待之,并厚遇其弟哲吉莱特王木札希德赛甫丁亦沙克(El-Modjahid Seïf-ud-dïn Ishac)。会新哈里发以政权授贝巴儿思,贝巴儿思乃册封别都鲁丁卢卢三子,以毛夕里、纳昔宾、阿哈儿黍思(Acarschouss)、答剌(Dara)与阿马底耶特(Amadiyet)境内诸堡封撒里黑,以哲吉莱特封木札希德,以辛札儿封木偰非儿(赛德)[③]。

黑衣大食朝之宗王异密阿不勒哈辛阿合马(Aboul-Cassim Ahmed)者,哈里发咱喜儿(Dhahir)之子,谟斯塔辛之诸父也。于谟斯塔辛在位时代,与黑衣大食朝诸宗王幽居报达。报达陷后,逃依伊剌克之阿剌伯游牧部落酋长。至1261年,偕哈发哲部(Khafadjé)之阿剌伯人五十人赴大马司。贝巴儿思闻有自称为黑衣大食朝之宗室一人至此城,命此城长官厚待之,并遣送其至埃及。

① 见《世界史略》537页。

② 见《世界史略》538页。

③ 见诺外利书,马克利齐书。

6月19日，阿不勒哈辛阿合马至开罗，算端率诸将法官博士及开罗、密昔儿(Misser)两城民众出迎。犹太教师奉其圣经，基督教师奉其《福音》以从。越四日，集诸律士将领文官商人及其他阶级之绅耆于宫中。阿合马据王座，算端据常座，对众诘随从阿合马之阿剌伯人与来自报达之阉人谟黑塔儿(Mokhtar)。诸人皆证其为咱喜儿之子、纳昔儿之孙、教长阿合马。复次宣读其系谱，阿合马起立自证其真。纪录既毕，大断事官塔只乌丁(Tadj-ud-din)首向其宣效忠之誓。算端继委质于前，愿哈里发奉圣律之教戒而行，命圣律之所当命，禁圣律之所当禁，依法代上帝征收信徒之赋税，仅对于具有正当权利者为其处分。至是哈里发以信奉伊斯兰教区域以及上帝许其解除异教徒压制的区域之主权，授之贝巴儿思，载入封册之中。然后在场诸人分班委质于哈里发。算端通令诸州州长，将新哈里发之名加入公共祈祷与新货币之中。哈里发以黑衣大食朝之袍服其色黑赐算端，以荣衣赐诸统将。越数日，哈里发乘白马，饰以黑色鞍辔，头戴金质黑色缠头巾，身披紫色外套，颈戴金圈，腰系宝刀。侍者依例奉二帜、二巨箭、二盾及其他诸物，以随其后。哈里发自以王袍衣算端，以金圈、金链系于其颈。旋由大掌印官坐宣授与贝巴儿思主权之封册文。算端然后乘马，盛陈卤簿，经行开罗城市。将军、丞相前导，互相奉哈里发封册于其首。庐舍结彩，宝毡铺地。至下星期五，哈里发说教于王堡之教堂。算端见其感人之深，不自安，乃散金银货币于其身而阻止其继续说教。阿合马取其兄木思坦昔儿之名以为别号，惟黑衣大食朝之新主，例用前一哈里发之名为别号。兹阿合马弃前哈里发谟斯塔辛之名不用，盖创例也。

贝巴儿思欲助哈里发夺取报达，乃为之组织教廷设置所需之一切官吏，为之购入玛麦里克人百人，各给马三匹、骆驼三头，赠与骑士二千人、阿剌伯游牧部落军一队。9 月 4 日，哈里发偕埃及算端赴大马司。10 月 10 日，哈里发进向伊剌克，算端命统将赛甫丁毕勒班（Seïf-ud-din Bilban）、鲁木人宋豁儿（Soncor）护送至额弗剌特水畔，待哈里发之命，再入伊剌克。哈里发偕毛夕里王、哲吉莱特王、辛札儿王进至剌合伯特（Rahbet）。三王留所部玛麦里克军六十人而自还国。会法只勒（Al-Fazel）部酋异密耶西德（Yez-id）率所部阿剌伯游牧部落四百人至，异密艾迭斤（Eïdékin）亦自哈马特率三十骑来会。时有玛麦里克酋布仑的（El-Bouroundi）者，占领阿勒波，亦遣黑衣大食朝之教长哈金（El-Hakim）率突厥蛮七百骑至安纳黑（Anah）。哈里发适抵此地。突厥蛮弃哈金而从哈里发，哈金乃亦归命。安纳黑居民见哈金至，闭门不纳，谓待埃及算端所承认之哈里发至，始以城献。哈里发至，城人果礼接之。哈底彻（Haditsé）继降。希特拒守，攻拔之。11 月 24 日，哈里发入城，纵掠犹太教民与基督教民。

伊剌克阿剌伯之蒙古戍将哈剌不花以五千骑袭据安八儿，屠其居民，报达长官拔哈都儿阿里（Behadir Ali）亦以报达城所有戍兵至。11 月 29 日，两将在安八儿附近与哈里发军遇。哈里发以突厥蛮为右翼，以阿剌伯人为左翼，自将中军进战。拔哈都儿阿里军败走，士卒多没于额弗剌特水中。然蒙古伏兵起，阿剌伯与突厥蛮两军败退，中军遂覆没，哈里发不知所终。有人谓其殁于阵，有人谓其受伤，死于附近之阿剌伯部落。此次愚昧远征，新哈里发死，埃及算端费款甚巨，结局如斯而已[①]。

时撒里黑王亦罹同一悲运。当其在毛夕里赴西利亚之途中也，其将名阿林桑合儿（A'lem Sangar）者，弃王自率骑兵一队还毛夕里城。居民与蒙古长官闭门不纳。越数日，城中下级民众为内应，开城纳之。蒙古守将偕撒里黑王妃（花剌子模沙札阑丁女）秃儿罕可敦（Tourkan Khatoun）退守子城。桑合儿入外城，虐待基督教徒，掠其庐舍，杀不愿改奉伊斯兰教者，由是教师、贵人、平民改教者为数甚众。同时附近之曲儿忒人亦侵入毛夕里境，夺据女修道院，尽杀其中避难之人。围男修道院，诸修士始而力守，终以金银出献，曲儿忒人始退。

统将三答兀（Samdagou）者，基督教徒也，率蒙古军至毛夕里以平乱。闻谍者言，撒里黑王将至，乃退军至距城不远之地。旋闻撒里黑已在12月17日夜入城，乃进围其城，沿城筑垒，一夜竣事[②]。撒里黑俵散财货于城中之突厥蛮人、曲儿忒人、黍勒（Schoules）人，励其抗守，谓埃及算端之救兵不日至，故三答兀攻之一月而不能下。

贝巴儿思闻毛夕里被围，命阿勒波长官苫思丁阿忽失（Schems-ud-din Accousch）率军往援。阿忽失在辛札儿地方用鸽

① 见《贝巴儿思传》，诺外利书，《埃及诸王史》。《贝巴儿思传》云：闻算端为哈里发及诸王设备武装，已费一百六十万底那。其最可异者，计划者与执行者意见皆同，以不足抵抗敌兵千人之少数军队，攻击兵多势强之国民，是无异虚掷金钱而趋其人于死地也。马克利齐云：算端欲以万骑助哈里发取报达，并命毛夕里王偕其二弟从征。然毛夕里王弟有一人密告算端曰，哈里发若得报达，位置一固，势将夺取埃及。算端悟，仅以三百骑畀哈里发。

② 见《世界史略》538页。

传书，告毛夕里援军已近。然鸽误止炮机之上，为敌所得。三答兀于鸽颈得书，知埃及军队屯驻所在，遣军往袭。至辛札儿附近遇埃及军，进击之。会大风扬沙，埃及军目为沙迷，遂败，军多覆没。蒙古军残破辛札儿城，衣敌人之衣，散其发，伪作曲儿忒人，回至毛夕里城。城中人以援兵至，欢呼出城迎之，皆为蒙古军所杀。然城中人仍坚守。越九月，鼠疫饥馑大行，守者力竭，撒里黑王乃请降，惟求三答兀送其至蒙古王所，三答兀许之。1262 年 6 月 25 曰，撒里黑奉赠品食物[①]，以乐人歌者舞者前导[②]，出投蒙古营。然蒙古统将不欲见之，亦不欲受其食，命人守之[③]。慰抚毛夕里居民，命堕其城，工毕后，尽屠之，屠九日始止[④]，此城遂荒。蒙古军退后，藏伏附近山窟者约千人，始敢入居城内[⑤]。时任为毛夕里长官者，名苫思丁伊宾欲奈司（Schems-ud-din Ibh Younes），即窃撒里黑王弟书以投蒙古军之叛将也。

送撒里黑至旭烈兀所。旭烈兀命以羊皮裹之，置之烈日之下，一月死。其子阿老瓦丁（Alaï-ud-din）年甫三岁，送至毛夕里，醉以酒，以弓弦腰斩之，悬尸于城门以示众。

三答兀自毛夕里进围哲吉莱特。此城景教主教哈南耶稣（Hananyeschoua）[⑥]者，以方术见知于旭烈兀。旭烈兀命其往谕城人，许以不死，哲吉莱特遂降。蒙古人堕其城，以哲吉莱特王之部

① 见《史集》。

② 见《世界史略》541 页。

③ 见《史集》。

④ 见《伊斯兰教王朝史》。

⑤ 见《史集》。

⑥ 此名犹言耶稣之恩佑。

将札马鲁丁古勒伯格(Djemal-ud-din Gulbeg)为戍将。已而三答兀闻古勒伯格以其旧主哲吉莱特王之藏金付与王使者,遂杀古勒伯格①。

(1262 年 6 月)同时有一异密名撒剌儿(Salar El-Bagdadi)者,投降埃及。撒剌儿者,钦察都鲁特部(Durout)人,哈里发咱喜儿时代为哈里发之玛麦里克,被任为瓦夕的、苦法、希烈三地长官,终咱喜儿、木思坦昔儿、谟斯塔辛三哈里发时代,皆保其任。旭烈兀取报达后,撒剌儿与黍失泰儿(Schoschter)②王合兵以拒蒙古。旋见其兵微不能战,乃走希札思(Hidjaz)沙漠。越六月,旭烈兀复命其仍主原地,乃归。

贝巴儿思即位后,作书召撒剌儿至埃及。撒剌儿欲往从,惟欲待搜集其财货而后行。当此时间,埃及算端语报达人吉里只(Kilidj)曰:"汝友撒剌儿将至。"吉里只答曰:"此事恐不然,盖撒剌儿为伊剌克之一异密,恐不能弃其所有而投此国。"算端曰:"设其不自愿来,吾将强之使来。"乃伪作答撒剌儿书,遣人持书先行,别命一人随其后,命俟前人越境时,将其杀之。后使遂依命杀前使于境外。蒙古军前队见尸,搜其身,得书以呈旭烈兀。时有哈里发之玛麦里克子弟若干人,曾为旭烈兀录用者,以其事通知撒剌儿。撒剌儿始而不信其事,已而旭烈兀命人召之往见,乃畏死而弃其财产家属逃亡埃及。及至,算端厚待之,以高位大地授之③。

会旭烈兀有事于北方,无暇图谋西利亚与埃及也。初,术赤子

① 见《世界史略》541 页。此书云:"三答兀者,蒙古基督教徒,堪赞赏之青年也。"

② 钧案:此名在本卷第一章中亦作脱司泰儿。

③ 见诺外利书。

拔都受封于黑海、里海北方之大国[①]。拔都死，撒儿塔(Sartac)嗣立，未几死。子兀剌赤(Oulagtchi)幼，蒙哥皇帝命主术赤封国事，并命兀剌赤之母辅政。越数月，兀剌赤又死，术赤之第三子别儿哥(Bercaï)继立，时在 1256 年也。别儿哥奉伊斯兰教，曾传布其教于国内。顾其为诸宗王之最长者，蒙哥之即帝位颇得其力，故对于旭烈兀常加谴责，责其对于友敌并加残害，毁灭不少伊斯兰教城市，杀哈里发，不与诸王议。别儿哥尚有一更不满于旭烈兀之原因。初，旭烈兀之征波斯，术赤系之三王以兵从。术赤孙巴剌寒、曾孙秃马儿，以拔都系之军从征。术赤子斡儿答(Ourda)之子忽里，以斡儿答系之军从征。后秃马儿因厌禳事得罪，旭烈兀命速浑察送致别儿哥所，俾自惩之。(回历六五八年，公元 1260 年 2 月 2 日)秃马儿罪状既明，别儿哥乃按照成吉思汗法令(Yassaï)复将其送致旭烈兀所，俾其惩治。旭烈兀遂杀秃马儿。已而巴剌寒、忽里二人相继死，别儿哥疑此二人皆被毒害，此三王之家属遂走打耳班，而逃钦察汗国。

旭烈兀受别儿哥之谴责已屡，曾怒曰：彼虽为诸王之最长者，然无节制如此，不复足敬也。别儿哥闻此语更愤，遂有意为旭烈兀所害以千数计之人复仇[②]。命秃马儿之从兄弟那海(Nogaï)率军三万，逾打耳班屯设里汪[③]。

术赤系三宗王所部之军之在波斯者，见其主与旭烈兀开战，仓卒逃出波斯。其一部由打耳班还国；又一部为数较众，统将尼兀答

① 参照诸外利书第 2 册 337 页。

② 瓦撒夫书云：术赤系诸王以阿阑、阿哲儿拜占两地属己，是为此战之真正原因。

③ 不知屯于设里汪境内之何城。

儿(Negoudar)、翁古加(Ongoudjia)领之,取道呼罗珊,夺据哥疾宁(Ghazna,Ghaznin)国及与印度接境之其他诸地。

(回历六六〇年,公元1262年8月20日)旭烈兀集波斯之兵自阿剌塔黑(Alatac)[①]往御,以绰儿马罕之子失烈门(Schiramoun)那颜为前锋,在沙马乞(Schamakhi)遇敌,败走。(11月15日)越数日,阿八台(Abataï)那颜胜敌于设里汪附近一程之地。旭烈兀自沙马乞乘胜进兵,驱敌于打耳班外,破之于此城之北。(11月21日)那海败走,旭烈兀军追逐逾帖莱克(Térek),获妇孺、牲畜甚夥,遂据其营,宴庆三日。(12月8日)不意那海还袭,败旭烈兀军于帖莱克附近。败军踏冰渡河,冰解,溺死者无算。

(12月16日)旭烈兀还帖必力思,恚其败,命征新军以备战[②]。并取报复手段,将别儿哥所属之商民在帖必力思者一并处死,没收其财产。(回历六六一年,公元1263年4月22日)别儿哥亦杀其国内旭烈兀所属之商人。旭烈兀复又杀不花剌城居民之一部。此城自残破以后,业已开始兴集。皇帝曾遣人括其户口,当时共有居民一万六千人,以五千人属拔都系,以三千人属旭烈兀母莎儿合黑帖尼(Siourcoucteni),余八千则隶皇帝。至是,旭烈兀将属于拔都系之五千人驱之平原,杀其男子,虏其妇孺,掠其财产[③]。

---

① 案:阿剌塔黑为旭烈兀及其诸嗣君驻夏之所,此地在伊儿汗国史中常见著录。《史集》云:旭烈兀自帖必力思往征西利亚进兵阿起剌特时,经行阿剌塔黑草原,颇爱其地。又据 Djihan Numa 书,Alatag 为木剌柴(Mourad-tchaï)。质言之,额弗剌特水发源之山系,则其在完湖之北约二十程(每程约十里)之地,距 Ararat 山不远。Ala-tag,突厥语犹言杂色山也。

② 见《史集》。

③ 见瓦撒夫书第一册。

（回历六六二年，公元 1264 年）次年，闻那海有重再侵入打耳班之讯，旭烈兀整军备战。有札剌勒丁（Djélal-ud-din）者，原报达副掌印官之子也，旭烈兀待之甚厚，乃谋叛亡，曾献策于旭烈兀，谓报达州中有突厥、钦察数千人，熟悉其同国人之作战方法，可以用之为前锋。旭烈兀乃命其招集，并以征收军费、兵械、粮食之权付之，不许他人干涉其事。札剌勒丁招集此军以后，告诸军曰："人欲牺牲汝等，遣往作战。汝辈既知我为汝辈同国之友，我不能驱汝辈于死地。设汝辈从我，吾人将解除蒙古人之羁绊。"诸军从之。札剌勒丁乃以取之于报达之金钱与兵械散给军队，告报达守将曰：在赴设里汪以前，应先侵入哈发哲部之阿剌伯人居地，劫夺粮食。旋率其突厥军挈其家属辎重，逾额弗剌特水进入西利亚[①]。

先是两年前别儿哥进军而旭烈兀备战之时，埃及算端贝巴儿思恐蒙古军之重再侵入西利亚，曾遣骑兵数队巡逻波斯边境，探听敌人军事行动。命大马司城之居民挈其家属迁入埃及，并留置粮储以饷驻军。同时命阿勒波长官焚烧阿米德通道之草原，将十日程距离中之刍秣焚毁。已而贝巴儿思闻有鞑靼人一队逃入其境，此种逃人盖为别儿哥之属军，而隶于旭烈兀者。二王开战以前，别儿哥曾命此军还国，如归路已断，则命其避入埃及境内。来投者约二百骑，四将领之。算端命西利亚之官吏善待之，并供给彼等与其妇女必须之衣粮。逃人至开罗，算端赐四将各人百骑，封地一区，并以马匹、布币赐诸将卒，诸逃人遂尽皈依伊斯兰教。此例一开，

① 见《史集》。

后来鞑靼人来投埃及者,陆续有之[1]。

贝巴儿思询诸逃人其国与其主之情形,曾决定遣人往使别儿哥所。有花剌子模沙札阑丁算端之旧侍,名赛甫丁克失里克(Seïf-ud-din Keschrik)者,熟悉此国与其语言,乃命其与法律家马只都丁(Madjd-ud-din)携来投鞑靼人中之二人同往使。算端致别儿哥书,保证其修好之意,励其进攻旭烈兀,自炫埃及军队之众,军中有突厥、曲儿忒、阿剌伯数国之人,列举称藩埃及之诸回教国王与富浪国王。末言近有鞑靼人至其国,自言为别儿哥之臣民,曾厚待之。此外贝巴儿思并以新近即位之哈里发哈金之系谱赠别儿哥。使者行时赍数月粮,至中途,马只都丁因病归埃及[2]。(回历六六一年,公元 1262 年 11 月至 12 月间)赛甫丁等至东罗马境,时东罗马帝米开勒帕烈斡罗格(Michel Paléologue)以别儿哥之军队侵扰其境,留使者不放行。先是距此时未久,米开勒曾用希腊语致书贝巴儿思,誓与修好。兹贝巴儿思见其扣留使者,乃集其基督教之大主教与诸主教等,询其教纲对于背誓之处分若何。诸主教答曰:背誓等若背教。贝巴儿思乃以诸主教之宣言通知东罗马帝米开勒,同时贻书别儿哥,请勿再扰东罗马国境。米开勒遂释使者,厚礼遣之[3]。使者渡黑海至速答克(Soudac)登岸,由此行一日至克里木(Crim),钦察人、斡罗思人、阿兰人群居之一镇也。又一日入荒原,其边境有万户长驻焉,沿途见游牧部落在其地游牧。又行二十日,达窝勒伽江(Volga)畔之别儿哥驻所,江中有斡罗思船舶

① 见《贝巴儿思传》。

② 见诺外利书。

③ 见《贝巴儿思传》。

甚众。行近斡耳朵，别儿哥命其相舍里夫丁福鲁西（Schéréf-ud-din El-Furoussi）来迎，告以入觐时应守之礼节，谓应从宝座之左入，奉书后，则处宝座之右，跪时应屈双膝。随从之人不得携兵刃，或其他兵械入帐。其弓不得上弦，亦不得置于韬中，箙中不得盛矢。入帐时不得以足触其阈。并告以勿食雪，勿在汗驻所围垣内洗濯衣服。预告礼节毕，然后引使者入帐。帐外用白毡，内用丝绸，饰以珍珠宝石，内可容五百人。汗正坐，第一妃旁坐，官吏五六十人列坐凳上。别儿哥命其相诵算端书毕，有人引使者自左至右，大断事官译贝巴儿思书为突厥文，对众诵读毕，缮录副本进呈皇帝。别儿哥略询使者数语，并询及尼罗河之情形。未久，遣人偕使者归，赛甫丁还抵开罗时，距其奉使首途时约有二年矣。

（回历六六二年，公元 1264 年 9 月）先是去年，在使者首途后约六个月时，别儿哥曾遣使者二人，自孔士坦丁堡达于亚历山大城。使者一名札剌勒丁哈齐（Diélal-ud-din El-Cadhi），一名奴鲁丁阿里（Nour-ud-din Ali），皆穆斯林也。适贝巴儿思自西利亚取哈剌克而归开罗。使者至，乃集诸将吏于山堡接见之[①]。蒙古汗致书略谓：汗与其兄弟四人皆奉伊斯兰教，愿与算端结盟以攻旭烈兀，请发一军进向额弗剌特水，并请援助鲁木算端也速丁。贝巴儿思优礼使者，命薛里夫阿马都丁（Schérïf-Amad-ud-din El-Abbas-si）、法利速丁马思忽惕（Fariss-ud-din El-Mass'oudi）送使者还，用纸七十页写复书，贺别儿哥改奉伊斯兰教，并请其助攻旭烈兀。赍

① 此时代之埃及史中常见著录此堡（Cal'at-ul-djébei）之名，堡在开罗附近一高丘之上。撒剌丁首建此堡，其后诸算端常驻于此。初建时，曾取密昔儿对岸岛中诸古塔（pyramide）之石。可参照马克利齐《埃及志》第 3 册。

赠品甚夥，有哈里发斡思蛮（Osman）手写之《可兰经》全部，连同其祈祷用之祈台与地毡，此外有烛台、橄榄烛、弼琶啰（Barbarie）地方之衣、革毡、刀、弓、骨朵、兜、甲、鞍辔、箭镞、葡萄瓶、镀金灯台、黑阉人、善于烹饪之妇女、阿剌伯地方之马、单峰驼、白牝驼、野马、麒麟（giraffe）、香脂诸物。贝巴儿思并附以曾至默伽之缠头巾一领，盖其曾命人代别儿哥朝其地也。贝巴儿思并遣专使至默伽、默德那（Médine）两城，命在星期五之公共祈祷中，位蒙古汗之名于己名之后。在开罗、耶路撒冷两城亦然。先是黑衣大食朝之宗室哈金（El-Hakim bi emr-illahi Abou'l Abbas Ahmed）于安八儿战后得脱走。是年（回历六六〇至六六一年，公元 1262 年）3 月 21 日至开罗。11 月 22 日立为哈里发。贝巴儿思并将此哈里发即位后对众祈祷之词送致别儿哥。别儿哥使者还国时，贝巴儿思以来投之蒙古骑士二百人付与使者，俾其率之归国。

（回历六六一年，公元 1263 年 10 月 30 日）使者行后三月，有蒙古人一千三百骑自旭烈兀领地来投开罗。贝巴儿思命人沿途善待之，自出城见来投之人。逃人见算端至，皆下马跪伏于地。嗣后陆续又有逃人两批至埃及。诸逃人中有阿合（Aga）官号者十余人，贝巴儿思厚待之，劝其改奉伊斯兰教。诸人因以改从伊斯兰教。

（回历六六二年，公元 1264 年 5 月）旋有法儿思之军将数人，哈发哲部落之阿剌伯酋长数人与伊剌克阿剌伯之异密来投，算端皆纳之，并以采地赐之。（回历六六三年，公元 1265 年 8 月）次年应东罗马帝之请，遣其侍从官叔札乌丁（Schudja-ud-din）往使别儿哥所，请勿再扰此国，并赠其在默伽巡礼时所冠之缠头巾三、大理石瓶二及香脂等物。

（回历六六一年，公元 1262—1263 年）旭烈兀之备兵北境以防别儿哥也，命小阿美尼亚王海屯侵入埃及算端领地。海屯自旭烈兀所还至黑剌克烈（Hérachée），见鲁木算端鲁克那丁，与之订盟。归国后，进兵阿音塔卜（Aïrtab）。贝巴儿思早得谍报，已命哈马特、歆姆司两国之军先进至阿勒波。埃及军继之，袭阿美尼亚军，败之。阿美尼亚王求援于驻在鲁木国内之蒙古兵七百人，安都城亦以一百五十骑至，共屯于哈林（Harim）草原，厄于雨雪不能进，已而因粮缺退还。海屯制蒙古式之衣帽千袭以衣其军，使敌信其又有援军至。然埃及军诇知其实，进兵安都，残破其地。

同时贝巴儿思闻谍报，旭烈兀遣密使二人来，意欲收揽算端诸将，已进至昔思（Siss）道中。其地谍报亦同。旋闻密使自圣让答克赴达米耶特，命人往捕，送至开罗，缢杀之。

同年，埃及人截留旭烈兀答哈剌克王莫吉特书，莫吉特曾招蒙古人进略西利亚与埃及。兹旭烈兀答书，许以止于合匝城之西利亚境地封之。（回历六六一年，公元 1263 年 4 月 8 日）贝巴儿思见书遽由开罗赴合匝，诱莫吉特至营，执送开罗杀之。贝巴儿思捕莫吉特后，集大马司之大断事官、诸藩王、诸将、诸要人与夫富浪人使臣，出示旭烈兀致莫吉特书，言其捕莫吉特之故，旋往占领哈剌克而还开罗[①]。

别儿哥战胜后，不再进攻。旭烈兀在 1264 年中，遂得大兴建筑，建宫殿于阿剌塔黑驻夏之所，建偶像庙堂数所于库亦城，并促

① 见诸外利书。

成蔑剌合天文台工事。旭烈兀喜接学者，尤爱方士，因试验方术，所费无算。时其领地东起阿母河，西抵西利亚与东罗马之边境。本年置长官于各地：以伊剌克、祃拶答而、呼罗珊迄于阿母河之地，授其长子阿八哈；以阿阑、阿哲儿拜占授第三子亦失木忒；以牙底儿别克儿、底牙儿剌比牙（Diar-rabi'at）迄于额弗剌特水之地，授统将秃丹（Toudan）；以鲁木授木音乌丁帛儿万涅（Mo'yln-ud-din Pervané）；以帖必力思州授蔑力撒都鲁丁（Sadr-ud-din）；以起儿漫授秃儿罕可敦（Tourcan Khatoun）；以法儿思授异密亦吉牙图（Ikiatou）。先是在去年初，自沙马乞进兵打耳班时，杀其相赛甫丁，兹以术外因人苫思丁摩诃末（Schems-ud-din Mohammed）代之，俾领国政。以苫思丁之弟阿剌丁阿塔木勒克为报达长官[①]。

同年杀宰奴丁（Zeïn-ud-din Abou'l Moueyyed Soleïman Ibn Amir el-A'carbani）。宰奴丁者，即以哈菲齐（El-Hafizzi）著名者也。哈菲齐为其旧主之名，宰奴丁取以自号。宰奴丁征收大马司课赋。有人诉其自取课赋之一部，旭烈兀遂责其不忠，数其历叛其旧主巴阿勒伯克王、哈菲齐王、纳昔儿王诸王之罪，杀之，并族灭其兄弟子侄近亲仆僮约五十人。仅有一子一侄得逃免[②]。

法儿思一地首先归命蒙古者也。1231 年阿塔毕撒的死，子阿布别克儿继立，曾遣其弟帖痕登（Téhemten）奉厚币入朝窝阔台帝，帝册封阿布别克儿为骨咄禄汗。因此地降附在先，故未受蒙古侵略之害。法儿思主每年进奉金底那三万于蒙古可汗廷，并遣宗

① 见《史集》。

② 见诸外利书。

王一人奉贡品入朝。旭烈兀至河中，阿布别克儿遣其侄塞勒术克沙往迎，至于阿母河畔。1260 年阿布别克儿死，子撒的二世嗣立，在位十二日死。子摩诃末年幼，母秃儿罕可敦（Turcan Khatoun）摄政。1262 年摩诃末死，诸父摩诃末沙立。摩诃末沙，撒勒合儿沙（Salgarschah）之子，撒的一世之孙也。旭烈兀攻报达时，曾以兵从征，为人勇敢，然残忍放逸，民多怨之。旭烈兀召之至营，常借故不至。即位后，取秃儿罕可敦为妻。秃儿罕可敦亦不满其所为，命人执送旭烈兀所，言其不足君临此国。

初，摩诃末沙拘禁其弟塞勒术克沙于亦思塔哈儿（Istakhar）堡。至是，旭烈兀出之狱，俾主国事。塞勒术克沙母出塞勒术克族，故以名。即位后，亦取秃儿罕可敦为妻。此王性猛烈。一日酒醉，信谗言，命阉人断秃儿罕可敦首。阉人以盘盛首来献，塞勒术克沙就取耳环之二大珠，掷赏乐人。旭烈兀派驻泄剌失之长官斡兀勒贝（Ogoul Bey）、忽都鲁必阇赤（Coutlouc Bitikdji）二人直言其残忍。塞勒术克沙怒，手杀其一人，命人杀别一人，并杀其从者。旭烈兀适许释摩诃末沙归国，闻此事，遂杀摩诃末沙。命统将阿勒塔柱（Altadjou）、帖木儿（Timour）二人率二军，合亦思法杭、罗耳、耶司德、起儿漫、伊只（Itch）[①]之兵，往正其罪。阿勒塔柱自亦思法杭命人往谕塞勒术克沙，言如知悔，尚可求宥，彼将代为之请。塞勒术克沙不听，且虐待其使。阿勒塔柱遂偕起儿漫之主、耶司德之阿塔毕（即秃儿罕可敦之兄弟）、法儿思山地之一小王亦勒克尼匝木丁（Ilk Nizam-ud-din Hassneviyé）等进攻。塞勒术克沙率军退

① 案：此地为法儿思舍班哈烈（Schébankarés）诸王之驻地。

走波斯湾沿岸，泄剌失城之官吏、绅耆执旗奉《可兰经》与食品出迎。阿勒塔柱慰抚之，禁止其军劫掠。进军追及塞勒术克沙于可咱隆(Cazeroun)，与战，败之。塞勒术克沙逃避于一司教名谟儿施德(Morsched)者之墓室，以骨朵破墓石，呼曰："司教救我。"缘此司教死时曾言："设有人遭遇不幸，可来余墓告余知，余将救之。"故塞勒术克沙出此狂举。蒙古军破门入，杀藏身于其中之可咱隆居民，执阿塔毕，杀之于西菲德(Sifid)堡下。时在 1264 年也[1]。

时撒勒合儿朝仅存撒的二世之二女。其一人名温思可敦(Uns Khatoun)，秃儿罕可敦之所出也。旭烈兀命之主法儿思国事。

塞勒术克沙之乱既平，帖木儿欲屠泄剌失以警其后。阿勒塔柱不从，谓罪人已得，泄剌失居民无罪，且屠城之事无汗命不可为也。遂散其军队，挈法儿思诸要人归谒旭烈兀。

然未久此地乱事又起。有大断事官舍里甫丁(Schéréf-ud-din)者，赛亦德(Seyids)族，质言之，摩诃末之后裔也。居呼罗珊有年，以信仰甚笃而见重于时，欲利用人心之归附而倡乱，命法儿思之居民从己。每经一处，从之者众，咸以其为十叶派所待世界末日之救主(Mahdi)，舍里甫丁遂称王。挈其党徒自舍班哈烈进向泄剌失城，此城之蒙古戍将与温思可敦之要臣合谋，遣蒙古人与伊斯兰教人合组之一军往平乱事，双方遇于忽瓦儿(Guvar)[2]。时人皆信舍里甫丁得神助，击之者必致麻木不仁，所以泄剌失军初犹豫

---

① 见《乐园》第 4 册。

② 钧案：此地似非《元史・西北地附录》之胡瓦耳。

不敢进击。旋有卒二人偶发矢，群卒继之，叛人遂溃，舍里甫丁与其大部分党徒尽死。

（回历六三三年，公元 1265 年 5 月）旭烈兀闻叛讯，笞统将阿勒塔柱，责其未从帖木儿之言而屠泄剌失也，即命万户一人往屠其城，旋闻舍里甫丁死。又有人进言泄剌失之居民未附乱，乃止[①]。

温思可敦在位甫一年。旭烈兀召之至斡耳朵，以配其子蒙哥帖木儿（Mangou Timour）。自是以后，温思可敦仅拥虚位，法儿思实属蒙古官吏统治。1281 年温思可敦死，撒勒合儿朝遂亡[②]

1264 年杪，蒙古军围攻毕莱特。当时视此城为西利亚之锁钥。为埃及算端守者，异密札马鲁丁阿忽失（Djémal-ud-din Accousch）也。蒙古军以木填濠，城中人掘地道引火焚之。围者以炮机十七具攻城，城中人力守，女子表示勇敢尤胜于男。先是未久，贝巴儿墨闻富浪人贻蒙古人书，言春季西利亚军散驻各地，马亦放青，侵入此其时也。至是又闻敌至毕莱特城下，即命异密亦速丁艾甘（Yzz-ud-din Aïgan）率四千骑往援。越四日，又命札马鲁丁艾朵格的（Djémal-ud-din Aïdogdi）率四千骑兼程急赴毕莱特。1265 年 1 月 27 日，算端出发，2 月 9 日至合匝城。越六日，得敌人遽退之讯，缘蒙古军闻异密艾甘与哈马特王满速儿合军来援，急毁炮沉舟而退也。贝巴儿思命为毕莱特设备战具粮储，以供十年守城之需，赏守城者银币二十万，荣袍三百袭[③]。

---

① 见《乐园》第 4 册。

② 见 Tarikh Gouzidé bab IV, fassel 8。

③ 见《贝巴儿思传》，诺外利书。

1265 年 2 月 8 日星期夜，旭烈兀死于绰合图水（Tchogatou）畔[①]，时年四十八岁[②]。葬于乌儿米亚湖中，前筑藏宝要塞之塔剌岛上[③]。依蒙古旧例，掷黄金宝石于墓中，以幼年美女盛饰殉葬，旋致祭数日[④]。

旭烈兀死后四月又十一日，脱古思可敦继死。《史集》云："妃，信奉基督教之克烈部人也，常庇其同教之人，旭烈兀因之亦优待基督教徒。当时基督教徒在其国中建筑教堂不少，脱古思可敦斡耳朵门外常有教堂一所，时闻钟鸣。"所以旭烈兀与其妃之死，亚洲之基督教徒皆痛惜焉[⑤]。

旭烈兀有正妃五人，妾若干人，子十三人，女七人[⑥]。

昔有埃及史家，志有旭烈兀之怪异裁判，谓有一制镳匠人杀

① 《史集》云：此水名 Zerriné roud，蒙古人名此水曰 Tchogatou Bagatouï。发源于曲儿忒与阿哲儿拜占分界之山中，径北流，注入蔑剌合南乌儿米亚湖（Ourmia）中。

② 《史集》未言其何疾致死。《埃及诸王史》（第三编）则谓旭烈兀患痫疾，后常发，病重时每日发二三次，遂致大渐，绵笃二月死。

③ 《史集》名此地曰沙忽塔剌（Schahou-tala），一名沙忽山，在 Sakhvarekan 对面。

④ 见瓦撒夫书。

⑤ 《世界史略》（542 页）云："1576 年（即 1265 年）斋节（Caréme）开始之时，旭烈兀死。其贤明宽厚与其武功，可谓并世无两。是夏，其妃脱古思可敦继亡。此保护基督教之两大伟人之死，大地全土之基督教徒皆同声悲痛。"斡儿帛良（Et. Orpélian）之《斡儿帛良朝史》云："信教大王，世界之主，基督教徒众望所归之旭烈兀汗，殁于 1265 年。未久，其可尊敬之妃脱古思可敦继死。兹二人皆为狡诈的火者（Khodjea），即术外因人苫思丁摩诃末所毒杀。其慈善不弱于孔士坦丁与其母赫连（Héléne）也。……顾旭烈兀颇爱基督教徒，所以信奉正教之一切国民皆自愿服从之。"海屯《东方史》（第 27 章）云："旭烈兀破报达后，命人善待基督教徒，而压制一切伊斯兰教徒。其妃名曰脱古思可敦，……笃信基督教，曾毁灭伊斯兰教教堂，其压制穆斯林之甚，致使其不敢露面。"

⑥ 见《史集》。

人，被杀者之家属数人诉之旭烈兀，请以罪人付之，俾得用报复之刑惩治。旭烈兀问国中制镳者是否甚多。有人答曰："为数颇少。"旭烈兀俯首沉思久之，旋仰首宣判曰：告诉人只能向一制桅人报复。盖其以为宁可少一数多之匠人而不可少一数少之匠人也。然被害人之家属只欲得罪人，旭烈兀乃以牧牛一头畀之，自谅诸人必可满意。又有一织造金锦匠人与人斗殴，伤人之一目。受伤者来诉，旭烈兀命取造箭人之一目以偿之。有人问其故，旭烈兀答曰："制锦者必须具有两目，而造箭者只须一目，盖其视箭之曲直时，常合其一目也。"①。

旭烈兀时代之货币留存于今者，货币上大汗之名在旭烈兀之前。其阿剌伯文曰："最大可汗，伊儿汗大旭烈兀。"至其后人，则仅在货币上自称曰可汗之达鲁花赤（Darouga）。

《莱纳耳德集》（Odoric Raynald）中有罗马教皇致旭烈兀书，未著教皇名，亦无年月，辑者以为此书是1260年教皇亚历山大四世（Alexandre IV）致旭烈兀书。教皇在此书中言：闻匈牙利人名术安（Jean）者言，旭烈兀有奉公教之意，欲教皇遣人示以教义，举行洗礼。书续曰："君之入教，足使上帝与为人类舍身十字架之基督嘉悦。吾人闻此讯时，无任欢忻。设君在裁判之日，以洗礼及其他基督教之标志呈献于上帝之前，上帝必喜。君之入教，臣民必亦随之，则为功尤大，而永劫不灭之褒赏必增。处于此众之中，而拔身于敌之喉，则君等待此可畏裁判，更较安心。君应知存在此世为时之促，人身解化之易。若君有此决心，可速执行，君将见基督军

① 见诺外利书。

队之公然辅助,使君征服伊斯兰诸国之权力大增。君若遵守公教之教训,政权将必巩固,必致永劫不灭之光荣。惟术安所言尚无充分之证明。吾人曾致书耶路撒冷之大主教,嘱其探问殿下之意思,并以所闻函复吾人。所以请君将意思之秘密通知此大主教,俾吾人确知其事之实,而以适当之迅速,从事一切有益之筹备。"[①]

① Odor, Raynaldus, t. III, p.63.

第 五 卷

第一章　阿八哈

阿八哈之即位——任命诸州长官——其与东罗马公主结婚——那海自打耳班之侵入——其败——别儿哥之死——旭烈兀一部分家属之至自蒙古——贝巴儿思对于十字军之侵略——埃及军之侵入西里西亚——海屯与贝巴儿思之议和——八剌与海都之战——议和——大会——八剌侵入呼罗珊之筹备——马思忽惕伯之奉使——八剌之使臣——尼兀答儿之离贰与被捕——八剌渡阿母河——乞卜察克斡兀立之离贰——呼罗珊一部分之侵略——阿八哈之战略与八剌之败——八剌之退兵与结局

旭烈兀死，遣人通知其长子阿八哈，时阿八哈在祃拶答而驻冬也。遵照成例，将汗之驻所通达各地诸路之交通断绝。旭烈兀之第三子亦失木忒时戍打耳班境，闻父丧，于旭烈兀死后七日达丧所，欲探诸将之意。然见诸将无立己意，留二日，即归打耳班。

3 月 9 日阿八哈至绰合图，诸亲王及诸将来迎。守斡耳朵之都元帅亦勒合那颜献丧食丧酒，告以其父弥留时之遗命。

葬后，诸可敦、诸亲王、诸将等聚议，选立嗣君。时诸大将为亦勒合、速浑察、速纳台（Sounataï）、阿八台、帖马兀（Témagou）、辛图儿(Singtour)、阿儿浑诸人。辛图儿曾奉遗命,乃与速浑察共言遗命指定长子阿八哈嗣位。阿八哈按照习惯以让各弟,诸弟皆跪辞,共愿奉之为君。阿八哈又辞曰:无伯父忽必烈可汗之命,不能即位。会议诸人复劝进,以为既经其父遗命指定,他人不得代立,况诸亲王中熟悉国家风习法令者无逾阿八哈[①]。阿八哈[②]乃于珊蛮(Cames)星者等选定之 6 月 19 日即位于伯剌罕(Berahan)区域中之察罕淖儿(Tchagannaour)[③]。阿八哈母亦孙真可敦(Yessountchin Khatoun),速勒都思部(Seldouze)人也,以 1234 年 3 月生阿八哈,即位时年三十一岁。诸亲王各以带挂项上,向日跪拜七次,宴乐数日,饮酒作乐,美女侍宴[④]。

宴赏以后,阿八哈以未奉忽必烈命,不敢就汗位,坐一凳上,执行最高大权,追认旭烈兀之一切遗命。然后分命诸州长官:命其弟亦失木忒镇守自打耳班迄阿剌塔黑之沿边诸州。别弟迪歆[⑤]辖呼罗珊、祃拶答而两地。亦勒合之子秃兀思必阇赤(Tougouz-Bitikdji)与速浑察之弟秃丹[⑥]共守鲁木,都儿台(Dourtaï 或应作都儿拜 Dourbai)辖底牙儿别克儿、底牙儿剌比牙(Diar-rabi'a)两地。绰儿马罕之子失烈门守谷儿只。速浑察辖报达、法儿思两地,其在报

① 见《史集》。

② 阿八哈蒙古语犹言母舅。

③ 察罕淖儿,犹言白湖。伯剌罕或费剌罕(Ferahan)为一镇名,镇中有堡,附近有湖,面积约方十六程,皆在哈马丹州中。

④ 见瓦撒夫书。

⑤ 钧案:原文作布真(Boutchin),后在勘误表中改作迪歆(Tischin),与后之特克歆(Tekschin)应属一人。

⑥ 《乐园》谓速浑察之子秃丹。

达，则以阿剌丁阿塔木勒克副之。追认大维德为谷儿只国王，苫思丁克儿特(Schems-ud-din Kert)为宁鲁思(Nimrouz Sidjistan)王，秃儿罕可敦为起儿漫女王，以阿儿浑总管财赋。仍以术外因人博海丁摩诃末之子苫思丁摩诃末为丞相。时徒思人火者纳速剌丁所养成之学者百余人亦来朝，皆赏赐之。阿八哈欲以帖必力思为都城，然以阿剌塔黑、西牙忽黑(Siah-couh)[①]两地为驻夏之所，阿阑、报达、绰合图三地为驻冬之所。

初，旭烈兀曾求婚于东罗马帝米开勒帕烈斡罗格，东罗马帝许以私生女玛利亚(Marie)字之。玛利亚者，底普洛瓦塔兹(Diplovatatze)氏之所出也。命般脱克剌脱儿(Pantocrator)之修道院长帖斡朵思(Théodose de Ville-Hardouin)偕阿开亦(Achaie)、皮洛婆奈思(Péloponèse)王送之至波斯[②]。至凯撒里亚，闻旭烈兀死，然仍东行至汗所，阿八哈遂娶之。蒙古人名之曰特斯皮纳(Despina)，盖以希腊语公主之号以为名也[③]。

1265年，阿八哈驻冬于祃拶答而。及春，还帖必力思。未久，闻那海[④]由打耳班侵入其境之讯。亲王亦失木忒渡库尔河，遇敌于阿克苏水(Acsou)。战甚烈，然久无胜负。会那海伤目，退走设里汪境内。阿八哈闻讯，自渡库尔河。旋闻别儿哥自率大军至，乃

① 西牙忽黑，波斯语犹言黑山，是为曲儿忒北界之一山名，亦为剌夷、亦思法杭两地间一较大山系之名。

② 《世界史略》(567页)谓送玛利亚之教长为安都城之大主教额梯迷西思(Euthymius)。

③ 《史集》在"阿八哈家属"条下名之曰Tespina，谓诸妃位高者尚有数人。并谓其为特烈比宗德(Trébizonde)君主之女。

④ 钧案：此处又作Nocai。

复渡河,拆断一切桥梁,营于河之南岸。两军相对发矢,隔河相持者约十五日。别儿哥欲溯流而上,在梯弗利思附近渡河,然病殁道中,其军载其主之柩还葬于萨莱。

阿八哈边患既息,乃在库尔河外筑城掘壕,自答兰淖儿(Dalan naour,亦作瓦兰淖儿 Valan naour)至德失忒库儿底安(Descht-Kurdian)[①]以蒙古军与伊斯兰教军戍之,旋在1266年驻冬于祃拶答而、朱里章(Djourdjan)两地。

次年,阿八哈之母亦孙真可敦偕旭烈兀之别妃忽推可敦(Coutouï Khatoun),与忽推可敦之二子特克歆、塔忽答儿(Tacoudar)[②],暨出木哈儿之诸子,至自蒙古,阿八哈迎之于祃拶答而之客不的札蔑(Kéboud-djamé)。初,旭烈兀之征波斯,以二妃嘱蒙哥,以蒙古之斡耳朵付其次子出木哈儿。出木哈儿之出生,晚于阿八哈者一月。蒙哥死,出木哈儿因其领地在阿里不哥(Aric-Bouga)所据地域之内,因附阿里不哥,而抗忽必烈。至是阿八哈召之赴波斯,未逾阿母河而死于道,遗二子,曰术思合忒(Tchousgat)、曰景庶(Kinkschou)。阿八哈以蔑牙发儿斤之地封忽推可敦,以底牙儿别克儿、哲吉烈(Djeziré)两地之一部封旭烈兀别妃完者可敦(Oldjaï Khatoun),并以其他诸地封旭烈兀数妃所生之子。

其后二年,无要事可述。阿八哈既有事于东方,遂不能阻止埃及算端之侵略。埃及算端贝巴儿思自毕莱特解围与旭烈兀之死以后,遂无额弗剌特水畔外侵之虞,乃得转而攻击赤十字军。在

① 瓦撒夫书名此边墙曰阿西牙(Assia)。

② 钧案:此人应是后来嗣位之塔兀答儿(Tagoudar)。

1265及1266两年之间，略取凯撒里亚、阿儿速甫(Arssouf)、撒法德(Safad)、牙法(Yafa)、沙吉甫(Schakif)诸城，与蔑鲁哈惕(Mélouhat)、希法(Hifa)、哲勒巴(Djéleba)、阿儿哈(Arca)、哈里牙特(Caliat)诸堡，旋侵入西里西亚境内[①]。谕国王海屯入贡埃及，开放其国与西利亚之通道，并许输出其国之谷。小阿美尼亚国王畏蒙古人，不敢从[②]。(回历六六四年，公元1266年8月8日)埃及算端命哈马特王满速儿率军往攻，以亦速丁艾甘、赛甫丁哈剌温(Seïf-ud-din Calavoun亦作Kélavoun)二将副之[③]。海屯自往求援于屯军鲁木之蒙古将领。诸将以无阿八哈命，不敢出兵。海屯遣使告急于汗廷，使未还，而埃及军已侵入国内。时王子勒文(Levon，Léon)屯军守海边之亦思痕迭鲁纳(Iskendérounat)，埃及军逾山而入，攻勒文于色仑德堡(Séround)附近，败阿美尼亚军。王子勒文被擒，勒文之弟脱罗思(Téros)及其诸父一人殁于阵，别有诸父一人得逃走。然其人诸子皆为敌所擒，阿美尼亚军队溃。

翌日，埃及军进至特勒韩敦(Tel-Hamdoun)。军行所过，烧杀虏掠。渡只罕水(Djihan)，取阿木丁堡(A'moudin)。堡在高山之上，中有二千二百人，男子皆死，妇孺被俘。埃及军焚堡。分兵取西里西亚都城昔思，破其城，焚之。哈马特王驻兵此城附近，命统将艾甘进兵鲁木边境。适统将哈剌温已破阿牙司(Ayas)、马昔撒(Massissa)、阿答纳(Adana)诸城矣。埃及军焚杀西里西亚之大部分地方者约二十日，始回归，得有捕获品甚众，男女俘虏甚多，牲

① 见诸外利书。

② 见《世界史略》544页。

③ 见诸外利书。

畜亦夥。每牛一匹售价银币(drachme)二枚,竟有不能售出者。迨海屯王以蒙古、鲁木之援军至,埃及军已退,而援军又有需索,此小国之人民逐不聊生矣[①]。

海屯求阿八哈助其报复。然见其有事于东方,知不能得其助,不得已遂向贝巴儿思乞和,遣使臣数人赴埃及,请释其子。埃及算端要求小阿美尼亚王将前此蒙古人所取埃及诸堡而以付小阿美尼亚者交还,并要求小阿美尼亚王转求蒙古汗将前在阿勒波子城狱中所得之埃及统将苫思丁宋豁儿阿失哈儿(Schems-ud-din Soncor El-Aschcar)[②]放还。小阿美尼亚王许之,惟不欲割让诸堡中之一堡。贝巴儿思乃自安都城遣书小阿美尼亚王曰:"君之嗣位之子,与吾人既无何种亲属关系,将来勿怪吾人待遇之酷,盖和议破裂之咎在君方不在此方也。吾人将随此书而至。至若宋豁儿,任君处置可也。"海屯终不能不从其要求,于 1267 年 6 月订休战约于安都。小阿美尼亚王许退还必赫司纳(Bihessna)、德儿贝撒克(Derbessac)、麦儿哲班(Merzéban)、剌囊(Ra' nan)、鲁卜(Er-Roub)、西胡哈的德(Sikh-ul-hadid)诸堡,并释回宋豁儿。埃及算端则许释回其子侄及其随从诸臣。后双方履行其约,送王子勒文还昔思,宋豁儿亦自波斯还开罗。(1268 年 7 月)宋豁儿者,贝巴儿思之旧侣也。归埃及后,贝巴儿思授以官位,并为之在山堡中建邸一所[③]。

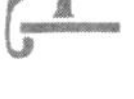

其后未久,海屯王入朝阿八哈于报达,以年老,请以其子勒文

① 见《贝巴儿思传》,诺外利书,《世界史略》544 页,海屯《东方史》第 33 章。

② 宋豁儿,突厥语犹言鹰。阿失哈儿,阿剌伯语犹言褐色。

③ 见诺外利书,《世界史略》545 至 547 页。

嗣王位。阿八哈许之。海屯还昔思，召集全国贵人于塔儿司(Tarse)城，禅位于其子。(1269 年)勒文即位后，入朝阿八哈，阿八哈授以册封[①]。海屯时在位已四十五年矣，至是遂入教修道，数月后死[②]。

1269 年，阿八哈遣使至大马司见贝巴儿思。时东罗马使臣与别儿哥之继承人忙哥帖木儿(Mangou-Timour)之使臣亦同时至。阿八哈致贝巴儿思书，责其谋杀忽秃思之罪，谓其昔为售诸西瓦斯之一玛麦里克，如何敢抵抗诸国之国王。并胁之曰：将来攻取其国，而尽屠执兵以抗之人；“汝虽升至云中，降至地下，将无所逃。”算端答云：“余虽杀忽秃思，然经国人一致推戴为君。汝言有来攻之意，吾人将待汝辈之来。甚愿因此恢复穆斯林已失之诸国。”以书付阿八哈使者而遣之归[③]。

阿八哈虽有胁迫之言，然因 1270 年夏间有事于东方，不能进攻埃及，盖宗王八剌(Borac)时以大军渡阿母河，欲取呼罗珊也。

前书已言，1265 年时，忽必烈皇帝曾命八剌主其祖父察合台之兀鲁思(Oulouss)。盖自阿里不哥归命以后，宗王海都(Caïdou)尚拒绝承认忽必烈为皇帝，忽必烈欲以八剌夹攻海都也。然八剌受封以后，反夺取大汗长官所管理之突厥斯单。初虽许夹攻海都，然不敢与之失和。旋因他事始与海都离贰[④]。缘海都曾与八剌互约，分配撒麻耳干(Samarcand)、不花剌(Bokhara)之户口。彼此

① 见《世界史略》547 页。

② 见海屯《东方史》第 33 章(钧案：此是另一海屯)。

③ 见《贝巴儿思传》,《埃及诸王史》，马克利齐书。

④ 见《史集》。

在两城之中皆有其人匠总管府，划出八剌所管诸游牧部落驻冬驻夏之区域。海都屯驻一军于八剌据地与不花剌城之间，以防八剌之强征课赋。其后未久，海都因忙哥帖木儿之来攻，将此军撤回，八剌遂乘机夺据不花剌城①。海都乃与忙哥帖木儿言和，而以兵击八剌，两军战于细浑(Sihoun)河畔。海都败，忙哥帖木儿以兵五万助海都，又进战。八剌败，退还河中②，收集残兵，告撒麻耳干、不花剌两城之居民曰：欲不死而免子女之被俘者，必须尽出城外，不许携带何物，俾其军队可以抄掠，俟其辎重补充，然后退走。两城居民乞免。八剌遂命其输纳军资，以供其军备装之用，并命制造军械之局所日夜赶制军械，将再战。适海都遣宗王乞卜察克(Kiptchac)至。盖海都见八剌之欲摧残河中使之不能防卫，颇不自安，故遣乞卜察克来谋和解。乞卜察克者，窝阔台之孙也③。与八剌交素厚，自愿担任调解。八剌见其至，厚待之，起立手引之坐于其侧④，互饮金血酒，互易衣服，而互称曰安答⑤，然后乞卜察克提出和解之意。八剌答曰："从兄弟等固不应为敌，不应因其争持而破坏其祖先所侵略之遗业。然试问何人为此战之戎首？成吉思汗诸孙中，我所分者最少。他人据有丰富城市、肥饶牧地，我仅有此有限之疆域。乃海都与忙哥帖木儿反欲夺取之。"乞卜察克言必须不究以往，集大会(Couriltaï)而结永远同盟。八剌处境既劣，不

① 见瓦撒夫书。

② 见《史集》。

③ 《史集》云：窝阔台第六子合丹斡兀立(Cadan Ogoul)之子也。

④ 见《史集》。

⑤ 瓦撒夫书第1册曰：安答(anda)者，盟友也。

得已从之。乞卜察克留七日，乃别八剌而还海都所。

从前为敌之诸王，在1269年春聚会于答剌速（Talas）[①]与昆竹克（Coundjouc）之草原，宴乐七日，第八日开会。经此大会议决，河中之地三分之二归八剌，余隶忙哥帖木儿、海都二人。八剌言其地不足供其所部诸游牧部落之给养。乃又协定来春八剌渡阿母河取呼罗珊，而以此地属八剌。海都既与阿八哈为敌，力赞斯举，俾八剌致力于西方，而免后顾之忧。诸王见河中业已摧毁，田亩多已荒废，乃互约仅居荒原与山地，不在耕地之中放牧牲畜，不近城市，不要求居民缴纳何种非常课税。互誓遵守此约，并依国俗以金屑置酒中共饮以证此誓[②]。

三系之王遣马思忽惕伯巡视河中，拯救战祸，安辑人民，奖励农业。然八剌不待此种惠民事业之举行，重再剥削其居民，夺其物，虏其马匹牲畜，以备西侵波斯之用。马思忽惕伯曾谏止之，以为不可破坏其他，以供一种不可必的侵略之用[③]。设若失败退还，将在河中不复见有其恢复军队损失必须之财力矣。八剌怒其言，笞马思忽惕伯七下。及怒息，始悟其说之是，乃放弃其暴烈方法。

先是1268年终，八剌之开始计划谋取呼罗珊也，曾与海都共遣马思忽惕伯出使阿八哈所。表面以审查阿八哈管内此二王应得之课税为名，实密命其诇知阿八哈国内之情形，以备进取。时阿八哈驻冬于祃拶答而。马思忽惕伯至，阿八哈遣诸将与其相苫思丁出迎。苫思丁虽为要人，先下马进吻马思忽惕伯之镫。马思忽惕

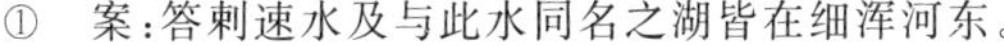

① 案：答剌速水及与此水同名之湖皆在细浑河东。

② 是即蒙古人所谓“饮金”或“饮金血”。

③ 见《史集》。

伯傲然曰："主省事者即汝耶？汝身殊不足称汝名也。"苫思丁忍而不答[①]。及入见，阿八哈以成吉思汗之遗褂衣使者，命其坐于诸将之上、亦勒合那颜之下，命将马思忽惕伯所欲见之表册在八日内预备完毕。马思忽惕伯得表册后即行，逾二十四小时后，闻有军已抵阿母河对岸。阿八哈始悉使者乃因侦视而至此，亟遣人追使者还。然马思忽惕伯先已在各站留其亲信一人、马二匹。及追者至阿母河时，马思忽惕伯业已渡河矣[②]。

八剌未用兵前，曾遣使者至阿八哈所，以物赠宗王尼兀答儿(Nigoudar)。尼兀答儿者，察合台之孙，曾率察合台系佥发之军随旭烈兀往征波斯，后遂留居波斯，在阿八哈军队为万户。诸赠物中有蒙古人名曰秃坚涅(tougané)之箭一。使者付箭时，微示意。尼兀答儿解其意，私破箭，得八剌书，言其将侵波斯，察合台系之宗王如尼兀答儿者，希望其勿助阿八哈。尼兀答儿乃请还谷儿只，阿八哈许之。已而呼罗珊之警讯至，乃命尼兀答儿来议事。尼兀答儿借词不行，旋以其秘密告其所部诸将，遂进向打耳班，欲从里海之北与八剌之军合。然失烈门那颜守打耳班境[③]，与尼兀答儿战，败之。尼兀答儿丧军甚众，仅率千骑逃亡谷儿只山中，欲求大维德王之保护，以女字之。然谷儿只人欲谋杀之，幸免[④]。乃依谷儿只王之劝，离去其所藏伏之森林，复被失烈门攻击，所部多死，身亦被擒。(回历六六一年，公元1269年11月)失烈门送尼兀答儿与其

① 见《史集》。

② 见《史集》。

③ 见《史集》。

④ 见瓦撒夫书。

家属至汗所，阿八哈宥其罪，然将其所部诸将处死，将其军队编入阿八哈军中[①]。命忽鲁迷失(Couroumisch)监守尼兀答儿[②]。

海都命诸王阿合马(Ahmed)、不里(Bouri)、捏古伯斡兀立(Nikpey Ogoul)、牙勒兀(Yalgou)在忒耳迷(Termed)渡阿母河，命贵由汗之孙火忽(Houcour)之子察八忒(Tchabad，Tchabat)偕木八剌沙(Mobarekschah)、乞卜察克二王，从八剌在阿木(Amou)渡阿母河，命大阔廓阿垂(Gueuk Atchouï)与拜纳勒(Baïnal)在乞瓦(Khiva)渡阿母河，小阔廓阿垂在明吉失剌黑(Ming-Kischlag)渡阿母河，会集以待八剌之命。

八剌禁止人民乘马，命其军队夺用一切马匹，每日以大麦、小麦七门(menn)饲马。人民遂饥，尽杀牛，以其革作盾。八剌且欲抄掠不花剌、撒麻耳干以供军实，然为马思忽惕所谏止[③]。

八剌渡河以前，曾命人往告迪歆斡兀立(Tischin-Ogoul)曰：八的吉思(Badghis)、哥疾宁(Ghaznin)与申河(Sind)中间之地，原属察合台系诸汗，应即让出。迪歆拒不允。八剌命其子别帖木儿(Bey-timour，Bigtimour)以万人留守碣石(Kesch)、那黑沙不(Nakhscheb)，而自引军从船桥渡河，营于马鲁(Merv)附近。

阿八哈军中有千户名昔撒克图(Sitchekatou)者，原隶宗王乞卜察克。闻其旧主偕八剌至，以军往从，献骏马数匹于乞卜察克。乞卜察克命其以相同之骏马献八剌。翌日，乞卜察克至八剌营。大将札剌儿台(Djélaïrtaï)诘之曰："八剌似为汝率大军而至此。"

① 见《史集》。

② 见瓦撒夫书。

③ 见瓦撒夫书。

乞卜察克询其故。札剌儿台曰："昔撒克图虽属汝，若无八剌之至，能来从汝乎？然其最良之马应献八剌者，汝则取之，乃以汝所应乘之马献八剌。"乞卜察克诘之曰："汝为何人，敢干与诸宗王之事？"札剌儿台曰："我为八剌之臣，非汝之臣。汝不能诘余为何人。"乞卜察克曰："自何时始，一哈剌卒（Caradjou）敢向一成吉思汗后裔作如是言，而使一狗如汝者，竟敢如此抗辩"？札剌儿台曰："设我为狗，我为八剌之狗，而非汝之狗。汝应自重。"乞卜察克怒曰："汝如此无礼，我将腰斩汝。八剌虽为余之长王，必不我怨。"札剌儿台手持匕首曰："汝若前，我将破汝腹。"时八剌在侧不置一词。乞卜察克知其袒札剌儿台，乃还其帐，与诸将议，夤夜拔营，率其二千骑仓卒渡阿母河去。知八剌必不加害于其家属，乃留其家属不挈之同行。其妃告八剌，言乞卜察克业已出走。八剌亟戒备，防其来袭。及曙，遣其三弟往邀之还，纵不能，亦须迟其行，俾札剌儿台以追军三千骑至，可以强其归也。

翌日，三王追及乞卜察克，告之曰："八剌见汝行颇忧，彼自信从未辱汝。彼怒札剌儿台之无礼，将待翌日惩之。乃汝不待其言而遽行，故彼遣余等邀汝还，行将谴责札剌儿台，一任汝之所欲也。"乞卜察克答曰："我非小儿，不能信汝辈之言。我奉海都之命而来。汝辈既不容我，故还海都所。我曾留下家属，可速遣还，否则我将夺取汝辈之家属也。"三王见不能邀之还，乃请以杯酒联欢。乞卜察克曰："人欲娱乐则饮酒，此非其时。我知必有追兵至。设汝辈无留我意，可速行，否则我将挈汝辈同行。"三王惧，且恐札剌儿台至，而被乞卜察克所留，乃还。乞卜察克急行入阿木沙漠。札剌儿台至，因粮不足，不能深入，亦退还。海都遂以乞卜察克离贰事使人通知阿八哈。自是以后，此二王重复修好，而互称曰斡儿塔黑（Ortac）。

已而贵由汗之孙察八忒王，因八剌之赴也里，亦逃归。八剌以此二王离贰事诉之海都，请其惩之。察八忒滞留不花剌城附近数日，为八剌子别帖木儿所邀击。所部几尽没，仅十一人得免。被追逐逾三十程，及达海都所，因怖甚，得疾死。

迪歆与八剌战不胜，退走。八剌进据呼罗珊之一大部分，屯其骑兵于此州境内水草丰富之地，禁止兵卒乘马，而待其马之肥，兵卒来往皆乘牛或驴。（回历六六八年，公元 1270 年 5 月 19 日）八剌结营于塔里寒（Talecan），遣军抄掠你沙不儿，翌日即退。八剌并欲抄掠也里，忽都鲁帖木儿（Coutlouc-timour）谏止之，以为此举足使苫思丁克儿特王与波斯一切贵人离贰。先是旭烈兀抵河中时，苫思丁曾往朝见，并受册封为也里、撒卜咱瓦儿、古尔、合儿札（Gardja）等地之王。旋取西只斯单，而斥地至于申河。至是，八剌命忽都鲁帖木儿率五百人往也里城东之杞萨儿堡见苫思丁，告以八剌进取伊剌克之意。设若苫思丁归命，八剌将以呼罗珊全境授之，苫思丁许之，乃偕忽都鲁帖木儿同见八剌。八剌优礼之，以呼罗珊全境授之，并许以将来侵略之地益其封。盖其营中放言杀掠，谓将往取报达、帖必力思也。八剌以空言饵苫思丁后，遽命其开具呼罗珊境内富户名单，命蒙古官数人随之往也里征发货财兵械牲畜。苫思丁依命而行。已而闻阿八哈进兵之讯，乃还杞萨儿堡，持两端观望两军之胜负。

阿八哈调集军队，命其弟亦失木忒以蒙古人与伊斯兰教人之军四万守打耳班，以精骑一万辅之，命算端木偰非儿丁哈札只

(Mozaffer-ud-din Hadjadj)以起儿漫之军进。迪歆斡兀立以万骑屯祃拶答而,以待阿八哈之至。迨亦失木忒至,丞相苫思丁告以军实已备。然亦失木忒颇不满意于其人,曾询之曰:汝所作之事我已知之。汝以汝自己之货财之筹备者何事?苫思丁言业已佥发千骑。阿八哈曰:应出万骑。苫思丁从之①。

4 月 28 日,阿八哈自阿哲儿拜占出发。适当收获之时,阿八哈严禁其军损害青苗,故《史集》谓此王公正。行至射鲁牙思(Schérouyaz,蒙古人名此地曰 Coungcour-oulang),忽必烈皇帝之使臣迷哈贝(Meka-bey)来见。此使臣初为八剌所留,后得脱至此,乃以敌军之虚实告阿八哈。迪歆自在也里附近为八剌之前锋所败以后,退军祃拶答而。阿八哈至忽迷思(Coumiss),乃偕阿儿浑与起儿漫算端哈札只来见。阿八哈进至徒思,颁赏以励其军。至八的吉思,遣使至八剌军中议和,许割让哥疾宁之地,以申河为界。宗王牙撒兀儿(Yassaour)进言于八剌曰:与其与此强王争战,不如许和。然八剌诸将中之最勇者木儿合兀勒(Mourgaoul)奋然言曰:不应在君王之前言凶兆,亦不应为恐惧所慑伏,阿八哈现在西利亚,其诳言其至者,实宗王迪歆与阿儿浑也。札剌儿台亦进言曰:吾人原为争战而至此,如欲言和,则早在河中矣。八剌从二将言,决定进战。以天象询星者,星者言须待一月战始吉。札剌儿台怒曰:天象之吉凶,何预吾人之战事?设若延不进战,将待敌人至营而授首欤?遂决定即时进战。先遣谍往侦阿八哈是否亲在军中。

① 见《乐园》第 5 册。钧案:此条据卷末增入之文补志于此。

阿八哈怒也里城之以粮食及其他物品供给八剌军队，欲抄掠之，然为人所谏阻。命统将布儿兀儿（Bourgour）往择战地，见四山之中有平原，即蒙古人所称之哈剌速亦（Carasouï）者是已。即以此地为战场。捕似间谍者三人，阿八哈将其系于帐柱，胁其吐实。谍者言八剌遣其至此探听阿八哈本人是否亲至军中，阿八哈欲利用间谍以欺敌，乃出帐密授计于其随从中之一人，旋入帐与诸将共饮。

夜半逾二时，宴尚未毕，阿八哈适言八剌事。受计之人伪若邮递状，疾奔入，喘急伏地言曰："主，敌兵业已侵入汝国。有一军不知其数，已由打耳班南下。西方诸州皆遭焚杀，汝之斡耳朵及诸将之家属皆被俘虏。若主不急还，大事去矣。"诸将闻之，皆惊愕自失，痛其妻子之被难。阿八哈亦自咎不应远救也里，而弃其斡耳朵于敌人，欲即夜回军御敌。待退敌后，然后再讨八剌，预计十日可至帖必力思，即鸣鼓回军，弃其营帐辎重，还向祃拶答而。阿八哈行时，命将三谍处死，暗嘱释其一人。翌日至只涅（Djiné）平原，选此地为战场，命也里城守将勿开城纳八剌。

未死之间谍既得脱，得马奔还，以此喜讯报告八剌。言敌已遽退，弃辎重遍地。木儿合兀勒、札剌儿台皆入贺，满营欢腾。翌日全军齐进，近也里城。马思忽惕先至城下，见城闭，命守者苫思丁（Schems-ud-din）开城。守者答曰：阿八哈以城付彼，曾发誓不以城降。八剌无暇攻城，弃之而去。

八剌军渡也里河，见敌人所弃营帐，乃纵掠，屯于也里城南，欢娱终日。翌日进兵，行二时后，忽见一广大平原中满布战士。八剌惊惶失措，急背也里河列阵以待。

阿八哈见敌至，集诸将励之曰："我已诱敌至此。今届汝辈表示勇武之时矣！要知汝辈为名誉生命而战，为汝辈妻子而战，为祖宗施恩于汝辈之君主而战，必须协力同心，得天之助，胜可必也！"诸将欢呼以应，各归队伍备战。

阿八哈命其弟迪歆将左翼，撒马合儿（Samagar）那颜副之。亲王亦失木忒将右翼，统率速纳台、明图儿（Mingtour）[①]那颜、不鲁勒台（Bouroultai）、阿不都剌阿合（Abd-oullah Aca）、阿儿浑诸将。起儿漫算端哈札只与法儿思阿塔毕亦速甫沙（Youssouf-schah）并以所部之兵从。其将中军者则为阿八哈。

（7月22日）两军接战之初，统将木儿合兀勒中箭死。札剌儿台恐丧失士气，请自将击敌，进攻敌之左翼，破之，追逐至于距离也里城四程之普森克（Pouschenk）。然阿八哈军之中军与右翼皆力战不退。阿八哈命亦失木忒转左翼收集逃兵。时札剌儿台所将之军，因追敌已不成列，及退还时，见后路已断，遂溃走，然八剌军仍占优势也。速纳台那颜者，年逾九十之老将也，见阿八哈军之被却，下马坐于战场之中，告其左右诸将曰："吾人报答阿八哈，即在此日，不胜则死。"其军反击敌军，士殊死战，突击三次，破敌阵，败之，八剌军遂溃。八剌坠马，呼曰："我为汝主八剌，速予我马。"然畏甚而声低，逃将皆未闻其声，幸有一骑卒见之，即以己马予之，并求八剌付以数箭。八剌急上马掷箭而逃。阿八哈军追杀敌人，不许其降，赖有札剌儿台收集残军，退入阿木沙漠，自断后以遏敌兵，否则全军覆没矣。札剌儿台率残军渡阿木河去，其藏伏于亭榭

① 钧案：疑是辛图儿之误。

(keoschk)之败卒,阿八哈举火焚之,尽死[1]。

八剌至不花剌,仅余残军五千人,因坠马得风疾,遂在不花剌城改信伊斯兰教,而自名算端加秃丁(Ghiath-ud-din)。诸王与诸将有数人,借故弃之而去。八剌以败退事通知海都,谓其败乃因察八忒、乞卜察克二王之离贰,摇动军心所致。海都答谓其败乃因其不得人心,不善驾驭所致,可暂驻冬于不花剌,而待下次大会之决议。

八剌在不花剌城聚兵三万人,尽掠此城之货财,自率此军往讨先后离贰之诸王。分遣两军往讨察合台之孙宗王阿合马与窝阔台之孙宗王捏古伯,二王皆被杀。已而诸将皆弃八剌,率领所部投海都,海都收容之,命其分屯各地[2]。

当八剌往讨诸王之时也,遣其弟亦撒儿(Yessar)往见海都,言本人虽病,不得不往讨诸叛王,请以兵来助。亦撒儿言毕,海都询之曰:从前八剌遣其追回乞卜察克时,札剌儿台是否以兵追蹑其后。亦撒儿不承有此事。海都明知其伪,乃曰:"汝辈诉诸王之离贰,然只能自咎汝辈自己之欺谩。今汝来求援,乃汝以诳言作答。"亦撒儿噤不敢对,海都乃拘留之。

海都欲乘八剌之失势而除之,自率两万人赴八剌所,声言遣军来援,而不言其亲至。八剌闻此讯时,适接两王已死之讯,且疑海都有所谋,即遣人往告海都,言其此时无须援军,无须海都亲至。现因废疾,须归调摄,俟疾愈后,再谋晤对。海都不听,仍进军,夜

[1] 见《史集》。

[2] 见瓦撒夫书,《史集》。

抵八剌所,以兵围其帐,拟于次日见之,然八剌适于是夜死。及曙,海都遣赴八剌帐之使者,见诸卫士散发,闻帐中哭声,乃还告其死耗。海都与诸王皆泣,葬八剌于一高山之上。越日,宗王木八剌沙偕诸将、诸千户在海都前宣效忠之誓。海都应其请,以八剌之财产宝货分赐之[①]。

① 见《史集》。瓦撒夫书云:八剌在其将卒离贰以后,曾与其妃秃海(Tougaï)挈少数随从投海都所,未久为海都所毒杀。

第二章

谋刺阿八哈之未遂——忽必烈遣使册封——行猎受伤——花剌子模与河中之残破——贝巴儿思之胜赤十字军——蒙古一军之侵入西利亚——其退走——贝巴儿思与阿八哈之互遣使——蒙古人之围攻毕莱特——贝巴儿思之短期战役——埃及人之侵入西里西亚——贝巴儿思之无用的武装——贝巴儿思之波斯内应——报达与额儿比勒两城景教教长之受虐待——贝巴儿思之讨伐西里西亚——贝巴儿思之侵入鲁木——阿布里斯廷之战——贝巴儿思之入凯撒里亚——其留驻鲁木——其退还西利亚——诸哈剌蛮王——贝巴儿思之死——其子赛德之即位——阿八哈之至鲁木——其在鲁木之残杀——其还阿剌塔黑——杀帛儿万涅

阿八哈战胜以后，留其弟迪歆率军镇守呼罗珊，自还阿哲儿拜占[①]。行至低廉边境，遇低廉人来袭，罗耳阿塔毕亦速甫沙急下马杀数人，阿八哈始获免。亦速甫沙虽君临罗耳，然常偕卫士二百人居留阿八哈所，而遣官往治其国。阿八哈之与八剌战，曾佥发重兵

① 见瓦撒夫书第1册。

以从，本人亦曾为之效命于疆场。阿八哈喜其忠顺，兹又获其救，乃以忽即斯单与罗耳附近之三地益其封。亦速甫沙受封后，赴此三地中之一地名忽黑吉鲁耶（Couh Kilouyé）者，攻击黍勒（Schoules）人[①]。

1270 年 10 月 18 日，阿八哈至蔑剌合。11 月 6 日，至绰合图之斡耳朵。时忽必烈皇帝遣使至，赐以冠服，册封其为伊兰主君。阿八哈遂在绰合图遵照蒙古汗即位习俗，重行典礼。同时忙哥帖木儿遣使贺其战胜八剌，并赠以鹰鹞、海东青等物。

某日，阿八哈猎于绰合图附近，颈为野牛角所伤，流血甚多。人以弓弦束其伤痕，血固止，旋结为瘤，痛甚。诸医束手不敢破其瘤。天文家纳速剌丁愿以首领担保，力主破瘤。乃破之，洗其创，痛遂止[②]。

阿八哈遣两军躏河中、花剌子模两地。八剌死后，其四子[③]与阿鲁忽（Algou）之二子[④]合兵攻海都，数战皆不胜。时河中一地，因马思忽惕伯之治理，业已开始兴复，兹又遭兵祸。丞相苫思丁进言于阿八哈曰：河中一地为察合台后人与窝阔台诸孙纠葛之源，得其地者常怀并吞呼罗珊之野心。必须残破其地，俾竞争者无所得。（回历六七一年，公元 1272 年）阿八哈从之，乃命涅古伯八哈都儿（Nikbey Bahadour）、察儿都（Tchardou）、阿克贝突厥蛮（Akbey

① 见 Tarikh Gouzidé，bab IV，fassel II。

② 见《史集》。

③ 曰别帖木儿（Beiktimour）、曰都哇（Toua）、曰不里牙（Bouria）、曰忽剌瓦夷（Houlavaï）。

④ 曰术拔（Tchouba）、曰哈颜（Cayan）。

Turcman)率一军往蹦不花刺，亦速甫(Youssouf)、哈儿合歹(Cargadaï，真帖木儿子)、术儿合歹(Tchourgadayi)、亦剌不花(Ila-bouca)率一军往蹦花剌子模都城兀笼格赤(Korkandj)与乞瓦哈剌忽失(Caracousch)。马思忽惕伯闻阿八哈军至即逃，不花剌与撒麻耳干之居民亦多迁徙。1273 年 1 月 29 日，涅古伯率万人入不花剌城，焚杀抄掠者七日[1]。马思忽惕伯所建之学校而有学子千人者，亦被焚。掠杀既毕，俘男女五万人向阿母河去。然阿鲁忽之二子术拔、哈颜以兵蹑其后，夺所俘之半以还不花剌城。此役之后三年，术拔、哈颜又自残其不花剌城，拷取居民之钱谷罄尽，此地荒废者七年。后马思忽惕伯又召集流亡，河中一地遂又恢复[2]。

数年之间，贝巴儿思继续进行其夺取西利亚赤十字军尚在占领的一切诸城之计划。1268 年取安都，残破之，居民或被杀，或沦为奴。此外赤十字军所占领诸地，皆遭焚杀。圣路易远征突尼思(Tunis)之失败，贝巴儿思知基督教国之不能再以兵来援，遂安心驱逐西利亚之赤十字军，而赤十字军亦不断激励蒙古人之进攻埃及人也。

西利亚之基督教徒被迫，急求援于阿八哈。阿八哈命鲁木戍将撒马合儿统蒙古兵万骑，鲁木之帛儿万涅(Pervané)或首相统突厥兵一军，于 1271 年侵入西利亚。拜住子阿马勒(Amal)率千五百蒙古兵为前锋，由阿音塔卜一道攻入阿勒波境，在哈林、安都之

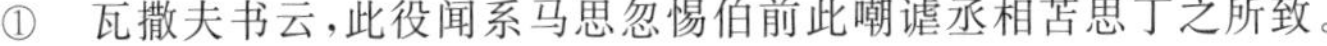

① 瓦撒夫书云，此役闻系马思忽惕伯前此嘲谑丞相苫思丁之所致。

② 见瓦撒夫书第 1 册。据此书云："河中现(即 14 世纪初年)在公道仁爱的海都管理之下，又见繁荣。"

间，遇突厥蛮之一部落，屠之。进躏哈林、木鲁只（El-Muroudj）两地。阿勒波之戍兵退守哈马特。惊讯传至大马司，居民多逃埃及。埃及算端在大马司初闻警报，即遣人赴开罗，命统将拜塞利（Beïsseri）以三千骑来会。使者自 10 月 24 日离大马司，26 日夜抵开罗，27 日晨军队出发，11 月 9 日抵大马司。越三日，算端进援阿勒波。然蒙古人闻援军至，先已退出西利亚矣。贝巴儿思遣一军进向马剌失（Mar'asch，Mer'asch），别遣一军进取哈朗。哈朗城闻埃及军至，开城降。埃及军旋弃此城去，哈朗城之居民恐蒙古人之报复，多散走西利亚各城。1272 年 4 月 26 日，蒙古军果至，堕其城，毁其庐舍过半，俘此大城居民而去，此城遂荒。蒙古军侵入西利亚时，赤十字军亦同时侵入迦坤（Cacoun）境内，然失利而还。

其年 3 月，统将撒马合儿与帛儿万涅遣使奉阿八哈书谒算端于大马司，表示议和之意，谒算端遣使来议。贝巴儿思遣使者二人随往。使者至西瓦斯见撒马合儿，赠弓九、骨朵九，言骑行甚急，不能别载他物。越日见帛儿万涅，密赠以华丽之布帛。帛儿万涅偕使者赴阿八哈所，使者献甲一、猬刺兜一、刀一、弓一、箭九[①]。使臣言忙哥帖木儿汗曾约埃及夹攻阿八哈之国，各取其侵地。阿八哈闻言颇震惊，遽出殿去。越数日，遣使者还[②]。

---

① 钧案：《元史》卷四十三，至正十三年（1353）九月辛卯："札你别之地献大撒哈剌察亦儿、米西儿刀、弓、锁子甲及青、白西马各二匹。"札你别即钦察汗 Djani-beg，米西儿即 Misser，质言之，埃及也。当时埃及与钦察汗国使臣往来甚密。《元史》之米西儿刀、弓、锁子甲，应是埃及所赠而以转献大都者。

② 见诸外利书。

次年[①]，阿八哈又遣使至埃及算端所。使者于 1272 年 9 月至大马司，谒算端，要算端或位最高者一人亲往议和。(10 月 4 日)贝巴儿思答曰：如阿八哈诚欲和好，可自来，或遣其诸弟一人来。其后未久，算端闻蒙古人来侵剌合伯特、毕莱特两边堡之讯，自大马司亲率军往援，旋闻蒙古人进围毕莱特，乃自大马司、歆姆司两城用牲畜负载可以分合之舟，以供渡额弗剌特水之用。蒙古军原守此水浅渡之处，闻埃及军至，改守水深之处。埃及军误以蒙古军所守之处，即是水浅可涉之处，遂欲于此处渡河，以舟载弓手，同时统将哈剌温率骑兵，各人一手持缰，一手持矛，浮水而渡。(12 月 11 日)贝巴儿思先抵对岸，败守河蒙古兵三千人，其统将死，余众或死或被俘。算端在破敌之地，质言之在汜复堡(Monbedj)[②]附近，祈谢上帝之佑。翌日待追敌之兵还，始重渡河。闻围攻毕莱特城之蒙古统将德里艾(Deriaï)已弃其炮机粮食而退，算端乃就敌人所设之船桥，渡水入城，重赏戍卒，寻驱俘虏凯旋大马司[③]。

此短期战役之后，未久即继之以西里西亚之侵入。时阿勒波守将阿音塔卜人胡撒木丁(Hossam-ud-din)，责小阿美尼亚王不应纵吉奴克城(Kinouc)之居民虐待伊斯兰教之旅人商贾，突逾境进攻吉奴克城。(回历六七二年，公元 1273 年 7 月 20 日)城人避于子城。胡撒木丁进破之，杀其男子，虏其妇女[④]。嗣后西利亚军进

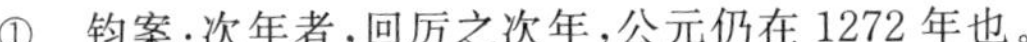

① 钧案：次年者，回历之次年，公元仍在 1272 年也。

② 钧案：此地名仅在《魏略·西戎传》有其对称。

③ 见《贝巴儿思传》，诸外利书，《埃及诸王史》，马克利齐书。据诸外利书云，围械之军分守河岸者有五千人，统将为察八哈儿(Tchabacar)。据瓦撒书第 1 册云：埃及军有一万二千人。并谓贝巴儿思沉骆驼三万五千于河，断流以渡。其说似不可信。

④ 见诸外利书。

至小阿美尼亚都城昔思，见其城之不易取，乃残破塔儿司城，大掠而去。时小阿美尼亚王勒文三世在位已四年矣，见诸大藩之不可恃，退守山中。敌军甫退，又闻埃及又以大军至，乃鼓励其城民御敌，自引军以攻埃及军之后，败之[①]。

（回历六七二年，公元 1273 年 8 月 12 日）当其军队蹂躏小阿美尼亚之时，贝巴儿思闻阿八哈筹备战事之讯，乃急谋战备，自开罗出发，至阿思哈龙（Ascalon）。闻阿八哈留居报达后，已赴匝卜（Zab）行猎，遂命埃及进军，统将台巴儿思以四千人至。其后警报更急，算端又命调发埃及全国军队，并征发阿剌伯军，命统将毕勒伯（Bilbeg）统之，凡有马一匹者皆应出战。9 月 2 日，算端至大马司，然不见敌出，其武装遂成无用。越数月，命西利亚之阿剌伯游牧部落酋长合里甫丁爱薛（Schéref-ud-did Yssa Ibn Mohna）侵入伊剌克阿剌伯，进至安八儿，与蒙古军战退还[②]。

（1274 年 3 月）同时阿八哈国中有逃人至贝巴儿思所。有塞米撒特（Semisatt）王蔑力苫思丁八哈都儿（Schems-ud-din Bahadour Ibn Feredj）者，初为花剌子模沙札阑丁之酌人，札阑丁死后，曾据有起剌特与纳黑出汪境内之六堡，旋徙鲁木，鲁木算端以阿克塞莱城为其采地。一年以来，苫思丁密与埃及算端交通，常以蒙古国情通知埃及，并曾助贝巴儿思陷害波斯之基督教主教。算端曾伪作致此主教书，言已接到主教致彼关于蒙古人之秘密报告，末谓贝巴儿思有圣地遗物赠之。就中有基督十字架木一段，曾送致剌

① 见 Chamisch 书第 2 册 259 页。此书位置此役于 1275 年。

② 见诺外利书。

合伯特守将，命其转交。算端以此书送交毕莱特守将，命其遣阿美尼亚人送达于此主教，一面以送书人之颜貌装束通知苫思丁八哈都儿。八哈都儿乃捕其人，送致阿八哈所。阿八哈见书，遂将此主教处死。八哈都儿为贝巴儿思谋，类皆如此。其后谋泄，知其为埃及内应，乃捕送之至斡耳朵，其部下千人先逃埃及。后八哈都儿亦得脱走西利亚，埃及算端以埃及采地赐之[①]。

1268 年时，景教之大主教因民变而离去报达。其人名典哈（Denha），继马吉迦（Makica）而为大主教者也。数年前有景教徒改信伊斯兰教，此大主教曾捕其人。有人言此大主教欲将其人沉之达曷水中，民众因此啸集长官邸前。长官阿剌丁数遣人告大主教，命将其人交出，大主教不允。民众怒，焚大主教之邸门，逾墙入，欲杀大主教，阿剌丁遣人将其救出。典哈以此事诉之汗廷，不得直，乃徙驻额儿比勒城，然驻此城亦不能久。1271 年时，有亦思马因派人谋杀报达长官阿剌丁未遂而被处死，回教徒扬言刺客为景教大主教所遣之基督教徒。由是报达城中之诸主教、教师皆被拘捕，同时额儿比勒守将忽都鲁沙（Coutloucschah）亦将景教大主教与诸主教投之狱。数星期后汗命至，命释之，始免。自是以后，景教之诸大主教遂改驻在阿哲儿拜占境中之阿失奴城（Aschnou）[②]。

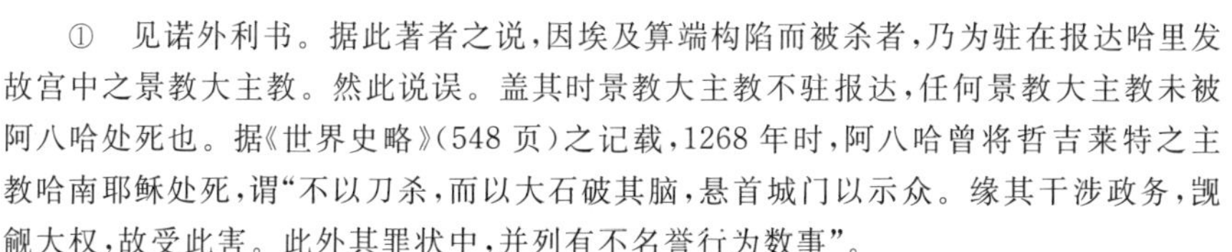

① 见诺外利书。据此著者之说，因埃及算端构陷而被杀者，乃为驻在报达哈里发故宫中之景教大主教。然此说误。盖其时景教大主教不驻报达，任何景教大主教未被阿八哈处死也。据《世界史略》（548 页）之记载，1268 年时，阿八哈曾将哲吉莱特之主教哈南耶稣处死，谓“不以刀杀，而以大石破其脑，悬首城门以示众。缘其干涉政务，觊觎大权，故受此害。此外其罪状中，并列有不名誉行为数事”。

② 见《世界史略》546 页。

1274 年，埃及算端截留其诸部将致蒙古人书，捕十二人，皆突厥人或蒙古人也。鞫讯之，皆自承其罪。算端杀之。

贝巴儿思欲重躏西里西亚，乃借口 1268 年之休战条约已因小阿美尼亚国王勒文之违背而破裂。乃声其罪曰：许入贡而中止贡献；违约建筑新堡，增修旧堡；违约不以有益之通知入告；命阿美尼亚人伪装鞑靼人劫掠商队，而致吉奴克城之破灭。声罪以后，贝巴儿思告阿美尼亚王，言其将往讨之。1275 年 2 月 1 日，算端率埃及军队自开罗出发。3 月 6 日自大马司统率全军出发，不言其远征何地，至哈马特。其王满速儿来会，复进军。阿剌伯异密舍里甫丁爱薛亦以所部从。算端命此异密偕统将阿音塔卜人胡撒木丁率前锋进向毕莱特。然大军至塞儿明（Sermin），贝巴儿思留其辎重，命统将苫思丁宋豁儿率一军守之，而从德儿贝撒克一道进，营于此城与巴格剌思（Bagrass）城之间。命以千人为队，每队各取一道逾山，士卒持火炬，并载舟三十，以备渡河之用。算端进营于亦思痕迭鲁纳关，复由此进至漫哈卜（Mancab）。其军破马昔撒城，获牲畜无算。诸阿剌伯、突厥蛮部落有马畜甚众者皆来降，算端徙之西利亚。3 月 28 日，进军至西里西亚与鲁木分界之山关，俘蒙古军之妇孺，旋还至昔思城，焚其城。此城居民避难于子城。迨至其前锋以其所俘之蒙古军家属至，而所虏牲畜迁往西利亚后，乃回军。回军时纵马牧于麦田之中，分遣四军往躏各地：一军进向塔儿司；一军进向别邻（Berin）堡；一军进向阿答纳，杀其男子，虏其妇孺；一军进至阿牙司，此城之富浪人运其物避难舟中，埃及军焚其城，杀戮甚众。有富浪人与阿美尼亚人约千人投海泅水就舟，皆溺死。

算端还马昔撒,此城跨只浑(Djihoun)[1]水上。埃及军纵火焚其两岸之城,然后挈突厥蛮与阿剌伯之降人,逾关还西利亚,营于边境之一大草原中。分赏战获品,算端不自留一物。至是,闻进向毕莱特之一军,曾进至莱司阿因,营于境上之蒙古军皆逃,获捕获品而还[2]。是役也,闻西里西亚人死者六万,男女青年被俘者为数尤夥[3]。

次秋,鲁木帛儿万涅遣密使至大马司潜告算端,蒙古人将进围毕莱特。1275 年 11 月 29 日,阿八哈那颜果率一军携炮八具进围此城。然旋因粮尽,大雪酷寒,丧马甚众,而解围去。时算端已犒赏军队自大马司率兵往援,闻蒙古军退,乃还此城,复由此城归埃及[4]。

毕莱特城围解以后,有突厥蛮一军偕埃及兵千人进攻西里西亚。国王勒文之诸父辛八特(Simbat)在马剌失附近率阿美尼亚军来击,不胜,殁于阵。阿美尼亚贵人死者十四人,士卒死者三百人。突厥人虽胜,然退走。此役在 1276 年 3 月[5]。

鲁木国中乱起,蒙古人与埃及人间之战争又开。初,1257 年鲁木国塞勒术克朝之两算端也速丁与鲁克那丁虽分国而治,然惟置相一人。其相苫思丁马合谋(Schems-ud-din Mahmoud),贤相也,颇能调解于其间。苫思丁死,两算端各置相一人。鲁克那丁之

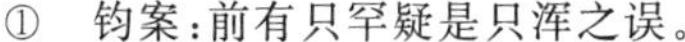

① 钧案:前有只罕疑是只浑之误。

② 见诺外利书。

③ 见《世界史略》552 页。

④ 见诺外利书。

⑤ 见《世界史略》553 页。

相木音乌丁苏黎曼(Mo'yin-ud-din Soleïman),即以波斯官号帛儿万涅或掌印官著名者也。欲以其主独掌国事,赂结旭烈兀派驻鲁木之长官阿邻札克(Alindjac)那颜,怂其入告其主,言也速丁算端与埃及算端通谋,将密举叛旗[①]。1262 年,也速丁果遣使致书贝巴儿思,愿以国境一半让之,附以空白封册数纸,请埃及算端随意封给鲁木采地于何人。贝巴儿思命大马司与阿勒波之军队往援也速丁。然未久算端又接也速丁第二书,言其敌人闻其与埃及同盟之讯,业已退走,彼将进围其弟军队所屯驻之科尼亚[②]。旭烈兀欲除也速丁,而也速丁亦知其弟之相不利于己,乃奉重币往朝旭烈兀。其敌伏兵于中道,谋捕之。也速丁遣使于弟所,然为其弟所拘留。也速丁惧,从海道逃往孔士坦丁堡[③]。东罗马帝米开勒帕烈斡罗格适于富浪人占领之第五十七年恢复此城,也速丁至,厚待之。惟畏蒙古人之势,非特不敢得罪旭烈兀,且以其私生女一人字之,送女至波斯,在道中闻旭烈兀死[④]。阿八哈纳之为妃,许与东罗马帝联盟。也速丁久困孔士坦丁堡,知东罗马之不为己助,会东罗马帝出巡,恐也速丁出走,乃徙之于海边小城亦讷思(Énos),密命人监守之。1265 年,蒙古汗别儿哥遣蒙古军与不里阿耳(Bulgares)军逾赫木思山(Haemus),侵躏东罗马北方诸州,至于亦讷

① 见木涅靖巴失书。

② 见诺外利书。

③ 见木涅靖巴失书。

④ 史家 Pachymeres 云:吾人不能以武力制服鞑靼人之残猛,故奉重币求和亲以博其欢心。

思，释也速丁[①]。也速丁往谒别儿哥，行至克里米亚（Crimée），闻别儿哥死。忙哥帖木儿继立，以克里米亚之地封也速丁。遂留居此地，后殁于1279年。其弟鲁克那丁虽独主鲁木，然徒拥虚名，大权皆归帛儿万涅。帛儿万涅知其主不甘虚位，欲除之，遂厚赂蒙古诸将，怂其入告鲁克那丁有叛意。（回历六六六年，公元1267—1268年）蒙古汗许其除之，乃于宴请算端与蒙古诸将时，用弓弦缢杀算端，奉鲁克那丁之子加秃丁（Ghiath-ud-din）即位，时年四岁，国政仍归木音乌丁[②]。

（回历六七五年，公元1276年7月）加秃丁拥虚位者九年，鲁木遂乱。国中诸大藩曾与帛儿万涅合谋，以国属埃及算端，旋为帛儿万涅所卖。诸人惧，多携其家属奔西利亚。逃人中有阿布里斯廷藩主赛甫丁海德儿贝（Seïf-ud-din Haïder-Bey）与统将木八里速丁（Mobariz-ud-din）。诸逃人至大马司，谒贝巴儿思，劝其往取鲁木。（8月26日）贝巴儿思咨询埃及诸将，统将拜塞利、阿忽失（Accousoh）二人以诸将所议报告算端，算端遂归埃及，整军备战。10月15日，阅军演武，赏其武艺超群者。（2月27日）算端发自开罗，命统将阿克宋豁儿（Acsoncor）以五千骑奉王储赛德别儿哥汗（Sa'ïd Bercaï Khan）留守埃及。（4月7日）赛德在九年前已被册立为王储，至是命其监国。逾三十八日，贝巴儿思至阿勒波，命此城守将以军守额弗特特水岸通渡诸处，而防蒙古军之侵入西利亚。此守将旋与阿剌伯酋长舍里甫丁爱薛击败蒙古人遣来御敌之哈发

① 见 Pachymeres 书。亦讷思在卢米里亚（Roumilie）之南方海岸，东距孔士坦丁堡五十程。

② 见木涅靖巴失书，诺外利书，马克利齐书。

哲部落，获骆驼一千二百头。

(4 月 13 日)算端自阿勒波经行阿音塔卜、朵鲁克(Dolouc)、吉奴克等地，逾阿克察(Actcha)关。以军守诸关口，命统将宋豁儿分军先行。遇蒙古军三千人，败之。(4 月 15 日)时有蒙古军与鲁木之突厥军合守细浑河(Sihoun)畔[①]。算端逾山进军，遇敌于阿布里斯廷之平原[②]。蒙古军分为十一队，每队千人，以万户三人统之，即亦勒合那颜子秃忽思(Toucouz)、其弟乌鲁克图(Ouroug-tou)与速浑察弟秃敦(Toudoun)[③]是已[④]。或因突厥军在攻击穆斯林战争中不可用，令其别为一军，不与蒙古军合[⑤]。其中并见有谷儿只军三千人[⑥]。(4 月 16 日)战争开始之日，天甚寒[⑦]。蒙古军见算端之旗在中军，乃进击之。中军走，右翼、左翼亦溃。贝巴儿思重整军队，率之进击。蒙古军下马发矢，以抗敌骑。然算端鼓励其军士殊死战，遂破敌阵，斩杀甚众，乘胜逐北至于山中[⑧]，蒙古统将秃忽思、秃敦皆歿于阵，谷儿只军死者两千人[⑨]。贝巴儿思营于敌人结营之所，将士献蒙古俘至，除数将外，尽斩之。留鲁木诸将不杀，惟责其不应偕异教人作战而已。鲁木俘虏中有帛儿万涅

① 钧案：此系鲁木之细浑河。

② 见诺外利书，《埃及诸王史》，马克利齐书。

③ 钧案：即前此著录之秃丹。

④ 见《史集》。

⑤ 见《埃及诸王史》，马克利齐书。

⑥ 见《世界史略》556 页。

⑦ 见《史集》。

⑧ 见《埃及诸王史》，马克利齐书。

⑨ 见《世界史略》556 页。

之子与侄各一人[①]，帛儿万涅之母亦在俘中。

贝巴儿思命宋豁儿先持诏敕赴凯撒里亚，抚慰此城居民，自随后行。所过之地，多成丘墟。沿途之塞门都(Semendou)、答朗答(Darenda)、德瓦鲁洼(Devaloua)三堡守将纳款，凯撒里亚城之居民男女老少出城迎算端。至一名曰凯豁拔(Kaï-Cobad)之地，在鲁木算端之离宫旁，设王幕。贝巴儿思至此下骑，民众皆唱信奉宗教与赞扬上帝之歌。乐人至，遣之还。

4月23日，贝巴儿思盛陈卤簿，乘马入凯撒里亚，以塞勒术克算端所用之伞盖覆其首，至王宫下骑，入就宝座[②]。头戴王冠，嗣赴塞勒术克朝后宫宫门，敬问此朝妃主安好[③]。然后复就宝座，遵照塞勒术克算端大会群臣之仪，接见法官、律士、说教人、诵经人、布教人(sofis)、苦行人(fakirs)、官吏、绅耆。典礼官衣宽袍，缠大巾，命诸人就位，乐人奏王乐，典礼官然后用阿剌伯语与波斯语唱赞颂贝巴儿思诗歌，设宴以享列席诸人。宴毕后，算端赴伊斯兰教堂，参加星期五之祈祷。同日其他伊斯兰教堂六所皆祷颂其名。人以为彼铸造之银币献之。

贝巴儿思以帛儿万涅与其妻谷儿只可敦(Gurdji Khatoun)之财物，暨其他诸逃人留存凯撒里亚之财物一大部分，分赐诸将[④]。帛儿万涅自脱哈特城奉表贺算端之即塞勒术克朝大位。阿布里斯廷之战，帛儿万涅曾统鲁木军以从蒙古。战后二日，逃至凯撒里

① 见诺外利书。

② 见诺外利书，《埃及诸王史》，马克利齐书。

③ 见《贝巴儿思传》。

④ 见诺外利书。

亚，恐蒙古溃军经过凯撒里亚时，对于伊斯兰教居民施以报复，乃奉算端加秃丁走脱哈特[①]。帛儿万涅之妻谷儿只可敦，额儿哲鲁木王加秃丁（Ghiath-ud-din）与谷儿只公主之女也，亦率女奴四百人出走。行四日，道卒[②]。贝巴儿思复帛儿万涅书，欲召之至凯撒里亚，以鲁木之大权付之。木音乌丁请俟期半月，盖逆知在此期内贝巴儿思闻阿八哈之进兵，必然退走。4月28日，贝巴儿思果弃凯撒里亚而去[③]。缘贝巴儿思原冀鲁木国诸大藩欲脱蒙古人之羁束者必来相助，兹见其畏阿八哈之报复不敢来，遂离凯撒里亚[④]，杀基督教徒数人。其军未曾虐待居民，对于供给之物，皆善给其价。盖贝巴儿思曾谕其军曰：今来此国，惟在解除鞑靼之羁勒，而不在残破之也[⑤]。算端出走之日，适当世人皆信其继续侵略鲁木之时[⑥]。贝巴儿思自凯豁拔出发，命统将台巴儿思往讨罗满城（Roman）之阿美尼亚居民，罪其不应留藏蒙古军队也。埃及军焚城，杀男子，虏妇孺而去。算端视人之优于己者颇嫉之，曾因是手殴其将亦速丁艾伯格（Yzz-ud-din Eïbeg），命其为前锋。亦速丁遂逃依阿八哈[⑦]。贝巴儿思行抵阿布里斯廷战场，见尸骸遍地。命人计其数，知蒙古人死者仅有六千七百七十人[⑧]，乃命人将埃及

① 见《埃及诸王史》。
② 见诺外利书。
③ 见《埃及诸王史》。
④ 见木涅靖巴失书。
⑤ 见《史集》。
⑥ 见《贝巴儿思传》。
⑦ 见诺外利书，《伊斯兰诸王史》。
⑧ 见《埃及诸王史》。

军人死者多掩埋，俾人知其军死亡之数少于敌人。

贝巴儿思之留凯撒里亚也，哈剌蛮(Caraman)之一宗王来朝。算端以封册旗帜赐之，并及其诸兄，命其以封册付诸兄后，来此从征。

哈剌蛮朝之首领苫思丁摩诃末(Schems-ud-din Mohammed)者，鲁木南方一地今名亦扯伊里(Itch-ili)区域之藩主也。蒙古汗与塞勒术克朝之算端皆未能使之臣属。兹以突厥蛮三千骑进取科尼亚，科尼亚之人闭门不纳。苫思丁以其弟阿里贝(Ali Bey)所赍来贝巴儿思算端所赐之旗示之，言算端现在凯撒里亚。城人仍不开城，然谓焚门而入，亦不拒之。苫思丁乃焚其二门，进掠长官额明乌丁米海勒(Eminud-din Mikhai)之官邸与诸商市，捕米海勒，拷取财物，旋杀之，悬首于城内。

时子城尚未降，苫思丁欲以计取。有人当众声言：某人貌似殁于克里米亚之也速丁凯库拔[①]，诸突厥蛮领此貌类也速丁之人往见苫思丁。苫思丁于5月29日奉之即位。此城居民惓念旧主，为所绐，果以子城降，而得七万银币之犒赏。

算端加秃丁首相法合鲁丁火者阿里(Fakhr-ud-din Khodja Ali)之二子，进兵科尼亚。苫思丁率兵往击，败之，二子皆殁于阵。苫思丁还科尼亚，未久闻阿八哈将至鲁木，乃率其突厥蛮退走山中。计其占据科尼亚之时，仅有三十七日[②]。

① 钧案：原文作阿剌瓦丁凯豁思鲁之子也速丁凯库拔，应有误。盖殁于克里米亚者，名也速丁恺迦武斯二世，而其父则名加秃丁凯豁思鲁二世也。今删其父名然仍著子名，以待考证。

② 见诸外利书。

此苫思丁摩诃末，盖为建设哈剌蛮朝之第一王。塞勒术克朝亡后，取小亚细亚之中部而占有之，定都于科尼亚者约二百年，然其命运与其他分割鲁木之诸小国无异，后皆为斡都蛮[①]所灭。哈剌蛮朝出身寒微。当塞勒术克朝算端阿剌瓦丁凯库拔在 1228 年顷，取额儿麦纳克（Ermenak）地方于西里西亚之阿美尼亚人之时，以其地授其将名哈迷鲁丁（Camer-ud-din）者管理，徙若干突厥蛮守其边界。有突厥蛮人名奴烈速菲（Nouré Soufi）者，以售炭为业，曾售炭于剌朗迭（Larendé）城，遗二子，曰哈剌蛮、曰瓮速思（Ongsouz），利用蒙古人侵入鲁木之乱，招聚无赖，为盗寇于国中。

1257 年，鲁克那丁克里吉阿儿昔兰之即位也，欲抚之以平乱，乃授哈剌蛮为额儿麦纳克之贝（Bey）。召瓮速思至，命之为驭马官。1262 年，哈剌蛮死。鲁克那丁捕其诸子，并瓮速思囚之科尼亚州之蒿剌堡（Caoula）中。鲁克那丁死后，帛儿万涅木音乌丁释之出，遂流为盗。已而哈剌蛮之一子摩诃末贝为群盗长，窃据其祖售炭为业之山地[②]。

5 月 11 日，贝巴儿思在哈林得摩诃末贝书，言以骑兵两万人、步兵三万人来从算端。然已晚矣[③]。6 月 8 日贝巴儿思至大马司。同月 30 日殁于其地，得年五十五岁。贝巴儿思身躯高大，面褐色，

---

① 钧案：即今之土耳其。

② 见木涅靖巴失书第 2 册。据此书云：其记载本于伊宾比比（Ibn Bibi）之《塞勒术克朝史》。又云："札纳比（Djinabi）所记又与此有异，然以前说较为可信。盖伊宾比比为塞勒术克朝之一藩臣，且为当时之人。以当时之人记当时之事，较为可信。然鲁木之史家多采札纳比之说。"

③ 见诺外利书，马克利齐书。

眼蓝色，颇勤劳，甚英勇。然性情暴烈，故诸将畏之。常乘驿马或骆驼，往来于埃及、西利亚之间，巡视检阅，人常不虞其至。于国中诸要道设置驿站，故接受各方面之消息颇为迅捷。有玛麦里克部骑一万二千人，四千屯埃及、四千屯大马司、四千屯阿勒波。其屯埃及者，皆其所自购之奴，以供宿卫者也。宫内与国内之诸要职，皆由此军诸将任之。合计埃及之军队，共有四万人，较之艾育伯朝最后诸算端时代，其额已逾四倍，所以人民负担税课甚重。贝巴儿思曾娶蒙古统将之女四人为妃①。

贝巴儿思死，葬于大马司之子城。然恐埃及兵变，劫掠宫内宝藏，秘不发丧，伪作病床，以玛麦里克部人环卫，自大马司载至开罗。抵开罗后，始公布其死讯，而奉其子赛德即位，赛德时年十九岁②。

阿八哈痛其军之败，于 7 月中，自帖必力思至鲁木，追蹑埃及军之行踪，欲与一战。至阿布里斯廷战场，见蒙古人尸骸遍地，不禁堕泪，又见鲁木人与埃及人死亡之少，颇以为异。怒中以战败之罪归鲁木统将数人，而执杀之③。巡视埃及军结营之地，以兵杖量其营，测敌军人数之多寡，责帛儿万涅不以埃及军实数告之。帛儿万涅言，此军不虞其至，故不知其数。时舍贝巴儿思来投阿八哈之异密亦速丁艾伯格，以埃及军两翼与中军陈列之处示阿八哈，于此三处各植一矛于地。阿八哈视其距离曰：我军虽有三万人，然不及敌军之众也。

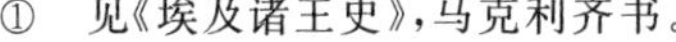

① 见《埃及诸王史》，马克利齐书。

② 见诸外利书。

③ 见《史集》。

纵兵大掠，凯撒里亚与额儿哲鲁木两地间七日程之地，皆被焚杀，死者逾二十万[①]。虽法官、律士亦不得免，然未杀一基督教人[②]。西瓦斯城半受残破，已而丞相苫思丁进言，不可以数人之罪，罚及全国之人，乃止[③]。先是基督教徒多匿蒙古人而予之食，俾免为埃及人所杀害。兹阿八哈戒其军，不许虐待基督教徒。然被杀被掠抑被俘虏者仍复甚众。阿八哈知之，乃命基督教长老一人、修士一人，持教令巡视其营，释鲁木国中基督教徒之被俘者[④]。

阿八哈留其弟弘吉剌台（Coungcouratai）以一军镇守鲁木，自还阿剌塔黑。闻其路过拜布儿特堡（Baïbourt）时，有一司教请许其直言，阿八哈许之。此司教曰："君之敌入君之国，未曾加害于君之臣民，未流一杯之血。乃君攻此敌，业已追蹑其后，敌军逃走，反杀君自己之臣民，摧毁其居地，敢问君前任诸汗中行为有类此者欤？"阿八哈颇感其言，责诸将不以实告，命将所俘穆斯林尽释之，被释者四十万人[⑤]。

阿八哈至阿剌塔黑，命将诸鞫讯帛儿万涅，责以三罪：一、见敌逃，二、报告阿八哈太晚，三、阿布里斯廷之败以后不即来见，遂投之狱。会阿八哈遣赴埃及之使者还，言开罗之人谓埃及之袭鲁木，乃帛儿万涅招之使至，迨埃及军至，帛儿万涅不以国献反逃。遂于

① 见诸外利书。

② 见马克利齐书。

③ 见《史集》。

④ 见《世界史略》557 页。

⑤ 见诸外利书。

1278 年 7 月 23 日，杀帛儿万涅于阿剌塔黑①。木音乌丁苏黎曼，低廉人也，其父木哈匝不丁阿里（Mohazzab-ud-din Ali）幼至鲁木，阿剌瓦丁凯库拔算端之总管财赋官撒都丁（Sa'd-ud-din）以女妻之。撒都丁死后，此阿里遂跻相位，其子苏黎曼在凯库拔之子凯豁思鲁算端在位之时，独执鲁木国柄②。

杀帛儿万涅之后约十五日，丞相苫思丁赴鲁木恢复此国之秩序。及其还也，取道打耳班，逾布儿思山（Al-Bourz），顺说勒克思部③降附阿八哈。据《史集》云：此山居部落从未称臣于何国也。

① 见《史集》。诺外利书云：阿八哈欲释之还鲁木，殁于阿布里斯廷战役蒙古将卒之寡妇聚哭于宫门。阿八哈询其故，有人对曰：诸妇闻汗欲释帛儿万涅，哭其夫仇之不能报也。阿八哈乃决杀之，命其将阔廓只八哈都儿（Gueukdj Babadour）执赴其所指定行刑之所。阔廓只命帛儿万涅率其从者三十二人随之往，至其所，环以骑兵二百。帛儿万涅知不免，请先祈祷毕，并其从者尽杀之。海屯《东方史》第 34 章云："阿八哈曾用鞑靼习惯，腰斩帛儿万涅，命将其肉置于馔中与诸将共食之。"马克利齐书（第一篇）则谓木音乌丁为人勇敢谨慎，宽厚有识，特狡诈而已。

② 见诺外利书。鲁克那丁吉里只阿儿昔兰算端曾以西诺帛城（Sinop）赐其相木音乌丁苏黎曼，许以地传之其子。故苏黎曼死后，其子木音乌丁摩诃末（Mo'yin-ud-din Mohammed）袭有其地。1297 年摩诃末死，又以此地传之其子木哈匝不丁马思忽惕（Mohazzab-ud-din Mass'oud）。1299 年时，有欧洲商船二至西诺帛。某日富浪人登岸袭擒拜思忽惕，载之至欧洲，纳巨金，始得被释归国，殁于 1300 年。至是西诺帛遂为迦司塔牟尼（Casttamouni）之诸贝（Bey）所占有（见木涅靖巴失书第 2 册）。

③ 钧案：此部应即前此著录之勒司格（Lesgues），然在此处则作 Lekzes。

第三章

丞相苫思丁之被抨击——其弟阿剌丁之被告发——埃及人之进袭哈剌特鲁木——尼兀答儿部人之侵入法儿思——算端赛德之被废——射剌迷失之当选——哈剌温之即位——宋豁儿之企图——蒙古人之侵入西利亚——歆姆司之战——蒙古人之败——突厥蛮与曲儿忒军队之侵入西里西亚——对待阿剌丁之严厉——阿八哈之死——蒙哥帖木儿之死——徒思人纳速剌丁之死——阿八哈与基督教之关系

丞相苫思丁之权势,因被一名马只都木勒克(Madjd-ul-mulk)者所构陷,日见衰微。马只都木勒克者,耶司德阿塔毕故相撒菲木勒克(Safi-ud-mulk)之子也。初事苫思丁子亦思法杭长官火者八海哀丁(Khodja Bahaï-ud-din),后事苫思丁,曾以若干要任委之,并曾遣之至谷儿只括其户口。然丞相始终不信其人,已而疏之。马只都木勒克求八海哀丁荐于其父,被派至鲁木,及其还也,乃启陷害丞相之谋[①],夤缘蒙古数贵人之门[②]。一日进言于亦速不花忽

① 见《史集》。

② 见瓦撒夫书第1册。

儿罕(Yesson-Boca Kourkan),谓丞相弟阿剌丁命其副贰马只都丁额梯儿(Madjd-ud-din Ethir)潜通埃及,谋以报达献之,丞相亦预其谋。亦速不花以其言入告阿八哈,捕额梯儿,按问之,杖之五百。额梯儿不承其事。丞相冀以恩结其敌,乃任命马只都木勒克为西瓦斯长官,赐黄金一锭(balisch)及鲁木课赋一万底那。然其怨丞相与报达长官二人如故,后自结托亦速不花,而待其机。

1279 年 3 月,阿八哈自帖必力思赴呼罗珊。其子阿鲁浑(Argoun)来谒之于可疾云,马只都木勒克进谗于此幼王曰:"一年以前,我欲以要事进言于汗。然每次进言于宫廷贵人时,丞相辄知之,赂以黄金,俾其缄口不言。此辈固不顾其主之利害,然王不能不问切己之利害也。所以我今告王,苫思丁不特聚积赃私甚巨,而且藏忘恩负义之奸心,曾与埃及算端通谋,帛儿万涅之招致贝巴儿思者,实为其所主使,丧失不少士卒,实缘于彼。其弟阿剌丁在报达州中专制自为,以宝石饰冠如同君主。若汗有命,我将证明丞相曾购入四百秃满(toumans)之产业,此外尚有现金、珠宝、牲畜值两千秃满。汗之宝货,除所得于报达与木剌夷诸堡者外,如能逾一千金秃满以外者,我愿输我首。丞相知我悉其事最详,故饵以巨金与西瓦斯长官之位,使我不言。"

阿鲁浑以此语转陈其父,阿八哈欲先为预防,命其秘之。是年春,阿八哈驻留射鲁牙思[1]。统将脱合察儿(Togatchar)与其副赞章人撒都鲁丁(Sadr-ud-din)者,亦丞相之密敌也。以马只都木勒

[1] 地在伊剌克阿只迷北部,居赞章、阿八哈耳两城之间,水草丰肥,后于其地建孙丹尼亚城(Solttaniyé)。

克见阿八哈于浴室，又以同一谗言进。并谓苫思丁为相以来，视国家如私产，从未以赋课切实归公。其弟八海哀丁[①]治理此州以来，除正赋以外，外征六百秃满，既不以一底那归公，亦不以供军需之用。

阿八哈闻其言颇为所动，待之甚厚，且赐以卮酒，与御袍一袭。阿八哈询以治道，马只都木勒克所对，颇合其旨。阿八哈遂命之综核财政，审查最后数年之会计，俾能证明收入超过支出。在所付令旨中，禁止他人干涉其事，虽诸统将、诸可敦、诸宗王等，亦不得妨其所为。并赐以虎符，此任何穆斯林虽为君主亦不能得之者也[②]。同时命丞相之诸征收课赋官携簿籍至汗所。丞相惧，求庇于完者可敦[③]。丞相入见阿八哈时，阿八哈责之曰："汝久事我父。我即位时，命汝仍守旧职，仍旧综理全国财政。今闻马只都木勒克之言，缘何忘恩如此。"丞相知已非辩诬之时，见阿八哈成见已深，欲顺其意而谋自救，乃对曰："我之生命与我之财产皆属我主。我与我弟及诸子辈，实受深恩。我等曾以其巨费给他人，曾以其一部分供诸宗王、诸可敦、诸贵人之用。我等曾以别一部分供布施。今日我之所有者，或为土地器物，或为奴婢牲畜，皆恩出自汗。汗如有命，我将完全献出。我只欲有生之日继续奉事我主而已。"阿八哈闻此语，怒遂息，仍宠用如故，释还诸征收课赋官。

马只都木勒克见丞相之宠未衰，颇失望，乃上书于阿八哈曰：

---

① 钧案：八海哀丁为苫思丁子，此处应是阿剌丁之误。霍渥儿特书改作其子八海哀丁，亦误。

② 见瓦撒夫书第 1 册。

③ 见《史集》。

"自是以后，恐丞相不能释怨。请许其托庇于一贵人之下，抑许其辞官而退。"阿八哈答之曰："我虽仍宠用丞相，然不汝怨，仍在宫廷托庇脱合察儿可也。"马只都遂留不去。1280 年春，阿八哈忽命其为全国行政官，与苫思丁同执政务，并在蔑剌合之偶像祠中，对诸宗王、诸妃主、诸贵人朗读任命之令旨。一波斯人受蒙古君主之优遇无逾此者，诚异数也[①]。阿八哈许其参与一切关于行政、财政、宝藏、马厩之事务，在各处设置掾属，命其善自防卫，勿离所居之地。并曰："设有人敢加害汝者，我将重惩之。"自是以后，权势遂重，人皆敬之[②]。设置征收课税官于诸州，竞征课税，所有省中敕令，丞相署名盖印于右，马只都木勒克署名盖印于左[③]。

苫思丁痛其信用之日减，然不欲示弱。相传有二事，可见其忍辱持重，而蒙古君主待遇其波斯大臣之苛。一日阿八哈召之至，与马只都木勒克辩对。按例两人应对跪于宝座之前，然阿八哈命其相远跪。又有一日，在大宴中，苫思丁献盏于其主三次，阿八哈不接其盏。苫思丁不欲其敌之揶揄，又献第四次，阿八哈以刀刺穆斯林所视为不净之肉一脔，予之食，苫思丁叩拜食其肉，阿八哈乃饮其所献之酒，而向其诸幸臣言曰："人之执拗有逾此人者欤？我虽拒饮，仍献其盏。然若其不受此肉，我将以此刀破其眼。"苫思丁虽失宠，然仍在位如故。

1281 年，其弟阿剌丁自报达来朝，以代表伊剌克一年课税之巨金献。因其年收入之加增，别以代表又一年之巨金献。马只都

① 见瓦撒夫书第 1 册。

② 见《史集》。

③ 见瓦撒夫书。

木勒克又进谗曰：阿剌丁扑买伊剌克阿剌伯、忽即斯单两地之课税，十有二年。每年于应缴之正额外，多征二十秃满。曾以此金与其他赃私藏匿云云。有征收课税官数人，曾受丞相之惠者，不为辨其诬，反证其事。阿剌丁表示每年因诸宗王、诸可敦、诸统将之取索，来往使臣之给养，汗之赏赐，不惟不能别有所取，而且动用正额。去年收入虽有不足，彼仍以其扑买之额入献。今年更益其数，以并未存在之征收余额来献。缘此末二年非常支出加增，彼为解除纳税人之苦痛，曾以自己之金为之代纳也。其敌见此计不足以陷之，乃诬之曰：六六九年时(公元 1270—1271 年)阿剌丁所管州中未征课税，迄今尚亏欠二百五十秃满。然阿八哈旋知此额实为诸区之扑买人之亏欠，如欲强征，势须害民，强其逃亡，乃厚待阿剌丁而遣之归。

当时因将与埃及战，需要战费，所以构陷者欲以此计苦阿剌丁。阿八哈得边境警报，埃及算端哈剌温适在准备作战，乃命其弟蒙哥帖木儿率一军往御，并遣军增戍呼罗珊、打耳班两地。

是年 9 月，阿八哈取道额儿比勒、毛夕里，欲驻冬于报达，命报达长官阿剌丁先往预备驿站粮储。阿剌丁首途之日，马只都木勒克又以亏欠事言。阿八哈命官吏数人往按其事，使者偕阿剌丁同至报达，籍其一切财产。时丞相从阿八哈行，请许其亦赴报达。苫思丁欲息阿八哈之怒，尽取其邸中与其诸子之宝石、金银，并告贷于其诸征收课税官及其他掾属，迎阿八哈于朵者勒，尽献之。阿八哈嫌其少，意犹未满。由是又有人进谗于阿八哈曰：丞相与其弟通谋，故以私财助之。因是阿八哈愈怒其相，遣大断事官脱合察儿往报达按问，追求长官藏匿财宝之所，搜查其所建设之一切慈善机关，并及其家之坟墓，然毫无所得，乃拘阿剌丁，械系之。构陷者复唆使使者以枷械其首与两手[①]，迫其承认亏欠公款三百秃满，始免其死。其兄亦劝其自诬，俾免拷讯[②]。

察合台孙尼兀答儿失败以后，率所部居波斯东方之昔思田，常以军侵寇阿八哈之领域。此种战士号曰尼兀答儿部人，或哈剌乌纳思（Caraounass），曾侵入法儿思。（回历六七七年，公元 1279 年 2 月 1 日）在起儿漫境上之腾克息痕（Tenk Schikem）地方，败蒙古人、黍勒人、突厥蛮人、曲儿忒人合组之一军，杀七百人，继掠黑儿巴勒（Kerbal），以俘虏与所掠之物还昔思田。越三年，尼兀答儿部人又侵入法儿思，进至波斯湾沿岸，抄掠此州南部与沿海诸地，饱载而去[③]。

尼兀答儿部人第一次侵掠法儿思退还以后未久，阿八哈即闻埃及人进袭哈剌特鲁木之警。埃及嗣贝巴儿思之位之算端赛德，遣骑兵九千人、步兵四千人往取此城。（1279 年 5 月）命异密拜塞利统埃及军，阿音塔卜人胡撒木丁统西利亚军。二将遣穆斯林一人、阿美尼亚人一人往谕此城之阿美尼亚大主教曰：算端命其献城，而率其诸修士徙耶路撒冷，并许以地赐之。否则供给其所必需之骡马，敬送其至西里西亚。设若不以城献，则此城所有基督教徒流血之责任，由彼对上帝负之。大主教答曰：决忠于上帝与其主君，将以死守。次夜埃及人伐附近园林之树木作梯，迟明，逾城而入，纵火焚之。居民逃避子城。埃及人不欲围攻，仅留五日，尽毁

① 见瓦撒夫书第 1 册。

② 见《史集》。

③ 参照瓦撒夫书第 2 册。

其不能携带之物而去[1]。

阿八哈欲乘西利亚之乱谋取其地，以报战败之辱。时贝巴儿思之子赛德[2]在位已二年。埃及诸将见其欲除诸大统将，而代以其所部之玛麦里克部人，乃于1279年8月17日废之，安置于哈剌克（后殁于1280年4月），而欲推戴赛甫丁哈剌温（Seïf-ud-din Kélavoun）为算端。然军中贝巴儿思系之党羽势力尚强，诸堡守将亦属废主之人。哈剌温欲先易之，不欲遽即位。遂建议奉贝巴儿思之一别子为算端，诸将乃奉时年七岁之射剌迷失（Sélamisch）即位，号阿底勒别都庐丁（Adil Bedr-ud-din）。授哈剌温阿塔毕之号，使之摄政，都督全国诸军事，在公共祈祷中以其名次于阿底勒之后。

哈剌温拘禁贝巴儿思系诸将，代以艾育伯朝算端撒里黑之玛麦里克部人，盖诸人皆为其旧侣也。然后示意诸将，以射剌迷失年幼，不能主国事，遂于1279年11月27日废之，迁之于哈剌克。射剌迷失在位仅有百日，哈剌温即位，号满速儿（Al Manssour）。

哈剌温，钦察之不儿只斡黑鲁（Bourdj-Oglou）部人也。幼被售于玛麦里克之将校某，其价一千底那，故有额勒菲（Elfi）之号。额勒菲，此言千也。艾育伯朝算端撒里黑以隶其玛麦里克部。迨突厥蛮艾伯格废艾育伯朝，乃率所部玛麦里克人离去埃及。兹即位，顾念旧主，遂又加 Ez-Salihi 之号，犹言撒里黑部人也。

---

① 见《世界史略》560页。

② 案：即纳速剌丁摩诃末别儿哥汗（Nassir-ud-din Mohammed Béreké Khan）。

哈剌温摄政时，命宋豁儿为大马司长官。宋豁儿闻其即位，欲自为西利亚王，乃自号蔑力哈米勒(mélik Kamil)，惟其军为哈剌温之军败于合匝。1280 年 6 月 20 日再战，又为所败。哈马特、阿勒波之军皆弃之而去，其他诸西利亚军皆投埃及。大马司开城迎埃及算端军。哈剌温命异密伯克秃特(Bektout)为大马司长官，异密辛札儿(Sindjar)为阿勒波长官[①]。

宋豁儿为众所弃，欲逃额弗剌特水上之剌合伯特堡，堡人不纳，乃奉书阿八哈，请其攻取西利亚[②]报达长官阿剌丁闻宋豁儿以兵拒哈剌温，阿剌伯部异密爱薛(Yssa Ibn Mohna)亦以所部兵从，乃遣密使赴此二人所，劝其归附蒙古汗。使未至，闻其败走。爱薛遣其弟随使者至报达，由报达送致阿八哈汗所。阿八哈赐以荣袍，并拨报达之课税一部分为其年金[③]。宋豁儿既不能入剌合伯特堡，闻大马司以军来捕，乃入据西熊堡(Sihioun)，其党阿思迭迷儿(Azdémir)则入据失者儿堡(Schizer)。

阿八哈以有机可乘，欲利用宋豁儿党之助，遂遣军侵入西利亚。1280 年 10 月 18 日，入阿勒波境。逾日，占领阿音塔卜、德儿贝撒克、巴格剌思诸城，继入阿勒波，杀男子，虏妇孺，焚伊斯兰教堂道院、王宫、诸将邸舍而去。焚杀二日，仅藏伏地下者获免。越数日，阿勒波州之居民逃往大马司者甚众，而大马司之居民亦多逃往埃及。

10 月 24 日，埃及算端立其子撒里黑(Salih)为王储，授以蔑力

① 见诺外利书，马克利齐书。

② 见《史集》。

③ 见瓦撒夫书。

之号以后，率军自开罗出发，赏赐将卒，将领每人一千底那，士卒每人五百银币。进至合匝，闻敌退，乃还开罗。次春，哈剌温往讨宋豁儿。时阿剌伯异密爱薛已自伊剌克来投，哈剌温宥其罪，厚抚之。1281 年 5 月 10 日，进至大马司，别遣一军往讨失者儿堡。宋豁儿请降，惟请以沙合儿(Schagar)、八哈思(Bacass)交还，并付以法迷牙特(Famiat)、哈发儿塔卜(Caffartab)、安都、撒熊(Sahioun)、布剌塔讷思(Blattanous)、伯儿齐耶特(Berziyet)、剌答吉牙(Ladakiya)等地，许置骑兵六百，由其自置将领。哈剌温皆许之。

已而闻蒙古军两军来侵。其一军阿八哈自统之，欲进围剌合伯特，别一军阿八哈之弟蒙哥帖木儿统之，自鲁木进军，营于凯撒里亚、阿布里斯廷之间[①]。阿美尼亚王以骑兵一队从[②]。埃及军斥候俘阿八哈之驭者一人，9 月 6 日送之至大马司。算端善抚之，询以蒙哥帖木儿军之虚实，闻敌有八万人。驭者实张大其词。时阿勒波之居民尽徙歆姆司、哈马特，其城遂荒。

蒙哥帖木儿从阿音塔卜道入西利亚，一反蒙古人习惯，进兵甚缓，躏哈马特附近诸地，进向歆姆司。10 月 27 日，埃及算端至歆姆司。翌日，宋豁儿来会。先是哈剌温促其以兵从征。宋豁儿曾要求战后许其还堡，哈剌温许之，故率七异密之兵来从。埃及军见其至，声势为震。10 月 30 日，埃及、蒙古两军遇于哈马特、歆姆司

---

① 见诺外利书，马克利齐书。

② 见海屯《东方史》第 36 章，《世界史略》564 页。

间之平原,哈勒德(Khaled Ibn Velid)[①]墓附近。蒙哥帖木儿军有二万五千人[②],外有谷儿只军五千人、阿美尼亚王勒文自领之军一队、鲁木军一队。埃及军人数大致相等。埃及军终夜未下骑,达曙。哈剌温整军列阵:命哈马特王、统将拜塞利、台巴儿思、艾伯克(Eïbek)、克思脱合的(Kesstogdi)等军,合大马司长官异密胡撒木丁剌真(Hossam-ud-din Latchin)所部大马司军,为右翼;以舍里甫丁爱薛所部西利亚之阿剌伯游牧部落为右翼之前锋;命宋豁儿、比里克(Bilik)、伯克塔失(Bektasch)、辛札儿、伯彻哈(Betchca)、伯克秃特、扯莱克(Tchérek)诸将为左翼;以曲儿忒堡之军合突厥蛮军为左翼之前锋;命埃及副王塔郎台(Taranttaï)、统将阿牙赤(Ayadji)、伯克塔失(Bektasch)合算端所部玛麦里克军八百人为中军之前锋;算端自率卫兵暨文官武将居中策应,其军共有精骑四千人。此外军中尚有曲儿忒、突厥蛮之酋长甚夥[③]。

战争之初,蒙古军左翼冲埃及军右翼,埃及军右翼反攻,蒙古军左翼败走。然蒙哥帖木儿右翼之斡亦剌(Oïrates)、谷儿只、阿美尼亚等军由蒙古统将马速黑(Mazouc-Aca)、忻都忽儿(Hindoucour)、阿里纳克(Alinac)等统率者,攻破埃及军左翼与中军之左队,追逐至于歆姆司城门[④],杀军中仆奴义兵无算。旋下马掠埃及军之军需,以为全军皆胜,乃聚食,以待其军之至。已而闻蒙哥

① 案:即摩诃末之门徒,曾战胜东罗马皇帝 Héraclius,而在 642 年殁于歆姆司者也。

② 海屯(第 36 章)谓蒙哥帖木儿军有三万蒙古人。瓦撒夫书所志亦同。

③ 见诸外利书。

④ 见马克利齐书,《世界史略》564 页,海屯《东方史》第 36 章,《史集》。

帖木儿业已败走，遂仓卒上马急退。

两军接战之时，埃及将阿思迭迷儿投蒙古中军，伪称曰降人，求见蒙哥帖木儿。及见，遽击之伤而坠马。蒙古军见主将坠马，下骑往救。埃及军乘势进击。蒙哥帖木儿逃，中军遂溃。是役也，阿剌伯异密爱薛以所部三百人袭击，遂建奇功[①]。

战争之始，埃及算端建旗于高冈之上，亲自督战，左右仅有骑兵三百。其左翼与中军之一部既败走，然其右翼与中军之别一部则追逐蒙古左翼与中军，战场仅余埃及军千人。蒙古右翼还至战场，哈剌温即命人偃旗息鼓。蒙古军过，哈剌温以军蹑其后。日暮又战，至早四时，全军皆胜[②]。

蒙古人在败亡中损失甚巨，其屡次侵入西利亚之统将撒马合儿亦殁于阵，埃及人方面丧失名将十二人。其击蒙哥帖木儿坠马之统将阿思迭迷儿与焉。

次日黎明，哈剌温恐蒙古军复至，列阵以待。然蒙古军或逃色勒米牙特(Salamiyat)，或逃阿勒波。追敌诸军还，哈剌温命毕勒伯率一军清除残敌。毕勒伯至阿勒波，分兵逐敌至额弗剌特水，敌军多赴水溺死。其逃往色勒米牙特者约四千人，见前有剌合伯特城之军阻其归路，遂窜入沙漠，多饥渴死，余六百骑，皆为剌合伯特之戍军所擒杀。先是剌合伯特城为蒙古军所围攻。埃及军战胜之

① 见《埃及诸王史》。《史集》对于蒙哥帖木儿之败，所志甚略，仅言蒙古右翼败埃及军左翼。惟蒙哥帖木儿未习军旅，遇敌逃，中军遂溃，丧失甚众。《世界史略》564 页与海屯书第 36 章，则以蒙哥帖木儿之败，乃因阿剌伯游牧部落袭击蒙古军左翼所致。《埃及诸王史》云，异密舍里甫丁爱薛偶然进袭，鞑靼遂败。

② 算端贻默伽王书，经瓦撒夫书第 1 册所著录者谓敌军有十万人，未免言过其实。盖蒙哥帖木儿所部在四万至四万五千之间也。

翌日,有鸽传书至此城,报告埃及军之胜敌,城中奏乐庆祝,蒙古军遂解围去。而营于毕莱特城前之别一蒙古军,同时被此城之军所败,死五百人,余皆被擒。蒙哥帖木儿率残军渡额弗剌特水,退守其母封地之哲吉莱特城。

埃及军虽获胜,其军资因左翼之败,概为本军仆役所劫掠[①]。然算端之货财预先交由其玛麦里克部分携之,故毫无所失。

大马司人处于惊惶之中者数日,其居民皆赴伊斯兰教大教堂中哭祷上帝,旋赴城外礼拜堂中,祷告上帝,保佑穆斯林使之战胜敌人。战胜之翌日,有鸽传书至,报告战胜之事,由是合城腾欢,奏乐庆祝,城堡结彩。然夜有逃人至,言战事不利,遂又变欢乐为惊忧,城门开放,居民逃避者不少。达曙,在第一次祈祷时,邮递至,始知实已获胜,以其书在伊斯兰教堂中朗读,大马司之居民遂安。

战败之讯竟达开罗,此城居民亦求天祷胜。11 月 5 日,迦坤城有鸽传书,言有左翼溃兵至此城,开罗人大震恐。王储撒里黑急遣突厥军与阿剌伯军赴哈梯牙(Cattiya),命阻止逃人,勿使一人逃至开罗。同日数时后,有鸽传书报告胜利,有顷邮递亦至,由是全国欢庆。撒里黑作书求算端勿罪逃人,并请统将拜塞利为之请命。

埃及副王塔朗台追敌时,俘蒙哥帖木儿之从者,得宋豁儿与其他诸将通敌书。诸将招蒙古军侵入西利亚,并许为其助。算端掷书水中,以安反侧,遣宋豁儿还。11 月 7 日,算端至大马司。留十

① 见《埃及诸王史》。

日，还开罗[①]。入城时，命俘虏负所获蒙古军之旗鼓前导[②]。

蒙哥帖木儿进兵西利亚之时也，阿八哈亦进至剌合伯特，然未逾额弗剌特水，仅破数堡，而于 9 月 25 日还辛札儿。11 月初，复还至毛夕里附近马合里比耶（Mahlibiyé）地方之斡耳朵。及闻败讯，怒诸将之战不力，谓将在来夏之大会中惩之，并拟亲自往讨埃及[③]。

蒙古军败退西利亚后，有一伊斯兰教军，军中多突厥蛮人与曲儿忒人，侵入西里西亚，进至阿牙司，掠其城，焚之而去。此城居民避难于海中新建之一堡。嗣后伊斯兰教军在一短期中陆续侵入西里西亚三次，最后一次进至特勒韩敦，得捕获品甚夥。退还时，阿美尼亚军守隘者邀击之，斩杀过半。伊斯兰教军以所得之甲胄刀矛及死者带发之脑盖献阿八哈[④]。

阿八哈遣马只都木勒克赴报达，追索阿剌丁所承之赃私三百金秃曼。阿剌丁罄其所有，并卖妻子以偿，并许如再有渎职之事，愿以首偿之。阿八哈宥其罪，12 月 17 日出之狱。

然马只都木勒克又因阿剌丁尚余一百三十秃满尚未交出，偕统将脱合察儿，斡儿都海牙（Ordoucaya）二人赴报达，追求此金。阿剌丁家资既罄，不能偿，遂被拷虐，并裸行城中示众。

阿八哈至报达，1282 年 2 月 13 日离此城。3 月 18 日至哈马丹，驻蔑力法合鲁丁蔑奴哲海儿（Fakhr-ud-din Ménoutchéher）之

---

① 见马克利齐书。

② 见诺外利书。

③ 见《史集》。

④ 见《世界史略》564 页。

邸中。阿八哈沉湎于酒,一日饮过度,至夜半,自言树枝上有黑鸟,命卫士发矢射之,然卫士未见所言之鸟。阿八哈忽猝毙,时在 4 月 1 日星期三也[①]。得年四十八岁,在位十七年矣。葬于塔剌堡(Téla)其父墓之附近。阿八哈有妃八人,妾若干人,子二人,曰阿鲁浑、曰乞合都(Kikhatou),女七人[②]。

越二十五日,其弟蒙哥帖木儿死于哲吉莱特,亦葬于塔剌堡。堡将木明阿合(Moumin Aga)闻蒙哥帖木儿家属疑其毒杀此王,畏罪挈其二子逃往埃及,其余妻子皆被杀,风闻下毒乃出阿剌丁之主使[③]。

1274 年 6 月 25 日星期一,徒思人纳速剌丁[④]摩诃末死于报达[⑤],得年七十八岁。此著名天文家,盖为波斯鼓励文艺之人,曾受管理宗教基金之任,以其收入供养学者,所撰哲学、论理学、物理学、形上学之著作,以及 Euclide 书与 Ptolomée 天文丛书之注释,皆为人所嗜读。其尤著名者,进呈蒙古汗之《伊儿汗历》是已[⑥]。

当时名重一时之地理学者札马鲁丁雅库特(Djémal-ud-din Yacout),与波斯之一大音乐家撒菲丁奥都木明(Safi-ud-din Abd-oul-Moumin El-Armaouï),亦属阿八哈时代之人也[⑦]。

---

① 《世界史略》566 页言,阿八哈在前星期日与基督教徒在哈马丹之教堂中共庆复活节,星期一就食于波斯某贵人邸。是夜神智即乱,见空中有影物。星期三日黎明死。

② 见《史集》。

③ 见诸外利书。

④ 阿剌伯语意为信仰之助手。

⑤ 见《史集》。

⑥ 见《世界史略》550 页,瓦撒夫书第 1 册。

⑦ 见瓦撒夫书第 1 册。

当时蒙古宫廷与基督教界诸君长因利害之共同，遂成立亲善之交际。欧洲见有一大国胁迫埃及，斥地至于西利亚边境，颇为欣慰。其以十字军援助西利亚诸属地之热忱因丧失之众而愈减，其盼蒙古军援助之希望愈大。所以甚愿蒙古之皈依基督教，而对于能符其愿望之消息，皆不惮予以轻信。故当时阿八哈与罗马教廷之交际，尚有若干踪迹可寻也。教皇克烈门四世（Clément IV）在1267年，曾贻书阿八哈，言其接奉其使者所致书，惟教廷无人能读其书，惜未仿前此所致书之用拉丁文者，兹据译人所译使者之言作答。教皇开始感谢上帝，谢其启发阿八哈之心，使之承认上帝，崇奉其为人类殉身十字架之子。"据云君对于 Charles d'Anjou 之在西西里国（Sicile）战胜前罗马帝菲烈德里（Frédéric）私生子 Manfred，歼灭不少不忠其教之耶稣教徒与穆斯林之事，引以为慰。兹有法兰西（France）与纳瓦儿（Navarre）之国王，辅以多数伯爵、男爵、将卒等，预备进击教敌，恢复圣地，一遵前此诸国之人不问贵贱攻灭穆斯林之榜样。君来书言有偕君之妻父合助拉丁民族之意，吾人颇深感谢。然吾人未明诸君长从何道进取以前，尚未能以此事奉告，吾人将以君与君之妻父之意转达诸君长，行将以其决定，遣一可靠之使者奉闻。愿大王坚守此志，盖君应属望上帝，上帝将巩固君位而崇大之。威权属于上帝，帝王之心皆在上帝之手，荣辱一任上帝之所欲，宇宙一任上帝之支配，无人能抗其意志者也。"[①]其使罗马教皇作此答书之原书与使者，疑非来自阿八哈所。至若此汗与其妻父东罗马帝之建议，亦不明其为何事。若谓

① 见 Odor. Raynaldus t. III. p. 227。

阿八哈有皈依基督教之意，因 Charles d'Anjou 战胜 Manfred 之事庆贺教皇，询问诸基督教君主进取帕勒思丁（Palestine）之路程，似乎不类真相。

别有爱都哇儿一世（E'douard I）致蒙古国王阿八哈汗书[①]，所题年月日为 1274 年 1 月 26 日。其文如下：

"耶路撒冷大主教 Thomas 之亲信教士 David，奉君使所致教皇与其他诸基督教国王之国书来见。

"吾人欣悉君之爱护基督教，与君援助基督教与圣地而反对基督教敌之决心，颇深感谢。

"请君执行此种神圣计划。

"至若吾人到达圣地与夫基督教徒通过之时，现尚未能奉告。盖吾人作答之时，教皇对于此时尚未决定也。一俟决定之日，即以奉告。

"吾人敢以圣地与东方一切基督教徒之事奉托。"

相传 1274 年时，阿八哈因阿美尼亚王之进言，欲将帕勒思丁之伊斯兰教羁勒解除，乃约此王乞援于教皇与其他基督教诸君长，并自遣使二人至欧洲。使者一人死于道，别一人于 1274 年抵 Lyon。时教皇格烈果儿十世（Crégoire X）在此城召集宗教大会。使者至，延入会场，诵所谓阿八哈书，言愿以军队与基督教军队合攻穆斯林。其自称为使者之人，与其随从之鞑靼贵人二人，曾经当时之 Ostie 城主教 Cardinal Pierre（即后来之教皇因那曾五世[Innocent V]）举行洗礼。使者还时，教皇赠以美服，付以致阿八哈书，

① 见 Th. Rymer, Acta publica, Ed. tertia Hagae comitis t. I Pars 2, p. 144。

所题年月为1274年3月13日。书言在基督教军队能达海外以前,将遣使者奉书至汗所[①]。

1277年时,又有自称为阿八哈使者之两外国人至教廷,谒教皇约翰二十一世(Jean XXI),言奉命来约诸基督教王进取帕勒思丁。旋遣之赴法兰西与英吉利(Angleterre)二国王所。使者于斋节(carême)中达法国国王 Philippe 所,言国王如遣军赴圣让答克登岸,其主即以兵来助。然据 Nangis 之说[②],“此辈为真正使者抑为间谍,只有上帝知之。惟其人非鞑靼,而为谷儿只派之基督教徒,可断言也。国王遣之赴 St. Denys 之修道院,举行复活节典礼。旋闻其奉同一使命赴英国国王 Edouard 所。”

兹二亚洲人曾在罗马言阿八哈与其伯父忽必烈皇帝愿奉正教,教皇乃选教士数人,命赴东方传布基督教。惟此教皇殁于此1277年同年之中。被派之弗郎西士派(Franciscain)教士 Gerhard de Prato、Antoine de Parme、Jean de Ste. Agathe、André de Florence、Mathieu d'Aretio 等五人,至次年,始奉后任教皇尼古刺三世(Nicolas III)致阿八哈与忽必烈书前往。教皇致阿八哈书所题月日系4月1日。观此书可以藉悉阿八哈所致教皇约翰(Jean)书之内容。据云:“罗马教会欣悉君之使者 Vassall 之子 Jean 和 Jacques 二人赍来国书。书言设有基督教军至圣地,君许亲以兵助,会攻基督教之敌。书末言欲吾人信从使者之言。吾人闻使者言,君及君之伯父忽必烈大汗,甚愿罗马教会遣派堪能授君

① 见 Odor. Raynaldus, t. III, p. 353。

② 见 Raynaldus, t. III, p. 417。

等与君之子弟臣民基督教义之人至君之国。"此后教皇尼古剌(Nicolas)表示其欣慰之意,告以前任教皇曾应汗之请求,遣派教士数人赴阿八哈之国,惟因教皇之死致迟其行。兹特遣诸教士(其名见前)"至君国,举行未受洗者之洗礼。如君意有所欲,可命其赴大汗所"。教皇并请阿八哈善待诸教士,信其所言关于洗礼及教义等事,遣人护送至大汗所。书末并以汗国中之基督教徒嘱托之[1]。

同日教皇付五教士以委任书,许其在鞑靼领地之中传布上帝之教,对于阿八哈与其子弟臣民,暨其他欲奉基督教者,举行洗礼。赦免其境内从前被逐出教而重再服从教皇之人,接受忏悔。赦免杀害教士之人,惟须其对于教堂道院及其他受害之人,付以适当之满意。并许其在尚未隶于何教区之所在建设教堂,许其判断关于婚姻之讼事,且许其在无教堂所在举行弥撒(messe)及其他圣礼。在无正教主教所在许其祝祷坟园,付与赎宥,变更誓愿,祝祷教服教坛。最后并许其独为或合为凡能赞美上帝与传布宗教诸事[2]。

① 见 Raynaldus, t. III p. 453。

② 见 Lucas Waddingus, Annal. Minorum, t. V. p. 40。

第四章　塔兀答儿斡兀立或阿合马算端

塔兀答儿之当选——其即位——采用阿合马之名称与算端之尊号——信奉伊斯兰教——鞫讯阿剌丁与马只都木勒克——马只都木勒克之被判处死刑——司教奥都剌合蛮——塔兀答儿待遇基督教徒之严酷——其与埃及算端之交涉——遣使埃及——阿合马致哈剌温书——哈剌温之答书

阿八哈死，诸可敦、诸亲王、诸统将聚会于蔑剌合。治丧毕，议选嗣位之人。先是阿八哈召阿鲁浑，未至而阿八哈死。阿鲁浑至蔑剌合，诸可敦与诸亲王依国俗奉卮酒。统将不花(Boucaï)忠于阿鲁浑者也，命阿八哈宫内诸臣执事于阿鲁浑所。已而阿八哈之弟塔兀答儿[①]自谷儿只至丧所。致祭毕，与会诸人群赴绰合图。

与会之人分为三派。旭烈兀子阿者(Adjaï)、弘吉剌台、旭烈竹(Houladjou)三王，出木哈儿子术失合不(Tchouschkab)[②]、景庶二王，与统将辛图儿、速浑察、阿剌卜(Areb)、哈剌不花

① 案：塔兀答儿(Tagoudar)为旭烈兀之第七子。

② 钧案：此名前作术思合忒。

(Caraboucaï)欲奉塔兀答儿。统将不花、乌鲁黑(Ourouk)、阿黑不花(Acboucaï)[①]等与阿八哈宫内诸臣皆附阿八哈之子阿鲁浑。完者可敦初为旭烈兀妃,后为阿八哈妃者,则主使第三派,欲奉蒙哥帖木儿继承汗位。会蒙哥帖木儿死,又与忽推可敦拥戴阿鲁浑[②]。惟根据法令(Yassa),应以王族中之年长者承汗位,阿合马(Ahmed)[③]既为阿鲁浑之叔,众议遂属之[④]。

阿鲁浑之近臣失失博士(Schischi Bakhschi)见诸统将多附塔兀答儿,乃劝其王勿与争位,由是阿鲁浑亦附众议。1282 年 5 月 6 日,会中一致推戴塔兀答儿继承汗位。越三日,阿鲁浑赴西牙忽黑[⑤],夺取其父之宝藏。时丞相苦思丁在阿鲁浑所,乃遣之赴塔兀答儿所。6 月 21 日,诸亲王与诸统将等奉塔兀答儿,由宗王弘吉剌台与那颜辛图儿引之就汗位,顾塔兀答儿已奉伊斯兰教,乃取算端之号,而改名阿合马。

举行即位庆贺典礼以后,阿合马取沙忽塔剌所存之财物,俵散于诸亲王、妃主、将卒,每士卒一人得一百二十底那。阿鲁浑以即位典礼之举行未待其至,颇怨,阿合马乃亲以黄金二十锭授之。阿鲁浑与弘吉剌台在阿八哈妃秃黑台可敦(Touctaï Khatoun)斡耳朵中互相订盟,盖始于是时也[⑥]。

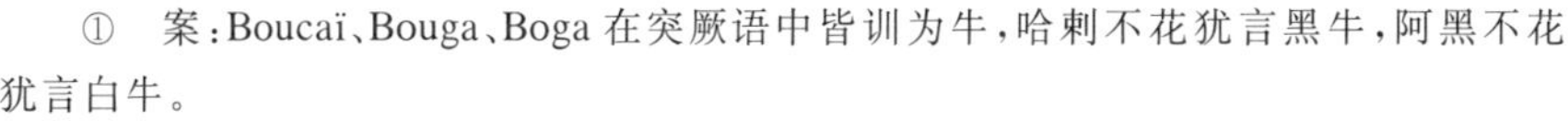

① 案:Boucaï、Bouga、Boga 在突厥语中皆训为牛,哈剌不花犹言黑牛,阿黑不花犹言白牛。

② 见《史集》。

③ 钧案:即塔兀答儿。

④ 见诸外利书。

⑤ 此言黑山。

⑥ 见《史集》。

阿合马首先表示其信奉伊斯兰教，曾谕报达之官吏曰："吾人已即位。吾人既属穆斯林，可以此有幸之事通知报达居民，将以前黑衣大食哈里发时代供给诸道院善堂之物归之，切勿违背伊斯兰教法令。设教人曾有言曰，此伊斯兰教宗派迄于复兴之日，继续隆盛，吾人深信此预言之正确。只有一永劫不灭之上帝，可将此谕通知全州，与民同庆。"阿合马至书于埃及算端哈剌温，告其业已信奉伊斯兰教[①]。

阿合马命那颜速浑察为己副，以总军事，仍以苫思丁摩诃末总管课税。7 月 4 日，阿鲁浑行后，阿合马离西牙忽黑，传谕哈马丹城，命送马只都木勒克与阿剌丁来，以便亲自按问。时阿剌丁尚在狱也[②]。

先是阿剌丁财产籍没以后，阿八哈许以不死。然其敌又谋以他罪构陷之，诬其与埃及人秘密通信，欲背其主。捕一犹太人，谓此人衣物之中有纸，上有用番红花水合银朱书写之密字。又指使阿剌伯人二三人，用利诱威胁，使言阿剌丁曾数遣其赴阿剌伯游牧部落诸酋长所。其实阿剌丁乃遣此辈密使赴宋豁儿与爱薛所，劝其归附阿八哈也。阿八哈亦知其诬，命人送阿剌丁来，以便亲询。会告密之首领逃，余人不敢诬陷。阿剌丁之敌至是又恐阿剌丁恢复自由，乃贿嘱往召阿剌丁之使者，将其械系送致汗所。行至额塞德城附近山中，适哈马丹邮递阿八哈死讯之使者至。按照旧例，旅行之人皆应停留，不许前进。构陷者又告使者，在新主即位前，不

① 见诸外利书。

② 见《史集》。

许将其释放[1]，故至是阿剌丁尚在械系之中。阿合马使者至，始脱其械，至汗所。马只都木勒克得蒙古贵人之助，几乎恢复旧职。然阿八哈妃弘吉剌氏（Councourates）额儿蔑尼（Erméni）可敦庇护苫思丁，马只都木勒克欲求援于阿鲁浑，曾贻之书曰："丞相曾进毒于王之父。我知此事，丞相故欲我死。设我死，王将知我死之由。"马只都木勒克有侄名撒都丁（Sa'd-ud-din）者，原任会计官，因不忠于其职为马只都木勒克所黜。苫思丁之掾属遂嘱其控告马只都木勒克与阿鲁浑秘密通讯。

阿合马既明阿剌丁之诬，开始发还前此籍没之物，阿剌丁弃而不取。阿合马命速浑察、乌鲁黑二人鞫讯马只都木勒克。二人检其衣物，见狮子皮一张，上有黄色与红色密字。蒙古人颇嫉巫蛊。博士、珊蛮等乃嘱其将此物投于水，命被告人饮此水。设有巫蛊，则害人者将自受其害。马只都木勒克果拒不饮，盖其明知此皮乃由丞相之友司教奥都剌合蛮（Abd-our-rahman）暗置于其衣物之中者也。速浑察遂断其有罪，然尚不欲将其处死。奥都剌合蛮强之始允。由是阿合马命人将罪人付其敌。有不少蒙古人与穆斯林闻此判决，持刀集于狱门，以待罪人之出。丞相苫思丁尚欲贷其死，然其弟阿剌丁与哈仑（Haroun）不许[2]。罪人出狱，群众杀之，时在8月14日夜也。以其肢体徇示诸州，以其首悬之报达城内。阿剌丁遂恢复其产业，仍长报达州事[3]。阿合马并以御服一袭牌子一面赐之，并厚抚之，不许辞官。

① 见瓦撒夫书第1册。

② 见《史集》。瓦撒夫书云：欲宥之者实为阿剌丁，然其掾属拒之。

③ 见《史集》。

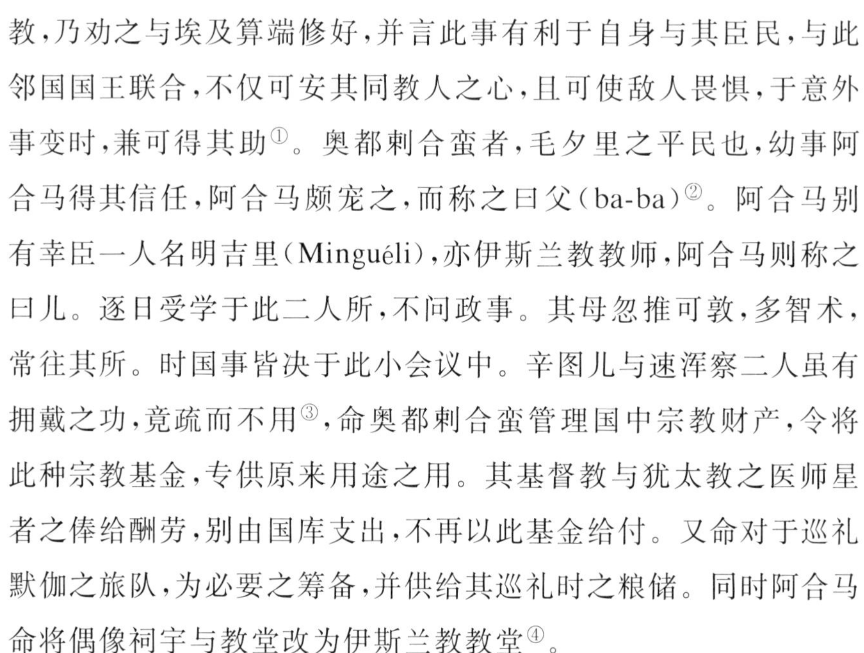

丞相苦思丁与司教奥都剌合蛮乘阿合马之热心信奉伊斯兰教，乃劝之与埃及算端修好，并言此事有利于自身与其臣民，与此邻国国王联合，不仅可安其同教人之心，且可使敌人畏惧，于意外事变时，兼可得其助[①]。奥都剌合蛮者，毛夕里之平民也，幼事阿合马得其信任，阿合马颇宠之，而称之曰父（ba-ba）[②]。阿合马别有幸臣一人名明吉里（Minguéli），亦伊斯兰教教师，阿合马则称之曰儿。逐日受学于此二人所，不问政事。其母忽推可敦，多智术，常往其所。时国事皆决于此小会议中。辛图儿与速浑察二人虽有拥戴之功，竟疏而不用[③]，命奥都剌合蛮管理国中宗教财产，令将此种宗教基金，专供原来用途之用。其基督教与犹太教之医师星者之俸给酬劳，别由国库支出，不再以此基金给付。又命对于巡礼默伽之旅队，为必要之筹备，并供给其巡礼时之粮储。同时阿合马命将偶像祠宇与教堂改为伊斯兰教教堂[④]。

① 见瓦撒夫书第 1 册。

② 《世界史略》(575 页)曰：奥都剌合蛮者，原鲁木人，父为哈里发谟斯塔辛之奴仆。报达城之被屠，逃至毛夕里，执木工业。后至阿马底牙（A'madiyah），以魔术动其城主也速丁（Yzz-ud-din）。也速丁携之至阿八哈所，谓能知塔剌堡藏宝之所在。遣之至堡试其术。乃量其地，指一地命人掘之，得环一，环上饰有重价宝石一枚以献。阿八哈神其术，由是言无不信。奥都剌合蛮自言又能驱鬼，由是颇见信任。在阿合马在位时代遂执国柄。

③ 见《史集》。《哈剌温传》云：忽推可敦是基督教徒。

④ 见瓦撒夫书第 1 册。海屯（第 37 章）云："塔兀答儿幼受洗礼，名尼古剌（Nicolas）。及其长也，因与穆斯林共处，遂亦自成为穆斯林，背基督教，自称曰马合谋汗（Mahumet Khan），强使鞑靼人改从伊斯兰教，或以利诱，或以威胁。由是鞑靼人改信伊斯兰教者不计其数，曾将帖必力思（Tauriz Tébriz）之基督教堂一概拆毁。由是诸基督教徒不敢公然信奉其教。"但据《世界史略》(567 页)所志，与瓦撒夫书、海屯书又异。据云：阿合马遵其曾祖成吉思汗宽待诸教之遗诫，对于一切宗教教师，尤其对于基督教徒，皆待之甚厚，曾以豁免国内一切课税之文书付与教堂道院及教师修士云。

阿合马既决定遣使埃及[①]，乃选西瓦斯之法官、泄剌失人、大断事官忽都不丁马合谋（Coutb-ud-din Mahmoud）与鲁木算端马思忽惕（Mass'oud）之阿塔毕，异密巴海乌丁（Bahaï-ud-din）往使[②]。使臣于8月25日自阿剌塔黑出发，马儿丁王命其相苫思丁（Schems-ud-din Ibn Béiti）从行。埃及算端哈剌温闻使臣将至其国，所携随从甚众，乃遣侍从官二人，迎之于毕莱特城附近境上；又命诸州长官，使臣所过之处，严加监察，不许与本国臣民交通；并不欲使臣觇其国内形势，只许使臣夜行。使臣于夜中抵阿勒波城，城人不知其至。旋经行大马司，而于10月某日之夜半抵密昔儿城（城在开罗对面），使臣谒算端，跪呈阿合马所致书后，述其奉使之词[③]。

阿合马书云："由上帝之威权，处可汗庇护下阿合马，谕埃及算端曰：

"吾人得上帝之恩佑。幼年时即知其全能，信其纯一，信奉摩诃末。而对于其圣徒皆深致敬仰。'上帝启发并清净其所欲指导之人之心，俾其预备接受伊斯兰教。'[④]自是以后，吾人不断称颂神言，而谋伊斯兰教与穆斯林之幸福。迄于吾人继承父兄大位之时，上帝曾付与吾人一切恩佑。即位以后，诸兄弟、诸宗王、诸统将、诸大臣暨诸州长官集会，一致议决，奉我长兄遗命，以足使山卑石软之意志，大地所不能容之战士，尽人慑伏之勇敢愤怒，进兵于君之

① 见《史集》。

② 见《世界史略》567页。

③ 见《哈剌温传》，马克利齐书。

④ 见《可兰经》。

国。吾人审查众议,见所谋咸同。然吾人以此事颇与吾人谋公共幸福,巩固伊斯兰教基础之志愿相违。在用兵以前,务必先用避免流血安定人心之方法,俾使伊斯兰教之人可能享有平和。吾人既遵守上帝之诫,爱护其民,所以感应上帝,而授吾人息此火灾恢复安宁之意思,俾用最后方法以前,应先以医药疗治公共疾病。盖吾人未识其的以前,不爱发弩。发弩之时,须在证明权利正当以后。吾人修好之意既决,且因诸博士中之模范,司教怯马鲁丁奥都剌合蛮(Kémal-ud-din Abd-ur-rahman)之进言,谋其事必成之法,抱上帝悲悯祈请者,而惩罚不顺者之意,特命其作此书。命吾人亲信之大断事官忽都不丁、阿塔毕巴海乌丁二人使君国,告吾人之信教,俾君知吾人对于一切穆斯林之善意,俾能使君确信上帝业已开启吾人之眼目,伊斯兰教业已消灭过去之一切。上帝已使吾人遵循真理之道途,而以其所识者为向导也。君将在其使吾人所感格的善意之中,见上帝降于人类之一大恩德,不致因过去之事,拒绝吾人修好之言,盖今日已非昔比也。脱君审查证据,将必巩固君之信用,保障所欲达之目的。吾人因上帝之佑,已举信仰之旗。复次吾人已用种种行为,表示吾人之信仰。命人遵守伊斯兰教训诫,遵照上帝宽宥过去之意,赦免罪人。命将供用于教堂道院之宗教基金,善为管理,恢复已毁之养济院与旅舍,根据创设人之定章,分配此种基金之收入,不得将新得之赠与移作别用,亦不得变更旧有基金之用途。吾人曾命善待巡礼之人,供给其所需要之物,保障其行程之安宁,并以卫士供给于其旅队。吾人曾开放彼此二国之交通,俾商贾能自由通行,曾命诸镇将与诸州长对其往来不许加以留难。吾人之逻卒曾捕得一乔装教师之间谍,依例应处之死,然因遵守圣戒而释之归，但君应知使用此种间谍能为害于穆斯林也。吾人之军队前此见此辈之乔装为教士，捕得此种人辄杀之，今日得天之佑，既许商旅自由往来，可以无须此种举动。若君注意此种措施，及其他相类之措施，将见其纯出正直意思，全无狡诈，则今不复再有发生敌对之嫌恶原因矣。设其为宗教之利害，与为穆斯林之保护而发生，具见在吾人在位时代，光明已因天佑而发现，设为其他原因而发生。吾人亦可言遵从理性者将见吾人为友为防护人也。吾人已将其幕揭开，故特为诚实之表示，特告君吾人以对于上帝之纯洁意思，将欲执行之行为。吾人首先禁止军队，不得违背此种措施。俾得上帝与其使徒之嘉许，俾穆斯林得解除吾人不和之弊害，俾融和之光消灭怨恨之暗，俾城乡之居民得因其庇荫而处于平和之中，俾人心安而旧怨忘。设若上帝亦以保障世界和平与人类幸福之意锡埃及算端，必亦将遵循善道，开辟服从与联合之门，而表示一种诚实友谊。由是其国家兴隆，乱事平复，刀入鞘，而土地乂安，穆斯林之颈项解除羞耻锁链矣。第若上帝感格不能胜其恶意，而妨君评鉴吾人之善意的提议，则上帝必谅解吾人之勉力，而接受吾人之谢罪。'派遣一使徒之前，吾人不先予惩罚。'[①]然上帝指示善道，付与胜利，保护国家民族，吾人谨恃上帝足矣。

681 年第五月之月半（1282 年 8 月 21 日），作于阿剌塔黑之驻所。"

埃及算端答书云："吾人荣奉来书，知君归依本教，而与敌视本教之君之家属及君之国民离异。此书对于穆斯林证明君之信奉伊

① 见《可兰经》。

斯兰教。开书之时,吾人曾谢天佑,并为祈祷。俾其使君坚意,俾其以爱奉此教之种子,萌芽于君心,一如其使最美之植物,发育于不毛之地之上。

“吾人对于此书开始之词,曾予以完全注意。君言幼时业已信仰上帝之纯一,在思想语言行为中敬奉伊斯兰教。吾人感谢上帝启君信奉伊斯兰教之心,而锡以其神圣之感格。吾人感谢上帝早导吾人达此神圣目的,在因其崇敬而行动或斗争之一切事实中,使吾人坚固步法,而不致于蹉跎。

“至若君之继承父兄之主权,继承君以信仰依赖并以王政显耀之大位者,盖上帝以尊荣移转于其所选择之忠仆,故以其赐与其钟爱的崇拜人之恩惠降之于君身。

“君言君之兄弟与其他诸宗王以及国中贵人、军中统将、诸州长官,在大会中决议遵守君兄遗命,进兵此国。君曾熟思彼等决议与彼等意愿之结果,以为与君之赞助平和之宿愿相违,是盖为悲悯其所余国民之圣教君主之感情,否则设若任彼等迷于幻想,此役必仍陷前辙。然君之行为实同畏惧上帝遍在者之行为,而上帝不容诱惑,亦不赞同沦于错误者之言与迷途者之行也。

“君言未探听人情与表示己意以前,不欲首先作战。然君既在信徒之列,吾人之意与君等之意应专用于攻击崇拜偶像之徒。上帝与人类皆知吾人之武装盖为保护穆斯林之用,吾人只为上帝之光荣而作战。君既采用吾人之信仰,则凡怨恨皆已消灭,凡过去之事皆已遗忘,将以和好继承嫌恶。盖信仰如同一种建筑物,其各部须互相支持,任在何处高揭旗帜,皆见有其亲友也。

“君言曾据博士中之模范、司教怯马鲁丁奥都剌合蛮之建言,曾为此种种准备。吾人甚盼因其仁慈之感化与诸正人之功绩，一切国家皆将尽从伊斯兰教，俾其命数履行，而伊斯兰民族之散处者重新联合。吾人敢信其为此建设者，必有完成其工作之功能也。至若奉使者大断事官忽都不丁与阿塔毕巴海乌丁二人之使命，吾人业已闻悉其言。

“君谓设若审查证据，将见君之公正仁厚之行为。就中若宗教基金教堂旅舍之善为管理，巡礼人之保护等事，此皆属意欲久保其国的君主之美德。一正直之君王对于恶德从不宽宥，对于詈毁犯禁事物之人从不谴责。其惟应称颂者，盖为此种可赞赏而有功绩之举动；其堪褒赏而成立亲交者，即为是种行为。然君跻位过高，自无须他人之褒赏，纵有褒赏且皆不足以副君之行为，盖诸大君主之大光荣，即在以领地还诸君王。试一检君父之往行，塞勒术克朝之诸算端暨其他君王，所信奉者虽非彼之宗教，然彼仍确认其主权，而未将彼等驱逐于其国外，则应使君不见有权利之被侵犯，不见有压制者不受惩治，俾君国家巩固。而在君在位时代，应有畏惧上帝之行为也。

“君命君之军队与君之长官，不许虐待旅人。此讯达此之时，吾人曾以相同之命令，送达剌合伯特、阿勒波、毕莱特、阿音塔卜等处长官及诸州戍将。一俟吾人将来互缔条约，此种命令即见保证。

“至若捕而后释之乔装教师之间谍，与夫因嫌疑而捕杀教师数人之事，此盖君方首开其端，其衣行乞教师之服而来侦此国之形势者，为数甚夥。吾人曾捕数人，皆曾许其不死，并未搜查其乞丐服中所藏之物。

“君言吾人之修好，将发生世界之平和与人类之幸福。然当友谊门户开辟与倾向平和之时，无人拒绝亲善。其勒缰避免冲突者，实较优于伸手再谋和好之人，平和实为诸诫中之首诫也。

“至若君所为之一般准备，只能有益而无害，将使君所统治之诸国繁荣，发布命令有其必要，然应以条约为先。此种命令业由君之使臣转达，其所忆者与纸上所书无异。

“君引证之圣语‘派遣一使徒之前，吾人不先予惩罚’，用之不得其当。能得上帝之爱者不应如此，必须引证本教中诸先辈之功绩，与诸宗教首领之援助。

“吾人曾聆大断事官忽都不丁奉使之言，关于君之归依本教，以及君之公正仁慈行为者，皆与来书内容相符。吾人感谢上帝，吾人敢信君对上帝必甚感恩。上帝对于赞助伊斯兰教者，曾以是语授其使徒曰：‘可告彼等。汝之皈依伊斯兰教，勿对余谢，是盖上帝指导汝等归向正教。’①

“使臣云，上帝所锡君者不少，勿须觊觎他人土地。设若吾人据此缔结一种协定，则此事可以成立。

“吾人兹答曰，凡事之根据于共同调协之上者，始能持久，而使融和友善。上帝与人类将见吾人卑辱吾人之敌，尊敬吾人之友，使无父兄亲属者获有无数友侣，盖宗教事业仅由设教人诸伴侣之合作始获履行也。设君欲修好结盟，灭除吾人共同之敌，而信任能为其援助者，君可自主为之。

“使臣又云，设吾人觊觎君之土地，则不应遣派军队抄掠君之国土，盖其事只能损害穆斯林也。吾人兹答曰，设君善待旅客，设

① 见《可兰经》第 49 章第 17 节。

君任诸伊斯兰教君王和平保有其国，则灾难必止，不致流血。其最公正者，莫若禁人为者勿任己为，己所遗者勿求于人。弘吉剌台现在鲁木国中，此国既奉君以贡赋，然仍不免于杀戮，妇女被辱，儿童被俘，自由人被售卖。除残毁之外，凡事彼皆拒绝为之。

“使臣又言，设君不能取得此种敌对抄掠之中止。吾人可选一战场，而上帝将以胜利付与其所喜之人。吾人答曰，两军相见者不止一次，仅有君之逃死战士畏之，盖恐再战再败也。两军相见何时，只有上帝知之，无人可以前定。胜利盖属上帝欲其战胜之人，而不属于自信必胜者也。吾人非惶恐等待拯救之人，至若战胜之时，一如末时，到达皆出人意外。上帝援助有裨于其人民之人，而对于‘为善’，执有全能也。作于斋月(12 月)。”[①]

使臣得此答复还国，仍命侍从官两人以卫士送至国境，不许与国人交通[②]。

① 见瓦撒夫书第 1 册，《哈剌温传》。阿合马书并见《世界史略》。惟哈剌温答书仅存其半，止于大断事官忽都不丁与阿塔毕一语，以下写本有佚文。

② 见《哈剌温传》。

第五章

阿鲁浑之始叛——其对于阿剌丁之追求——阿剌丁之死——阿鲁浑之抨击丞相苫思丁——阿鲁浑之要求——遣司教奥都剌合蛮往使埃及——宗王弘吉剌台之被害——遣军往讨阿鲁浑——阿鲁浑之败——谈判——阿鲁浑之被擒——其被释——阿合马之逃亡——其被拘——其死——奥都剌合蛮之奉使——其死——哈剌温之诸战役

阿鲁浑因所部诸将之教唆，决定与阿合马争位。驻冬于报达州中，时有哈剌乌纳思部万户军，先为阿八哈之亲卫军者，夏日驻于西牙忽黑，冬日驻报达州中，是为蒙古军之最勇健者。阿鲁浑曾命脱合察儿为此万户军总管，而以旗鼓赐之[①]。脱合察儿之下，阿鲁浑弟乞合都、其从弟伯都（Baïdou）二宗王与抄兀儿（Tchaoucour）、宗兀秃儿（Tchongoutour）、秃剌歹（Touladaï）等将以及阿八哈诸旧臣皆隶焉，是皆忠于阿八哈之子者也[②]。

阿鲁浑命将阿剌丁之一切产业交付于其所委之人员，禁止阿

---

① 见瓦撒夫书第1册。

② 见《史集》。

剌丁之掾属征收税课。旋亲至报达，夺取诸征收员库存之帑金，且以追缴旧欠为名，拷捶诸人，强其献出巨金。失失博士、孛罗帖木儿（Poulatamour）、脱合察儿热烈襄赞此举。阿剌丁闻此噩耗，遽于1283年3月6日得风疾死，以其弟哈仑代其任①。

阿合马闻阿鲁浑之敌对计划，及其与宗王弘吉剌台秘密通谋之事，即遣一军镇守底牙儿别克儿。缘其即位之初，曾命弘吉剌台将一军驻守鲁木，复以阿八哈之妃秃黑台可敦妻之。兹恐报达之军与鲁木之军联合，故遣军防之。又命以勇健著名之谷儿只长官阿里纳克往召阿鲁浑来赴大会。阿鲁浑诱之使附于己。阿里纳克乃设词归报阿合马，言阿鲁浑因事不能入朝。然丞相苫思丁闻此二人缔约同谋，乃以入告。阿合马欲恩结阿里纳克之心，以其女速勒端忽绰黑（Soultan-Coutchouc）字之，并以教令晋其官位。

已而阿鲁浑遣朱失（Djouschi）入朝，进言于阿合马曰：伊儿汗阿八哈时，因马只都木勒克之告发，颇怒苫思丁。苫思丁曾愿以其所有之财产土地献于其主，兹请遣丞相偕朱失来，俾能讯结此案。据云："其人治理我父之国，从未报告其收支。此事亦应使之说明也。"阿鲁浑所欲者，不仅丞相之财产而已。当其父死亡之时，已有谣传，言丞相见马只都木勒克构陷阿剌丁甚力，欲救之并以自救，

① 见《史集》。瓦撒夫书对于阿鲁浑之苛敛事曾为论曰："蒙古人有一可厌之缺点。其对于管理国家财政之人，不论何人，必须虐待。由是五十年之忠于其职者，一旦经一怨家或一嫉者之构陷，不得其善终。"同一书又赞阿剌丁云："报达自经谟斯塔辛之乱以后，因此长官之正直与仁厚之治理，不久重见兴复。"《世界史略》（574页）云："阿剌丁死于木干，葬于帖必力思。其人与其兄苫思丁，精于诗文，曾以波斯语撰塞勒术克、花剌子模、亦思马因、蒙古诸朝之历史，本书多取材于是书。"《乐园》谓阿剌丁曾撰一书，名曰"兄弟之三位一体"（Tathlith ul-Akhvan），述其忧患。

曾贿嘱阿八哈之近臣数人，进毒于其主。阿八哈死后，继以其弟蒙哥帖木儿之死，亦闻为丞相所害，尤足以证明谣传之实。阿鲁浑因此事及其他诸事，不能释恨于苫思丁。然阿合马答云，丞相因政务殷繁未能远离，且省中无人可以代之者，命朱失还告阿鲁浑[①]。

及春，阿鲁浑赴伊剌克阿只迷，杖剌夷城长官，以驴载之，送赴阿合马所。阿鲁浑需要财货，用以增加军队，以抗其叔阿合马，故不惜以种种方法取得之。有人进谗，谓呼罗珊丞相维只忽丁赞吉(Vedjih-ud-din Zengui)久管此州税课，私囊甚富。阿鲁浑拘其人，强其缴献五百秃满，始赐以荣袍，仍命其管理呼罗珊州事。阿鲁浑索丞相苫思丁甚力，两王因以结怨，内讧遂不可免[②]。

阿鲁浑以其父所封之呼罗珊一地为未足，请阿合马以伊剌克、法儿思两地之汗有领地益其封。曾曰："汝既因汝之权利及一致推戴，而据有我父之大位，应予我可能供给所部军队给养之土地。设汝以现属汗有领地之诸州付我[③]，则彼此之间将无嫌隙之可言，否则我愿未达也。"阿合马答曰："吾人因推爱，曾仍以呼罗珊授之。设其欲以他州益其封，可来赴大会。与之面议后，将不吝以地赐之。然若仍然违命，则将以兵往讨。"[④]

阿合马接到其使臣赍来埃及算端哈剌温之答书，1283 年夏赴阿剌塔黑，命司教奥都剌合蛮往使埃及，与此国缔结和约。

阿合马借词开大会，召宗王弘吉剌台来见。弘吉剌台至阿剌

① 见瓦撒夫书第 1 册。

② 见《史集》。

③ 伊剌克、法儿思两地在当时都属汗之私地。

④ 见瓦撒夫书第 1 册。

塔黑，遣人以鲁木之珍异献阿鲁浑。阿鲁浑以猎猫[1]之颈圈二报之。兹二王交结之密，阿合马业已疑之。至是闻弘吉剌台与阿鲁浑合谋，收揽数将，欲于宴会之日拘捕阿合马。有同谋者告其事，至约定执行之日，质言之1284年1月18日晨，阿里纳克捕弘吉剌台，断其脊骨杀之。拷讯其同谋者，皆承其罪，越六日皆杀之。同时命底牙儿别克儿之驻军，捕报达州中阿鲁浑之诸将校及诸征收官吏[2]，系诸统将脱合察儿、抄兀儿、秃剌歹、伊勒赤（Iltehi）、阿拜（Abaï，那颜速纳台之子）、朱失等送致帖必力思。然宗王乞合都统将八的麻赤（Batmadji）及其他诸将皆逃呼罗珊。阿合马命罗耳阿塔毕亦速甫沙严守其境，并以兵来会。阿合马集重兵，其相日夜筹备战事。1月29日，阿里纳克率前军万五千人先行。

阿鲁浑得使者还报，已而乞合都告以其所置伊剌克官吏被捕之事。遂征集呼罗珊、祃拶答而两地之军队，以其所夺取之帑金为犒赏，进至达蔑干。闻阿里纳克师至可疾云附近，业已掠剌夷，残破其所领之剌儿（Lar），尽虏其所部人，送致阿哲儿拜占。阿鲁浑怒甚，誓谋报复，分其军为三军，自领一军五千人，留失失博士在后守其辎重，命统将涅孚鲁思（Nevrouz）亟以其哈剌乌纳思万户军来会。两军前锋遇于剌夷、可疾云间之海勒村（Khaïl-buzurk）。阿里纳克捕阿鲁浑之谍者，醉以酒，使吐其军虚实，急以军进。5月4日，遇敌于阿黑火者（Ac-khodja）平原。阿鲁浑兵少，然犹能自日中战至日暮[3]。其左翼败溃，然其右翼破阿里纳克之左翼，追

① 钧案：即《元史》之文豹。

② 见《史集》。

③ 见《史集》。

逐至于可疾云附近，终以阿里纳克之军较众而不敌。乃自率三百骑退走卑路斯忽，欲与哈剌乌纳思部合，回军再战。至日暮，其军无主，遂溃。已而哈剌乌纳思部至，不见阿鲁浑，亦退。此部战士不守纪律，所过之区皆遭掳掠，兹又掠达蔑干及其附近诸地。阿鲁浑在退军中见阿合马所遣之使者至，使者言，阿合马未命阿里纳克战，仅命其召王诣汗所，兹来劝其安心往见。阿鲁浑欲迁延时间，乃命那颜忽都鲁沙、烈杰赤（Lékézi）二人代往，言其归命[①]。

阿合马与秃歹可敦（Toudaï-khatoun）[②]结婚后，4 月 26 日，即率蒙古军、伊斯兰教军、阿美尼亚军、谷儿只军共八万骑，自木干出发。阿鲁浑之二使谒之于前此作战之阿黑火者平原，转陈阿鲁浑之言曰："我何敢以兵抗我之长王。我从无战斗之意。兹因阿里纳克夺取我之斡耳朵与我所部之人，特来救之。阿里纳克以兵攻我，我不得不为防御。"

阿合马之诸将进谏，劝阿合马止兵，念阿鲁浑年幼，请宥其罪。时天时酷热，战马多死。然阿合马不从。有星者二人言，天象不利于战，阿合马怒斥之[③]。烈杰赤欲威胁之，乃告之曰，若不急与阿鲁浑议和，迨至其与哈剌乌纳思部合军时，恐已晚矣[④]。

5 月 31 日，阿鲁浑之子合赞（Gazan）与捏兀答儿斡兀勒（Négoudar Ogoul）[⑤]之子乌马儿（Omar）等，又自西模娘附近之速

---

① 见瓦撒夫书第 1 册。

② 钧案：疑即秃黑台可敦。

③ 见《史集》。

④ 见瓦撒夫书第 1 册。

⑤ 钧案：此人疑即前此著录之捏古答儿，或者亦是尼兀答儿。

儿克(Surkhé)来请和。越三日，阿合马命宗王脱合帖木儿(Toga Timour)、速黑台(Souktaï)二人与统将不花、秃剌歹二人往告阿鲁浑曰：诚欲归命，应自来见。不花行前曾请阿合马驻兵不进，俾能从容言和。阿合马许停兵于水草丰肥之哈儿寒(Kharcan)[①]以待其归，其军自可疾云以来，沿途虏掠。前此达蔑干未经哈剌乌纳思抄掠之地，兹皆悉受残害[②]。其地居民诉之于阿合马，阿合马复命之往见其相。其相答曰，处此时不能禁止军队之抄掠，否则恐军队之不满[③]。6 月 6 日阿合马至哈儿寒，宗王合赞归其父所[④]。

阿黑火者战后，阿里纳克闻阿鲁浑退走时，所部之军甚少，乃自率其本人之万户军往追，盖其曾许阿合马擒阿鲁浑以献也。阿鲁浑退至兀占(Goutchan)，不见其败军踪迹，缘其骑行甚急，败军在后未能赶至。至徒思城东北之怯剌特忽黑堡(Kelatcouh)，堡已半毁，阿鲁浑率所部五百人入据之[⑤]。时其诸将见其败，多投阿合马营，涅乎鲁思仍从之不去，劝其渡阿母河，征军来援，阿鲁浑不从。

越三日，阿里纳克率前锋至怯剌特忽黑堡。阿鲁浑独出堡召之，阿里纳克进前跪请曰，其叔汗欲见之。阿鲁浑言其亦具此愿。阿里纳克乃献一白马，相偕入堡，反复劝告，请其归命。阿鲁浑遂

① 此地在 Bisttam 与 Aster-abad 之间。

② 见《史集》。

③ 瓦撒夫书云："迄于现在，此地所遭此役之害，尚未兴复。"案：瓦撒夫撰述之年，在此役后之三十年。

④ 见《史集》。

⑤ 见瓦撒夫书第 1 册。

同阿里纳克共诣阿合马营，6 月 29 日至兀占[①]，时阿合马已进驻此地也，引阿鲁浑自营之左门入，不即命之入汗帐，曝之烈日之下，汗流满面。其姊(或妹)脱欢(Togan)素爱阿鲁浑，怜之，以伞障之。久之，始命阿鲁浑妃博勒干可敦(Bolgan Khatoun)入。阿合马慰之，并赐卮酒，旋出帐猎于其营附近。归帐后，始命阿鲁浑入帐。阿鲁浑见汗，依蒙古礼跪伏请罪。阿合马抱之对泣，嗣告之曰：可仍保其呼罗珊封地，与其父在位时无异。然阿合马命不花之弟阿鲁黑(Arouc)以四千人监守阿鲁浑[②]。盖阿合马未见其母忽推可敦以前，不欲正其罪也。阿里纳克劝其即夜除之，阿合马不许曰："既无钱无兵，彼尚有何能为？"

阿合马甚宠其新妃秃歹可敦。既得阿鲁浑，遂于翌日还赴妃所，命阿里纳克监守阿鲁浑，以其军付诸宗王领之[③]。统将不花借词参加其友乞卜察克斡兀立(Kiptchac Ogoul)之婚礼，请留营不去。乞卜察克者，拙赤哈撒儿(Djoutchi-Cassar)之后王也。

不花在阿八哈在位时，原事阿鲁浑。阿八哈即位，数征之，不得已离阿鲁浑去。至汗廷，阿合马厚待之，赐以旭烈兀之遗服一袭。然至是阿合马又专任哈剌不花(Cara-Boucaï)而疏不花。不花欲释阿鲁浑而废阿合马，以其谋私语统将数人，中有数人为不花之戚。不花告之曰，阿合马曾与其亲信诸人胡海(Hougaï)、哈剌不花、阿里纳克、阿不干(Abougan)等定议，将在额思法剌因附近杀诸将。且曰："应及时自救。阿合马且欲尽灭成吉思汗之后裔。

① 见《史集》，瓦撒夫书第 1 册。

② 见瓦撒夫书第 1 册。

③ 瓦撒夫书云，阿合马曾命统将阿里纳克于彼行后将阿鲁浑处死。

盖其信任丞相，保护穆斯林。其以谷儿只军属阿里纳克领之，而使其位于诸将之上者，乃欲尽灭蒙古人也。”[①]诸将与诸王术失合不、旭烈竹皆信其诬谤，乃与之同谋。诸王中推旭烈竹为长，诸将中推不花为长，定于是夜举事[②]。

不花请哈剌不花、比牙黑(Biac)、阿里纳克宴饮。阿里纳克谢以下夜应由彼之怯薛(Kézik)番卫阿鲁浑，不能饮酒。术失合不愿代之番卫，阿里纳克乃赴宴，及日暮，已醉不知人。

不花偕三人入禁锢阿鲁浑之营中，时在 7 月 4 日星期二之夜中，命其一人阴唤阿鲁浑醒，告以不花至此为彼谋大计。阿鲁浑初甚惧，盖误以人欲杀之也，其人宣重誓，心始安，出帐偕不花等出营门。守者询以四人入何以五人出，诸人给以原五人，逐安然还不花营[③]。

阿鲁浑擐甲，偕不花至阿里纳克营，杀阿里纳克，并其卧帐醢之。卫士数人引弓欲射，不花呼曰：“迄今吾人服从阿合马。兹杀阿里纳克者，乃奉旭烈竹之命也。”诸卫士皆投兵伏地，阿鲁黑偕旭烈竹赴宗王亦撒儿营，亦撒儿已醉卧，乃并其从者杀之[④]。捕哈剌不花、比牙黑、塔不亦(Taboui)等。翌日，杀其数人，余皆释之。

有人夤夜逃出，奔赴阿合马所告变。时阿合马已抵距额思法剌因四程(fersenks)之地[⑤]。从者宗王景庶、异密麦黑真(Mek-

① 见《史集》。
② 见瓦撒夫书第 1 册。
③ 见《史集》。
④ 见瓦撒夫书第 1 册。
⑤ 见《史集》，瓦撒夫书第 1 册。

tchin)、阿黑不花、烈杰赤。闻变欲回讨叛者,旋闻诸要将皆被杀,叛者以全军来击,乃复还宿其妃秃歹可敦所驻之哈勒不失(Calbousch)地方。旋取道忽木思(Coumouss)[1]、伊剌克,赴撒剌卜(Sérab)[2],往投其母忽推可敦之斡耳朵。随从之诸将校、诸小国君主,在道中陆续弃之而逃。每至一站,随从愈减。丞相亦弃其随从,仅偕马夫一人逃札哲陵(Djadjérem)而走亦思法杭。瓦撒夫云:"诸人恐惶惊怖,所弃金银、宝石、锦衣、花缎盈路,如同沙石、树叶,怖甚无人敢拾。逃人掷其项耳所饰之珠宝于地,伏藏山谷岩洞之中。"

速浑察护送阿合马之宝藏,取道木思烈迷(Mosslémi),欲送至撒剌卜。台住忽失赤(Taïdjou Couschdji)、乞秃合忽鲁赤(Kitouga Couroudji)邀击之于道,夺其宝藏,送至木思烈迷[3]。

诸宗王、诸斡迷剌(Oméras)等,遣两军往追阿合马,然后集会于哈儿寒,共议推戴新君。7月10日,宗王景庶、旭烈竹莅会。会中分三派,不花主推戴阿鲁浑,阿鲁黑主推戴术失合不,伯黑塔(Bekta)则党于旭烈竹。伯黑塔以为旭烈竹为旭烈兀之子,应以子先孙。阿鲁黑与忽鲁迷失则以为术失合不封地大,而又为诸王长。不花曰:"可汗为大地之主,成吉思汗系之长(Aca),曾册命阿八哈嗣其父位,阿八哈死,大位应属其子。前此如按照继承次序嗣位,可不致发生此乱。"伯黑塔怒争,不花拔刀厉声曰:"我手持此刀之日,除阿鲁浑外他人不得为吾辈主。"有人以阿八哈之遗命询之

① 钧案:应即前此著录之火木思。

② 案:其地为阿哲儿拜占之一镇市,处帖必力思、阿儿德比勒之间。

③ 见瓦撒夫书第1册。

腾吉思忽儿罕(Tenguiz Kourkan),腾吉思答曰:“我与辛图儿(Schingtour)闻遗命,先以位传之蒙哥帖木儿,然后传之阿鲁浑。”伯黑塔呼曰:“此言伪。汝在何处闻之?”至是阿鲁浑乃言其不欲大位,仅保其呼罗珊封地足矣。不花语之曰:“王何必延长乱事?现在尚非辩论之时,盖敌人尚未落吾辈之手,应先追擒之,然后在完者可敦及其他诸妃所集会,推戴新汗未晚。阿合马既欲害阿鲁浑,应使阿鲁浑率前军先行。”诸人皆赞成此议。由是阿鲁浑与不花于7月11日首先出发,诸王以三军继之。

同月13日,阿合马至射鲁牙思(Schérouyaz),蒙古人名此地曰晃忽儿乌阑(Councour Olang),不花之斡耳朵在其地。阿合马掠之,且欲屠不花之家属,为速浑察所谏止。翌日行,同月18日抵其斡耳朵,以乱事告其母,欲出亡打耳班[①]。忽推可敦以为宁留斡耳朵,尚可得此处诸将之助。然其事已为众人所共知,各人皆为自谋矣。越日哈剌不花[②]、辛图儿入见,询阿合马何以不带随从及军队而仓卒归来。阿合马答曰:既擒阿鲁浑命人监守之,特来此筹备军中粮储。时乃丹(Naïtan)在帐外坐,闻此言,高声呼曰:“此言不实,有宗王十人、大将六十人已与阿鲁浑结合。阿合马逃亡至此,为国家与公共安宁计,应拘留之。”两将出帐,命卫士围守汗帐[③]。辛图儿入告忽推可敦,言诸王已集会,命人来捕阿合马,捕者未至

① 见《史集》。

② 钧案:前有一哈剌不花被捕,此处不应再有一哈剌不花。疑是后见之宗王哈剌不花。

③ 见瓦撒夫书第1册。

以前，不应使之出逃。忽推可敦乃命辛图儿以三百人守阿合马[①]。

不花命不烈（Bouré）赴速兀儿鲁（Sougourlouc），传命哈剌乌纳思部人，守阿合马将过之地。又命阿剌迷失忽失赤（Allamisch Couschdji）遣诸忽失赤（Couschdji）[②]。拘捕阿合马之一切随从，并通谕各地，言阿鲁浑将以五万户军至[③]。

有顷，哈剌乌纳思部至，此部所过之处，皆恣剽掠。至此又掠斡耳朵，入妇女所居之帐，剥其衣服珍饰，诸帐之地毡、什物、金银、衣服、布帛被劫一空。且取忽推可敦之项饰、耳环、靴鞋，忽推、秃歹、额儿蔑尼诸可敦竟致裸露。依蒙古法令，在内讧中禁止虐待妇孺，此次概未遵守。哈剌乌纳思部人终拘阿合马，剥其衣，闭置帐中监守之。

阿鲁浑出发时，军中缺马。若待马与粮至，恐其敌逃，乃先率三百骑出发。至木思烈迷附近，哈剌不花与辛图儿率哈剌乌纳思部人系阿合马至。依蒙古俗，胜者得奖品，即鼓掌呼"蔑里欲"（Mériou）。兹阿鲁浑见阿合马，呼"蔑里欲"，诸将和之，乃于其地宴庆敌人捕获之事[④]。

7月26日，阿鲁浑渡木儿水（Moor）。30日，至玉思阿合赤（Yuz Agatch）附近之阿卜叔儿（Abschour）。先是阿鲁浑命释拘禁于帖必力思之诸将脱合察儿、昆竹寒（Coundjoucan）、秃剌歹等。至是，命其与弘吉剌台之旧臣共同鞫讯阿合马。诸人责阿合

① 见《史集》。

② 突厥语此言饲鸟人。

③ 见瓦撒夫书第1册。

④ 见瓦撒夫书第1册。

马，言弘吉剌台与阿八哈之诸旧臣奉其即位，乃彼负之，阿鲁浑不袭父位，仅保呼罗珊，乃彼反欲害之。阿合马亦自承其非。阿鲁浑与诸斡迷剌颇尊敬其母忽推可敦，欲宥之。然弘吉剌台之母与其诸子亲属等欲为弘吉剌台复仇，必欲其死。时阿鲁浑闻诸王旭烈竹、术思合不在合马丹聚兵之讯，乃于 8 月 10 日仿其杀弘吉剌台之法，断其脊骨杀之[①]。

阿合马热信伊斯兰教，遂致蒙古诸将之叛。先是去年阿合马遣司教奥都剌合蛮往使埃及，缔结和约，乃奉珠宝、布帛、锦帐为赠品以行。自阿剌塔黑至帖必力思，征各业巧匠随往。一月后，赴毛夕里，命报达送金一秃满至。旋至马儿丁，埃及算端哈剌温使者来，促其速赴大马司，缘算端将返埃及也。奥都剌合蛮告以即行，惟请其善加待遇，勿依从前使臣之例强其夜行，算端许之。（回历六八二年）1284 年 1 月，乃偕蒙古统将三答兀、马儿丁王相苫思丁摩诃末（Schems-ud-din Mohammed）发自马儿丁[②]，随从之书记、律士、教师、马仆、卫士、僮奴约有五十人，别以蒙古军一队护送。马儿丁王亦命本国之兵护送至额弗剌特河畔。奥都剌合蛮依蒙古贵人之风俗，以伞盖覆首[③]。至哈朗，见埃及异密一人来迎，迎者应下马进吻其手者，乃仅于远处致敬而已。埃及算端哈剌温因奥

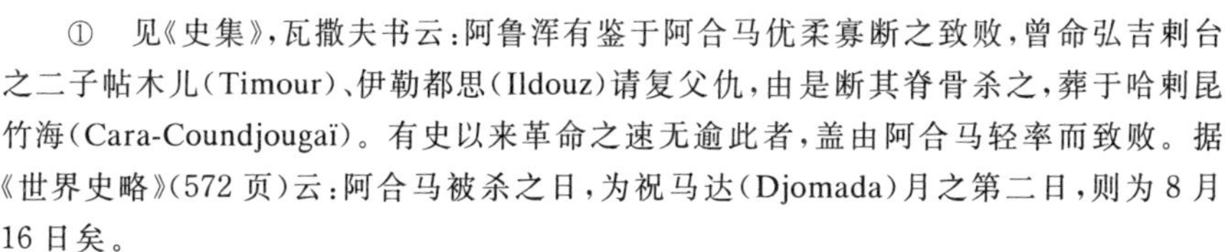

① 见《史集》，瓦撒夫书云：阿鲁浑有鉴于阿合马优柔寡断之致败，曾命弘吉剌台之二子帖木儿（Timour）、伊勒都思（Ildouz）请复父仇，由是断其脊骨杀之，葬于哈剌昆竹海（Cara-Coundjougaï）。有史以来革命之速无逾此者，盖由阿合马轻率而致败。据《世界史略》（572 页）云：阿合马被杀之日，为祝马达（Djomada）月之第二日，则为 8 月 16 日矣。

② 见《世界史略》568 页。

③ 见《哈剌温传》，诺外利书。

都剌合蛮随从之众，恐其炫惑本国臣民，所以命其阿勒波统将异密札马鲁丁阿忽失迎之，并告以勿须用鞑靼护卫。奥都剌合蛮遣回护卫之后，札马鲁丁遂导使臣经行毕莱特道外之别一道，并禁其使用伞盖[①]。至额弗剌特河畔，马儿丁之护送军队欲归，札马鲁丁言算端欲其护送至阿勒波，乃渡河，营于河之右岸。晚餐毕，使臣欲宿于此，札马鲁丁促之上马。奥都剌合蛮欲待天明再行，札马鲁丁命其夜行。奥都剌合蛮怒曰："虽杀我亦不夜行。"札马鲁丁曰："不杀汝，惟强汝行而已。"奥都剌合蛮不得已从之行。未曙以前，改行僻道[②]。札马鲁丁命其随从之人，不得与外人相问答。奥都剌合蛮怒甚，然札马鲁丁俨若未睹。1284 年 1 月 7 日夜抵阿勒波，其行踪甚秘，故无人知使臣之至[③]。札马鲁丁奉算端命，犒赏马儿丁军而遣之归，应送使臣至大马司，只许夜行，时算端已归埃及矣[④]。使臣经行僻道，于 3 月 2 日抵大马司，居于子城。至是又重申与外国人交言之禁，只许聆外国人之言，不许作答。每日以千银币供给使臣之用，别以一千银币为逐日购买粮食果物之需。使臣应留大马司，而待算端哈剌温之莅此。（回历六八三年）7 月 27 日，算端发自开罗，至合匝，得阿合马死讯。8 月 26 日至大马司，即召见使臣[⑤]。时在夜中。玛麦里克军千五百人，衣红襦，冠金绣帽，系金带，各执火炬。奥都剌合蛮偕统将三答兀、马儿丁王相入见[⑥]。奥

① 见《哈剌温传》,《世界史略》。
② 见《世界史略》。
③ 见《哈剌温传》。
④ 见《世界史略》。
⑤ 见《哈剌温传》。
⑥ 见马克利齐书第四篇。

都剌合蛮衣乞丐教师服，人命其跪，拒不允，乃强之跪。算端不以正眼视之，惟自使臣之手接阿合马书。此书所题年月为六八二年第三月（1283 年 6 月）。其书首言："以宽厚慈悲的上帝之名，处可汗庇荫下，阿合马谕埃及算端。"书用阿剌伯语，所言皆保障和平事[①]。阿合马所赠物有大珠约六十粒、重两百 miscals 之黄宝石一块、红宝石若干，中有一石重二十二 drachmes。使臣致词毕，算端命之退。旋命使臣入，由算端致答词，复命之出。第三次召之入，询以数事，然后告以阿合马被杀、阿鲁浑即位之讯。使臣退出时，算端命迁使臣于别一寓所，仅供其所必需之物。宫内使导使臣入新居，检查其行李，取金银珍珠及其他贵重物品而去，中有奥都剌合蛮约值十万 drachmes 之珍珠念珠一串，旋将使臣禁锢。12 月 8 日，奥都剌合蛮死。其后未久，释三答兀与其他随从诸人，惟马儿丁相苫思丁摩诃末被禁于开罗，久之始释，授以官，遂留仕埃及[②]。

先是阿合马遣使埃及之时，埃及算端曾夺据边境之两大堡。其一堡为哈梯拔堡（Cattiba），在阿米德州中与黑儿黑儿（Kerker）之附近。哈剌温见此堡难以力夺，欲以计取。1283 年中闻此堡缺粮，命黑儿黑儿之驻军进围此堡，堡人请降，乃移毕莱特、阿音塔卜、勒万丹（Revandant）等地之军戍之。

别一堡为哈黑塔堡（Kakhta），尤为险要。乃诱其戍兵，杀其守将，以堡献阿勒波长官。阿勒波长官遣将据之，赏献堡之人。此堡之得，埃及人侵入西里西亚遂有一良好根据点。

① 见《哈剌温传》。此书原文见此传中，兹略。

② 见诺外利书，马克利齐书第四篇。

同年,哈剌温命阿勒波长官遣军抄掠西里西亚。盖因二年前阿美尼亚人从蒙古军至此城,焚杀其伊斯兰教大教堂,兹讨其罪也。遂以埃及军与大马司州军入西里西亚,进至阿牙司始退还,回军至亦思痕迭鲁纳隘口。阿美尼亚人邀击之,为埃及军所败,被追逐至特勒韩敦,埃及军复由此携其战获品而还本国[①]。

① 见诺外利书。

第 六 卷

第一章　阿鲁浑

其即位——任命诸州长官——以不花为辅——以丞相苫思丁副不花——苫思丁之被疏与被处死刑——其子火者哈仑之死——忽必烈封册之至——不花之当权——其怨望之由来——法儿思领地事件——不花与诸王诸将数人之同谋——其谋之泄露——不花之被捕——其被杀——其家属之被处死刑——其弟阿鲁黑之被捕与被处死刑——毛夕里、额儿比勒两地基督教与穆斯林之为征收课税人员者之受虐待——宗王术失合不之被杀——财政长官札剌勒丁之被处死刑

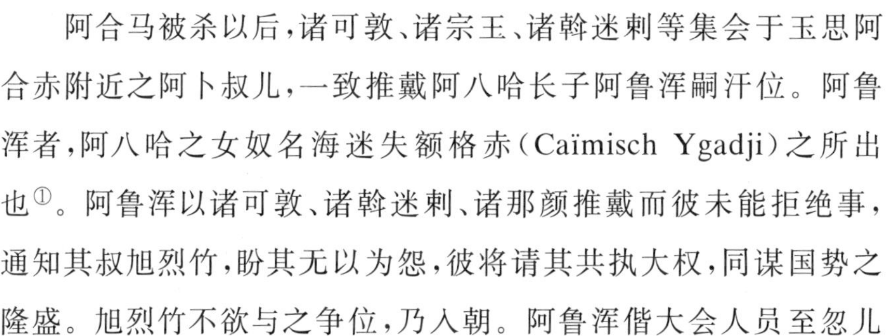
阿合马被杀以后，诸可敦、诸宗王、诸斡迷剌等集会于玉思阿合赤附近之阿卜叔儿，一致推戴阿八哈长子阿鲁浑嗣汗位。阿鲁浑者，阿八哈之女奴名海迷失额格赤（Caïmisch Ygadji）之所出也[①]。阿鲁浑以诸可敦、诸斡迷剌、诸那颜推戴而彼未能拒绝事，通知其叔旭烈竹，盼其无以为怨，彼将请其共执大权，同谋国势之隆盛。旭烈竹不欲与之争位，乃入朝。阿鲁浑偕大会人员至忽儿

① 见《史集》。蒙古诸王之妾（Coumas）皆有额格赤之号，蒙古语犹言姐。

班失剌(Courban Schira)[①]。宗王乞合都(Gaïkhatou,Kikhatou)亦莅此,表示推戴之意[②]。1284 年 8 月 11 日,星者择定之吉日也,旭烈竹与按八儿赤(Anbardji)在赫思忒水(Hescht-ur-roud)与忽儿班失剌间之蒙古诸王之一驻夏地名韩雄(Camssioun)地方,奉阿鲁浑即汗位[③]。诸参加即位典礼之人,皆以带置项后,列拜,旋饮酒为新君祝寿。

诸王景庶、术失合不[④],党于旭烈竹而反对阿鲁浑者也。既见不能阻其即位,亦于其即位后之第三日入朝委质。

阿鲁浑杀忠于阿合马之旧臣数人,旋以教令慰抚其他旧臣,以安其心。

命宗王伯都[⑤]辖报达,宗王术失合不辖底牙儿别克儿,宗王旭烈竹辖鲁木,其叔阿者(Adjaï)[⑥]辖谷儿只,其子合赞辖呼罗珊、祃拶答而两地与剌夷、火木思两州,以宗王景庶与阿儿浑之子异密涅孚鲁思副之。未久,于 9 月 18 日以不花为丞相,命人散金于其身,俾金全覆其首而后已。

先是阿合马营变起,随从阿合马之人皆散,丞相苫思丁自札哲陵经沙漠逃入亦思法杭[⑦]。时此城之人尚未知变乱之事,诸蔑

---

① 见瓦撒夫书。《史集》则谓在速克图封地(Yort Souktou)。

② 见《史集》。

③ 见瓦撒夫书。案:赫思忒水发源于蔑剌合北斡章(Odjan)山中,注入西皮德水(Sipid roud),合流入里海。可参照 Djih an numa 三八八页。忽儿班失剌为蒙古语地名。

④ 此二王是旭烈兀第二子出木哈儿之子。

⑤ 旭烈兀第五子塔儿海(Targaï)之子。钧案:本书《世系表》又作塔剌海(Taragaï),似以后一名为是。

⑥ 旭烈兀之第八子。

⑦ 见《史集》。

力[①]、诸斡迷剌、诸法官以及城中之人,闻丞相至,出城奉币来迎。苫思丁仅留二三日[②],复走罗耳。先是罗耳王亦速甫沙得阿合马命,佥军往讨阿鲁浑,惟亦速甫沙受阿八哈恩,意颇不欲讨伐其恩主之子。但其势弱,不能拒阿合马之命,乃遣骑兵二千、步兵一万往从。及阿合马亡,罗耳军离呼罗珊,取道塔拔思(Tabas)而还国,轻行沙碛多暍死[③]。亦速甫沙见阿鲁浑已即位,乃入朝,阿鲁浑厚待之,亦速甫沙遂为苫思丁代请宥罪[④]。先是苫思丁在亦思法杭闻阿鲁浑党欲捕之,仓卒出走忽木。其从者劝其走忽里模子(Hormouz)而逃印度,然彼以不花为其旧好,冀得其庇,且安天命,遂决定诣阿鲁浑所,在道遇阿鲁浑所遣宣布大赦之使臣,使臣劝其往投,将受优待。9 月 22 日,苫思丁至忽儿班失剌,先诣不花所,不花欢迎其至。翌日率之往谒阿鲁浑,阿鲁浑亦善待之。自是时始,奔走宫廷之人,遂又逢迎之。然苫思丁告诸人曰,自是以后,我仅愿为不花之副。

第苫思丁亦未能久安其位,其在前代时所擢用之官吏,见其复职,颇疑忌。有檀合赤(Tamgadji)、法合鲁丁(Fakhr-ud-din Mestoufi)、胡撒木丁(Hossam-ud-din Hadjib)诸人,欲合谋倾之。遂间于不花曰:旧相信宠一固,将夺其权,其前此将阿儿浑等诸大臣置之散地,可以鉴也。不花为所动,乃进言于阿鲁浑,谓苫思丁既

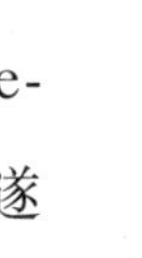

① 案:蔑力(Mélik)为阿剌伯语郡王之号,在蒙古时代则以名诸州长官。

② 见瓦撒夫书。

③ 见 Tarikh Gouzidé, bab IV, fassel II。

④ 见《世界史略》573 页。

背其旧主阿八哈，颇难望其效忠于其子[①]。先是已有人数进谗，谓阿合马兴兵讨伐阿鲁浑之时，苫思丁运筹帷幄颇力，然阿鲁浑尚疑而未信。兹闻亲信者之言亦如是，乃命哈答海（Cadagaï）、斡阔台（Ogotai）二人讯问其事[②]。初，阿鲁浑命其以金二千秃满付给课税司。苫思丁曾告不花，谓其未效他人埋藏现金，惟曾用以购置田土，每日得收入一千底那，兹未能以此巨款献出。哈答海等受命兼按此事[③]。依蒙古俗，系其手，使突厥人、波斯人责之曰："汝为何剥削人民生计？"苫思丁答曰："我之敌人谓我有疏失，我冀我主之宥，愿承有之。然加我以背旧主之罪，则我实无罪可承。"[④]。遂杖之，仍不能以巨额献。10 月 16 日，遂将其送致阿八哈耳城外阿八哈耳河畔，将其处死[⑤]。彼于死前，请具浴，偶检《可兰经》文一段，旋作遗嘱付其诸子，并作书致帖必力思之诸司教云："我曾卜诸《可兰》，见经文曰：其言上帝为吾人之主，而嗣后保其信仰而不变者，将见天使之降临，汝勿忧勿惧，将有天堂供汝之游乐云云。上帝在此可灭之世界中既常赞助其仆，而对之一无所拒，今又示以永劫不灭之生活。兹特以此喜讯告某某（其下著录四教师名）与现在无暇特别指明之其他诸著名司教，俾其知我已与此世断绝关系，盼其为我祈祷。"作书毕，泰然曰："或宽或严，凡出自汝意者皆我所乐受。"[⑥]执行死刑之蒙古人执其手足，举而掷之三，旋以足踏之死，

① 见《史集》。

② 见瓦撒夫书第 1 册。

③ 见《史集》。

④ 见瓦撒夫书第 1 册。

⑤ 见《史集》。

⑥ 见瓦撒夫书第 1 册。

然后断其首[1]。其死也，波斯全国人皆同声惋惜，盖苫思丁多行善举，而为清廉正直之人所信任也[2]。

不花命异密阿里（Aly）至帖必力思，籍没苫思丁之财产。其一子名牙喜牙（Yahia）者，在此城中被处死刑[3]。其后未久，统将阿鲁黑，辅宗王伯都镇守伊剌克阿剌伯者，又杀其别子为此州监理官之火者哈仑（Khodja Haroun）。有马只都丁额梯儿（Madjd-ud-din Ethir）者，当时最富亦最仁厚之贵族中之一人也，曾诉阿鲁黑干没报达州之课税甚巨。阿鲁黑疑为火者哈仑所授意，并杀其人，而灭其口，然阿鲁黑实未奉杀此二人之命也[4]。

阿塔毕亦速甫沙先是未久曾娶苫思丁之女为妇。阿鲁浑既杀

① 见《世界史略》573页。此西利亚史家云：此权势甚重而玩蒙古帝国于掌上者之结局如此。

② 瓦撒夫书赞云，其人在外国人统治时代，大有助于伊斯兰教人民。

③ 见《史集》。

④ 见瓦撒夫书第1册。巴海乌丁哈仑（Bahaï ud-din Haroun）撰有诗体与散文体之著作，熟悉音乐。阿八哈即位时，曾命之为亦思法杭州长官，管理伊剌克阿只迷地之大半。时年尚幼，而性暴烈，曾以严刑惩治其地人民不断之暴动。瓦撒夫曰："由是遂将亦思法杭人好乱之性制服，有一言不合其旨者，即杀其人，甚至赤其族，不问是否罚当其罪。其以刀、以拷捶、以水、以铁抑以久拘，所杀之人以千数计。人无问贵贱，皆不能自保。然其严刑曾将亦思法杭城之械斗消灭，缘此城之人常因两坊居民之不合，持兵互斗，死者常逾百人，夜行未有不遭盗劫者。自经其用重典以后，道不拾遗；耕者夜弃其耕具种子于田中，无人敢取；城内商人不以人守市肆归宿于家，亦不失一物。某人云，有夜巡卒取面包，而置银币二枚于商店，其付价实逾其值，然哈仑以屠钩吊杀其人。哈仑曾命其亲信之奴捏古伯（Nipoupeï）夜侦警巡人员是否尽职。捏古伯归报一人勤于职，一人卧，一人不在其所。翌日，哈仑命将此三人各杖七十一下。司教札马鲁丁（Djémal-ud-din）曾诘之，何以勤惰皆罚，哈仑答曰：勤者未诘捏古伯何以夜行，故罚。某日哈仑骑而出，随从甚盛，有人注目视之，哈仑询其故，此人噤不能答，哈仑怒以刀剜其两眼。"瓦撒夫又云：亦思法杭城之贵人某曾告彼云，哈仑死后，此城之人重复械斗，死者较之哈仑时代所杀之人反多七十余人。

苫思丁，遂遣亦速甫沙归。后未久死，遗二子，曰额弗剌昔牙卜(Efrassiyab)、曰阿哈马(Ahmed)。前一人为不花所庇，受册封，嗣为罗耳之阿塔毕，其弟阿哈马则留仕汗廷[①]。

1286 年 2 月 24 日，统将斡儿都海牙奉皇帝忽必烈之诏敕至自中国[②]，册封阿鲁浑为汗，嗣父位，授不花以中国丞相官号。由是阿鲁浑重行即位典礼[③]。以教令授不花以无限大权，除九大罪外，只能由汗亲自讯问[④]。凡伊儿汗之教令未经不花钤用朱印(al-tamgha)者不得执行，不花之命勿须汗之裁可。不花有才，善治理，颇持公正，然制乱严，而势权大，无君之名而有君之实，故人多忌之。因其得宠任，虽不敢公然抨击，然等待机会而谋倾之者，亦不乏其人也。

已而不花因数事而生怨望，其一事为法儿思领地事件。初，泄剌失之赛亦德族人名法合鲁丁哈散(Fakhr-ud-din Hassan)者，在阿八哈时事阿鲁浑，曾数进言于阿鲁浑曰："法儿思境内有不少田土，乃属其祖大断事官赛亦德舍里甫丁(Seyid Schéref-ud-din)之产业，盖为继承低廉朝算端阿思都倒剌(Azd-ud-Dévlet)之女者也。然法儿思之阿塔毕阿布别克儿籍没此产业，而以属之课税所。"法合鲁丁并出示阿思都倒剌之敕令，与诸法官绅耆所证明之文契，请阿鲁浑转求其父伊儿汗，而以此地益阿鲁浑之私封(ind-

① 见 Tarikh Gouzidé bab IV，fassel II。

② 钧案：《元史》卷 14：至元二十三年十一月丁丑，命塔叉儿忽难(Tagatchar Khounan?)使阿儿浑。则是年冬有使至波斯矣。

③ 见《史集》。

④ 钧案：《元秘史》有"今后九次犯罪休要罚者"语。多桑此处疑有误解。

jou)。阿鲁浑请之于阿八哈,阿八哈许之,命使者一人偕法合鲁丁往泄剌失移转其地。然摩诃末贝(Mohammed Bey)与诸蒙古镇将皆庇征收课税官,不以其地交出,法合鲁丁遂还阿鲁浑所。

及阿鲁浑即位,乃以教令命将法合鲁丁之旧有产业交出。法合鲁丁乃集法儿思之诸征收课税官之在斡耳朵者,命将此地与其数年之收入交出。不花曾进言于阿鲁浑曰:"泄剌失既属汗有,何必将此私产与其他私产分别,另设长官治之而致耗费。"阿鲁浑不从其言,命其勿预法合鲁丁所执行之事,亦无须预闻私产之事。同时命那颜脱合察儿总管全国私产,又命法合鲁丁偕阿儿浑之子由勒忽都鲁(Youb-coutloug)往泄剌失收管其地。二人既奉汗命,诸蔑力与诸法官皆不敢违。二人遂将法儿思州之村庄、田地、园林、力役、河渠、水磨划出四分之一,已而以六十万底那租之于扑买课税人,其中有百年以来因继承或其他方法获有之私人产业而被圈入者不少。法合鲁丁至泄剌失,甫十八日即得疾死,由勒忽都鲁命其子赛亦德忽都不丁(Seyid Coutb-ud-din)代竣其事。

不花因此事颇愤恚。其诸敌中有忽希斯单长官塔剌海(Taragaï)之子秃干(Tougan)者,阿鲁浑最亲信之人也,多机智,乘势独对,间不花于阿鲁浑曰:"不花之权太重,诸宗王、诸可敦、诸斡迷剌等皆受其制而不敢违,恐有异图。阿合马曾信任不花而不花背之。当时无权尚足以成大事,今日有财有兵,何事不可为?"阿鲁浑虽聆其言,然以其因嫉恨而作斯语,尚未信之。一日,不花、伯黑塔二人在阿剌塔黑同饮于阿鲁浑所。二人醉,因事争斗。阿鲁浑不责伯黑塔,是又一不花怨望之原因。自是以后,脱合察儿与其所部遂开始抨击不花。不花自恃位高不与较,乃称疾不入朝,密与诸王旭烈竹、术失合不、哈剌不花、景庶、脱合帖木儿、合八儿真(Gabartchin),诸异密阿鲁黑、忽鲁迷失、马出(Matchou)、秃黑鲁(Tougloue)、哈剌乌纳思(Caraounas)与谷儿只王的迷特里西思(Démétrius)等陆续结盟,使之从己,待时举大事。蒙古人之新年,宗王术失合不往贺元旦(Kióuteclamischi)于阿阑,密以其事告阿鲁浑[①]。顾阿鲁浑信任不花甚切,不即信术失合不之言。术失合不乃出示不花与诸人所订之盟约(Moutchalga)。阿鲁浑怒曰:"我以不花位于诸将之上,而以管理全国军民之大权委之,竟负义至此。"乃命速勒丹亦答赤(Soultan Ydadji)、秃剌歹、秃干等即夜率其所部军往库尔河畔不花营捕之。然不花先已闻讯渡河,欲逃依阿鲁浑妃完泽可敦(Oldjaï Mhatoun),完泽可敦拒不纳,乃投依其宫帐使赞吉(Zengui)所。秃剌歹、秃干进捕之,以献阿鲁浑。统将辛忽儿台(Singcourtaï)责之曰:"汝欲日日易主欤?"不花辩其对于其主毫无异图,惟欲除其私敌速勒丹亦答赤、秃干二人而已。术失合不以盟约示之,不花见之晕绝。阿鲁浑命即杀之,引之出帐,至执行死刑之所。秃干以足蹴其胸曰:"汝欲为君?汝位在此!"术失合不跪请阿鲁浑,请许之断其首。时在 1289 年 1 月 17 日也。命诸军往掠其营。翌日,鞫讯其同谋诸人,皆杀之,中有波斯官吏五人[②],并杀不花之四子与其诸同谋人之子,以诸人之妻女分赏将卒。命人剐诸人之尸,尽食其肉,不许收葬其骸[③]。

不花之弟报达、美索波塔米亚、底牙儿别克儿诸州长官阿鲁黑

① 见瓦撒夫书第 2 册。

② 见《史集》。

③ 见瓦撒夫书第 2 册。

时驻冬于木干(Mougang)。阿鲁浑命别的迷失(Betmisch)往捕之。别的迷失至阿米德附近,集其地之蒙古军围捕阿鲁黑。阿鲁黑尚未知其兄被杀之讯,见兵至,挈其妻子避入克沙夫(Keschaf)小堡中。别的迷失命其出降,阿鲁黑答以无拒命之意,惟不明以兵来捕之故。别的迷失至堡下,告以其兄谋逆被杀,彼奉命来招之赴汗所。阿鲁黑乃出,以练绑之,送致斡耳朵。2 月 22 日,并其亲属忽儿迷失(Courmischi)杀之[①]。以不花与阿鲁黑之首徇示绰干(Tchogan)桥上[②]。至若赞吉,则以其为完泽可敦之人,以付此可敦处罪。完泽可敦曰:虽为己子亦不能同罪异罚。亦命人杀之[③]。谷儿只王的迷特里西思者,以 1272 年袭其父锁思兰大维德四世(Soslan David IV)之位,为谷儿只王,兹因其与不花同谋,杀之于库尔河畔[④]。阿鲁浑命以此国委付君临亦米莱忒(Imaireth)之谷儿只王瓦失丹二世(Vachtang II),由是谷儿只重复并为一国。瓦失丹者,纳怜大维德(Narin David)之子也。

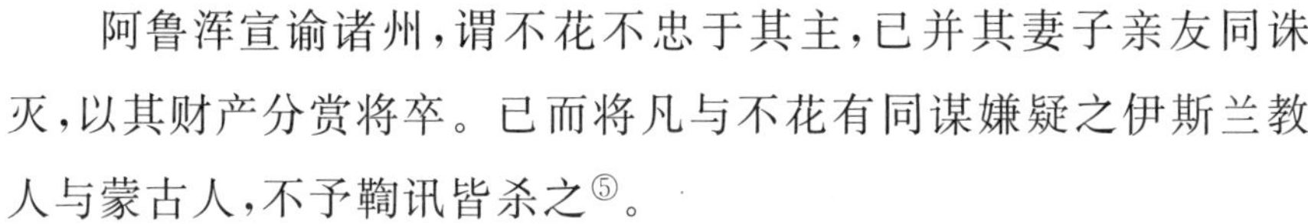

阿鲁浑宣谕诸州,谓不花不忠于其主,已并其妻子亲友同诛灭,以其财产分赏将卒。已而将凡与不花有同谋嫌疑之伊斯兰教人与蒙古人,不予鞫讯皆杀之[⑤]。

不花当权之时,其党皆位置于津要。不花既败,由是羡者、怨者与贪得其财者,皆群起攻击其党。兹举毛夕里之事以见一斑:其

① 见《世界史略》581 页。

② 见瓦撒夫书第 2 册。

③ 见《史集》。

④ 见 Saint-Martin 所辑《阿美尼亚纪事》第 2 册 171 页之《斡儿帛良朝史》。应注意者:伊斯兰教史家皆不屑于著录此事。

⑤ 见瓦撒夫书第 1 册。

地课税司有掾属名阿不都木明(Abb-oul-moumin)者,曾诉阿鲁黑犯赃,强使阿鲁黑所位置之人员献金钱百万以赂己,而诸人转取偿于纳税人。阿鲁黑既败,阿鲁浑命别的迷失追诸人之赃入官。别的迷失命阿不都木明开具诸人应缴赃款之额,杀数人,余人皆受拷捶。时基督教徒名马思忽惕(Mass'oud)者,为毛夕里、额儿比勒两地之长官已数年矣。先是马思忽惕之父牙豁卜(Yacob)为大商,于1276年自忽必烈皇帝驻所还,同行者有畏吾儿人名阿失木忒(Aschmout)者,基督教之修士也,奉帝命使波斯。牙豁卜行至呼罗珊死,阿失木忒率其诸子至阿八哈所。阿八哈以牙豁卜之长子为毛夕里、额儿比勒两地之长官,命阿失木忒辅之,共管州事。两年后,有波斯人名琶琶(Papa)者,控告马思忽惕治理不善,致使毛歹里州贫乏。阿八哈遣使往按其事。琶琶乃买嘱证人、法官,断马思忽惕为有罪,由是夺马思忽惕与阿失木忒之职,而以琶琶为毛夕里长官。1280年,阿失木忒与马思忽惕陈诉与阿八哈,言裁判之不公与法官之受贿,阿八哈遣其侄一人偕其婿往按其事。一月后,断琶琶为有罪,原审之诸法官亦自承受贿,遂杀琶琶,以其首徇示毛夕里城。其庇护琶琶之波斯贵人名札剌勒丁秃兰(Djélal-uddin Touran)者,亦被处死。阿八哈仍命马思忽惕、阿失木忒二人主毛夕里、额儿比勒两州事。逾年,札剌勒丁秃兰之亲属控诉马思忽惕,谓其没入此波斯贵人遗产之金银宝石甚夥,马思忽惕遂被捕,并受拷捶,被迫书写偿价五十万达里克(dariques)之文约。警吏挈之至毛夕里,俾献其金。然马思忽惕乘夜逃亡,其从兄弟一人因是被处死刑。又有毛夕里之穆斯林一人,因助马思忽惕亦被拷死。先是数年前有曲儿忒之异密名阿不别克儿(Abou-Bekr)者,叛于山中，马思忽惕曾招抚之，至是亦偕其子与同伴八人被处死刑。

阿鲁浑即位，又第三次命马思忽惕为毛夕里长官，此城之基督教徒闻之甚喜。先是未久阿失木忒为札剌勒丁秃兰之诸子所暗杀。马思忽惕忠于不花，以为仅恃此权臣之庇足矣，故对于阿鲁浑之诸亲信皆未引以为援。阿鲁黑被捕之日，马思忽惕即被监视。及阿不都木明至，课税司信奉基督教之诸掾属皆受虐待。时马思忽惕病，未受拷捶，盖恐其死而不能发现其货财也。鞫讯之使者命其付给十秃满即释之，马思忽惕不特不与之金，反斥之。讯问之使者乃施拷捶，取其所欲之金，而于 1289 年 4 月 4 日送致额儿比勒杀之。其子被拘禁，其弟得逃亡，惟藏匿其弟之乡民某在毛夕里被处死刑。有一基督教之青年某，人言其与穆斯林女通，亦被杀，焚其尸，以其首徇示街市，经行基督教堂之门，辱詈基督教徒。课税司信奉伊斯兰教之掾属并受相等之虐待。然阿不都木明得势亦未能久，毛夕里有书手名法剌只阿剌（Faradj-Allah）者，举发其罪，阿不都木明因被断处死刑[①]。

阿鲁浑厚谢术失合不而遣之归其治所，已而闻此宗王对彼未具诚意，命阿儿哈孙（Arcassoun）率骑兵一队往捕之。阿儿哈孙追至额儿赞（Erzen）、蔑牙发儿斤间之忽蛮河（Couman）畔，遇术失合不，术失合不力拒得脱走。越三日，始被捕，送至阿鲁浑所，杀之，时在 6 月 2 日也。

① 见《世界史略》562 页、563 页、572 页、582 页。此史家云："毛夕里居民在两月间所受之残害，非语言笔墨所能形容者也。"

财政长官西模娘人札剌勒丁(Djélal-ud-din)者,与不花同谋,幸有人为之解,始免死,惟禁其不再入汗廷。6月,以撒都倒剌(Sa'd-ud-dévlet)代其任。有人进谗于阿鲁浑曰:札剌勒丁言黜陟不公,不应以犹太人代其任。阿鲁浑怒,8月7日,杀札剌勒丁[①]。

① 见《史集》。

第 二 章

犹太医师撒都倒刺之执政——其经历——其政事——一告发人之结局——法儿思之扑买课税人——忙哥帖木儿遣军侵入打耳班——涅孚鲁思之叛于呼罗珊——此叛人与宗王合赞之攻战——涅孚鲁思退走突厥斯单往依海都——其以援军重返呼罗珊——撒都倒刺之治绩——穆斯林所传此人之企图——阿鲁浑之病——为求病愈所为之善举——诸幸臣与撒都倒刺之被杀——阿鲁浑之死——其建设——其嗜好方术——反对犹太教徒——军人摄政——乱——罗耳王额弗刺昔牙卜之叛——先以汗位奉乞合都继以大位奉伯都——伯都之不受推戴——乞合都之至——埃及一军之侵入蒙古辖境——阿鲁浑与基督教徒之关系——畏吾儿修士把扫马之奉使罗马——教皇尼古剌四世致阿鲁浑书——吉那哇人不思迦莱尔之奉使——阿鲁浑致法兰西王菲力帛书——教皇尼古剌致英吉利王爱都哇儿书——教皇尼古剌重致阿鲁浑书——其致此蒙古汗之诸宗王妃主书

先是丞相苫思丁摩诃末被杀，以西模娘人札剌勒丁代之。兹

札剌勒丁被杀，又命一犹太医师别号撒都倒剌[1]者代之。其人初为阿鲁浑之侍医，然常居报达。其他诸侍医以其同受赏赉而不扈从，曾言于阿鲁浑，谓其怠于职，阿鲁浑遂召之至，是为其得势之原因。其人多智，美容貌，有侍臣风度，常游蒙古人与突厥人之门，通其语言。居报达既久，谙悉此州财政。一日汗有疾，撒都倒剌投以泻剂，疾愈，因有宠。阿鲁浑郁闷时，常与之言。撒都倒剌知汗喜货利，乃与言报达州中阿鲁黑诸征收课税官之滥费事，明证其公帑尽入不花与其弟阿鲁黑之私囊，其邸财宝充满。并言此长官之扰民事，谓其曾拆毁报达城中之道院旅舍数所，教堂一所，以其材供其邸与其部下房舍建筑之用。阿鲁浑乃命撒都倒剌偕斡儿都海牙、伯颜速古儿赤(Bayan Secourdji)同往报达征其课税，并勾考册籍。三人以 1287 年终至报达，撒都倒剌开始征收税课，因得斡儿都海牙之庇，阿鲁黑不敢阻之。且持有教令，不许他人干涉，遂聚旧欠新征，未久得巨款以献。阿鲁浑喜，赐以卮酒，并荣袍一袭，命之为报达税课稽核使。撒都倒剌偕斡儿都海牙还报达，未久又因关税与其他收入之增，所得之额较前次为巨。1288 年 7 月，斡儿都海牙送计至晃火儿乌阑驻夏之所，誉撒都倒剌之勤能清廉于阿鲁浑，谓其在一州之中，能于短期之间得此巨额，如能命其理全国之财，其利更溥。伊儿汗对于斡儿都海牙素信任，兹从其言，命撒都倒剌主全国理财事[2]。

撒都倒剌既执政，遂命其亲属扑买各地之税课，以伊剌克阿剌

① 阿剌伯语犹言国福。

② 见瓦撒夫书第 2 册。

伯之税课属其弟法合鲁倒剌(Fakhr-ud-dévlet),以底牙儿别克儿、底牙儿剌比牙两地之税课属其别弟额木倒剌(Emn-ud-dévlet),以法儿思税课属苫速倒剌(Schems-ud-dévlet),以帖必力思之税课属其从弟医师阿不满速儿(Abou-Manssour),以阿哲儿拜占之税课属之烈毕德(Lébid ibn Abi-rabi)。仅有呼罗珊、鲁木两地,因其为阿鲁浑二子合赞、乞合都之封地,未能安置私人[①]。顾其畏辛图儿、脱合察儿、撒马合儿、坤竹克巴勒(Coundjoucbal)等诸将之干涉,欲引一人为援,乃以任重事繁,请于阿鲁浑。命斡儿都海牙共主其事,又命朱失、忽章(Coudjan)二人为副。授朱失为泄剌失之

① 《世界史略》(588页)云:阿鲁浑恶信奉伊斯兰教之掾属舞弊作奸。当其以撒都倒剌总管全国财务时,命其不复再用穆斯林,仅用基督教徒与犹太教徒。撒都倒剌乃以其弟主报达州事,又以毛夕里、马儿丁与底牙儿别克儿全境命其别弟主之,以塔只乌丁(Tadj-ud-din Ibn Motadh)辅之。诸人至其地时,有曲儿忒异密名木八里思贝(Mobariz-Bey)者,原为额儿比勒州之长官而被黜,恐诸人陷害,乃走斡耳朵求庇护。诸人构之甚力,阿鲁浑遂决意欲杀之。先遣人往逮其子弟僮仆,拟聚而族之。有妇人即夜以其事告此曲儿忒异密,其人急逃。先使者至,挈其家族避走山中。及兵至,已当冬令,山中雪深,蒙古人不能入山逮其人,遂返至平原,杀掠曲儿忒农民,焚其房屋。其尤为残暴者,为山居信奉基督教之加失(Kiaschis)部人。此部人恨穆斯林,乃附蒙古人,杀男子而虏妇孺,夺其粮食,焚其未掠之物而去。阿剌伯人因是怨基督教徒,以为无此山居部落,蒙古人不致攻击曲儿忒人。盖其时蒙古人多改从伊斯兰教,无其首领之伞,决不扰害穆斯林也。及夏,蒙古人离毛夕里、额儿比勒。山中之曲儿忒人多下山,平原居民皆逃入城堡,额儿比勒之居民则避入子城,曲儿忒人围攻十七日而不能下。曾有富浪人二百至毛夕里。曲儿忒人以为救兵至,乃解围去。先是阿鲁浑欲以富浪人攻埃及,命富浪人二百在巴比勒(Babil)登舟,沿流下,至粥斯啰人波斯湾。别命富浪人七百,从陆道进。时此七百富浪人尚驻冬于报达。富浪人在报达之事有可记者,后再述之。从水道进之二百富浪人,则抵于毛夕里,因解曲儿忒人之围。吾人引证《世界史略》此段记载者,盖因其详述蒙古人保护基督教徒,基督教徒因与穆斯林交怨,而诸地致乱事,复因其著录此次富浪人之奇特的远征也,不幸此书后此对于此事别无所记。

军事总管，忽章为帖必力思之军事总管，诸将由是失权，凡有所请，必须向撒都倒剌等为之[①]。斡儿都海牙等非得撒都倒剌之同意，不得径呈于汗，惟撒都倒剌之决事，无须咨询他人。

撒都倒剌革除若干弊政，曾命依伊斯兰教法律判断诉讼，禁止军将阻挠判决之执行，并命其保护弱者与无罪之人。从前供给物品于诸贵显之商人，常因将士之庇护，需索驿马供应而扰民，兹概禁绝之。又进言于汗，以为公帑耗散与诸州贫乏之要因，乃在遣使征求税课，而使臣需索驿马供应扰民所致，应由文武官吏按期送税课至汗所，阿鲁浑乃用教令严为禁断。撒都倒剌增加宗教基金，延揽学者文士，奖励其著作，所以赞扬其德之诗文甚多。撒都倒剌曾仿蒲亦朝(Pouyides)之诸王，以倒剌(Dévlet)之称缀于其别号之后[②]。

撒都倒剌执政之时，故相苫思丁之子马合谋(Mahmoud)、阿里(Aly)二人，曾诉其穷乏于阿鲁浑。阿鲁浑命将前所籍没伊剌克阿剌伯境内其父之财产发还一部，以赡之，阿里奉其母往其地接收发还之财产。然此州管理财产之官吏上言，如将财产发还，征收课税所之收入将为大减。阿鲁浑惜其财，乃命尽杀苫思丁之诸子。其被杀者四人，仅其第五子得逃免。苫思丁之孙马合某(Mahmoud)因得二蒙古官之庇，谓汗命杀者为其子未指其孙，故亦得免[③]。

埃及人法剌只阿剌既举发阿不都木明之罪而致之死，自以为

① 见《史集》。
② 见瓦撒夫书第2册。
③ 见《史集》。

得计，遂又赴汗廷告发同知底牙儿别克儿州事之塔只乌丁，谓其干没金币四十万。顾掌州事者为撒都倒剌之弟。撒都倒剌惧，欲抚縻法剌只阿剌，乃遣人示意，谓其所告者虽为同知州事者，然关涉其长官处较多。法剌只阿剌原不愿得罪撒都倒剌，由是甚窘，顾又不敢自承其诬告，而被斡耳朵之法官处以死刑。有人遂劝其具状，言其因酒醉而为告发，塔只乌丁与其长官实为廉正无私之人，并告以撒都倒剌将为保其富贵。法剌只阿剌乃具状。撒都倒剌持状以示阿鲁浑，询以对于此诬告人应如何处治，阿鲁浑言应处之死，撒都倒剌即杀之。嗣又言其人在毛夕里尚有党羽二人行为尤恶，阿鲁浑亦命杀之。

《世界史略》云："杀此人后数日，遣异密马梯额（Mathieu）自斡耳朵赴毛夕里征取此城税课。马梯额为人长厚，颇庇护基督教徒。毛夕里人颇恨基督教徒，见马梯额至，群赴其宅杀之，时在1290年7月也。马梯额诸子奔诉斡耳朵，阿鲁浑命其往捕凶徒，并罚此城金十秃满，遂捕凶手七八人杀之。"①

1289年，命统将朱失偕速浑察之子撒儿班（Sarbau）往征法儿思之税课，次年二人复莅其地。有西鲁斯单（Siroustan）人札剌勒丁（Djélal-un-din）者，与二人约，许于税课定额之外，别献四百秃满。其已扑买课税之人，则许献五百秃满，惟须将札剌勒丁系付彼等，朱失等从之。及此二人再至其地，索取此款，诸扑买人不能如约以献，遂杀诸扑买人而释札剌勒丁。

1290年3月26日，阿鲁浑闻别儿哥之继承人忙哥帖木儿已

① 见《世界史略》590页。

由打耳班侵入其境之讯，率军往御。4 月 27 日至沙别阑（Schaberan）。然脱合察儿、坤竹克巴勒、脱黑鲁哲（Togrouldjé）等所将之前锋，已于月之 19 日遇敌万人于哈剌速河（Carasou），败之，杀三百人，得俘虏若干。

先是波斯长官阿儿浑于 1278 年死于徒思城附近，其子涅孚鲁思事阿鲁浑子合赞，而为其副，时合赞之封地为呼罗珊、祃拶答而两地也。涅孚鲁思虽为阿鲁浑患难中相从之人，然曾与不花同谋，见不花等被杀，恐及己，谋自保。会有敌兵近阿母河之讯，乃以检阅其所部兵为名，别合赞而赴马鲁，然仍留其妻秃坚术（Tougandjouc，阿八哈女）、其母撒儿迷失（Sermisch）、其两弟斡儿歹合赞（Ordaï-Gazan）、纳邻哈赤（Narin Hadji）于合赞所。1289 年春，合赞因牧马而营于撒剌哈夕（Sarakhs）附近之草原，数召涅孚鲁思至，辄以足疾辞。涅孚鲁思终以与不花同谋而不自安，乃聚其所部诸千户、百户、将卒、卫士（Khassékis）等而告之曰：合赞实奉汗命欲杀彼与诸将，盖以彼等为不花之党也。宗王景庶为其妹夫，时营于也里附近，涅孚鲁思亦以此语告之，诱其畏罪而从己。同时涅孚鲁思之亲属，亦以其嫁女为名离合赞所。

3 月杪，合赞赴徒思，遣使者往召涅孚鲁思，约其会于克失甫河（Keschf）畔。涅孚鲁思知使者曾奉合赞命往汗所，新自汗所归，乃拷问使者，询以汗对己作何语。使者不能对，欲杀之，为母妻所阻止，然拘留使者不放还，而举兵叛，进袭克失甫河畔合赞营。有合赞统将三人结帐于河畔，涅孚鲁思以为合赞帐，围袭之，擒三将纵掠帐中物。合赞营于其地附近，闻讯急走祃拶答而。盖涅孚鲁思曾致书其党，声言宗王景庶、旭烈竹从己，故合赞欲往逮旭烈竹也。越五日,合赞至祃拶答而,集此州军,赴旭烈竹所,旭烈竹不及逃,遂被逮。然毅然否认与涅孚鲁思通谋,阿鲁浑送之至汗所[①]。10月7日,阿鲁浑命送至达蔑干,并亦失木忒之子宗王哈剌不花(Cara-Boucaï)杀之,缘亦有人诉哈剌不花与涅孚鲁思同谋也。

忙哥帖木儿退军后,5月初,阿鲁浑命脱合察儿往援合赞。越八日,遣使者二人赴呼罗珊,以此州课赋散赏防守此州之军队。然合赞已以军往讨叛徒。七日行八十程。5月8日师次剌亦干(Raïgan)[②]平原遇敌。然其军溃,合赞不能收散兵,乃率残军退哈勒不失(Kalbousch)而待父命。

涅孚鲁思获胜前二日,阿剌术(Aladjou)率哈剌乌纳思部[③]袭掠乞剌忒(Kélat)附近涅孚鲁思之辎重,涅孚鲁思引军追击。然哈剌乌纳思部掠后不复遵其将之命,多降涅孚鲁思,余人则返其驻地,阿剌术乃归合赞所。合赞留哈勒不失四十日。宗王伯都与纳邻阿哈(Narin Aca)以伊剌克、阿哲儿拜占两地之援军至,合赞进率此军进向哈不珊。

涅孚鲁思进军至察儿马干(Tcharmagan),以所率之军少,不

---

① 案此处恐误,应为合赞送之至汗所,非阿鲁浑。

② 其地在徒思区中,约广十二程,宽五程(Djihan numa 319 页)。

③ 马可波罗(Marco Polo)曾著录有此哈剌乌纳思部人,谓其为盗贼,奉戴一王,抄掠起儿漫一地。“无论人畜,遇之无得免者。虏卖壮丁,杀害老弱。我曾遇之,幸距一堡不远,得及时逃匿于其中。然我之随从数人被虏,一部分被卖,一部被杀。”(见所撰《行纪》,Bergeron 本第1卷第22页)马可波罗又言,此哈剌乌纳思部曾从察合台孙捏忽答儿(Nugodar)西征,捏忽答儿率领最恶暴者万人,经过巴达哈伤(Badakhschan)、迦叶弥儿(Caschmir)侵入印度,取也速丁(Yzz-ud-din)算端之都城底里(见《行纪》,Marsden 本第1卷第14章86页)。

足战，遂退。合赞引军追蹑其后，自占姆(Djam)至也里，见涅孚鲁思所弃牲畜遍地，半为其军所自有，半为掠之于本州之阿剌伯人与突厥蛮人者也。涅孚鲁思仅偕少数人向撒卜咱瓦儿逃，于酷暑中渡沙碛，合赞军不能进，遂驻夏于昔儿忽黑，旋驻冬于你沙不儿。1290 年夏，军食不继，命宗王伯都引军还，自率所部往讨抄掠术外因一带之哈剌乌纳思部人，已而又有哈剌乌纳思别部叛于撒剌哈夕，又进讨之。

涅孚鲁思从巴达哈伤至突厥斯单，往依海都，告以叛逃之故，言其无罪，并曰："弈棋中应使卒行，始成为将。"海都曰："既无罪，安用逃？"涅孚鲁思答曰："正人不得不效故事中之狐，奔走自救。有豺询其故，狐答曰：'国王适猎野驴。'豺曰：'汝非野驴何必逃？'狐曰：'俟其见我非野驴之时，我将负伤矣。'"海都笑，厚待之。涅孚鲁思之父阿儿浑统治呼罗珊垂三十年，权大，奢侈拟王者。涅孚鲁思袭其财与势，故秉性骄傲，海都诸臣皆恶之，常凌辱之。已而海都命宗王阿不干(Abougan)、月即伯帖木儿(Euzbec-Timour)以三万人助涅孚鲁思，并许其遣调驻守阿母河一带及涉布儿干(Schébourgan)[①]等处之兵。

呼罗珊之人闻此军至，大震恐。合赞进屯徒思附近，然以敌军人数众，乃退走匝迭干(Zadégan)，以集诸军。敌军追逐至于比思塔木始退走。然涅孚鲁思所引致之此军，曾在呼罗珊大肆其前所未闻之掠杀[②]。

---

① 钧案：此地前作黍布儿干。

② 见《史集》。瓦撒夫书云：其地畏涅孚鲁思之甚，人见牲畜奔走饮水，即曰："应是瞥见涅孚鲁思之像貌也。"

阿鲁浑完全信任撒都倒剌，故以政委之。撒都倒剌在其当政之两年中，曾以敏捷之方法与坚决之意志，清除历年积弊，帑中之存金遂积有金千秃满，由是其权势日增。虽任务繁重，阿鲁浑一日不见之则不欢也。

然其曾因事结怨于秃干。1289 年 10 月，阿鲁浑命秃干以军至呼罗珊平涅孚鲁思之乱。及军至，涅孚鲁思已退走，秃干遂还汗廷。撒都倒剌曾授意博士某劾秃干违驿令（Cara-tamga）[①]，多取驿马，按验得实，遂杖秃干十七。秃干由是怨撒都倒剌，肆诬谤，结合诸失势之蒙古贵人统将等同谋倾之。

有人谓撒都倒剌欲劝其主建立新宗教，欲访摩诃末以刀传教。瓦撒夫曾记录丞相撒都只罕（Sadr-Djihan）之语曰："一日见撒都倒剌于道上，我延其下骑与之言。彼曾以一建言书示我，其内容大致谓：地上常应有一统治其时代之人，其事由星宿之会合而表示之。其人为维持人类之秩序，有存在之必要。其人应时代与民族之需要，或以平和方法，或以威力恐怖，创设新宗教之法规。顾伊儿汗即具有此天使之资格云云。此书下有教长数人署名，并以箴言证明此说之真，就中有一教长曾书'人民从其君主之宗教'一语，撒都倒剌求我署名，我曾谢之。"

又有人谓阿鲁浑与撒都倒剌欲改黑石殿（Ca'aba）为偶像祠，强使穆斯林变为偶像教徒。撒都倒剌曾筹备兵侵默伽之举，同时并以呼罗珊富贵闻人二百人之名单一纸付眼科医师火者捏只不丁（Khodja Nedjib-ud-din），命往其地按名捕杀诸人。又命泄剌失长

① 钧案：疑即《元史》之海青符。

官犹太人苫速倒剌谋除此城之教师与贵人十七人。阿鲁浑初即位时，因微过而杀之人约有百人，人谓其出于撒都倒剌之唆使，缘阿鲁浑性甚慈，一日宴会见杀羊甚多尚有不忍之色，则其杀人必非己意[①]。

阿鲁浑颇敬博士[②]，信其方术。有来自印度之喇嘛教博士某者，自言有长寿秘术，曾用硫黄、水银合药以进。阿鲁浑服此药者八阅月，旋依诸博士言，退居帖必力思之子城四十日，不问外事。左右仅有斡耳朵海牙、撒都倒剌忽章与喇嘛方士数人随侍，日夜不离，及期满，赴阿阑驻冬，遂得疾。诸医治之，甫愈。有博士某者又以药三杯进，复病，继以麻痹，诸医束手。越二日，诸臣求其麻痹之故。有人言珊蛮曾以火灼骨，谓因巫蛊所致。阿鲁浑诸妇中有名秃黑察（Touctchac）者，术失合不妹之女也，人谓施巫蛊者即此人[③]。逮讯之，施以拷捶。秃黑察言欲博阿鲁浑之宠，曾用术以诱惑之。命其出示其诱惑之物，仅于其上书写数字而已。1291 年 1 月 19 日，遂将其与妇女数人并沉于水[④]。

撒都倒剌见阿鲁浑病，颇引以为忧，盖其逆知阿鲁浑若死，彼将不保也。乃与诸幸臣谋，求天愈其疾，大施财帛，释放罪囚。逾一月，见病愈重，复又广为慈善之举。一日致书七十封于诸官吏，命其救济穷苦无告之人，开释囚徒，并在报达豁免欠课三万底那，

① 见瓦撒夫书第 2 册。观此史家所集诸说，要是穆斯林见一犹太人执政心有未平而散布此说以诬之。

② 钧案：波斯语（Bakhschi）之称，固出于汉语之博士，然其用甚泛，致使元人不解其意而译其音曰八合失。此处之博士盖指方士。

③ 见《史集》。

④ 见瓦撒夫书第 2 册，《史集》。

散给泄剌失之教士与贫民一万底那，在其他各处所散施者称是，禁止诸可敦、宗王、妃主等之亲属侵蚀此种散施之金。

当欲开狱放囚之时，调查应释之政治犯，始悉亦失木忒之子宗王哈剌不花前此被禁于吉儿都怯者，已与宗王旭烈竹同被杀于达蔑干。并悉因速勒丹亦答赤传命而被杀者，尚有宗王十三人。诸珊蛮谓汗之致疾乃因诸王之死所致[①]。阿鲁浑疾愈增剧，诸统将秃合察儿、坤竹克巴勒、伊勒赤歹(Iltchidaï)、秃合勒(Tougal)等互结盟，谋除其敌，以报私仇，共劾速勒丹亦答赤未奉汗命，历将宗王旭烈竹、哈剌不花之诸幼子与秃黑察可敦处死。速勒丹亦答赤谓彼仅执行汗命，按问者乃命斡耳朵海牙面询其事于阿鲁浑，始知阿鲁浑对于此事一无所知。速勒丹亦答赤曰："汗已多时不能言，缘何知之?"诸将曰："既然如是，则未命所许害诸王。汗之得疾，乃汝所致。"3 月 4 日，杀速勒丹赤答赤[②]。阿鲁浑疾大渐，仅许朱失、撒都倒剌二人入其室。撒都倒剌密遣使至王子合赞所，促之速来取大位。盖其冀合赞在其父死前至，庶免被敌杀。然诸将之结盟者，见禁止他人入汗室，知汗已垂危，乃决定即除汗之诸幸臣。脱合察儿延朱失、斡耳朵海牙赴宴，即席杀之。秃干杀斡耳朵海牙弟忽章于阿鲁浑妃乌鲁黑可敦(Ourouk Khatoun)之斡耳朵中。2 月 29 日，秃合勒与阿里纳克之子忽鲁迷失逮撒都倒剌，送至脱合察儿营，翌日断其首。阿鲁浑不见其亲信者在侧，询其故，诸人设词以对，然阿鲁浑已揣其被杀[③]。

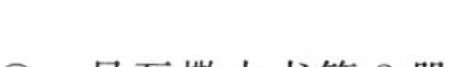

① 见瓦撒夫书第 2 册。

② 见《史集》。

③ 见瓦撒夫书第 2 册。

3 月 7 日，阿鲁浑死于八赤阿阑(Bagtché-Arran)，计自得疾至是已五月矣[①]。葬之于昔札思山(Sidjas)中，蒙古人名其山曰Avizé，其禁卫之诸什长奉祭三日[②]。

阿鲁浑曾在帖必力思西申卜(Schenb)之地建有离宫两所，两宫之间建设一城，而名之曰阿鲁浑尼牙(Argouniyé)。别于射鲁牙思附近蒙古人所名晃火儿乌阑(犹言牧骍之地)之草原，建设一城，后在完者都(Œldjaïtou)在位时代落成，而名之曰孙丹尼牙(Sultaniyé)[③]。阿鲁浑所建诸宫亭中，著名者有秃马温山下剌儿(Lar)夏宫中之阿鲁浑亭。

然其最嗜者要为方术，东方方士多莅其所，虽耗巨金，阿鲁浑从不罪之，仍以金供其试验。一日诸方士在阿鲁浑所辩论造化之秘密，辩毕退出后，阿鲁浑语著名学者泄剌失人忽都不丁(Coutb-ud-din)博士曰："汝为学者，汝以我为突厥人，必受此辈之愚，其实我常思使此辈长眠。顾方术必为一实在学术，必有一人知之。若不善待此辈无识之人，而致之死，此真正学者将不敢来见。"然在不少无益的试验以后，阿鲁浑亦疑此种所谓学术之非真[④]。

阿鲁浑死讯得悉之时，其驻所之士卒剽掠其地穆斯林与犹太

① 《史集》谓其敏慧而温和，惟易致怒。《伊斯兰教王朝史》(第 2 册)则云："阿鲁浑残暴无学识，勇敢矫健，三马并列，能跃登第三马。"

② 见瓦撒夫书第 2 册。昔札思山在蒙古人所称为晃火儿乌阑草原之南，盖因昔札思城而得名。其城先已为蒙古人所毁。蒙古人依国俗，不以阿鲁浑之葬所示人，然后来曾发现之。曾于其地建墓堂一所，礼拜堂一所。阿八哈昔曾在此水草丰肥之地建有离宫一所(Djihan-numa 297 页)。

③ 钧案：此名犹言算端城，此从《元史·西北地附录》译名。

④ 《史集》云：此辈方士耗巨金而为提炼、蒸升、溶解、参合、精溜、蒸溜、销之成蜡质。腐朽之、榨取之、使之发酵。翻之、覆之、滤之、调之、润之。

人之家宅,掘其帐下之地而求藏金,并散布于附近各地,夺取所见之物。穆斯林闻撒都倒剌之死,大悦。全国中之犹太人遂受残忍之虐待,报达一城,其财产皆被劫掠,最富之犹太人百人因以致贫[①]。

辛图儿、脱合察儿、伯黑塔等在新君未立以前,任命诸州长官以维秩序,然全国仍不免于乱。其在职官吏拒不服从,罗耳君长额弗剌昔牙卜以为蒙古人之统治已届末日,而波斯之王位将属于首先夺取此位之伊斯兰教君长,乃于是年之 5 月起兵,进据亦思法杭。摄政诸人命秃剌歹率万户军往讨,并命亦思法杭、泄剌失两州之蒙古军与伊斯兰教军随征。秃剌歹军近亦思法杭,额弗剌昔牙卜之守将逃,蒙古军进躏耶司德城,额弗剌昔牙卜逃避满札失特堡,罗耳一地遂被残破[②]。

① 见瓦撒夫书第 2 册。《世界史略》(592 页)云:"自阿剌伯人在亚洲发展其国势以后,犹太人从来未跻高位,多执织工、染工、鞋工等业,较高者或微有资财者,则在穆斯林不屑于营业之地为医师或书手。顾至蒙古人入主西亚以后,从来不知尊重材技功能,亦不以世家阀阅任城乡之官,在奴隶与自由人间,不予判别。对于穆斯林、基督教徒或犹太教徒亦然。其治一切民族,皆以同一牧杖驭之。任何人以赠物献者,即可得其所欲之官职。至官之大小,其人是否胜任,一概不问。惟须其人时常谄谀绝对服从而已。""撒都倒剌独执政务,不附斡耳朵中之贵人,阻其取与,轻视诸异密、诸统将与诸贵幸。世人只知宫廷中能为祸福者仅有此犹太人,是以世界各地之犹太人来依撒都倒剌者为数甚众,咸谓上帝以此人付与犹太民族者,盖为拯救此民族也。及阿鲁浑得疾,撒都倒剌甚忧恐,曾竭力而求其疾之愈。斡耳朵中之诸异密与诸贵人曾受此犹太人之轻蔑者,见阿鲁浑之无救,遂群起抨击此犹太人,谓阿鲁浑之疾,盖因撒都倒剌之弊政所致。阿鲁浑死,遂杀撒都倒剌。旋遣使诸州,逮其兄弟亲属,籍没其财产子女奴婢。此辈犹太人之幸而未被杀者,仍返其原始微贱地位。此时代虐待犹太民族之情形,非笔墨所能形容者。报达一城,诸穆斯林持兵攻击犹太人所居之区,欲抄掠之,然被犹太人所攻却,双方伤亡为数甚众。"

② 见瓦撒夫书第 3 册。

阿鲁浑死后之五日，诸将遣驭马使豁班（Coban）赴呼罗珊告丧于合赞。翌日，又遣拜滩（Baïtan）赴报达伯都所，烈杰赤赴鲁木乞合都所。

烈杰赤之赴报达，不仅报丧，且以汗位奉乞合都，并促其至。然诸将遣烈杰赤行后，又中悔，脱合察儿曾言乞合都如嗣位，将引用其鲁木之旧人。诸将又畏合赞之性严，亦不欲奉之为主，遂决定推戴旭烈兀之孙、塔儿海之子、宗王伯都，左手诸将辛图儿、撒马合儿[①]、秃剌歹、伯黑塔、伊勒赤歹、坤竹克巴勒[②]、秃干、秃合勒等皆从之[③]。乃遣巴里匝的（Balizad）往告乞合都，言已以汗位奉伯都。乞合都闻讯，拷询使者，命其指出中变之主谋，并遣拜忒迷失忽失赤（Baïtmisch Couschdji）率前锋军先行。

遣赴伯都所之使者，告以诸将推戴之意，并言宗王中彼为长，请速正位。然伯都小心谨慎，疑诸将之意非诚，答曰：根据成吉思汗法令，应以故君之子或弟嗣位，彼不能承此重任。且曰："祖宗既已使王位如同金桥，并指定宗族中何人先行，设我为此事，将无以对祖宗也。"旋以诸将劝进书连同报告选举诸书送致乞合都，徐向忽儿班失剌（Courban Schira）进行。复由此地赴忽亦忒不剌（Couït boulac）[④]，诸将自各处来迎者，闻其不受推戴，颇狼狈失措，且畏乞合都之报复。其主张推戴伯都最烈之秃干欲逃岐兰（Guilan），然被逮，伯都庇之，乃使人监守之，以待乞合都之至。辛

① 钧案：此处又作沙马合儿（Schamagar）。

② 钧案：此名若从《元史》译例似应作宽阇班。

③ 见《史集》。

④ 蒙古语此言寒泉。

图儿命将脱合察儿拘留，坤竹克巴勒则走阿剌塔黑，秃合勒则走谷儿只边境[①]。

5月23日，宗王速海(Sougaï)、统将出班(Tchoban)、忽鲁迷失暨诸可敦之斡耳朵，闻乞合都来至之讯，皆赴阿剌塔黑道上迎之。统将一人率军四千人继进。26日夜，有三将潜逃鲁木。次夜诸卫士(Éyou Oglans)亦从同一方向逃亡，已而其他诸将皆逃，由是乞合都之位遂固。其主张乞合都嗣位最力者，盖为阿鲁浑妃乌鲁黑可敦。乌鲁黑者，旭烈兀妃脱古思可敦之侄女也[②]。

阿鲁浑在位时代，埃及人之侵入仅有一次。1286年时，有千骑自阿勒波侵入马儿丁诸山之中，进至辛札儿，蹦破所过诸地。曾在毛歹里城下败此城蒙古戍兵五百，斩馘二百退还[③]。

阿鲁浑颇爱护基督教徒[④]，曾仿从前在位诸汗，与欧洲发生关系。1288年时，曾遣使至罗马，使者名曰把扫马(Bar Sauma)、撒八丁也里可温(Sabadin Arkhaon)[⑤]、脱马思(Thomas de Anfusis)三人，别有译人名月吉惕(Uguet)。把扫马者，畏吾儿修士，曾经景教总主教牙哈八剌哈(Yahaballaha)任命为畏吾儿之主教者也[⑥]。时尼古剌四世(Nicolas IV)甫当选为教皇，得使者所奉书，

① 见瓦撒夫书第3册。

② 克烈部长王罕(Ong-khan)孙，脱古思可敦之兄弟，撒里哲(Saridjé)之女。

③ 见《哈剌温传》。

④ 海屯书(第38章)云：阿鲁浑爱护基督教徒，曾修复其教堂。所以阿美尼亚、谷儿只两国国王与夫东方之基督教徒，皆求其援助，恢复圣地。斡儿帛良书亦云：阿鲁浑颇爱基督教徒与其教堂(见《阿美尼亚记》第2册164页)。

⑤ 也里可温者，蒙古人以名基督教徒之概称。

⑥ 钧案：把扫马非畏吾儿主教，实为唐兀(Taugut)、汪古两部之主教。至若牙哈八剌哈，似为汪古(Ongut)部人，把扫马生长之地似在大都。

乃于1288年4月10日作答书。其意略谓得汗书及聆使者之言，甚喜。其尤慰者，指挥大地诸君主心灵之天主，不惟感格阿鲁浑，使之善待其所属之基督教民，且使之表示其欲发展基督教疆域之意思。复次教皇表示其感谢之意，并为蒙古汗列举正教之信条。若天主之子舍身救世之事业，若其复活及其升天，暨在升天之前，以天国锁钥付与使徒之长圣彼德(Saint-Pierre)，并命其以之传与其诸继承人之事。凡为基督之代理人在地上所系结解放者，并在诸天系结解放之。教皇尼古剌遂以基督代理人与圣彼德继承人之名义，奖励蒙古汗，使之进入惟一拯救道途。

同日教皇又致书于阿鲁浑曰：闻使者言，其汗若能夺耶路撒冷国于逆徒之手，拟于此耶路撒冷城中受洗。此意固佳，然不如先行洗礼，得上帝之助，将不难拯救此国。且为拯救自身计，受洗之事亦刻不容缓。此事将使上帝嘉悦，而使其臣民增加云云。

教皇同日并致书于二蒙古王妃名秃黑丹(Touctan)[①]、耶勒合(Élegag)者，盖闻其归依正教并传布正教之事，教皇故作书励之[②]。

有弗郎西士派教士数人与约翰孟帖哥儿维诺(Jean de Monte-Corvino)，传教东方有十年，曾于1289年归罗马，进言于教皇，谓阿鲁浑与贵人，甚至寻常鞑靼，皆有改从基督教之意。由是证实阿鲁浑使者之语。后至约翰孟帖哥儿维诺重返亚洲之时，教皇尼古剌四世曾以致蒙古汗书付之，书题年月为1289年7月

① 案：秃黑丹可敦为阿八哈之妃，乞合都之母。乞合都者，即世人传其已受洗而名尼古剌者也。

② 见 Odor. Raynaldus t. IV, P. 41. & 42。

15 日。略谓，闻此弗郎西士派教士言，阿鲁浑对于教皇，对于罗马教会及其他基督教会，皆表示敬爱之意。约翰及其伴侣留居东方之时，曾受善待，并言此汗爱护基督教徒。尼古剌表示忻悦之意，因再促其速行洗礼，如去年交由把扫马转致书中之所言者。且谓除基督教外无他拯救方法，顾人生之无定，不如从速归依，俾免地狱之罚，而获得永乐之赏。书末复以约翰及其伴嘱之。

已而阿鲁浑又遣使至罗马。使者吉那哇（Gênes）人，名不思迦莱尔（Buscarell de Gisulf），以阿鲁浑书呈教皇。其书略谓待至赤十字军远征之时，此汗将从教皇之愿，起兵往救圣地，顾使者并受命诣英吉利国王爱都哇儿一世（Édouard I）所。教皇尼古剌四世曾于 1289 年 9 月 30 日作书致英王，嘱其善待使者，并注意使者所转达阿鲁浑之言[①]。

不思迦莱尔曾以阿鲁浑书奉法兰西国王菲力帛（Philippe-le-Bel），其书用畏吾儿字写蒙古语，今存法国档库中。兹译其文如下：

> 长生天气力可汗福荫的阿鲁浑，谕法兰西国王曰：使者马儿把扫马（Mar Bar Sevma）、撒胡剌（Sakhora）来言，伊儿汗进兵埃及之时，吾人将起兵与之会合。我闻此言，信天之助，乃约定将在豹儿年冬末一月[②]起兵，于春初一月十五日前后[③]营于大马司城下。设汝践约如期出兵，设吾人赖天之助，夺取

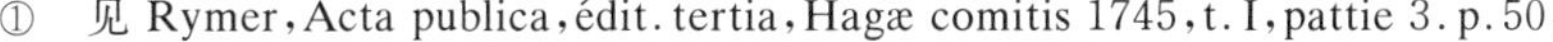

① 见 Rymer，Acta publica，édit. tertia，Hagæ comitis 1745，t. I，pattie 3. p. 50。

② 1291 年 1 月，钧案：原文必是巴儿思（bars），此言虎亦可训为豹。

③ 约在 2 月 20 日间。

耶路撒冷，吾人即以此地畀汝。第若不以兵来会，将使吾人出兵无益，似乎不合，则使人不知所为矣。我今遣木思客里勒忽鲁赤(Mouskeril)[①]告汝，设汝遣使至此，须遣娴习数种语言之使臣来，吾人将在长生天气力里同可汗福荫里对汝满意。此书在牛儿年夏初一月写于浑都仑(Coundoulen)[②]。

不思迦莱尔所致之阿鲁浑书，当时法国宫廷必无人能读，所以附有译文[③]，发挥原书之意，其内容大致如下：阿鲁浑以预备会兵共取圣地之意通知法兰西国王。设若国王亲以兵来，阿鲁浑将偕

① 案：即 Buscarell。盖蒙古人与突厥人常以 m 替代 b 声。忽鲁赤(Couroudji)犹言执王之兵器者，与波斯语之 Silahdar 同，并以此名君主之卫士。钧案：此忽鲁赤乃《元史》火儿赤之讹，是为佩櫜鞬侍左右者，应改作 cortchi 或 cordji(案：照多桑写法)。

② 是为蒙古语地名，未详为何地。烈木撒(Abel Rémusat)在其所撰《诸基督教国君主暨法国国王与蒙古诸帝之政治交际》一文(104 页)中曾云："阿鲁浑此次之遣使，在教廷档案中仅见一文著录(见 Acta Rymer t. II，P. 5291)。是为教皇以鞑靼王预备援助圣地事通知英吉利王爱都哇儿一世书。设若吾人不在法国档案库中发现关于此次遣使之文两件，吾人亦不知有此遣使之事。此二文一为阿鲁浑致法兰西国王之原书，书卷用棉纸写，长六尺半，高十拇指。一面黑字三十四行，别钤朱印三方，其印方五拇指有半。书中用畏吾儿字写蒙古语，须上下直读之。印文有古体汉字六。是殆为欧洲所藏最古之文。别一书内容意旨与前书同，附有法文注释，应是使臣解释阿鲁浑书之语。此阿鲁浑书为东西两地所保存蒙古语之最古遗文。其汉文印应是大汗于册封时并赐阿鲁浑者。汉字用篆文，观其文可知大都(Khan balikh)所授波斯王之官职不大，印文表示其为平章诸国宣抚使。"(钧案：原译作国务大臣。兹重译作平章，未审是否。伯希和在《基督教东方杂志》有特别撰文。研究蒙古人与教廷交际事。今未见此文，容续考之)。烈木撒曾略述阿鲁浑书之内容，然原书已由 Jac. Schmidt 根据烈木撒之影印本译为德文(1824 年圣彼得堡出版)。吾人复由此德文译本转为法文，中有一二处文虽不明，吾人以为似达其意。此文中之特点，则在凡天字同可汗字，皆另行抬头写，且较他行为高。

③ 此文现存法国档库，并见烈木撒撰文中(172 页)。

谷儿只之二基督教国王至少以兵二万骑往会。顾法兰西王与其诸藩臣颇难运送所需之马渡海，阿鲁浑将以马二三万匹赠之或售之。阿鲁浑且能在鲁木为之预备粮储，将命人以牲畜、骆驼、谷面及其他军食付之。书后言法兰西国王之使臣借词阿鲁浑非基督教徒，不守蒙古礼节行跪拜礼。阿鲁浑曾命大官谕之三次，见其不欲跪拜，仍许进见，并厚待之。嗣后如再遣使，得不再蹈火，惟必使其遵守其宫廷遵循之礼节。

不思迦莱尔似曾于第二次奉使至英国。盖教皇尼古剌于1290年12月10日致英国国王爱都哇儿书有云：鞑靼名王阿鲁浑之使者，原名察罕（Zagan）者，近由斡思梯牙（Ostie）主教授洗，改名安德烈（André）。其伻名阔儿吉（Gorgi）者，亦受洗改名朵密尼迦（Dominique）。今偕吉那哇市民不思迦莱尔（Bascarellus de Gisulfo）及莫剌许司（Moracius）赍赠品赴汝国，希善待之，并注意其转达之词，并速遣其归，缘吾人欲遣专使随之往谒其王也[①]。

1291年8月21日，尼古剌四世再致书于阿鲁浑，言已在其使臣察罕之手接来书，并如其所愿，以其所致爱都哇儿王书转致此王。教皇在此书中复促其从速入教，并曰：既使其爱子尼古剌（Nicolas）[②]受洗，公然表示其可赞美之意思，曷不自行受洗？教皇于付托其国之基督教徒之后又云："至若吾人未以使者所索之物献者（疑是贡品），盖任教职之人不用此物也，幸殿下勿以为异。"书末

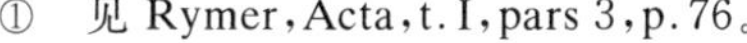

① 见 Rymer，Acta，t. I，pars 3，p. 76。

② 钧案：此尼古剌乃指合儿班答。

并以执此书往谒之弗郎西士派教士吉约木(Guillaume de Cherio)、马太(Mathiu de Civitate Theatina)二人托之。

二日后,尼古剌四世因本教之敌夺据阿克儿(Acre)、梯儿(Tyr)两城,又致书于蒙古汗,言已致书于诸信奉正教之君主,励其联合其力恢复圣地。英吉利王爱都哇儿不久将以大兵渡海,本人已命诸基督教国发动十字军以讨穆斯林。设得阿鲁浑之助,其事必成。尼古剌促其从速举行洗礼,并遣军恢复圣地。

教皇并以致乌鲁黑可敦书付此二弗朗西士派教士。教皇在此书中言其闻可敦信奉基督教甚喜,并嘱其劝阿鲁浑之二子撒伦(Saron)、合赞(Cassian)入教。别作致此二王书,劝其皈依,并以此二弗朗西士派教士托此二王保护,此书盖作于是年 8 月之 13 日也[①]。

教皇致合赞书,作于 8 月之 23 日。尼古剌在此书中列举本教信条,谢其善待基督教徒,劝其皈依,并以吉约木、马太二教士托之。别又致书于统将脱合察儿,其内容盖同。

教皇别又致书于阿鲁浑之别子,即其所名曰尼古剌者是已。此王原名合儿班答(Kharbendé),后在 1304 年即位,名称算端完者都(Œldjaïtou)。尼古剌四世对于其受洗,表示欣悦之意,并劝其热心履行基督教之义务,切勿变更其衣食生活习惯,仍守其受洗

---

① 乌鲁黑可敦者,克烈部王王罕之曾孙女,时为基督教徒。海屯书(第 45 章)曾证明其事云:"此妃终身信仰基督之教,常举行圣课。其处常有一基督教士及礼拜堂一所,由是其子合儿班答(Carbaganda)受洗,名称尼古剌。此人于其母在生之年,信仰基督教,然在其母死后,则与穆斯林为伍,改从伊斯兰教。"案:教皇尼古剌所指之 Cassian,即阿鲁浑之子合赞(Cazan,Gazan),后在 1295 年即位者也。然考《史集》中所列举阿鲁浑之子四人,无名撒伦者。

前之同一习惯，俾免同国人之疑忌离贰。复次教皇说明教义，并以执书之二教士托之①。

① 见 Odor. Raynaldus, ib. p. 106 & 108。

第三章　乞合都

乞合都之即位——鞫问摄政诸人——任命——乞合都之赴鲁木——其归——其病——其举行即位典礼——其赏赐——埃及人之取哈剌特鲁木——起儿漫事件——额弗剌昔牙卜之被擒与被宥——合赞——撒都鲁丁阿合马之执政——乞合都之滥用无度——其淫逸——丞相之信任——国库之空虚——发行钞币——其失败——其废止——宗王伯都谋叛之原因——脱合察儿之背逆——乞合都军队之离贰——乞合都之逃亡与被害

乞合都[①]者，阿八哈子，母朵黑丹可敦，塔塔儿(Tatare)氏。1291年7月22日，诸可敦、诸宗王、诸将等在阿起剌特附近之一地奉之即汗位。

新伊儿汗[②]依俗宴乐以后，于8月初旬，逮前此执政诸人，询问阿鲁浑死时之情形，暨擅杀其相与宫中诸大臣之罪。第一次鞫

---

① 蒙古语名犹言可惊可羡。

② 案：Il-Khan，蒙古语犹言国王，是为藩王之号。旭烈兀与其嗣位诸王，皆自视为隶属帝国之藩臣，帝国之长则独名可汗(Khacan)。旭烈兀朝名伊儿汗朝，世人名旭烈兀本人曰大伊儿汗。

讯时，乞合都亲临，以辛图儿在诸将中位较尊，乃首先追问之。辛图儿答曰："诸将皆在此，伊儿汗可询之，将知我之过与各人之过孰重。"诸将皆言脱合察儿、坤竹克巴勒为诸乱首谋，撒马合儿、伯黑塔附之，四人定议以后，始告辛图儿。辛图儿曾言，凡事愿与同谋。辛图儿曰："诸人势大，我焉能拒？否则我将与朱失、斡耳朵海牙同死矣。"乞合都善其对，释辛图儿。其他诸人冀汗宥，亦皆服罪[①]，乞合都并宥之。惟笞脱合察儿、坤竹克巴勒各三下，夺二人之万户军，以畀那颜必哈兀勒(Bighaoul)、辛图儿二人。夺秃合勒之万户军，以畀纳邻阿合马(Narin Ahmed)[②]。秃干尚在狱，朱失、斡耳朵海牙之家属欲复仇，然乞合都不愿正其罪。乌鲁黑可敦乃进言曰：此人创此巨乱，设宥之，是无异鼓励罪人。乞合都乃言秃干宜处死。阿黑不花(Acbouca)之怨秃干，与乌鲁黑可敦同，闻言即出，命斡耳朵海牙之诸子往杀其父之凶犯。

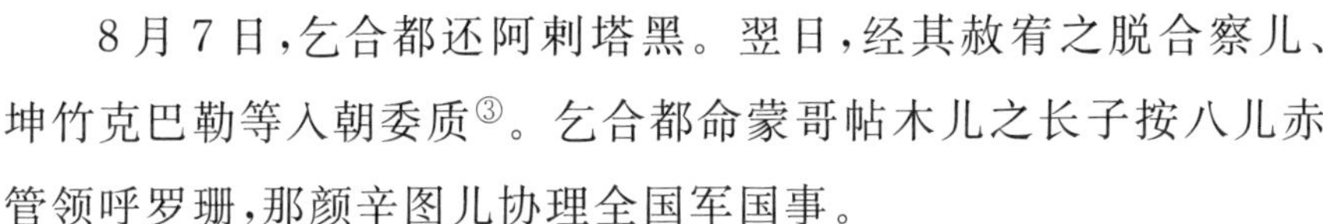

8月7日，乞合都还阿剌塔黑。翌日，经其赦宥之脱合察儿、坤竹克巴勒等入朝委质[③]。乞合都命蒙哥帖木儿之长子按八儿赤管领呼罗珊，那颜辛图儿协理全国军国事。

9月1日，乞合都往讨鲁木之乱。当时其位未固，遽离都城，不免有人造乱。及乞合都平鲁木之乱还，那颜辛图儿闻汗在归程中，又闻脱合察儿谋为变，乃将其逮捕，以二千人送致汗所。然乞合都不以为罪，反厚遇之，并释帖必力思城奉辛图儿命所捕之撒都鲁丁阿合马哈力底(Sadr-ud-din-Ahmed Khalédi)。凡谋变之诸

① 见《史集》。

② 见瓦撒夫书第3册。

③ 见《史集》。

宗王、异密等，一概宥之。

乞合都归阿剌塔黑，未久得重疾，命伊斯兰教诸博士教长、基督教诸主教修士、犹太教诸长老，祷告上帝，为之祈福延寿，同时广为布施①。

乞合都病愈，遂依俗行即位礼。先是乞合都入承汗位时，诸星者言天象不利，故改期于还自鲁木时行即位礼。至本年之6月，始接受诸宗王、诸将之誓书，正式即位，宴乐一月。从前在阿鲁浑时因滥杀而充溢之库藏，至是因赏赉为之罄，前此诸汗所保存之珍宝，概为乞合都分赐于诸可敦妃主。且曰：此物只能供妇女之装饰也。开狱释囚，散舍布施，豁免诸伊斯兰教博士、摩诃末后裔及诸学者一切课税②。

宫廷宴乐之日，适接埃及军进取额弗剌特河右岸距毕莱特城北不远哈剌特鲁木堡之讯。埃及算端阿失剌甫(Aschraf)亲自引军攻城，6月29日拔之③。先是埃及算端哈剌温承贝巴儿思之遗志，欲将富浪人驱逐于西利亚境外，历取马儿哈卜(Marcab)、老底射(Laodicée)等城，并毁当时工商繁盛之特里波立城(Tripoli)。时基督教徒所据之要地为阿克儿(Acre)④。哈剌温将自开罗往取之，会死，时在1290年11月10日，得年六十八岁。其长子撒里黑已前死，次子蔑力阿失剌甫撒剌丁哈里勒(Mélik El-Aschraf Salah-ud-din Khalil)嗣位，继承遗志，于1291年取阿克儿城，毁

① 见瓦撒夫书第3册。

② 见瓦撒夫书第3册。

③ 见马克利齐书第一篇。

④ 钧案：即圣让答克。

之。旋尽取赤十字军所余存之梯儿、脱儿脱思(Tortose)、别力特(Beryte)三城,遂将富浪人完全驱逐于西利亚境外。次年5月28日,阿失剌甫又引军进攻哈剌特鲁木堡,以炮二十具围攻三十三日,拔其堡,其防守之蒙古军与阿美尼亚军尽死。被俘者,除妇孺外,男子有千二百人。此堡自1268年来,即为阿美尼亚派大主教驻在之所。埃及军焚堡中宫殿及大主教堂,徙大主教及诸修士于耶路撒冷,嗣后诸大主教改驻西里西亚都城昔思。哈剌特鲁木犹言罗马人堡,兹埃及算端改名曰木速蛮堡[①]。其在报捷大马司城之书中曾云:"此次胜利以后,如得上帝之助,只须侵略东国(犹言波斯)、鲁木、伊剌克三国,占据东西两界中之诸地。"[②]乞合都遣军往援,及至,埃及人已退走[③]。

其后未久,乞合都遣使奉书于埃及算端,言其将有意往驻其祖旭烈兀所取之阿勒波城,并将重取西利亚。阿失剌甫答曰:"汗意与我正同,缘我亦计划取报达,重立为伊斯兰教之首都,行将见我二人何人先至。"同时阿失剌甫命西利亚军准备战事[④]。

乞合都之初即位也,依蒙古俗娶其父阿八哈之妃巴的沙(Padischah)可敦。1292年,废可敦弟起儿漫主札剌勒丁锁咬儿哈的迷失(Djélal-ud-din Soyourgatmisch),而以巴的沙可敦代之。先是哈剌契丹朝之开业主博剌克,在花剌子模沙札阑丁君临波斯时代,据有起儿漫。1335年死,其子鲁克那丁时往朝大汗窝阔台,

① 穆斯林堡。

② 见诺外利书,《世界史略》596页。

③ 见《史集》。

④ 见马克利齐书第一篇。

在道闻耗,仍东进。窝阔台嘉其忠顺,乃册封之为起儿漫王,而畀以骨咄禄算端之号,命新主归后遣其摄政之从弟忽都不丁入朝[①]。大汗蒙哥即位之初,命忽都不丁往代其从兄为起儿漫主。鲁克那丁闻讯,逃报达。哈里发不敢开罪于蒙古,不敢纳。鲁克那丁乃入朝斡耳朵,忽都不丁继至,二人共诉于蒙哥前,蒙哥袒忽都不丁,以鲁克那丁畀忽都不丁,忽都不丁乃杀其从兄而归起儿漫[②]。

1257 年,忽都不丁死。蒙哥册封其子速勒坛哈札只(Soultan Hadjadj)嗣为起儿漫主,顾其年尚幼,乃以其父之妃忽都鲁秃儿罕(Coutloug Tourkan)摄国政,凡十有五年。速勒坛哈札只既长,自主国事,因受人教唆,致与忽都鲁秃儿罕不和。忽部鲁秃儿罕之女巴的沙可敦为阿八哈妃,以是往求阿八哈,阿八哈乃命忽都鲁秃儿罕为起儿漫主。速勒坛哈札只不自安,避往底里。后十年,底里算端札剌勒丁忽鲁只(Djélal-ud-din Khouloudj)以军送之归,未至,死于道,时忽都鲁秃儿罕在位已十二年矣。会塔兀答儿即汗位,忽都不丁之次子札剌勒丁锁咬儿哈的迷失入朝委质,得汗母忽推可敦与那颜速浑察之助,受起儿漫主之册封,奉命往代忽都鲁秃儿罕,于 1282 年返起儿漫。忽都鲁秃儿罕既被废,乃赴斡耳朵,时诸可敦、诸异密及丞相苫思丁摩诃末又助之,欲令与锁咬儿哈的迷失共主起儿漫事。然党于锁咬儿哈的迷失者言,诚若是,恐锁咬儿哈的迷失与阿鲁浑合,盖当时阿鲁浑业已举兵于呼罗珊也。诸人主张应留忽都鲁秃儿罕于汗所,待锁咬儿哈的迷失入朝之时决之。

① 案:忽都不丁为博剌克弟塔尼古之子。

② 见《史集》中窝阔台、蒙哥两汗之同时诸王传。

汗从其议，其后未久，贤明治国二十五年之忽都鲁秃儿罕死于帖必力思。阿鲁浑立，召锁咬儿哈的迷失至，鞫讯之，殆以其党于阿合马也。赖丞相不花为之解，不特不罪之，并许其仍主国事，且以起儿漫之税课供其扑买，为价六十万底那以二十九万上供，余畀锁咬儿哈的迷失为留州之需。至是乞合都娶其父阿八哈妃巴的沙可敦，于即位之始，即以起儿漫畀巴的沙可敦。1292 年巴的沙可敦至起儿漫，囚锁咬儿哈的迷失。锁咬儿哈的迷失逾狱逃，然被获。9 月 12 日，巴的沙可敦命杀之[1]。

罗耳王额弗剌昔牙卜之逃满札失特堡也，秃剌歹进围之，额弗剌昔牙卜出降，秃剌歹送之至乞合都所。因乌鲁黑可敦与巴的沙可敦为之解，得释归，留其弟阿哈马(Ahmed)为质于汗所[2]。

合赞因敌军众，不敌，弃呼罗珊，退至西模娘。得其父阿鲁浑死讯，闻乞合都即位，遣使入告其军败退与呼罗珊不守之讯。已而宗王按八儿赤以援军至，乃还呼罗珊。在 1292 年春，进兵至也里，残破其地，居民饥，猎物为食。

1293 年春，合赞命统将忽都鲁沙(Coutloucschah)留守呼罗珊，自往朝乞合都。然其自阿八哈耳遣赴汗所之使者奉汗命还，命其急还呼罗珊，合赞不从，进至帖必力思。乞合都遣二使至此强之还镇，及合赞还，忽都鲁沙已败涅乎鲁思。自是以后，涅乎鲁思势遂不振，退入你沙不儿附近山中[3]。

---

① 见 Tarikh Gouzidé，第 4 篇第 10 章。《乐园》第 4 册《起儿漫之哈剌契丹朝诸算端世家》。

② 见 Tarikh Gouzidé 第 4 篇第 11 章。

③ 见《史集》。

乞合都命阿黑不花为都元帅，以辛图儿脱合察儿副之。命其幸臣哈散（Hassan）、台术（Taïtchou）二人管理汗有私产。时国相虚位，有赞章人撒都鲁丁[①]者，为脱合察儿之征税官，欲得之。其人在先朝因籍没诸得罪之蒙古贵人而致富，乃贿结可能助彼之诸权要，遂得都元帅阿黑不花之庇。时有人以汗廷、诸可敦斡耳朵及诸将所从事之人，堪承相位者，列名以呈乞合都，然未列撒都鲁丁阿合马哈力底之名。乞合都言堪承相位之人无如撒都鲁丁阿合马者，诸可敦与诸贵人乃从旁延誉之。1292 年 11 月 19 日，遂命之为相。撒都鲁丁请改名曰撒都只罕（Sadr-djihan）[②]，乞合都欲厚其恩数，赐以金印（altamga）、鼓纛，命为万户总管。并布教令，禁止诸异密、诸可敦、诸宗王等动用公帑，并不许诸人等因财政进言于汗。

新相之弟名忽都不丁阿合马（Coutb-ud-din Ahmed），乞合都命之为大断事官（Cadhi-ul-Coudhat），并许其裁判关于宗教及伊斯兰教法律诸事，并管理宗教基金，监察一切慈善局所。忽都不丁遂亦改名曰忽都只罕（Coutb-Djihan）[③]。

乞合都滥用无度。自窝阔台以来，厚赐臣下无有逾于此蒙古汗者。其赐诸可敦，每次常有三十万之多。其受诸大藩臣或其他君主供献之物，常不过目，或以赐诸可敦抑诸公主中之一人，或以分赏诸臣。

此汗嗜酒，兼好男女色[④]，蒙古贵人之子女多为所污，妇女多

① 钧案：即撒都鲁丁阿合马哈力底。

② 犹言世界之长。

③ 犹言世界之极。

④ 见瓦撒夫书第 3 册。

远离宫廷，或送子女于远地以避之[①]。乞合都既沉溺于酒色之中，所以尽委政事于其相，相权遂重。撒都只罕受任之初，即擅易甫经任命之各地知事，凡事皆自决，不取汗命，且不谘询诸大臣，黜哈散、台术而以私产(indjou)[②]并入公赋(délaï)之中。二人既被黜，乃与倒剌沙(Dévletschan)及帖必力思城之诸绅耆数人合谋构陷之。1293年11月，乘乞合都驻于其一猎所之时，举发撒都只罕私蚀公帑，罄竭库藏，不供军饷与诸可敦斡耳朵费用之罪。并出帖必力思州之计账，言此州扑买之额八十万，其供丞相之私用者逾三十万。然乞合都明其诬陷，不为所动。撒都只罕入朝时，反以其事告之，并命以告者共其妻子畀之自鞫。且对众言，嗣后有言其相之非者处死。丞相命告者至，询之，诸人自承其罪请宥，乞合都许释不问。

至是布教令，命以东起阿母河西抵埃及界，全畀撒都只罕治理。许其任命一切官吏，所有诸可敦、诸将的掾属许其调用，并禁止诸宗王与诸将等不得动用公帑，以供其饮食之需，或其部曲粮饷抑其他用途之用。

先是阿鲁浑死，兽疫盛行，全国诸州蒙古军之牲畜多毙，尤以报达、毛夕里、底牙儿别克儿、呼罗珊四地为甚。帑藏又因乞合都初即位时之赏赐与犒军，耗费罄尽。益以乞合都之滥用无节，其相欲博众人之欢，所给常逾所求，且好为善举，国库遂空，两年间撒都只罕致不得不举债五百万。时全国之岁入共有一千六百万，通常

① 见《世界史略》628页。

② 钧案：蒙古时代封建之成分有三。一为分民，即所谓兀鲁思(ourous)；一为分地(yort)；一为分赋(indjou)。多桑书所谓之私产，盖指汗之分赋。

岁出须七百万，余皆供非常岁出与乞合都赏赐之需[①]。

处此竭蹶之中，有一败类名亦速丁木偰非儿（Yzz-ud-din Mozaffer）者，常奔走于丞相之门，因是献策曰："税课既不足以应君主之需，与诸可敦、宗王暨军队之用，而力又不能举债。设若一旦国有军事，则嫉者见丞相之不能求财以饷军，将以此为丞相罪。若征新税，将适足以致民怨而竭民力。我有一策，可救此弊。此策即在采用中国钞法。凡交易皆用钞，则将使现金充盈于国库矣。"丞相以其策善[②]，乃建议于乞合都，请发行钞币。时孛罗（Poulad）丞相自大汗所奉使至波斯[③]，乞合都以中国钞法询之，孛罗遂以钞法进。依其法似可使全国之现金皆归汗有，那颜辛图儿在诸贵人中为较明理者，以为此事将有害，持不可。撒都鲁丁言于汗曰：辛图儿爱银之切，是以反对用钞。1294 年 5 月，乞合都遂命造钞颁行。7 月 3 日，命诸将阿黑不花、脱合察儿、塔马赤（Tamadji）偕丞相赴帖必力思制钞[④]。钞以纸制，其形长方，上有汉字数字。钞上两面皆著伊斯兰教之词曰："上帝外无他上帝。摩诃末是上帝之使徒。"钞下著亦怜真朵儿只（Irentchin Tourdji）之名[⑤]，盖诸博士所上乞合都

① 《世界史略》（599 页）云，当时国帑因乞合都与其相之滥用无节而罄尽，且不能举债。由是不能以一羊供汗食。时有一犹太人名剌失德倒剌（Raschid-ud-dévlet）者，担任供给乞合都之饮膳，耗其大部分之私财，购入牛羊甚夥，并雇用厨夫。其任职之初，曾预约每月杪偿给其所垫付之费用。顾国库既空，所得之支付券不能支取一钱，此犹太人财产既罄，不能继续任职，遂逃。

② 见瓦撒夫书第 3 册。

③ 钧案：孛罗在 1284 年曾同爱薛使波斯，其事见程钜夫《雪楼集》卷五《拂林忠献王神道碑》。

④ 见《史集》。

⑤ 见瓦撒夫书第 3 册。

之尊号也[1]。钞中有圈，内著钞价，自半答剌黑木(drachme)[2]至十底那不等。下著禁令曰："世界之主在六九三年(1294)颁发此顺利之钞。有伪造者，并其妻子处死，财产籍没。"在各州建钞库，各库各有其库使、书手、出纳员及其他掾属。发令禁止全国使用金银，除汗与诸大臣外，不许以金银制器皿及金锦。其因此失业之金银匠，由钞库赡给之。凡持昏钞至钞库调换新钞者，钞库扣留其价百分之十。其赴外国之商人以钞至钞库易金者，必须逾境始许使用。

曾有人进言于乞合都，以为以钞代金之时，将不复再有贫民，货价必将大跌，所以有诗人作诗以赞钞之功利[3]。

1294年9月12日，始在帖必力思发行钞币，同时布令，有拒钞不用者处死[4]。人民畏死，故在其初八日中，不敢不用钞，然其后未久，市肆遂空，城中不复有物可买，人多迁徙，饥民赴附近园林取果为食。一日乞合都经过市场，见市肆皆空，颇以为异，询其故。丞相曰：某官死。凡有大官死，帖必力思居民例空其市[5]。时群众思乱，官府军队颇苦无法以抑之。诸穆斯林于星期五日群集礼拜堂为祈祷呼吁，旋公然诉其不平，已而共诅提倡钞法之亦速丁木偰非儿。后竟欲害丞相与其从者，丞相得脱围逃[6]。人民在暴动中，迫丞相之弟忽都不丁许用现金买卖，事后杀乱民数人以惩。丞相

① 见《史集》，《世界史略》594页。

② 钧案：每答剌黑木重约三公分有奇。

③ 见瓦撒夫书第3册。

④ 《世界史略》(600页)曰：曾命公吏在诸城宣告，其买卖不用钞而用其他货币者处死，其不以金银送钞库易钞者亦处死。

⑤ 见《史集》。

⑥ 见瓦撒夫书第3册。

见钞之为害，乃与其僚属等共请于汗，许用现金购买食粮，已而决定废钞，人民大悦。自行钞以来计两月，交易停止，市肆俱空，道途无人行[1]。反因建筑钞库、雇用掾属大费帑金。如泄剌失城者，建钞库费金五万。虽售纸一张，不得钞库使之许可者，不能为之也。

宗王合赞不欲钞币流行于其封地之中，见乞合都之使者赍钞与制钞之物来，乃请于汗曰：其地如祃拶答而境内，气候潮湿，虽兵甲亦不能保持一年，一纸之用过久，将如蛛网之薄，更难保存，遂聚而焚之[2]。

1294 年 6 月 12 日，伯都来朝于阿剌塔黑。一日夜宴，乞合都酒醉，与伯都争辩，命其侍臣一人殴之。翌日酒醒，甚悔，延伯都至，面谢而厚结之，并以己冠(kulah)冠其首[3]。伯都隐忍不较，归

① 见《世界史略》601 页。

② 见《史集》。

③ 见瓦撒夫书第 3 册。《史集》云：乞合都怒甚，设无乞合都之乳母博剌真额格亦(Boraktchin Igadji)从旁劝解，伯都殆不得生还。《世界史略》志其事云：乞合都之从弟名伯都，有一子貌甚俊，1294 年 7 月伯都与乞合都共宴饮谈笑。乞合都醉中詈辱伯都，伯都亦以恶声报之，詈其为奸生子。乞合都怒，命侍臣曳之出，欲即杀之。然乞合都卧眠移时醒，命诸大臣往讯其罪。伯都伪若不知其事者然，反询诸人乞合都何在，且曰速以酒来与之同饮，并讯诸人曰：我缘何在此小帐中？乞合都闻之，颇悔不应虐待伯都。及伯都微卧醒，乞合都命侍臣诸人往询其是否尚忆其醉中之言。伯都不承其事，且言虽被殴亦不觉，反以经过之事询诸人，诸人告之。伯都伪惊曰：足证乞合都爱我深，否则将我立时脔割矣！诸人以告乞合都，乞合都怒息，自往慰之，并以王袍衣之。伯都自承有罪应死，泣曰：我不知曾犯此罪，请汝以我之肉饲汝狗。乞合都愈感动，厚赐之，两三日间，所赐金银、骡马、锦衣、宝石，约值四十万。时其诸幸臣皆咎其主曰：不应辱伯都而虐待之，亦不应命粗人曳其发殴之伤。既为此，非赏赉慰抚所能平其气。别有人劝其除之，否则伯都将为患。又有人劝其不必至于此极，禁锢终身使不为患可矣。乞合都踌躇久之，乃询伯都能否留其子于汗所，伯都即命人往召之。乞合都命其自往，伯都急返其斡耳朵，遣其子至汗所。旋以游猎为名，赴哈马丹山中，命人以其受辱事告知阿鲁浑之子合赞。

至答忽哈附近其驻冬之所，以其事语诸将，其驻于报达州中之数将遂附伯都。而诸蒙古贵人见其主之淫逸无道，辱其家属，亦皆附伯都。伯都遂集兵，率之至毛夕里，杀其守将[①]，命人刺杀报达城守将摩诃末速古儿赤（Mohammed Sékourdji），公然揭举叛旗[②]。其他诸将皆从之[③]。合儿帖拜古列干（Gartébaï Kourkan）[④]自报达遣使告变，言现在汗廷之诸将秃剌歹、坤竹克巴勒、亦勒答儿（Ildar）、秃合勒、伊勒赤歹（Iltchidaï）等与叛人潜通。乞合都时在合兀巴里（Gaoupari），命逮诸将，其幸臣哈散、台术请急除之。时那颜脱合察儿为伯都党之主谋，持不可，请先召伯都至鞫问之。若召而不至，则叛迹显然，汗再处分诸将未晚。乞合都以为然，缶诸将以付脱合察儿，囚之帖必力思子城中，遣使往召伯都。同时脱合察儿阴使人召伯都速来，待其至，其党将拘乞合都以献。1295 年 3 月 12 日，乞合都发自阿八哈耳河，阿黑不花与脱合察儿各将万人先四日行。至第二站，脱合察儿率其军不告阿黑不花先行。阿黑不花使人询其故，则答曰：无牧地，故先行。阿黑不花责其违背军令，至是脱合察儿乃揭开假面具答曰："迄于今兹，代乞合都在国中执军令者为阿黑不花。然在今日，代伯都执军令者我也。"阿黑不花闻言惶惧，已而其所部士卒多弃之往从脱合察儿，阿黑不花仅率三百人归，告变于乞合都。时乞合都尚在阿八哈耳附近，见士卒之

① 见《世界史略》601 页。

② 见《史集》。

③ 《世界史略》601 页云："伯都与诸将曾遣使告合赞曰：乞合都不守成吉思汗遗教，荒淫滥用，不理政务，诸亲王、公主、可敦等决定废之，而欲奉汝嗣位。合赞答曰：汝为宗王长，吾人应从汝议，希善为之。

④ 案：娶蒙古君主之女者，皆于其名下加古列干之号，古列干蒙古语犹言婿也。

不从己，欲走鲁木。其侍臣言大势尚未去，不宜弃位逃，乃率数骑进向阿阑之斡耳朵。哈散、台术弃之去，其他侍臣亦皆散走，行至木干，驻于牧使营中。时坤竹克巴勒、秃剌歹及其他诸将被禁于帖必力思者，已被脱合察儿命人释出，适欲来掠其斡耳朵。路遇乞合都，遂执之。乞合都哀祈曰：前未觊觎汗位，乃受诸将之推戴。兹诸将既欲废之，彼自当服从。惟请贷一死，任何处置皆所愿也。诸将以恶声报之，拽之至一小帐中，以弓弦缢杀之，时在是年之 4 月 23 日也。从臣三人皆被杀。5 月 6 日，诸将聚于忽合剌(Cougara)、绰合图二水之汇流处，遣使往请伯都速来即位[1]。

乞合都即位之初，曾以阿鲁浑享年不久之故，询诸珊蛮。诸珊蛮答曰："杀戮宗王将卒太众。"乞合都恐结局相同，故在位四年未杀一人，甚至祸延数千人之罗耳叛王额弗剌昔牙卜亦宥其罪。

① 见《史集》。瓦撒夫书第 3 册记述此事之后结语云："其结局则全国以乞合都所爱者示之，质言之臀也。"

第四章　伯都

乞合都诸幸臣之被杀——伯都之第一教令——以脱合察儿为都元帅——其他任命——叛人涅孚鲁思之扰呼罗珊——其投降合赞——合赞之进兵伯都驻所——战——休战——两王之会晤——调解——伯都援军之至——合赞之难境——其许涅孚鲁思自愿改信伊斯兰教——其退军——涅孚鲁思之被逮——涅孚鲁思之狡计与被释——合赞之改信伊斯兰教——脱合察儿之叛——撒都鲁丁之阴谋——脱合察儿与其他诸将之离贰——伯都之逃——其被逮与其死

乞合都被害以后，伯都命将阿黑不花、塔马赤、撒里答（Sertak）及其他诸幸臣处死。逮台术至斡耳朵，伯都责之曰："乞合都虽待汝厚，汝未随之于颠沛之中，他人有缓急时尚可恃乎？"乃杀之。并断哈散死罪，然旋赦之。又责问前在夜宴中奉乞合都命殴彼之人名阿也惕哈里（Ayét-Cali）者之罪。其人答言："乞合都时为我君，虽命我杀其弟或子，我且不敢违。今我为伯都臣，亦应如是。"伯都善其对，命仍守其职。

（1295 年）4 月伯都在哈马丹附近即汗位。庆贺以后，布令于国中曰:“乞合都不亲政务,不守成吉思汗法令,吾人与诸兄弟[①]、诸可敦、诸大将等协意废之。父祖时许给之岁赐,应完全颁给全国中应得岁赐之人。”

以那颜脱合察儿为都元帅,兼总政务。命坤竹克巴勒、脱欢(Tougan)、赤察克(Tchitchak)、烈杰赤古列干(Lékézi Kourkan)、秃答术(Toudadjou)副之。命迭思塔只儿丹(Destadjirdan)人札马鲁丁(Djémal-ud-din)总管财赋。伯都以为乞合都时诸将因不预政务财务而致离贰,又忆阿八哈时代以其亲信之人为诸州长官,国家因以又安,军队因以服从。乃命诸将分辖诸州,以秃答术辖报达,那颜脱合察儿辖鲁木、底牙儿别克儿,以秃剌歹亦答赤[②]辖伊剌克、阿只迷、罗耳诸万户府[③],坤竹克巴勒辖泄剌失、舍班哈烈(Schébankaré),各在其辖地之中专其政事。

合赞闻伯都之即位,颇忧愤,曾与诸将议从违,时合赞受涅乎鲁思降已三月矣。先是涅乎鲁思为忽都鲁沙击败以后,退守昔思田,引尼兀答儿部人为援,时于此地遣军往扰呼罗珊[④]。1294 年终,涅乎鲁思不满海都[⑤],乃与宗王月即伯帖木儿合谋,逐此汗之兵于阿母河外,共以兵攻牙撒兀儿(Yassavour)。然以众寡不敌,

① 蒙古诸汗谓其一切宗室曰兄弟。蒙古语谓兄曰阿合(aca),弟曰迭儿(dégou)。突厥语曰 aca 与 ini。嗣后此 aca 或 aga 之称变为官号。

② 亦答赤(Idadji),蒙古语犹言掌膳官。钧案:亦答赤疑为阿答赤(Ahtadji)之误,然与掌膳官之意又有未合。

③ 当时分波斯为万户府,蒙古语秃满(touman)此言万。

④ 剌失德记合赞讨伐涅乎鲁思之诸战役,始于阿鲁浑与乞合都时代,所记者有不少无关系之细节,兹仅略为摘录而已。剌失德既为合赞之大臣,所以不载伯都在位时事。以合赞继乞合都之后,仅于伯都与合赞争战事,偶一言及伯都而已。

⑤ 钧案:原作伯都,应误,盖 Baïdou 与 Caïdou 易相混也。

退至也里。涅乎鲁思虽败，然呼罗珊人犹畏之，涅乎鲁思旋与月即伯帖木儿围攻你沙不儿。城民已约降，会月即伯帖木儿与涅乎鲁思不合，遂未果。盖有人谮涅乎鲁思于月即伯帖木儿，谓涅乎鲁思欲除此王，故月即伯帖木儿引兵退[①]。涅乎鲁思见又树新敌，乃用其妻秃坚术之言，乞宥于合赞，遣女戚一人至合赞所，然合赞不信妇女之言。1294 年 11 月杪，涅乎鲁思遂又遣将数人往求合赞赦其罪，并许终身不贰。合赞见能服此可畏之人，乃许宥其罪。诸使者遂请其进兵至马鲁察可（Mervtchac）以援涅乎鲁思，盖恐敌兵闻其携贰以兵来攻也。合赞许以游猎为名亲以兵至，厚待来使而遣之归。

次年一月，合赞与纽璘（Nourin）、忽都鲁沙二将，以重兵进猎于马鲁。至距此城数程之地，见涅乎鲁思营帐。涅乎鲁思与其妻秃坚术迎至巴黑叔儿村（Bagschour）之附近蒙古人名称末里射布儿干（Mori-Schébourgan）之地，献骏马九。合赞厚抚之，双方遂互誓终身不贰。

时驻于河中邻地之兵，闻合赞进至阿母河，乃渡河进击。合赞遣驻在马鲁沙叶章（Merv-Schahédjan）附近朱思札南（Djouzd-janan）之一军往拒，却之。合赞旋还军至撒剌哈夕，始闻乞合都被叛之变。已而伯都遣使至，告以诸宗王与诸统将等一致奉彼为汗之事。合赞至祃拶答而之速勒丹脱因城（Soultan-douïn），遣人往告伯都，言其亲莅汗廷。时涅乎鲁思驻兵于八的吉思，合赞召之至，以呼罗珊付之，授以重权，与其父阿儿浑管辖此地时相等。

① 见瓦撒夫书第 3 册。

合赞进至剌夷、可疾云间之哈亦勒村,遇其遣赴伯都所之使者还,言乞合都被害与伯都即位之事。合赞闻讯,集诸将共议。涅乎鲁思曰:“诸窃据大权者不欲王承父业,亦无足异,盖恐王治杀王叔乞合都与王父旧臣斡耳朵海牙、朱失之罪。然诸人尤畏者,王之才大,欲奉戴一暗弱之王为君,俾得易于操纵也。”乃劝继续遣使至伯都所,往察物情,再决大计。合赞从之,遂遣二使往,表示其亲睦之意。同时并使告伯都曰:根据成吉思汗法令,哈剌赤(Caradjou)将士不得擅杀宗王,请将罪人付我,俾能按照法令治罪。合赞至可疾云,伯都使阿合马之婿沙的古列干(Schadi Kourkan)来告,谓伯都从无觊觎汗位之意,惟乞合都死后,合赞道远难至,故诸宗王、可敦、大将、那颜等恐无主生变,会议定策立伯都。伯都对于合赞之所欲者,皆允付给,惟请勿劳将士,自此退兵。合赞仍进,然是兵少。涅乎鲁思乃从旁激励之,并鼓励将士曰:行程既久,应前进不宜退还。且曰:“人生终必有死,既不免于一死,曷若死之得名?”遂命诸将各守其部伍,以备御敌,且许于战胜之后,以一区或一州之地分畀各将。

合赞从涅乎鲁思之言,率其军六千人,自叶合图(Yegatou)出发,自与诸王速海、不剌勒海(Bouralcaï)暨涅乎鲁思将中军。伯都在蔑剌合附近之赫思忒水上,频闻合赞进兵之讯。顾伯都之兵散驻各地,尚未招集,乃遣其驭马官不黑歹(Bougdaï)往侦敌势,且探敌情。及不黑歹还报,遂与脱合察儿、秃剌歹、坤竹克巴勒、伊勒赤歹、秃合勒聚议,决与一战。5 月 19 日,两军遇于忽儿班失剌[①]与

① 案:其地应在西皮德水(犹言白水)之西数程之地。

哈里耶失儿吉阑水（Carié Schirguirand）之附近。涅孚鲁思见伯都所集兵尚少，主张急战。忽都鲁沙在中军鸣鼓以前，遽率右翼进击，斩敌军八百，杀敌将伊勒答儿（Ildar），擒阿儿思兰斡兀立（Arslgn Ogoul），以绳系颈以献合赞。呼罗珊军将以全军进击，而不黑歹自伯都之中军出，在两军之间下骑，进至合赞前跪言曰："奉伯都汗命来告王，亲属不应争战，伯都愿与王分国而治。于呼罗珊、祃拶答而两地之外，并以伊剌克、起儿漫、法儿思三地益之，惟须王收兵而退。"伯都之意盖在缓敌待援，曾遣使急赴各地征兵，尚未至也。纽璘、忽都鲁沙谓可许，涅孚鲁思较狡，欲乘敌势之弱，以战决之。然合赞欲避免蒙古人之流血，允许和解。由是两王各率十骑，相见于两军之间。时从伯都者为脱合察儿、秃剌歹、坤竹克巴勒、伊勒赤歹，从合赞者为涅孚鲁思、纽璘、忽都鲁沙、速海诸人，至战场中各下马，两王行交抱礼，致寒暄毕，伯都仍申前说。两王遂互约罢兵，不再相妨。涅孚鲁思与忽都鲁沙献议，先定大位，然后再言和约。诸王等依蒙古俗饮金屑酒，伯都命涅孚鲁思亦饮，涅孚鲁思答言：伊斯兰教人若饮酒则不能发誓。诸将皆从其王之后，互誓修好。乃互约伯都将于翌日正位，伯都允许满足合赞之一切要求。及暮，两王各回营地。

翌日两军同赴忽儿班失剌。合赞军行山隘中，伯都军数军亟趋隘口，欲据守之。伯都不许，命其退。入夜，两军同驻一地，然后不释兵杖，骑兵亦不敢释马缰，次日亦然。

合赞欲于 23 日行，双方遣使互约后，决定两王再会于两军间之一帐中。两王赴帐会议，从者如前。议久之，乃决定以阿鲁浑之诸斡耳朵，质言之以博勒干可敦、宗王合儿班答及其他诸人之斡耳朵，连同其所有之财货皆属合赞，别以伊剌克、呼罗珊、火木思、祃拶答而全境与法儿思地之一半，连同以上诸地中之汗有一切领地畀之。

同日坤竹克巴勒进言于伯都曰：设若失败，现在狱中之阿黑不花将为大患。伯都遂命人杀之。次夜，报达、木干两地之援军至。诸将欲乘势除敌，伯都不许。秃合勒恚甚，遽归谷儿只。其亲属为合赞兵所杀之诸人请复仇，伯都亦不许。

合赞闻伯都之援兵大集，亟欲取西牙忽黑、西皮德水速忽儿鲁(Souchurlouc)一道东归。惟此道上驻有哈剌乌纳思部，且藏有宝货甚巨。伯都恐合赞诱此部人并夺其宝货，乃遣孛罗丞相往告合赞，请循来道东归。越日，伯都又遣其子乞卜察克(Kiptchac)偕数将赴忽儿班失剌往见合赞。乞卜察克献食与盏毕，请合赞曰：两王既已言和，若不别而去，恐致众疑。其父欲延合赞饯别，俾众信和议之诚，然合赞拒之。时合赞诸将处此危难时间，皆作永好之誓。纽璘、忽都鲁沙等饮金屑酒，涅乎鲁思、不剌勒海、木莱(Moulaï)则手抚《可兰经》以誓。涅乎鲁思乘机劝合赞改从伊斯兰教，将使一切穆斯林归心。合赞许于免祸之后，改从伊斯兰教。涅乎鲁思乃以一巨红宝石之指环献合赞曰："哈剌赤固不应以物献宗王，然王既待我厚，特献此指环以为将来追忆此日之言之证。"

双方使者往来者数，伯都始终愿在两军之中一见合赞。合赞诸将恐有诈谋，劝其不赴，合赞遂以星者言此日日辰不利，请于明朝相见为辞。亟于是夜(6 月 1 日)率其军前队先行，行甚急，翌晨已渡西皮德水。行时留涅乎鲁思、秃黑帖木儿(Touctimour)二人，待受伊剌克、法儿思两州之封册，并遣送其父叔、诸妃之诸斡耳朵暨阿鲁浑、阿八哈两汗之部队后至，并命二人伺伯都党之密谋，防止伯都以兵追蹑其后。合赞至木思林（Mossellim），遣使至伯都所，促其践约，速以汗许让与者付其留后之二将。

然坤竹克巴勒、伊勒赤歹、秃剌歹已率五千人蹑合赞之后矣。合赞行至可疾云城东克列溪（Kéré）畔，伯都复遣使至追请，仍欲与之一见。合赞遣人偕使者还，促伯都践约，仍急东行，至秃马温山下，以待伯都之答复。

合赞行后，涅乎鲁思、秃黑帖木儿被执下狱，胁之以威，涅乎鲁思仍放言无所畏。伯都之党见不能以威胁，乃命涅乎鲁思之弟烈杰赤以利诱之，劝其背誓。烈杰赤虽百般劝诱，并以死动之，涅乎鲁思仍不为动。诸将众往劝之，亦无结果，反为涅乎鲁思知其密谋。涅乎鲁思乃与脱合察儿密约，伪降伯都。伯都召之至，奖其能，并冀其忠与勇等，言将释之归，惟须其发誓执合赞以献。涅乎鲁思从之。伯都喜，赐以耶司德课税一万底那，并命其子速勒丹沙（Soultanschah）主此城课税事。涅乎鲁思遂与秃黑帖木儿急还，自蔑剌合疾驰四日至秃马温附近之卑路斯忽。6 月 12 日，见合赞，备述所以见释，与不得已立誓之故。顾欲誓不虚设，乃以绳系釜置之囊中，遣人送致伯都。盖突厥语合赞（Cazan）犹言釜也。伯都与其诸将见之惊愕，咸自咎未杀此劲敌而释之归。

至是涅乎鲁思又请合赞改从伊斯兰教曰："诸星者、律士、卜人曾言六九〇年（1291 年）顷当有一君主出而保护伊斯兰教，恢复其原有之光荣，为人民谋幸福，享祚甚久。我常思预言所指之人应为吾王。设王改从伊斯兰教，将为伊兰之主。穆斯林前受奉偶像教的鞑靼之抑制者，将必效忠于吾王。而上帝见王之挽救正教，将助王胜敌。"合赞闻言，乃使人持证其守约之宝石指环至，遂于 6 月 19 日在剌儿秃马温之草原中，昔日其父阿鲁浑所居行宫之附近，大开盛会，沐浴易新衣后，入宫立于宝座下，数诵司教撒都鲁丁亦不剌金（Sadr-ud-din Ibrahim）所授奉教之词，其将卒等亦皆随之改从伊斯兰教。同日厚赐诸教长、司教与诸赛亦德族人（即摩诃末之后裔），大散布施于贫民，并诣礼拜堂与圣者墓，祈请上帝助其胜敌。遣使布告伊剌克、呼罗珊两地之民，其由此两地来赴之教长司教为数不少。合赞在斋月之中守斋戒，每夜会食时，与列席共食之突厥人与波斯人为数甚众。

伯都曾命脱合察儿辖鲁木。丞相撒都鲁丁因行钞大拂众心，时人名之曰"钞人"。伯都乃罢其职，左授为鲁木征收课税官，以迭思塔只儿丹人札马鲁丁代其相职。札马鲁丁初为撒都鲁丁所援引，后为其敌，及代之为相后，恐其阴谋，故远谪之。撒都鲁丁既左迁，颇怨望，知非助合赞得位，不足以除其敌。又知脱合察儿与伯都宠将秃答术不相能，乘机劝其谋叛。二人乃决定谋废伯都，输诚合赞。会阿里黑帖木儿（Ériktimour）自合赞所来迎博勒干可敦，伯都借词气候不适，故泥其行。撒都鲁丁因说可敦以道歉为名，遣司教马合木（Mahmoud de Deïnavar）赴合赞所。诸将脱合察儿、出班、忽鲁迷失、不黑歹等亦托此司教秘密输款于合赞。马合木偕忽都鲁沙至合赞之斡耳朵，对众述其奉使之词毕，阴语合赞请独对。合赞乃命其侍从延忽都鲁沙至其家赴食。马合木遂具言众将归心，仅有坤竹克巴勒、秃合勒、秃剌歹、伊勒赤歹四人因罪重不敢拥戴，一俟闻起兵之讯，诸将即相率来归。合赞闻此不意之喜讯，甚悦。乃厚遇马合木，嘱其伺探伯都宫中之事。曾有河中敌兵侵

入呼罗珊之警报，合赞遣涅孚鲁思率兵往御。河中兵闻其至，乃渡阿母河退走，涅孚鲁思遂还。马合木以敌兵侵入事还报伯都，伯都甚喜，以既有敌兵牵制合赞，涅孚鲁思既远离，遂以此方不足为患，乃散其兵。马合木以合赞感谢之意转告诸将，诸将归命之心愈切。马合木者，昔受阿鲁浑之知遇，颇嫌伯都之善遇基督教徒，欲助合赞以振兴伊斯兰教。

撒都鲁丁以赴鲁木为名，至帖必力思，约其弟忽都只罕、其从弟哈瓦木木勒克（Cavam-ul-mulk）与之同谋。于8月初，携其所能携带之金银而逃，坤竹克巴勒遣军追之，不及，仅能掠其辎重。8月20日，撒都鲁丁至卑路斯忽，合赞厚礼之。时合赞尚未能必脱合察儿之附己。撒都鲁丁素能驾驭此将，乃保进兵时必以兵从，同时请求合赞于正位后以相位酬其劳，合赞许之。撒都鲁丁乃以所约事遣使往告脱合察儿。

当此时间，有名忽都鲁沙者自伯都所奉使至。合赞疑而刑讯之，果奉命来侦合赞是否有进兵意，乃囚之于一堡中。8月26日，合赞遂自卑路斯忽举兵，进向剌夷，以涅孚鲁思率四千骑为前锋，命撒都鲁丁与之偕行。

统将绰干与阿里纳克之子忽鲁迷失古列干（Couroumisch Kourkan）者，隶秃答术之万户军者也，因警讯频至，以修养战马为名，请之主将，主将许之。二人遂取业已修养之战马五百匹，夜奔合赞营，合赞赐以荣袍宝带，二将请为前锋，合赞许之。

合赞营于忽马河（Couma）畔，以军事委之涅孚鲁思，从此将言，遣使传檄附近诸地，言其以兵十二万来继承父位。刀既出鞘，其敢执兵以抗者，以叛逆论，必族诛。传檄以后，所得效果果如所期。

涅孚鲁思率四千骑先行，路遇行人，皆拘留之，俾伯都不虞其至，进兵西皮德河畔之昔札思与琐剌瓦儿(Sohravard)。9 月 22 日，统伯都军前锋之秃剌歹闻敌近，遣人入告伯都。伯都以为既与合赞分国而治，不虞其有进兵之举，其受涅孚鲁思之绐，尤以为恨。兹得警报，立即遣人问计于都元帅脱合察儿，脱合察儿劝其率兵进击，不难破之。伯都信任脱合察儿过深，遂从其言进兵。时脱合察儿已得撒都鲁丁密报，营于大军附近之地，夜与同谋数将投涅孚鲁思营。其士卒见主将逃，亦多归命合赞。翌日，伯都见将卒离贰，乃自西皮德水畔偕数将出逃，同日抵梅丹苏黎曼沙(Meidan Souleimanschah)。24 日，按帖木儿(Eltimour)以其万户军偕宗王合儿班答与统将数人，皆投涅孚鲁思营。伯都闻其军又有离贰之讯，乃偕坤竹克巴勒、赤察克、伊勒赤歹等数将又奔斡章、蔑连的，欲逃谷儿只依统将秃合勒，冀得其助。

合赞至昔札思，宗王合儿班答、伊勒歹(Ildaï)来见。进至西皮德水畔，秃剌歹、忻都忽儿子燕帖木儿(Iltimour)[①]偕数将来降。旋进至蔑连的，以待涅孚鲁思、忽都鲁沙进兵阿剌思河追逐伯都之讯。

涅孚鲁思追逐伯都甚急，马疲，乃分遣忽鲁迷失、沙的(Schadi)二人率四千人往追，至纳黑出汪城附近，获之以献涅孚鲁思。涅孚鲁思嘲伯都曰："我曾约以合赞献汝，汝今可见我意之诚。我既守约，汝何故不守约背我等逃?"伯都请其引见合赞。时合赞已

① 钧案：此人与按帖木儿疑是一人。

至斡章，捷报至，言谷儿只之驻军已捕伯都，伯都欲来见，已遣二百人护送之来，明日可至。合赞不欲见之，遣使率卫士命杀之于道。使者遇伯都于帖必力思之北，依蒙古俗设宴享之。饮至夜，遂于10月5日星期二至星期三之夜杀之。其子乞卜察克亦被杀于蔑剌合附近克叔儿（Keschour）之地。伊勒答儿逃鲁木，秃合勒则走谷儿只[①]。

西利亚史家[②]曰："此王谦恭仁厚，喜接学者，不分国界，皆厚遇之。与阿八哈妃东罗马公主相处数年，颇知基督教理，曾许基督教徒设礼拜堂，并许在其斡耳朵中鸣钟，且言其自为基督教徒，并悬十字架于项下。然因此时波斯之蒙古人多从伊斯兰教，本人亦曾皈依，不敢公然表示其偏重基督教之意。然彼虽从伊斯兰教，并不守伊斯兰教习惯，故穆斯林颇怨其倾向基督教徒，其在位时代虽短，所用基督教徒甚多也。"[③]

① 见《史集》。

② 《世界史略》609页。

③ 海屯（第40章）亦以伯都败亡之要因，乃在伊斯兰教。据云："此王是一良好基督教徒。曾重建教堂，致无人敢在斡耳朵之中宣传伊斯兰教者。顾因斡耳朵信从伊斯兰教者众，不得不予姑息。所以穆斯林密与阿鲁浑之子合赞通款，如合赞抛弃其基督信仰，则将奉之为君，以代伯都。时合赞信仰不固，故从其谋，是为其叛变之原因。伯都不知其臣之叛离，以军往讨，及抵战场，其军中之穆斯林皆相率往投合赞。伯都见为众所弃，乃逃，然被获而见杀。"

第五章　合赞

合赞至帖必力思——其第一布告——毁偶像教基督教犹太教诸祠寺——合赞之皈依伊斯兰教——其对于偶像教之立说——基督教犹太教佛教等教教徒之受虐待——惩罚伯都之党——以涅孚鲁思为辅——涅孚鲁思之祈恩——以撒都鲁丁掌省事——合赞之即位——合赞之幼年与教养——诸王都哇撒儿班之侵扰呼罗珊、祃拶答而——合赞筹谋战费之方法——宗王速海之谋除涅孚鲁思——宗王阿儿思兰之叛——河中蒙古军之退出呼罗珊——斡亦剌部之离贰——其投埃及——阿美尼亚王之入朝合赞——丞相撒都鲁丁之被判处死刑——其获救免——脱合察儿之结局——合赞对此所引证之史事——统将巴勒图之叛于鲁木——大罗耳阿塔毕之被杀——小罗耳阿塔毕之被惩——涅孚鲁思之责纽璘阿合——涅孚鲁思之被劾——构陷涅孚鲁思之阴谋——其诸弟与其党之被杀——涅孚鲁思之叛——其败——其逃也里——克儿特朝诸王及涅孚鲁思与也里王之旧谊——涅孚鲁思之引渡与受刑——合儿班答之围也里——巴勒图之被杀——宗王台术之被杀——合赞冠缠头巾——谷儿只之乱——撒都鲁丁之被杀——任命撒都丁为丞相——鲁木算端马思忽惕之被废——

速剌迷失之叛于鲁木——其结局——鲁木之最后诸算端——乞卜察克与其他诸降将之至波斯——决与埃及一战——西利亚军之侵入底牙儿别克儿

合赞发自斡章,10 月 5 日至帖必力思,宗王速海与大断事官率诸教长司教律士赛亦德族人来迎。合赞驻于苫迷(Schem)草原其父所建之宫内。

合赞首先布告臣民,命其安居乐业,命贵人不得压制下民,皆应遵守法律教规。其偶像祠宇、基督教堂、犹太教堂、火祆寺,总而言之,伊斯兰教诸国法律所禁之寺宇,概命拆毁,碎其偶像,盛以木架,以徇帖必力思市中。西利亚史家云:"当涅乎鲁思追逐伯都之时,业命拆毁此种寺宇,杀佛教僧众,贱视基督教师,不许豁免其课税。其基督教徒未系琐纳儿带者,其犹太教徒头上无特别标志者,不许外出。至是既有明令,帖必力思之民众遂将此城之教堂一概拆毁。当时基督教徒所受之虐待与侮辱,非笔墨所能形容者,尤以报达一城为甚。此城之基督教徒不敢出家门一步,仅命其妻女出司购卖,缘其衣服与伊斯兰教妇女无别也。不幸为人所识,则受凌侮殴击。穆斯林常嘲基督教徒曰:'汝辈之上帝何在?汝辈尚有一保护者、一拯救者欤?'此种虐待不仅限于吾辈基督教徒,且延及犹太教徒与偶像教师,后者境遇尤恶。此辈在先常受蒙古诸汗之敬礼,诸汗常以公帑金银半供制作偶像之用,至是多有改奉伊斯兰教者。

"已而合赞通令全国诸州,并遣使者分赴各地,拆毁教堂道院。使者至一地,设其地之基督教徒以贿赂献,可免此厄。诸使者求货

财之心切于毁教堂之举，观额儿比勒城之事可以证之。使者至此城，待基督教徒之献金，至有二十日之久。后见无人来献，始命民众在 11 月 28 日将雅各派与景教派之壮丽教堂两所拆毁。毛夕里之居民闻讯颇忧，顾其民贫，乃取教堂中之圣瓶，凡十字架、圣像、香炉、福音书之以金钱饰者，皆剥取以足献金之额，并醵金于附近之基督教徒，共得一万五千底那，以献使者，诸教堂因是未遭损害。”①

先是旭烈兀以报达之掌印官邸赐景教大主教马吉哥，马吉哥于邸中建设教堂一所。至是亦为穆斯林所夺，并掘发此大主教与其后任大主教典哈（Denha）之遗骸，旋经基督教徒徙葬于同城其他教堂之中②。

合赞初奉佛教，曾在呼罗珊之哈不珊城建设佛寺数所，日与诸佛教博士共饮食、相聚谈、礼拜偶像。自蒙古人统治波斯以来，其由迦叶弥儿、印度、畏吾儿、中国等地来至波斯之喇嘛甚众。国中在在皆建佛寺，所耗甚多。由是此地六百年来经穆斯林所禁之偶像教，到处皆见有之。然至合赞与伯都争位之时，遂启改从伊斯兰教之念。史家剌失德云：“世人大致以为合赞之改从伊斯兰教，乃因诸异密与诸司教之劝请，其实不然。观其某日对于本书撰者所表示之说，可以证之。据云：有若干罪恶为上帝永不赦宥者，其最大之罪恶要为崇拜偶像。我前此因不知其理曾一为之，然上帝曾

① 见《世界史略》609 页，Abulfaragii ap. Assem. tom. III，part. 2，p. 122。

② 见 Amrou，ap. Assem. p. 125。

启发吾误。其最先造作偶像者，盖欲使一比较他人完备之人，纪念永垂不朽而已，所以信其功能，求其仲介，祈祷以达其愿。殊不知此人在生之时，从未有所求，且不许他人跪而求己。其人乃因卑屈而止于至善，将视此种崇奉无异地狱，则向之祈祷，不特不能偿所愿，且足以逢彼怒。吾人应知体为虚无，惟须思及活动此体之质。前者为地狱，后者为天堂。一种偶像仅能作行者足踏之用，由是人类将谓一完备之人之身体既成灰尘，而其身体之肖像，只能供足踏之阈之用，则吾人距离至善甚远之身体，更无足论矣。此种观念将足使其不必念及其可灭之身体，仅注意其灵魂，由是能获其存在之益，盖人类之被创造，仅由此黑暗之域渡光明之界者也。此汗常作是言，此非诸哲学家所能及者也。”

合赞惩其要敌数人，伊勒赤歹忽失赤亦在数内。宗王阿剌弗朗（Alafrenk）者，乞合都长子，亦伊勒赤歹之婿也。伊勒赤歹随之入朝，合赞逮伊勒赤歹杀之。10 月 12 日，涅乎鲁思、忽都鲁沙自阿剌思河还，系伯都诸将以献。合赞命涅乎鲁思、纽璘、忽都鲁沙三人按问其罪。合赞妃博勒干可敦与将数人请宥坤竹克巴勒。然涅乎鲁思因其曾促伯都杀其妻父阿黑不花，必欲其死，遂于 10 月 15 日杀之。自谷儿只逮秃合勒至斡耳朵，并杀之。亦勒答儿、伊勒赤歹[①]及其他党于伯都者多人，亦皆处死，仅有秃剌歹、赤察克、亦答术（Idadjou）[②]三人杖而后释。

是秋，合赞赴蒙古诸汗驻冬之地木干，赏涅乎鲁思功，以之为

① 钧案：此名非重见，必是另为一人。

② 钧案：此名疑是秃答术之讹。

辅[1]。此外许其乞恩。涅乎鲁思乃跪请以后敕令之上皆冠以上帝与摩诃末之名，改方印为圆印，定省中官吏等次。合赞并许之[2]。新铸货币亦皆著录信仰伊斯兰教之词[3]。

初，合赞许事成以相位畀赞章人撒都鲁丁。至是践约，命其长省事，并以西模娘人蔑力舍里甫丁（Schéref-ud-din）为大必阇赤（Ouloug-Bitiktchi）。

诸可敦、诸宗王、诸大将等集大会于哈剌巴格，推戴合赞为汗，并签名于其委质书（Modjelga）。合赞遂于星者所择之1295年11月3日[4]即汗位，取算端之号，而以马合谋（Mahmoud）自名。

合赞母忽都鲁额格赤（Coutlouc Igadji）以十二岁归阿鲁浑。次年[5]诞生合赞于祃拶答而、速勒丹脱因之地。星者预言其后必大贵。

合赞年甫三岁，即教之乘马。阿八哈闻人誉其孙，亟欲见之，命阿鲁浑送之至。阿鲁浑不欲离其子，乃于1275年春亲送之至晃火儿乌阑。阿八哈亲往迎之，见孙大悦，即于马上抱其孙置于己马

① 钧案：波斯汗常设辅臣一人，位在丞相上。前译西书者多译为大将，皆误。观后文副王之意自明。

② 见《史集》。

③ 见瓦撒夫书。圣彼德堡科学研究院之亚洲博物馆曾藏有合赞时代之货币数种。1826年时Fræhn曾在此科学院记录中详为说明。此种货币一面上著蒙古字与阿剌伯字。最可注意者，上二行用蒙古字著录习用之“长生天气力里”（Tegri-in Kutchun-dur），其下二行用阿剌伯字著录“合赞马合谋（Gazan Mahmoud）铸于弼斯啰”。下三行又用蒙古字著录“合赞铸”（Gassana Deledkeguluksen）一语，右方用阿剌伯语著“年”字，左方著“七百”，反面则用阿剌伯语著录信仰伊斯兰教之词曰：“上帝外无他上帝。摩诃末是上帝之使徒。愿上帝利之，并付与安宁。”

④ 即羊儿年九月一十三日。

⑤ 1271年11月30日。

之上。设宴以庆其孙之至。阿八哈必欲留养其孙于宫内，阿鲁浑乃请属大妃不鲁干(Boulougan)[①]可敦，使抚育之。不鲁干可敦无子，亦喜育之，曾云，是为天赐，我将抚育之如同己子。阿鲁浑置侍者十人以侍合赞，而自返呼罗珊。

合赞稚年时，即乐与同年诸儿以毡制骑士戏作战斗。年五岁，其父命中国博士一人为之傅，教以畏吾儿字与蒙古字，暨其他喇嘛之学，善骑射、蹴鞠(tchevkan)。年八岁，初从其祖父猎于达蔑干。阿八哈因其始猎，为之庆祝三日。阿八哈常至其孙所与之戏，监督其教育，命女傅勿使其卧床过于柔软，不欲其马鞍上置褥。阿八哈死时，合赞年已十岁，尚在不鲁干可敦所。次年，其父纳不鲁干可敦为妃。阿合马之欲讨阿鲁浑也，阿鲁浑遣其子至西模娘以求和。及阿鲁浑往即汗位，不鲁干可敦随之，而留合赞于其新受封之呼罗珊，并以阿鲁浑所留存之一切贵重物品，大部分奥鲁(Ogrouks)暨爱欲乌黑阑(Éyou-Oglans)[②]畀之。不鲁干可敦死，阿鲁浑别娶一妃，亦名不鲁干可敦，即以前不鲁干可敦之遗物赐之。新可敦所得之物甚富，盖阿八哈甚爱前不鲁干可敦，所得宝饰常以赐之。乞合都即位，又娶后不鲁干可敦为妃。及乞合都死，后不鲁干可敦又属合赞。

呼罗珊防军既少，河中之兵遂乘虚侵入。八剌之子都哇与海都之子撒儿班同以兵来躏此地，并扰祃拶答而。12 月 8 日，合赞得警报，命亦失木忒之子宗王速海与统将涅乎鲁思往御。时速海

① 钧案：此不鲁干似与《元史》之卜鲁罕同名，疑亦是多桑书前此著录之博勒干可敦，盖多桑所录之人名常不一致也。

② 案：爱欲乌黑阑，突厥语犹言好孩子，疑是侍童。

已返其驻地,数遣使召之,辄托故不至。复命统将火儿忽答(Horcoudac)往召之。速海醉中作叛语,火儿忽答以闻,合赞不问。及速海至,待之甚厚。1296 年 1 月 2 日,速海率巴鲁莱(Baroulai)与宗王阿儿思兰(Arslan)之两万户军赴呼罗珊。阿儿思兰者,成吉思汗弟拙赤哈撒儿(Djoudji-Cassar)之后王也[①]。顾国中数易君,国库虚耗,乃预征课税以供军费,并于牲畜十头中取其二,涅乎鲁思急于帖必力思诸征收官处预征金数万,仓卒赴呼罗珊。

速海、巴鲁莱率前锋先行,进至克列水上,即蒙古人所名之秃儿罕沐涟(Tourcan mouran)也。二人怨合赞改信伊斯兰教,谋废之,乃互约袭杀涅乎鲁思。速海既为旭烈兀孙,即以之嗣汗位。遣使约蒙哥帖木儿子宗王台术同举事,台术阳应之,密以其谋告涅乎鲁思。至来袭之夜,涅乎鲁思空营设伏伺之。袭者至,伏发,斩巴鲁莱。速海遁走,火儿忽答追擒之于哈儿寒附近,即命其同谋之将某依蒙古杀宗王法杀之于其帐。速海以匕首破来杀者之腹,别一将至,夺刃杀速海[②]。

2 月 15 日,涅乎鲁思命撒的迷失(Satelmisch)以叛事入告,合赞即命忽都鲁沙、出班率诸将以兵往讨。旋闻叛者被诛,然同时又接警报,别有叛军奉宗王阿儿思兰为主,进营于萨莱满速里牙(Seraï-manssouriyé)。时合赞兵少,不能御,然士卒尚未完全归心,恐一旦张皇,士卒乘机抄掠。乃秘其事,以出猎为名,引军往御。叛讯未泄之时,出班已以一军击叛众于拜勒堪附近。初战不利,火儿

① 见《史集》。

② 见《史集》,瓦撒夫书第 3 册。

忽答以军二千来援。翌日，合赞军进战，叛众降，叛首逃。3 月 28 日，擒阿儿思兰杀之。一月间，凡杀宗王五人，叛将三十八人[①]。

涅孚鲁思继续进兵，及至呼罗珊。时河中兵已扰呼罗珊、祃拶答而两地，挟所夺此两地之牲畜无数，渡阿母河去矣[②]。

当合赞之军叛变欲谋废立之时，其驻守报达[③]之斡亦剌部人，亦叛走西利亚。其长万户塔儿海古列干（Targaï Kourkan）者，因与伯都合击乞合都，合赞欲杀之。曾命其新任之底牙儿别克儿长官统将木莱以兵围塔儿海，别遣使率八十骑往逮塔儿海与其他斡亦剌部将校。然斡亦剌部人杀使者与其从骑，举部渡额弗剌特河，往投西利亚。木莱率其万户军往追，与战不利，伤亡甚众[④]。此部逃亡之人共约有一万八千户。算端乞忒不花（Ketboga）君临埃及已有一年，1296 年 1 月，闻有外来部落至西利亚，命大马司长官遣异密阿林木丁辛札儿（A'lém-ud-din Sindjar）至剌合伯特安抚其众，并命使者二人自开罗赴大马司，以待斡亦剌诸部酋之至。1 月 30 日，诸部酋至大马司者一百十三人。大马司长官偕诸戍将出城迎之，遵算端命，送之至开罗。算端厚赏诸酋，并录用之。然诸酋皆偶像教徒，埃及将士番卫者颇不欲在堡门与之同坐。诸酋食马肉，其杀马之法以物击马首；乃穆斯林则用断喉之法，其未用此法

① 见《史集》。

② 见瓦撒夫书第 3 册。

③ 《史集》谓其驻于底牙儿别克儿。

④ 见诺外利书。《世界史略》（613 页）所记此部人迁徙之原因不同。据云：伯都在位时，斡亦剌部人夺附近突厥蛮之牛、羊、豕、马、骡、驼甚夥。合赞命还之，其不从者处死。然牲畜一部分业已无存，斡亦剌部人不愿以己畜偿。合赞与突厥蛮之使者又虐遇此部人，部人遂杀使者，以举部战士万人连同其家族暨其所有之物共徙西利亚。

者，则视所杀牲畜之肉为不洁。人民见斡亦剌人在斋月不守斋戒，颇恚，因怨算端，算端徙其部众于西利亚沿海之地。斡亦剌部众至大马司时，城中人不许其人入城，命商人结市于城外，与之交易。此种移民死者甚众，其子女颇俊秀，人多喜之，故西利亚之将卒人民多收养其子，而娶其女。至若战士则分配于诸军中，后皆成为穆斯林，而与其他人民无别[①]。

伯都之即位也，阿美尼亚王海屯曾入朝。先是1289年海屯二世嗣其父勒文三世之位为阿美尼亚王。1291年，阿克儿被陷以后，海屯曾遣使赴教皇尼古剌与欧洲诸大国王所求援。罗马教皇曾转求之法兰西王菲力帛，并以书鼓励西方基督教徒往救其亚洲同教之人，然迄无效果。1293年，埃及算端阿失剌甫以兵攻阿美尼亚，阿美尼亚王遣使卑词求和。算端要求割让必赫司那、马剌失、特勒韩敦，得之始退。必赫司那在旭烈兀侵略西利亚以前，原属阿勒波王。然当时为纳昔儿王守城之将，以城售于阿美尼亚王，得价十万银币[②]越四年，海屯二世让国于其弟脱罗思(Thoros)，自入道院修道。海屯虽退位，其弟脱罗思与诸藩臣仍以大政求其裁可。1295年，因王妹出嫁于昔普勒司王弟梯儿伯，脱罗思与国中贵人集会于昔思，咸请海屯复位。由是海屯遂重执国政。其赴西牙忽黑谒伯都时，值涅孚鲁思进攻伯都。伯都乃请阿美尼亚王先还薨剌合，待事平然后召之至斡耳朵。及伯都死，海屯闻合赞驻兵于的不儿罕(Dlhbourcan)附近之斡黑马(Ocma)山，乃奉重币往

① 见诺外利书，马克利齐书。

② 见诺外利书。

见。合赞曰："汝为伯都来，而非为我来。"海屯答曰："我应委质于成吉思汗之任何后裔。凡居汗位者，我应来朝致敬。"合赞喜，赐以王袍，付以册封，并许其所求无不从者。海屯乃以不毁上帝所居与祈祷所在之教堂为请。合赞许将前令撤回，嗣后只许改偶像祠宇为伊斯兰教教堂道院。1296 年 10 月 9 日，海屯自斡耳朵还其国[①]。

先是政变发生，合赞即位以前，撒都只罕曾以己名通令诸州，征发军饷。其目的要在维持秩序，保障居民安宁，原无他意。然涅孚鲁思因是恶之，谮夺其职，而以迭思塔只儿丹人札马鲁丁代之，并以其亲弟哈只贝（Hadji-Bey）总管课税印玺，别弟纳速剌丁撒的迷失（Nassir-ud-din Satelmisch）签署钤用大印之文书[②]。

及至两宗王谋废合赞未成之后，撒都鲁丁虽尽忠于新主，仍不免有人劾其与叛人通谋。省中掾属畏人举发其滥用情弊，反证此种诬告之实，撒都只罕遂被逮。责问数日，命人将其缚于马上，送至森林之中，欲杀之。顾送者前在乞合都在位时曾受其恩，欲报之，不即将其处死。薄暮，统将火儿哈答（Horcadac）[③]讨叛还，过其地，询知其事，命暂不执行，留骑士二人守之终夜。翌日，以叛人名册呈之合赞，册中无撒都只罕名，合赞宥之，命其居于斡耳朵附近之宅中[④]。

合赞即位时，因知脱合察儿性多疑而好乱，欲远之，乃任之为

① 见《世界史略》601 页。

② 见瓦撒夫书第 3 册。

③ 钧案：此人应是前此之火儿忽答。

④ 见瓦撒夫书第 3 册。撒都只罕曾亲以此事告此史家，且言在狱时曾梦被送至刑场与被救，与后此所经适同。瓦撒夫似为撒都只罕之友，盖其在书中常誉之也。

鲁木长官。已而欲其不为患，决谋除之。命一将名忽儿门赤(Khormendji)者往图之，使其先与鲁木诸将同谋，且以合赞慰问书付脱合察儿以安其心。剌失德云："汗之命杀脱合察儿，实为国家计，出乎不得已也。汗曾为此事以中国史中之一故事语其近臣曰：中国昔有两帝争位。甲败，为士卒所弃而逃亡。乙帝有臣某者，悯其流亡无藏身所，匿之于一枯井中。追兵至，适大风扬沙，失逃者踪迹，匿之者遂绐追兵退走。甲帝得返国，整兵再战，遂杀乙帝，而为全国之主，以高位厚禄重赏救己之人。有幸臣某进谗于帝，以为此人既叛其主，而使其主败亡，于理宜罚而不宜赏。帝思久之，乃命杀其人。其人哀祈曰：'我曾救君死。'帝泣曰：'我亦知之。然为正义与帝室关系计，不得不杀汝。'遂杀其人。合赞又曰，我亦不愿杀人，然为国家计，国君当罚而不罚者，将不能君临其国云。"

脱合察儿既死，合赞虽曾先事预防，然仍不免鲁木有叛事发生。统将巴勒图者，自阿鲁浑在位时代以来，权势已甚重。自其同僚沙马合儿死后，军权益专，汗数召之，辄托故不入朝。及脱合察儿死，遂举叛旗。时合赞妹先适秃合勒者，新寡，合赞以配忽都鲁沙。1297年，即命忽都鲁沙率军三万赴鲁木以平乱。忽都鲁沙大破巴勒图之军于阿马西牙平原，留速剌迷失(Soulamisch)追捕逃人，自返阿阑。

1296年9月19日，合赞自蔑剌合附近之地赴报达驻冬，路经哈马丹附近之莱克(Rek)草原，留驻一月。以呼罗珊授其弟合儿班答，命其往镇此地。大罗耳君长额弗剌昔牙卜先在合赞即位时曾入朝委质，至是又来朝。及其还也，路遇统将火儿哈答自法儿思来，强之同赴斡耳朵。诉其罪于合赞曰："我前赴法儿思，路经其国时，此王避不来见，亦不供应刍粮。遣人赴忽黑吉鲁耶州征取课税，此州官吏以其地为其主之略地，不许征收。”火儿哈答且言阿鲁浑死后，额弗剌昔牙卜曾为叛乱，今不应释之归。合赞从其言，遂杀额弗剌昔牙卜于帐口，以大罗耳国授额弗剌昔牙卜之弟那思里都丁阿合马（Nosret-ud-din Ahmed），后来此王君临其国计三十八年[①]。

同年有人诉小罗耳国王乌马儿（Omar）在两年前害其前任阿塔毕乞思儿（Khizr）而夺其位。召之至斡耳朵，合赞亲讯之曰：“汝何故杀汝之亲属?”答曰：“俾免为彼所杀。”伊儿汗又问曰：“然则何以杀其尚在童年之子?”乌马儿不能对。合赞以付乞思儿之后人，俾其复仇，而以小罗耳国授胡儿失德（Khourschid）朝之别一后裔马速忽（Mass’oud）[②]。

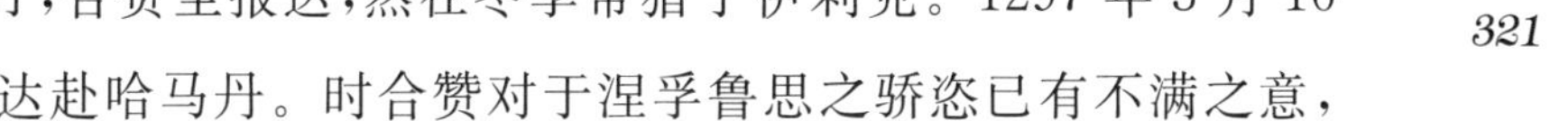

12 月，合赞至报达，然在冬季常猎于伊剌克。1297 年 3 月 10 日，自报达赴哈马丹。时合赞对于涅乎鲁思之骄恣已有不满之意，

---

① 见《乐园》第 4 册《罗耳诸阿塔毕传》。

② 见 Tarikh Gouzidé，第 4 篇 11 章。罗耳山地也，处忽即斯单、伊剌克阿只迷两地之间。自脱司泰儿赴亦思法杭者，必路经其国。国境自北至南自东至西相距各六日程，是为一游牧之国，游牧部落居之。其民与曲儿忒人同种，国中城村甚少。罗耳昔属忽即斯单，10 世纪初年时，有兄弟二人继承其地因分二国。西国邻于伊剌克阿只迷，遂名小罗耳。东国邻于法儿思，则名大罗耳。1155 年顷，有曲儿忒酋长名阿不塔海儿（Abou Taher）者，据有大罗耳。先是阿不塔海儿之曾祖阿不哈散法思鲁牙（Aboul-Hassan Fazlouyé）以所部百户自速马黑山（Sumac）徙阿勒波国，五十年前又徙居罗耳，自是阿不塔海儿遂建法思鲁牙朝（Fazlouyé）。其子赫匝儿阿思卜（Hézar Asb）继立，拓其疆域。其国之半为黍勒人所据，亦游牧部落也。赫匝儿首先逐此部落于境外，旋取其地黍里斯单（Schoulistan），黍勒部人遂徙法儿思。已而哈里发纳昔儿册授赫匝儿为阿塔毕，传后七人，额弗拉昔牙卜其曾孙也。后此国至 1424 年顷始灭。小罗耳自 1203 年以来属胡儿失德朝之君长，亦号阿塔毕，此国在 16 世纪中叶始灭。

此副王之敌亦谋陷之，其最可畏之敌人为纽璘阿合。纽璘镇守呼罗珊、祃拶答而，颇得其主信任，自以系出乞牙惕(Kiyoutes)族，故视涅孚鲁思之弟若无物。涅孚鲁思弟曾诉之于涅孚鲁思。迨涅孚鲁思至呼罗珊，以敌兵之侵扰，归咎纽璘防守之不力，于言词之中表示愤恨之意，且欲按问之，举动倨傲，尤失众心。时其妇秃干术有病，涅孚鲁思仅留呼罗珊数星期，检阅军队毕，以视妻病为名，还阿哲儿拜占。以军事委之纽璘与宗王台术。涅孚鲁思既去，一部分军队因之逃亡。合赞不悦，以敌兵在迩，主将不能擅离守地，促之令还军中。涅孚鲁思请许其卒视妻病，而于 1296 年 6 月 24 日至汗廷。汗之诸幸臣以其残忍狡诈，骄傲横恣，常为乱，野心尚未满，劝汗除之。然合赞以仅恃嫌疑，不能使之背誓。涅孚鲁思留数日，还呼罗珊，后未久，秃干术公主死，纽璘阿合入朝。合赞命其亲弟合儿班答往统呼罗珊军队。

涅孚鲁思之离汗廷也，其敌谋以事诬陷之。先是涅孚鲁思谋拥戴合赞为汗之时，其力尚弱，欲依托教谊，乞援于埃及算端。报达有商人阿林木丁哈撒儿(A'lem ud-din Caïssar)者，常往来埃及、西利亚等地，涅孚鲁思乃嘱其奉书于埃及算端。比其人以答书至，合赞已得国。涅孚鲁思不欲以此答书献，乃案照情势命帖思塔只儿丹人札马鲁丁别作答书，并命一未详其名之人润色，以此书呈合赞。及改易答书与哈撒儿使埃及之事觉，其敌遂谋以私通埃及算端之事诬之[①]。涅孚鲁思末次之至斡耳朵也，觉合赞对己已有

① 诺外利书记涅孚鲁思失宠之原因云：六九七年，合赞杀其阿塔毕尼鲁思(Nirouz)。缘尼鲁思觉合赞欲除己，曾致书于埃及算端满速儿剌真(Manssour Latchin)，请以军助彼往杀算端。答书为合赞所得，遂鞫正其罪云云。

疑忌之意，乃自呼罗珊遣其心腹也里人名撒都鲁丁（Sadr-ud-din lbn Moufti）者入朝寄耳目。而其人反为合赞所用，使往报达谋执哈撒儿。适哈撒儿新自呼罗珊还，诣撒都鲁丁所。撒都鲁丁享以美食，中置迷药，遂执哈撒儿与其从者以献。

丞相与其弟忽都不丁伪为涅孚鲁思致埃及诸将书六封，中言合赞固为穆斯林，然其诸将则力拒伊斯兰教，请以兵来除此种异教之人，将以伊兰全土奉献。并言曾以此事告其两弟哈只纳邻（Hadji Narin）、烈杰赤，兹遣哈撒儿奉赠衣服数袭。纳诸书与衣十七袭于哈撒儿箧中，复为涅孚鲁思致其弟哈只纳邻书，往见哈只纳邻，乘间纳书于其箧中。

1297年3月17日，司教马合木与丞相弟忽都不丁送哈撒儿于合赞所。时合赞驻在射赫烈南（Scheherénan），面讯哈撒儿。哈撒儿不承，搜其箧，得衣书，诸人皆识为涅孚鲁思之记室哈只剌马章（Hadji Ramazan）笔迹。合赞怒，命以骨朵击杀哈撒儿与其三从者。合赞欲不待所谓罪人之作乱，先发除之，命纽璘、拜因察儿（Baintchar）二人捕杀涅孚鲁思家属。塔因察儿（Taïntchar）[①]擒哈只纳邻至。纽璘鞫问，搜获密书。裸徇斡耳朵一周，杀之，听人掠其财产，以其家人赐其妃不勒干（Boulgan khatovn Khorassani）可敦。不勒干者，阿儿浑之孙女，被杀者之侄女也。在本月及下月中，杀涅孚鲁思之二弟烈杰赤、撒的迷失与其子斡耳朵不花（Ordouboca）于各地。

合赞命忽都鲁沙偕数将往捕涅孚鲁思。6月诸将会忽都鲁沙于

① 钧案：此人应是前文之拜因察儿，两名未详孰是。

哈马丹附近之额塞德，合兵进向呼罗珊。统将雪你台（Sounataï）、火儿哈答各率万人先行，主将忽都鲁沙引兵为其后应。

忽都鲁沙进至达蔑干，火儿哈答、雪你台二人业已斩杀剌夷、维剌明（Veramin）、胡瓦耳、西模娘、比思塔木诸城涅孚鲁思所置之守将，涅孚鲁思兵出你沙不儿，与忽都鲁思之前锋战。涅孚鲁思军虽众，然失利败走。其二子阿合马（Ahmed）、阿里（Ali）殁于阵，其营帐与财货为战胜者所得。涅孚鲁思夜逃占姆之牧场，设伏兵于破墙后。火儿哈答率追兵于夜半至，欲夺马群。伏兵起，杀火儿哈答之兵甚众。涅孚鲁思复走也里，蔑力法合鲁丁克儿特（Fakhr-un-din Kert）延之入城。先是法合鲁丁曾附涅孚鲁思，及兵败，率所部退走。路遇雪你台军五百骑，为所擒。越数日，得脱走，遂还也里[①]。至是涅孚鲁思抵也里，欲不入城，其诸将亦劝其勿过信蔑力。涅孚鲁思复转念曰："三日来我未祈祷，不能久废此事也。"乃率所部四百人入也里城，其步将数人弃之而去。

蔑力法合鲁丁者，克儿特朝开业主蔑力苫思丁摩诃末之孙也。苫思丁受蒙古帝之册封，为也里与呼罗珊东部主，蒙古人颇重其勇武与能力。1266 年别儿哥侵波斯时，适在阿八哈所，阿八哈赠以马二百匹、甲二百具、护身甲一、刀一、弩一，携之至军中。打耳班之战，苫思丁为效死力，受重伤。战事平息，阿八哈厚赐之而遣之归。

越九年，蒙古汗受谗言，颇嫌苫思丁，欲诱之至斡耳朵。顾欲

① 见《也里州志》第 7 篇第 2 章，瓦撒夫书第 3 册，《乐园》第 4 册《克儿特朝诸王传》。

诱之，须先使之离其所居古尔山中未能攻取之杞萨儿要塞。1275年，阿八哈遂赐以乞剌惕（khil'at）衣一袭、牌子一面、谕旨（yarlig）一通[①]。谕旨之文曰："蔑力苫思丁摩诃末克儿特应知吾人宠爱之笃，其言行常得吾人之赞许，所请无不从之，虽有谗谤莫入。吾人数命爱弟迪歆斡兀立遣其重臣延之离其狮虎、鹰鹫所居之区，径居也里。兹既得吾人谕旨，宜赴也里，善治其国，解除恶政。"阿八哈复在谕旨中殿以誓不加害之语。苫思丁得谕即表示服从，且以重币献，并厚赂迪歆斡兀立、诸异密、诸长官等，离杞萨儿而至也里。

已而亦思法杭长官火者巴海乌丁、丞相苫思丁摩诃末等数以函召之至伊剌克，苫思丁至亦思法杭，火者巴海乌丁率州中诸贵人迎于州境，亲送之至斡耳朵。阿八哈既怒苫思丁，乃留之不使还国，而遣苫思丁子鲁克那丁（Rokn-ud-din）至打耳班军中。丞相等虽力为之解，阿八哈不从。1278年1月，命人毒杀苫思丁于帖必力思。

次年，阿八哈至呼罗珊。其弟迪歆斡兀立为言：也里国中无主，内乱堪虞，请以苫思丁之子主国事。阿八哈乃召鲁克那丁至，册封之为也里国王，欲其袭父名，自是人遂称之曰幼王苫思丁。

及阿八哈死，也里王不自安，乃于1283年避居杞萨儿堡，留其子加秃丁（Guiath-ud-din）于也里，代主国事。会有阿鲁浑之部将名那颜忻都（Hindou）者，因得罪逃杞萨儿，阿鲁浑命执逃将以献，苫思丁从之。阿鲁浑喜，赐以锦衣鼓纛，然党于忻都者颇怨之。苫

① 乞剌惕，阿剌伯语名，指君上赐其臣下或一外国人之服，用以表示其宠遇者也。牌子以金属为之，上有图画与文字，以赐官吏与豁免赋役者也。此制出于中国，故即以汉名名之。yarlig，蒙古语犹言命令、谕旨、诏敕。

思丁不自安,遂深居要塞不敢轻出。已而其子加秃丁亦往依之,也里之民惧,多徙他所。时有尼兀答儿部酋名阿马赤(Amadji)者,率所部之蒙古军万人侵袭此城,肆抄掠,虏男女妇孺而去,此城几荒废。

合赞之受封于呼罗珊也,于1291年命涅孚鲁思率五千骑往镇此地。涅孚鲁思欲兴复也里城,以其在迭烈阔思(Déréguez)区所掠之牲畜徙殖于此,命额思菲匝儿(Esfézar)、费剌(Férah)、西只斯单等地,将此域徙居各地之侨民送还,并豁免此城之赋税两年。无何,此城重见繁荣。涅孚鲁思贻书于蔑力苫思丁,请其归也里主其政事。苫思丁谢之,愿留堡以终余年,不再预闻此世之事。

苫思丁以子法合鲁丁性好动,恐其生事,曾禁锢于堡中有七年。法合鲁丁杀其监者,率侍者数人越锢所,逃入杞萨儿山岭之上堡,其父召之下,不从。涅孚鲁思器其智勇,欲释之出以为己用,遣其弟哈只奉书往诣苫思丁,请宥其子法合鲁丁之过。苫思丁答曰:其子疯狂,若释之,恐无事不可为。哈只请往见之。及见,告以涅孚鲁思援彼。法合鲁丁喜,然以父未宥其过不敢出堡。哈只复为之请。苫思丁曰:若涅孚鲁思作书付我,许不以其子将来之罪归咎于我,始敢遣之至涅孚鲁思所。涅孚鲁思乃作书曰:"我负担蔑力法合鲁丁将来一切过失之责任。"其父亦约不责其子。法合鲁丁至也里,涅孚鲁思喜,集呼罗珊之统将贵人厚款之,赐以己服。并告合赞,言蔑力法合鲁丁来投,为汗效命。已而涅孚鲁思命其掌也里州事,以其弟塔儿干哈只(Tergan Hadji)之女妻之[①]。

---

① 苫思丁摩诃末二世隐居杞萨儿迄于1305年9月。

八剌子宗王都哇率十万人之入呼罗珊也，曾遣使赴哈儿只斯单(Ghardjistan)法合鲁丁所，召之来降。法合鲁丁款留使者二日，遽逮使者及其从者三十二人送至徒思，以献涅孚鲁思。涅孚鲁思嘉其忠顺，携之至汗廷。时合赞在伊剌克，乃厚礼之，赐以锦袍，册封之为也里国王，并赐鼓纛帐幕、现金十万，命为蒙古军千户长，嘱涅孚鲁思善待之。

至是，涅孚鲁思甫入也里城，忽都鲁沙已追踪至城下。忽都鲁沙前经徒思城，曾谒阿里后裔第八代教长阿里利剳(Ali Riza)墓，为两态之祈祷[①]，求上帝助其获敌。既抵也里，围其城。城中守御甚力，壁垒甚坚，且值酷暑，有数将请退兵。忽都鲁沙不许，命法合鲁丁之妻父占姆之木甫惕(moufti)作书谕法合鲁丁，献出涅孚鲁思，以免也里城之毁。法合鲁丁得书以示涅孚鲁思，涅孚鲁思益信其忠于己。然其记室哈只剌马章劝其乘势拘禁法合鲁丁，后再释而报其德，否则孤立无援，恐陷敌手[②]。涅孚鲁思以既信之不可疑之，拒不从。然语为法合鲁丁之从者一人所闻，以告法合鲁丁。法合鲁丁惧，与诸臣议。法合鲁丁以为蒙古军早晚必攻拔此城，虏其妇孺。况且涅孚鲁思既背永远不以兵抗合赞之誓，遂决定执之以献。法合鲁丁给涅孚鲁思曰：城中守兵士气丧失，宜以公所部兵分配于城守数军之中，以其勇战作士卒榜样。涅孚鲁思从之。城守兵中每十人分置所部二人，左右所存卫士甚寡。法合鲁丁率健者数人登子城，自执涅孚鲁思系之，而告之曰：奉命执献忽都鲁沙。

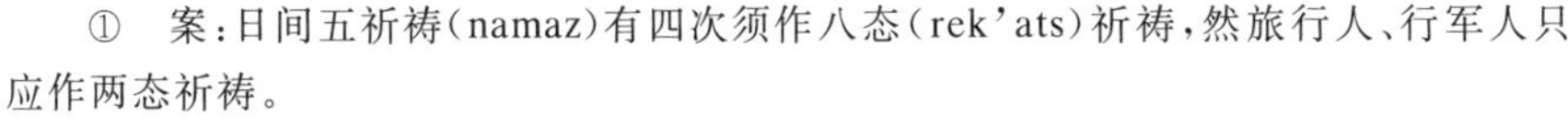

① 案：日间五祈祷(namaz)有四次须作八态(rek'ats)祈祷，然旅行人、行军人只应作两态祈祷。

② 涅孚鲁思所部仅四百人，而也里城中忠于法合鲁丁者有数千人。

涅乎鲁思曰："我何负汝而欲我死？曷不付我以马与刀，俾我赤身出与敌斗而死于阵？"法合鲁丁曰："自今以往，汝只能见刀于他人手中。"遣使执哈只剌马章之首往见忽都鲁沙，言已执涅乎鲁思与其随从之人，请以文书誓保合赞赦宥也里之罪。忽都鲁沙乃命异密孛罗海牙（Foulad Caya）偕火者阿剌丁（Khodja Alaï-ud-din）、占姆之木甫惕持誓书入城。及夜，法合鲁丁系涅乎鲁思手，命卫士送之至忽都鲁沙营。忽都鲁沙见之喜甚，面讯其罪。涅乎鲁思傲然答曰："讯我者为合赞，非汝也。"由是闭口不言。忽都鲁沙命人仆之于地，腰斩之（8 月 13 日），命孛罗海牙执其首赴报达，献捷于合赞，后悬其首于报达狱前者数年。执涅乎鲁思之弟阿儿浑哈只（Argoun Hadji）、忽勒都黑（Couldouc）二人杀之。忽都鲁沙于涅乎鲁思死后三日，拔营还伊剌克①。

合赞赏法合鲁丁功，赐以己冠，并册封其为也里与其附近诸地之王。法合鲁丁乘机请免入朝，然于用兵时许佥军以从，合赞许之。已而欲脱离蒙古之羁勒，自恃也里要塞之坚，其军队已增至六

① 见《史集》。《乐园》撰者与剌失德所记微有不同，似曾采录《克儿特诸王史》者。据云，法合鲁丁欲免开罪于合赞，曾决定执涅乎鲁思以献。乃给之曰：城守之兵诸国人皆有，恐有一军开门纳敌，莫若以公之亲兵分守各门。涅乎鲁思闻其言，尤信其忠于己，遂分其卫士守诸城门，身旁几不留一人。法合鲁丁乃命所部四将率古尔部卫士往执涅乎鲁思，四将等执绳附子城而上，时涅乎鲁思身旁仅余四人，发箭射登城者。然弓弦断，怒投弓，见诸古尔将询之曰："汝辈何故来此，执绳何用？"一将答曰，蔑力命彼等来此建一避弩之所。涅乎鲁思乃指一处命之营建。一将进前以骨朵击其首，别二将缚之置一舍中。时蔑力亲率二百骑伏他所，遣人告涅乎鲁思所部守城兵，言涅乎鲁思有命召之。其兵遂还向子城，陆续为古尔部兵所杀，蔑力然后以涅乎鲁思献忽都鲁沙（见《乐园》第 5 册《合赞传》）。

万人，开始不纳岁贡，托词不应忽都鲁沙军队之征发[①]，其后不久遂招致蒙古之兵。

先是尼兀答儿部屯于昔思田一地，至是合赞在伊剌克阿只迷境内指定其驻冬驻夏之所。惟不许其盗寇抄掠，并与此部约，违者处死[②]。然有人以伊剌克境内之盗寇事完全归咎于此部人，此部人苦于诬告与追求，乃不待允许相率走忽希斯单，请求避居也里国中。法合鲁丁许庇护之，以马匹、兵械、衣服给此部人，并将其收为己用，曾遣之侵入其所欲侵略之地，杀伤居民不少。诸地之人乞援于合赞，合赞命其弟合儿班答统祃拶答而之兵入呼罗珊，谕法合鲁丁将尼兀答儿部人交出，法合鲁丁托故不从。合儿班答遂进围也里，拔其城，屠尼兀答儿与古尔两部之人，然土人皆免死。合儿班答营于你沙不儿附近，遣人往谕法合鲁丁，设不欲其国残破，则应将尼兀答儿部诸酋交出。法合鲁丁命诸酋依俗发誓，未经许可不得擅离。旋以己冠赐合儿班答之使者，交出俘虏三十人，请其转告此王，言尼兀答儿部诸酋不花（Bouca）等业已遣派在外，待其还，将执以献。合儿班答洞悉此王性情固执，乃率兵进攻也里。1299年中，营于此城城下河畔，拟围攻之。然闻法合鲁丁业已退守亦名阿曼忽黑（Aman-couh）之伊失克勒哲堡（Ischkeldjé），遂进围此堡。缓攻四日，冀法合鲁丁之出降。继见其无降意，乃进攻，伤亡甚众。次夜，法合鲁丁率数骑突围出，入也里城，命古尔、哈剌只（Khalladjes）两部诸异密守此城，自率百骑走古尔。明日，合儿班

① 见瓦撒夫书第3册。

② 撰于15世纪末年之《乐园》云，此辈在今日尚执盗贼之业。

答又进攻，伤亡如前，仍难攻下。旋闻法合鲁丁不在此堡，还围也里。其所部诸将为莱思忽都鲁（Reïs-Coutlouc）、胡剌术（Houladjou）、火儿哈答、木莱、答尼失蛮（Danischmend Bahadour）诸人。法合鲁丁所部诸将为亦甫梯哈儿丁摩诃末哈鲁尼（Iftikhar ud-die Mohammed Harouni）、札马鲁丁摩诃末三（Djémar-ud-din Mohammed Sam）、亦勒赤火者（Iltchi-khodja）、乌马儿沙（Omar Schah Khorazmi）、帕鲁汪牙儿阿合马（Pehluvan Yar Ahmed）等。战十七日，两军死者数千人。司教失哈不丁占姆（Schihab-ud-din Djam）出城谒合儿班答，请息兵，言城中有战士五万，皆愿死守，恐难攻下，而为汗军羞，不如许和。合儿班答许之，命其转告守城诸酋，言王赦其罪，应以十万底那来献。城中人献三万底那，并许续献其余。及合儿班答解围去，法合鲁丁复归也里，亟增缮守[①]。

1297 年 8 月，统将速剌迷失、阿剌卜（A'rab）擒叛将巴勒图于鲁木，送之至帖必力思。9 月 14 日，并其子杀之。翌日，合赞还其都城[②]。

涅乎鲁思之变以后，有人告合赞，言曾有人预言蒙哥帖木儿子宗王台术将于四十日前即汗位。合赞命执宗王台术，并预言人以及在场预闻此预言诸人杀之[③]。

11 月 1 日，合赞以缠头巾冠其首，诸蒙古异密皆效之。翌日，大宴群臣。同月 7 日，自帖必力思赴阿阑驻冬，在道闻谷儿只之

---

① 见《乐园》第 5 册。

② 见《史集》。

③ 见瓦撒夫书第 3 册。

乱。先是1289年时，阿鲁浑杀的迷特里(Dimitri)王，以纳怜大维德之子瓦失丹二世为谷儿只国王，并两部为一国。1294年乞合都废瓦失丹，而以的迷特里子大维德五世(David V)主国事。至是，大维德五世叛。合赞亟命忽都鲁沙赴谷儿只讨其乱，平之。以大维德之弟还，合赞册授之为谷儿只王，是为瓦失丹三世(Wachtang III)[①]。

自涅乎鲁思死后，合赞自执政务，以印授赞章人撒都鲁丁，大宠任之。忽都鲁沙还自谷儿只，谒合赞于答兰淖儿，以其成地财政紊乱事责撒都鲁丁。撒都鲁丁不自安，欲以先入之言自保，乃告合赞曰：忽都鲁沙诸将残破谷儿只。合赞因是对于忽都鲁沙常致不满之意。忽都鲁沙不明其故，曾询撒都鲁丁何人进谗于汗。撒都鲁丁曰，此医师剌失德之所为也。缘撒都鲁丁近怨剌失德，欲以此倾之。此史家曾记载云："某日余见忽都鲁沙谒合赞出，彼诘余曰：我二人素相友善，缘何毁我于汗？余答曰：公既从未害我，我焉能无故毁公？曾询其此语出于何人之口，如不以告，余将言之于汗。忽都鲁沙不欲指出其人，余乃在游猎中以此事告汗。合赞召忽都鲁沙至，促其指明其人。忽都鲁沙乃言此语出自撒都鲁丁。汗怒曰：此人狡诈性成，余实不能令其改悔。7月17日(四月三十日)，逮撒都鲁丁及其弟忽都不丁。19日按问之。撒都鲁丁善于答辩，若以时假之，或能自免，不意合赞遽命忽都鲁沙杀之。22日，忽都鲁沙命二人执其手，腰斩之。此人乘乱而致高位，乃其结局如斯而已。"

① 见《史集》，Klaproth书。

5 月 25 日，合赞至帖必力思。6 月 4 日，杀撒都不丁弟忽都不丁与其侄乞瓦木木勒克(Kevam-ul-mulk)[①]。9 月 11 日，合赞命素忠于己之撒维(Savé)人火者撒都丁(Khodja Sa'd-ud-din)为丞相，已而赴伊剌克阿剌伯驻冬。11 月 29 日，至瓦夕的，在道频接速剌迷失叛于鲁木之警报。

先是合赞诛巴勒图，以其鲁木驻军属于巴因察儿、必扯忽儿(Bitchcour)、忽儿帖木儿(Courtimour)三将者，命速剌迷失总统之。同时疑鲁木算端牙豁卜与巴勒图同谋，废之，别立其侄阿剌瓦丁凯库拔(Alaï-ud-din Kei-Coubad)为鲁木算端。阿剌丁受封后，偕诸将同赴鲁木。是冬，鲁木天寒雪厚，道路难行。速剌迷失者，拜住子阿法克(Afak)之子也，欲据鲁木而自主，利用交通不便，散布谣言，谓国中乱起，合赞被废。结合数将袭杀巴因察儿、必扯忽儿，聚兵万人。哈剌蛮王马合谋贝(Mahmoud Bey)以突厥蛮万人从之，诱致驻在阿克失哈儿平原之戍兵，使从己。并聚合流氓无赖，共有众五万人。散鲁木之税课以犒军，贻书于埃及算端以求助。任命将校，赐给鼓纛。

1299 年 3 月，合赞命忽都鲁沙率三万人往讨叛众。分其军为三军：出班将前军，忽都鲁沙自将中军，速台阿塔赤(Soutaï Actadji)[②]将后军。4 月 27 日，遇叛军于额儿赞章之阿克失哈儿平原[③]。速剌迷失所部之蒙古军皆投合赞军，鲁木军从之。哈剌蛮军重返山地，其从速剌迷失者仅余五百人。5 月 3 日，速剌迷失逃

① 剌失德书中所记合赞一代事，杀戮官吏无页无之，吾人兹仅志其重要者而已。

② 阿塔赤，突厥语犹言驭马人。

③ 见《史集》。

至西利亚边界之必赫思纳。先是曾遣其将鲁木人名莫克剌速丁(Mokhlass-ud-din)者奉书乞援于埃及。4月,埃及算端命大马司长官遣歆姆司、哈马特、阿勒波三城之军各五千人往援。5月8日,援军甫欲自大马司出发,速剌迷失败亡之讯达此城。已而速剌迷失偕必赫思纳长官也速丁(Yzz-ud-din El-Zourdkasch)共从者二十人至大马司,此城长官率士民出迎,送速剌迷失、忽都图(Coutouctou)、马克剌速丁(Makhlass-ud-din)[①]至开罗。埃及算端优礼之,以封地赐忽都图,此人遂留埃及[②]。速剌迷失欲至鲁木取其家属,请埃及算端以兵卫己行。埃及算端命伯帖木儿(Bekti-mour)送之至阿勒波。进入西里西亚阿美尼亚军偕蒙古驻守此国之军邀击之,伯帖木儿战殁,速剌迷失被擒,阿美尼亚王命送致合赞所[③]。

以前所述13世纪末年鲁木国中之乱,未尝言及此国之王,兹请补述之。先是1268年鲁克那丁被害,时其子加秃丁虽在幼年,木音乌丁帛儿万涅奉之嗣位。国政操之木音乌丁,迄于1278年木音乌丁之被杀。越四年,阿合马召加秃丁入朝,废之,谪居于额儿赞章。次年,阿鲁浑疑其参与杀弘吉剌台之谋,命人以弓弦缢杀之。先是算端也速丁恺迦武斯死于克里米亚,其子牙豁卜往依阿八哈。及阿合马废加秃丁,即命马思忽惕为鲁木算端。1295年,合赞废马思忽惕,禁之于一堡中。分鲁木为四州,分赐帛儿万涅赤摩诃末贝(Pervéandji Mohammed Bey)、丞相札马鲁丁、副相

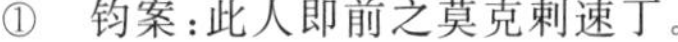

① 钧案:此人即前之莫克剌速丁。

② 见马克利齐书。

③ 见诺外利书。

(Ketkhouda)怯马鲁丁(Kémal-ud-din)、财政长官(Defterdar)舍里甫丁(Schéref-ud-din)四人,四人共应缴纳鲁木岁贡六十万于汗廷,由是鲁木人遂受前所未闻之横征暴敛。1297年,合赞以也速丁凯迦武斯子费剌木儿思(Fèramourz)之子阿剌瓦丁凯库拔主鲁木。1300年合赞废之,复立马思忽惕。越四年,马思忽惕死,鲁木之塞勒术克朝遂亡。

蒙古人之统治鲁木,其弊仍与统治他地相同。质言之,破裂一切政治关系,造乱而残破其地。鲁木应缴纳伊儿汗暨其诸妃大臣之岁币,随年而增。欲足其额,须增赋税。其欲在鲁木有封地者,只须其献纳超过所封地收入之献金。若继有别一人以更巨之金额献者,此二人不免以武力争,其地受害愈重。所有官职皆以售人,出价多者得之,得之者复转求偿其价于人民。其应献于汗之岁贡或诸大臣之贿金,微有延期,追索之使者立至。掊克人民,不罄其产不止。富者则中以伪造罪名,籍没其产业[①]。益以蒙古长官之屡叛,政变内讧之频起,国中愈乱。诸突厥蛮酋长先取最远之地或山中林中交通不便之地据之,嗣后在旭烈兀朝亡后,且据有小亚细亚中央诸州。由是建立若干王朝,构成若干邦国。其在后日侵略邻国斥地甚广之斡都蛮朝,即崛起于其中焉。

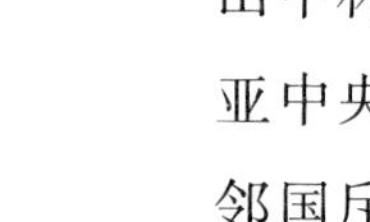

3月8日,合赞在报达得统将木莱报告,言有埃及降将乞卜察克(Kiptchac)、额儿别乞(Elbégui)、别帖木儿(Begtimour)、阿匝思(A'zaz)四异密率三百人来投。合赞命其送之至报达。诸降将至,劝合赞进兵,将使据有西利亚、埃及两地。马儿丁王捏只木丁

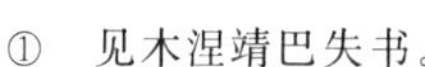

① 见木涅靖巴失书。

(Nedjm-ud-din)因旧怨亦和其说，并献进兵之策[1]。3月20日，合赞发自报达。5月28日，次乌章(Oudjan)，其弟合儿班答自呼罗珊来见，遂于其地开大会。6月25日，杀速剌迷失军中叛将数人。7月17日。合赞娶忽都鲁帖木儿(Coutlouc timour)女怯剌门(Kéramoun)为妃，赐妃金六十万。9月12日，至帖必力思。27日，杀速剌迷失于市，焚尸扬灰。

已而闻有西利亚军四千人侵入底牙儿别克儿，残破此州，取马儿丁城。适欲取莱司阿因，因不能守，始挈其俘虏而去。闻此军在马儿丁城曾于斋月中在伊斯兰教堂淫伊斯兰教妇女，并在其中饮酒[2]。合赞怒甚，遂决定进取西利亚，时其地因军人统治而致乱，亦有机可乘也。

① 见瓦撒夫书第3册。

② 见《史集》。埃及史家未言此役。

第六章

埃及算端阿失剌甫之被害——其弟纳昔儿之即位——乞忒不花之废主自立——剌真之即位——埃及一军侵入西里西亚——大马司长官乞卜察克与阿勒波军中数异密之被猜忌——其逃波斯——剌真之被害——纳昔儿之复辟——波斯之优礼乞卜察克诸人——合赞之预备战事——渡额弗剌特河——至阿勒波——纳昔儿率埃及军往御——纳昔儿营中之乱——歆姆司之战——埃及军之败——入大马司——保障大马司安全之敕令——阿美尼亚人之掠撒剌希耶特——战赋——合赞之慈善事业——合赞在西利亚之任命——其归国——忽都鲁沙之围攻大马司子城——解围——忽都鲁沙之去——木莱之侵入西利亚南部——其退兵——埃及之重整新军——西利亚之收复——都鲁思部人之惩罚

1293 年 12 月 13 日，埃及诸异密同谋奉副王巴牙答剌（Bayadéra）为谋主，于游猎时杀其算端阿失剌甫哈里勒。异密乞忒不花与开罗守将辛札儿叔札亦（Sindjar Es-Schudja'yi）同讨巴牙答剌杀之，奉哈剌温第三子纳昔儿摩诃末（En-Nassir Mohammed）即位，时年九岁，乞忒不花为副王，代执国政。已而辛札儿谋去乞忒不花而夺其位，乞忒不花执辛札儿杀之。诸将以新主年幼，1294年12月1日，废幽之，而奉乞忒不花为算端。

乞忒不花蒙古人也，1261年第一次歆姆司之战，年尚幼，为埃及人所得，哈剌温教养之，解放之，置于其所部玛麦里克部中，历擢为大将。至是即位，以异密剌真为副王。越二年，剌真等谋在大马司至开罗道中刺杀乞忒不花，未成，乞忒不花得脱，走大马司，然遂失位。1296年11月15日，剌真自立为算端。剌真者，艾伯格子满速儿算端之奴也。满速儿被废，为哈剌温所得，至是诸将奉之为算端。惟预与之约："待遇诸将与之同等，凡事皆与诸将谋，勿许其玛麦里克部人侵害彼等之利益，勿以此部人位于诸将上。"剌真誓守此约。誓后，异密乞卜察克语之曰："将来即位，恐汝忘此约，恐汝袒汝之玛麦里克部人，而以大权委之免古帖木儿（Mangou Timour）。"剌真重再宣誓，许将来必无此事。乞忒不花始而为埃及军队所弃，继又为西利亚军队所弃，知不能与剌真争位，亦对之为效忠之誓，退居撒儿哈特堡（Sarkhad）中。

剌真以其旧奴免古帖木儿为副王，且欲使之继承大位。惟既与诸将约，恐诸将反对，乃谋先除埃及、西利亚两地之重要异密，而以免古帖木儿之党代之。质言之，以剌真所部之玛麦里克部人代之也。

根据埃及史家之说[①]，为行其谋，所以次年免古帖木儿决定遣数将往讨西里西亚，俾免其居中掣肘。乃命别都鲁丁别达识（Bedr-ud-din Bektasch）统埃及之军出征，木偰非儿（Mozaffer）王

---

① 诺外利书。

率大马司诸州阿勒波、特里波立、哈马特之兵以从。

时海屯二世已不复君临西里西亚矣。先是此王在 1295 年归自合赞所，曾偕其弟脱罗思赴孔士坦丁堡谒其妹玛利亚（Marie）。玛利亚者，东罗马帝米开勒之后也。行时命其弟三帕德（Sempad）摄国政，三帕德遂结合诸藩自立为国王。1297 年，曾由大主教格烈果儿（Grégoire）在昔思城举行授职礼，三帕德复请合赞册封为西里西亚国王。合赞许之，并以宗女一人妻之。三帕德还昔思，曾与大主教格烈果儿以易君事通知教皇，言新君愿举国受罗马教皇之保护。次年，海屯、脱罗思二人还至西里西亚，三帕德逐之不许入境。此二王重返孔士坦丁堡而求援，东罗马仅以金钱供给之。继欲赴诉于合赞所，行至凯撒里亚，被逮，而被禁于巴儿思伯儿（Barzrberd）。无何，合赞命人杀脱罗思，矐海屯之目。此种残忍举动，盖由三帕德所授意。其别弟名孔士坦丁（Constantin）者，遂进兵昔思，败擒三帕德，而于 1298 年即王位[①]。

埃及之进兵也，适当孔士坦丁在位之时。孔士坦丁曾遣使乞和，埃及不许，集诸军于阿勒波，进至阿马黑（Amac）。至是分路进兵，一军由巴格剌思山（Bagras）进向亦思痕迭鲁纳关，营于特勒韩敦城下；别一军逾美利山（Méri）。1298 年 4 月 17 日，进至昔思关口，两军复合为一。时统军之二将因主张战略之异，各欲行己策。别达识主张围攻要塞，阿林木丁辛札儿则欲仅事抄掠。阿林木丁且言诸将别算端时，惟彼最后聆算端言，则彼为主将，别达识不得已从之。埃及军在阿木登（A'moudeïn）渡只罕河，遂肆抄掠。

① 见 Chamisch《阿美尼亚史》第 2 册 272 页。

阿林木丁进掠昔思城，别达识进掠纳维儿哲（Naverzé）、阿答纳。两军所过之处，尽屠阿美尼亚人，掠牲畜。复合军自阿答纳经马昔撒重逾巴格剌思山，而抵安都城附近，适欲各归镇所。先是别达识因与阿林木丁争主军事，曾贻书阿勒波长官必勒班（Bilban），请以此事转呈算端。归军抵鲁只（Roudj）时，得还报，言阿林木丁行时仅与之言统率本军事，未命其总全军，应以别达识为主将。算端且命未得特勒韩敦不许还军，由是又取道阿勒波重逾巴格剌思山，分遣一军进取阿牙司（Ayas），为阿美尼亚伏兵所袭败还。全军进向特勒韩敦，此城居民闻敌至，退守涅只蔑惕堡（Nédjimet）。6 月 18 日，埃及军占领特勒韩敦，同时阿勒波军占领马剌失。

阿美尼亚人多逃山谷，谷口有涅只蔑惕、哈木思（Hamous）等堡守之。埃及军至，堡军数战不利，守堡不出。埃及军遂入山谷，杀男子，虏妇女，得捕获品无算。已而算端传谕至，命取涅只蔑惕。埃及军围攻此堡计四十一日。堡中缺水，乃出其中妇孺及附近各地来此避难之居民，分为三队。第一队有男子二百、女子三百、儿童百五十人。迨出堡，围攻者杀男子而虏妇孺。续有男子百五十、女子二百、儿童七十五人出堡，亦遭同一之厄。第三队出堡，结果亦同。堡中所余者虽仅战士，然因争水不免互斗，不得已遂请降，得免死。8 月以堡献。

当围攻此堡之时，埃及军主将得十三堡之锁钥。别达识命大马司州之一军将谷儿只人赛甫丁也先迭迷儿（Seïf-ud-din Essendémir）暂守之，已而售其仓储而退，诸堡遂复为阿美尼亚人所有。

埃及军取涅只蔑惕以后，撤军至阿勒波，时埃及援军四队至此与之合。当此时间,阿美尼亚王曾遣使赴开罗乞怜于算端。埃及军留驻阿勒波待命数月后,重返埃及,于 1299 年 1 月剌真被杀后四日抵开罗。

免古帖木儿之一部分计划既已实行,剌真又应其请,逮埃及诸大将,所余者仅西利亚诸将而已。1298 年 10 月 9 日,在开罗声称鞑靼人行将侵入西利亚,命使者韩丹(Hamdan)、艾多格的(Aïdogdi)往命大马司长官乞卜察克从速进兵至阿勒波以御敌。15 日,使者至大马司。22 日,乞卜察克率大马司军与巴黑里部人出发。然乞卜察克未久即知受人之绐,蒙古军实无侵入其境之讯。绐者欲用此策以除诸将,代守大马司之异密察罕(Tchagan)已奉命不许放乞卜察克还大马司。使者韩丹奉密令命阿勒波长官逮诸异密别帖木儿、额儿别乞、阿匝思、别思剌儿(Bezlar)等,并将所不能逮诸将毒杀。阿勒波长官迟疑不敢遽发,免古帖木儿促之执行,命其于阅军日(mevkeb)设宴时逮诸异密。然诸人已得乞卜察克密报,暗自防备。阅军日诸异密往聆宣读算端任命别帖木儿为特里波立长官之敕令。别帖木儿托疾不出。当时业已预备成熟,待诸将出即逮之,然后召别帖木儿于其帐。按例诸将应集于子城下,恭聆王令。宣读开始,即应下骑跪地。长官命卫士即于是时逮之。及至开始宣读王谕之时,长官先下马,诸将皆从之。然诸异密之恐被逮者各以其玛麦里克部人围守其马,跪聆毕遽上马,旋密结成列而退。此计不成,长官又用别法。乃借词毕剌特城有鸽传书言鞑靼军来躏此城附近诸地为名,召诸将聚议。诸异密遣使还报,言将赴会。薄暮,皆上马出城,逃哈马特,与乞卜察克合。诸逃人为埃及统将赛甫丁别帖木儿(Seif-ud-din Begtimur)、撒法德州(Safad)

长官法里速丁额儿别乞(Faris-ud-din El-Bégui)、异密赛甫丁阿匝思(Seïf-ud-din A'zaz)三人。乞卜察克遣异密博勒合(Bolgac)赴开罗求宥于算端,并请大马司守将察罕速送财帛衣物至,以应自阿勒波来此诸异密之需。察罕拒之,并责其未逮诸逃将之非。埃及政府仍对乞卜察克虚与委蛇,命逮逃将,否则其本人亦将被逮。至是军实不继,其军多弃之还投大马司。乞卜察克所存之人甚少,诸异密遂决定往投波斯,乞卜察克请待其致埃及友人书之还报。已而答书至,劝其留待。然诸异密恐追兵至,不欲滞留,促其行。1299 年 1 月 14 日夜,乞卜察克遂偕别帖木儿、额儿别乞、阿匝思三人,率三百余骑取撒剌米牙特(Salamiyet)[①]一道进向额弗剌特河,行时挈歆姆司长官与同行,至哈里耶廷(Cariétéin),留其马而释之归。

及诸异密逃亡之事觉,阿勒波城放鸽传书,命逮逃人。旋闻其已投乞卜察克,并偕之同走撒剌米牙特,遂大惊恐。预料西利亚将受其害,亟遣两军分赴额弗剌特河与哈马特城追逐之,掠诸异密之财产,籍没大马司城乞卜察克之邸舍。追军至额弗剌特河畔,逃人业已渡河矣。

算端诸臣中有与免古帖木儿为敌者,见剌真宠幸之深,未能除之,乃决定刺杀算端。1 月 15 日,卫士长谷儿赤(Gourdji)杀剌真于宫中,同时执杀免古帖木儿。

先是哈剌温子纳昔儿摩诃末被谪于哈剌克,至是诸将合谋奉之重即位,并以其同谋者异密秃黑赤(Tougdji)为副王,惟附以凡

① 钧案:即色勒米牙特。

事必经诸将同意为条件。此副王按例大宴左翼右翼诸异密，宴时言及遣使赴纳昔儿所劝进事。时谷儿赤起而言曰："我为报吾主之仇杀算端剌真，顾纳昔儿王年尚幼稚，此举我不能同意。"指秃黑赤曰："彼应为算端，我应为其副。其不从者，必遭不幸。"阿失剌甫部之玛麦里克人附和其说，然诸将多欲待别达识之至而以其主张为从违。

当此时间，有鸽自比勒拜思(Bilbeïs)传书至，告以异密别达识率远征西里西亚之军还。1 月 19 日，秃黑赤依例率算端之玛麦里克部人出迎。别达识杀之，同日并杀谷儿赤。

不儿只部(Bourdjiyet)之玛麦里克人[①]欲奉酌人异密贝巴儿思(Beïbars)为主，撒里黑部人与满速儿部人则欲奉异密撒剌儿(Salar)为算端。已而两派复共推纳昔儿王承大位，遣异密二人前往劝进。新主未至以前，以异密八人摄政。纳昔儿至开罗，于第二次即算端位，时年十四岁，以异密撒剌儿为副王。

乞卜察克之使者博勒合于剌真被杀后二日抵开罗。摄政诸人即遣其还报乞卜察克等，以安其心，并命阿勒波长官逮捕艾多格的、察罕、韩丹诸人，暨忽撒木部[②]诸异密。1 月 24 日，博勒合至大马司，闻乞卜察克等已走额弗剌特河，旋至阿勒波，传逮捕诸异密命，并遣使以剌真、免古帖木儿之死讯往告乞卜察克。

---

① 哈剌温有玛麦里克部人七千，曾使阿速人(Ases, Alains)与薛儿客速人(Circasses)别为一军，其数共有三千七百人，屯于山堡之中，而名之曰不儿只部。阿剌伯语 Bourdj 犹言番卫。阿失剌甫之部玛麦里克人，乃指算端阿失剌甫所部之玛麦里克人。满速儿部之玛麦里克人，乃指哈剌温所部之玛麦里克人，盖哈剌温一号蔑力满速儿也。撒里黑部人或指艾育伯朝算端撒里黑所部之玛麦里克人。

② 剌真一名忽撒木丁(Houssam-ud-din)，故名其党曰忽撒木部人。

乞卜察克与其同伴三人抵蒙古辖境，底牙儿别克儿长官奉命来迎[①]。至莱司阿因，始接阿勒波之驿报。初以为伪，不敢信，继知其实。乞卜察克等自咎不应离西利亚而逃此，然既至此亦不愿还。复由毛夕里进至报达，城中戍兵出迎。合赞使者领诸人赴瓦夕的之斡耳朵。合赞盛陈卤簿自出迎，厚礼接之。命为诸人安置帐幕，供给其所需之物，设宴以享之。诸人回帐，合赞赐乞卜察克、别帖木儿各一万底那[②]，阿匝思、额儿别乞各六千底那，随从之玛麦里克部人暨马夫等各百底那。合赞命诸大臣各设宴款之，已而乞卜察克之一部分家属继至。合赞欲以哈马丹一地封乞卜察克，乞卜察克以其意仅在来朝日侍汗侧，辞不受[③]。

合赞欲进兵西利亚，曾依伊斯兰教君主习惯，集诸教长、律士咨询此战之邪正。诸人咸答曰："恶人加害于同教人，伊斯兰教君主应惩罚之。"诸人盖隐喻最近埃及之来侵事也[④]。合赞命在底牙儿别克儿组织一军，遣诸将分途征调军队[⑤]。十人中佥军五人，每人应有马五匹，军装全副，赍六月粮，以驼五千运输军粮。合赞指定其妃嫔安置其斡耳朵之所，命那颜纽璘守打耳班，异密撒答答剌

① 尚有异密赛甫丁、别思剌儿携随从五人同时出走，然未赴乞卜察克营，径走额弗剌特河，逾河至辛札儿，殁于此城（见诸外利书）。

② 每底那合二百一十 drachmes。

③ 见诸外利书，马克利齐书，《埃及诸王史》。

④ 瓦撒夫书（第 4 册）云：合赞自公然改信伊斯兰教以后，曾以其事告埃及人。且曰："我祖若曾与汝国为敌，乃因宗教不同所致。自今而后，可不复畏吾人常胜军之攻击矣。两国商民可以自由往来，应确信一切国家今皆应服从吾人。埃及君位由君王移转于奴隶之手，不复有主奴之别，尤应来归也。"合赞历述埃及政府之缺点，言各玛麦里克人皆谋窃据大位，算端之废立，一如幻术者手中之弹丸，此与国家兴隆不合者也，应以国属一正当而独裁之君主。

⑤ 见《史集》。

罕(Sadac Terkhan)守法儿思、起儿漫以迄昔思田、哥疾宁之边境，阿必失合(Apischca)仍镇鲁木。

1299 年 10 月 16 日，合赞自帖必力思出发，循蔑剌合、额儿比勒、克沙夫而抵底牙儿别克儿。统将八失合儿八哈都儿(Baschgard Bahadour)、克儿笃哇八哈都儿(Kertoua Bahadour)率鲁木之兵来会[①]。诸妃嫔相从至于毛夕里。11 月 21 日，合赞阅军于纳昔宾附近。马儿丁算端捏只木丁来朝，并为预备莱司阿因迄于札别儿匝德堡(Dja'berzad)一道之军食。12 月 7 日，合赞由此堡渡额弗剌特，命宗王八剌儿兀(Balargou)、统将马麦(Mamaï)偕马儿丁算端以万骑守此河。预计归军渡河时河水必涨，乃以革囊浮筏，以链系于两岸，而备渡河之需，即命马儿丁算端筹备此事。

合赞渡河后，复阅军，共有九万骑。命那颜忽都鲁沙总统诸军，统将木莱率先锋先行。12 月 12 日，合赞至阿勒波，决定不攻此城。又阅军，合赞步行全线。出班曰：汗曾视其诸臣之马，请许以良马献。由是诸将皆献良马一匹。

全军发自阿勒波。道经田亩，士卒欲以麦饲马。合赞下令禁止曰：不可以人食供马食，犯者斩。进营于速马黑山中，捕谍者，知三日前阿勒波长官必勒班塔巴乞(Bilban Tabbakhi)闻蒙古兵至，已逃。路遇哈马特长官哈剌宋豁儿(Cara Soncor)，与之同赴歆姆司[②]谒算端。12 月 20 日，合赞经哈马特城下，亦舍而不攻，而营于撒剌米牙特附近[③]。

---

① 瓦撒夫书谓合赞于二月二十六日(11 月 22 日)发自帖必力思。

② 见瓦撒夫书。

③ 见《史集》。

埃及算端闻合赞进兵之讯，曾于9月22日率军发自开罗。进至合匝北特勒阿术勒(Tel-el-A'djoul)之地，营中变起。斡亦剌部人怨其部诸酋在剌真时代之被杀，又愤厚待本部之乞忒不花算端之被废，且嫉不儿只部玛麦里克人之当权，谋为变，欲杀当权之撒剌儿、贝巴儿思二人，而奉乞忒不花重为算端。乃乘乱进袭算端帐，欲杀算端，事泄有备而未果。撒剌儿、贝巴儿思所统之不儿只部人疑算端诸侍臣同谋，欲杀诸大臣，而弃算端去。然经人解释，始释其疑，合兵以平乱。翌日，执斡亦剌部五十人缢杀之。

12月3日，算端入大马司。闻合赞已以大军临额弗剌特河，乃以钱币犒军，骑士一人各得三十至四十底那不等。然士气丧失，预睹其必败。西利亚之居民见蒙古军至皆逃，全境震恐。

及得阿勒波驿报，言鞑靼军已渡额弗剌特河，乃急遣大马司军出发。11日夜，算端率埃及军继之，进营于歆姆司城下，遣阿剌伯游牧部落往侦敌势。知敌军已抵撒剌米牙特附近[①]。蒙古人故意散布流言，谓不虞埃及军如是之众，本军行将退走[②]。埃及军不释兵杖者三日，然军食乏矣。

21日，合赞率其军为两态之祈祷，求天助其克敌。时军中马行久多疲，无马之骑士跪陈其马不能战于合赞之前。合赞命全军皆作步战，盖玛麦里克部人恃其马良，常持骨朵或弯刀以冲敌，历以此破敌阵。今以部队当之，可制胜也。

22日，合赞自撒剌米牙特进兵至距埃及军一日程之地。23

---

① 见马克利齐书。

② 见《埃及诸王史》。

日，命军备战。及其军抵一小溪[1]，合赞以为是日时值星期三，不宜战，欲在此处息兵一日。骑兵皆下骑，有脱其甲胄者，有放马者。忽闻敌军近迫之讯，合赞身旁仅有中军九千人。左右两翼以为此日不战，故尚在后。合赞急整军备战，促令两翼进兵。

埃及军列阵于得胜山下哈里德（Khalid Ibn Vélid）[2]墓之附近，一如前此两胜蒙古军之阵容。合赞欲诱其离去此地，命统将速勒丹牙撒兀儿（Soultan-Yassaoul）率万人绕攻其右翼，埃及军亦欲利敌军之分兵而出，于是日黎明，急进行四小时，遇敌。埃及军列阵于歆姆司附近昔名 Modjma'-ul-Mouroudj[3]，今名 Vadi-ul-khaznadar[4] 之地。全军共有二万余骑，算端偕宫内使腊真（Latchin）在后观战。会异密贝巴儿思得痢疾甚剧，伏病退，副王撒剌儿代统其军。诸教长鼓励战士，士卒感动至于悲泣。

黎明后第五小时，埃及军马虽疲，仍进战，先遣玛麦里克部五百人持火弩燃火油骑突敌阵。顾距敌远，火油熄，及抵蒙古阵，不待蒙古人全数登骑，此擐甲持刀或骨朵之玛麦里克骑兵，几破敌阵[5]。合赞亟命士卒下骑，以马为防具，发矢攒射。敌马在前者伤，在后者随之蹶[6]。是时突闻忽都鲁沙所将右翼鸣鼓之声，此盖为进击之号。埃及军以鼓声来自合赞军中，遽引军攻敌右翼。忽

---

① 剌失德以波斯语名此水曰阿卜八里（Ab barik），蒙古人则名此水曰纳邻速（Narin Sou）。兹二名称之意同，皆曰细水。

② 钧案：此名前作哈勒德。

③ 阿剌伯语犹言草原聚合点。

④ 阿剌伯语犹言库员谷。

⑤ 见马克利齐书，《埃及诸王史》。

⑥ 见海屯书第 41 章。

都鲁沙即命士卒下骑，忽又命其登骑。未及上，埃及军大至。右翼败，死者近五千人。忽都鲁沙率残骑奔中军，依合赞[①]。合赞亟命中军与左翼并进，以步兵、弩手万人居前，发矢伤敌甚夥。阿剌伯游牧部落酋长爱薛所将本部兵居埃及军右翼前，损伤尤巨，先引所部兵退。阿勒波长官必勒班所将阿勒波、哈马特之军继溃，已而右翼全军败退，不儿只部玛麦里克人所组合之中军亦不敌退走。蒙古军发矢射击败兵。埃及算端见己军败，泣求天佑。时在左右者仅腊真与玛麦里克十余人而已。迨埃及军左翼追逐敌军右翼还，已不复见中军与右翼矣[②]。是战也，始于十一时，终于三时[③]。

此战合赞先以中军坚忍抗敌，待两翼之至，继于右翼破后，力守不退，嗣后自持矛以突敌。诸将恐有失，致有勒其缰不使之进者，以身作则，故能转败为功[④]。合赞不欲大利用其战胜之威，仅进至距歆姆司一程之地，日暮即命止杀[⑤]。设其陆续追敌，敌兵能脱者恐为数甚鲜。埃及军恐马疲不能急退，故所弃兵械兜甲遍地，其逃亡大马司者甚众，余走巴阿勒伯克[⑥]。

两军战争方剧时，有阿剌伯游牧部落五千人绕道沙漠，欲袭蒙古军之后。合赞逆知敌人必用从前制胜蒙哥帖木儿之战略，已命克儿不花（Keur-bouca）率五千人居后策应。敌兵袭至，克儿不花

① 见《史集》。

② 见马克利齐书，《埃及诸王史》。

③ 始于黎明后之第五时，终于午后祈祷之时，质言之在 11 月 22 日日中至日入之间。

④ 见《史集》。

⑤ 见瓦撒夫书。

⑥ 见马克利齐书，《埃及诸王史》。

击走之。战后,阿必失合来自鲁木,西里西亚王率军五千与之偕至[①]。此次之西里西亚王为海屯二世,目复明,国中诸藩臣又奉之于第三次即王位。孔士但丁二世既被废,谋为乱,欲救三帕德出狱,事泄被逮,并三帕德送至孔士坦丁堡。此二人后死于其地[②]。

埃及方面阵殁者,特里波立长官克儿特(Kert)、莫剌迦卜(Morakkab)守将贝巴儿思(Beïbars)、巴剌特讷思(Balattnos)守将月即伯(Euzbek),统将数人,骑士近千人,大马司大断事官胡撒木丁哈散(Houssam-ud-din Hassan)不知所终[③]。日暮,算端至歆姆司。居民问计于算端,算端答曰:"我军已败,能逃者速逃。"言毕遽行,赴开罗。

合赞营于距歆姆司一程之地。翌日,诸将入贺,乃分赏战功最大者,传檄各地,以战胜事通知臣民[④]。

歆姆司长官以城钥献合赞。埃及算端之库藏及军中之辎重,皆在城中。合赞以之分赏诸将,并以算端纳昔儿之袍服赐数将,留歆姆司二日,尽俘其居民,进兵至大马司[⑤]。

① 见《史集》。

② 见 Chamisch《阿美尼亚史》第 2 册 274 页。

③ 见诺外利书,马克利齐书,《埃及诸王史》。诺外利云:是役也,鞑靼死者约有一万四千人。合赞见己兵损失之众,埃及兵退,不敢遽追,恐中敌计。

④ 见瓦撒夫书。案:执笔者即是瓦撒夫本人。

⑤ 见《史集》,瓦撒夫书第 3 册,诺外利书,马克利齐书。海屯书(第 42 章)于记述合赞胜敌获歆姆司库藏分赏诸将以后,又云:"撰此史书者曾目睹旭烈兀时代以来鞑靼人与苏丹(Soudan)之一切战役,然无人能及合赞两日之所为者。第一日以少数士卒坚拒苏丹之兵,其勇谋殊足以当其战胜之光荣。将来鞑靼尚存之日,必永远不忘其功业。第二日则以所得财货分赏将卒,自留者仅一剑一囊。囊中所盛者,埃及国之文籍及苏丹军之名册而已,余皆以供犒赏。合赞躯小而貌陋,在此方面固不及其士卒,然其勇武正直则实过之。"

12 月 26 日，败讯达大马司，居民大震恐，城中闻呼号声。妇女怀抱其子女逃城外，居民弃家宅商店，争赴城门，有因拥挤而致死者，或走近山，或逃埃及。已而闻人言鞑靼汗是穆斯林，军中人多信伊斯兰教，不逐逃人，见逃人亦不杀，仅取兵械马匹而释其人，人心稍安。前方逃人至大马司，然多异服，俾免民众之凌辱，且有断发去辫者。然仅归大马司，携其妇女什物往奔埃及，此种军人在道为阿剌伯游牧部落所劫掠者不少[①]。

大马司城至是不复有警巡之人。星期日之夜，狱囚百五十人焚狱门破城门而出，城中无赖劫掠庐舍。翌日黎明，余留城中之居民冀合赞之仁厚而止杀，乃公推大法官、城知事、州知事暨绅耆律士读经人赴奈伯克(En-Nebek)之地迎合赞。诸人见合赞皆下骑，有跪伏者，求译人转请宥大马司城民不死。合赞谕之曰："汝辈所求，我早已许之。"然不欲食城中代表所献之食。

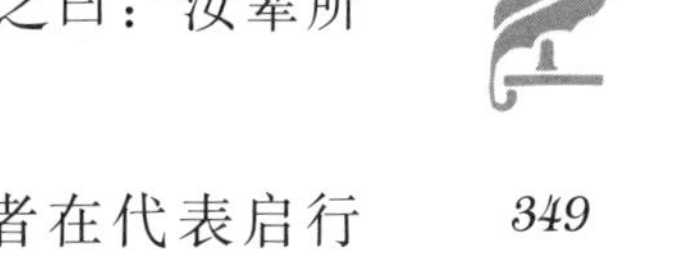

缘有名薛里夫合帖迷(El-Schérif El-Gatémi)者在代表启行前曾偕大马司居民三人赴蒙古营，合赞曾以赦宥城民不死之文书付之也。合帖迷于 12 月 31 日偕四蒙古人还大马司，而代表则至翌日始还。1300 年 1 月 2 日，有一军校名亦思马因(Ismaïl)者率蒙古军一队入大马司城，赴伊斯兰教礼拜堂招集臣民，命随从之一外国人登说教人座上宣读保障大马司城之教令曰：

"谕诸万户、千户、百户以及蒙古军、大食(tazikes)军、阿美尼亚军、谷儿只军暨其他属国诸军知之，上帝曾以圣语启发伊斯兰教之光明，指导吾人归向摩诃末之教，曰：'其经上帝启其归向伊斯兰

① 见《埃及诸王史》。

教之心者，随其光明。其不信圣言者，则止于迷途。'[①]比闻统治埃及、西利亚者离开宗教，不守教规，背约违誓，其跻高位者，各'思满足其邪恶之倾向，毁灭种子，而上帝不喜罪恶也。'[②]其行为使人民惊惧，其贪婪之手延及其臣民妇女财产，离开正道而施暴行。吾人因倾向伊斯兰教之热忱，乃以众军为民解除倒悬。设赖上帝之助，侵略此地，吾人许将一切扰民之政解除，遵守下述圣诫：'对于亲属，上帝欲其正当宽厚，禁止违犯与罪恶，特诰诫俾汝辈忆之'[③]等语，而使其一切人民享有公平仁厚之益。并注意设教人之言：'正人列于上帝之右、光明宝座之上。'质言之，其在圣诫与在其对于其近属暨其统治臣民之行为中，遵从公道者，皆应位列于此[④]。吾人既欲达此目的，有此志愿，所以上帝已助吾人克敌，吾人信仰伊斯兰教因是愈笃。吾人曾禁止本军不许扰害何种阶级人民，不许扰害大马司城境暨西利亚之地，不许损害居民本身以及其家属财产，俾商农及其他各业人等得以安居乐业。设吾人之士卒中有违禁令敢于掠虏居民者，即处死刑。俾知吾人言出法随，决不宽贷。诸士卒等亦不得虐遇其他宗教，若犹太教、基督教、萨婆(Sabéen)教等教之人，'盖其献纳贡赋，俾其财产如同吾人之财产，俾其血肉如吾人之血肉。'，[⑤]君主对于属民，应庇护如同穆斯林。设教人云：'国君为牧人，而凡牧人皆负其牧群之责也。'[⑥]

① 见《可兰经》。

② 见《可兰经》第 2 章 204 则。

③ 见《可兰经》第 16 章 92 则。

④ 见《可兰经》。

⑤ 见《可兰经》。

⑥ 见《可兰经》。

“诸法官、诸说教人、诸律士、诸贵人、绅耆以及一切臣民等，皆应同庆吾人之胜利，祈天降福于吾人之王朝。六九九年四月五日(1299年12月30日)写来。”[①]

教令公布以后，人心稍安。然子城守将阿林木丁辛札儿额儿哲瓦失(A’lém-ud-din Sindjar Erdjevasch)仍闭城拒守。1300年1月5日，异密亦思马因既奉命守大马司，命诸律士、司教、官吏等往谕额儿哲瓦失，速以城降，否则蒙古军将进毁子城。诸人至城下告守将派人出议，守将詈之，且言已得鸽报，追逐埃及人之鞑靼人业已败还，算端已在合匝聚集军队，不久以大军至此。

异密乞卜察克、别帖木儿、额儿别乞、阿匝思等曾随合赞至西利亚，参加歆姆司之战，于1月6日至大马司，因与额儿哲瓦失有旧，亦遣律士、大官等谕之降，亦不纳。司教长某、蒙古统将自言为合赞之同乳弟某，与乞卜察克皆作书谕之，亦无效果[②]。

同日合赞营于大马司南不远剌喜特(Rahitt)之地。剌喜特者，忽塔(Gouttat)乡之东部，因其林园繁殖、果木畅茂、水草丰满，东方人常名之曰地上天堂者也。大马司居民谒蒙古汗于此地，汗询之曰：“我为何人？”居民答曰：“阿八哈汗子阿鲁浑汗之子合赞沙。”汗复问曰：“纳昔儿之父为何人？”答曰：“额勒菲(哈剌温)。”又问曰：“额勒菲之父为何人？”诸人不能对。史家剌失德曰：“由是诸人始解其算端乃因偶然而得位，非因门阀而得位，而诸人为旭烈兀后人之臣民也。”合赞又曰：“汝辈实无所轻重，然汝辈之死者功绩

① 见诸外利书。

② 见诸外利书。

实多。”合赞盖隐喻设教人之伴侣、摩诃末之后裔与伊斯兰教之信徒，而其坟墓散布于大马司城之内外者也[①]。合赞入大马司，羡其壮丽，不欲其士卒毁此城。乃使卫士守一门，而闭其七门，并禁其擅入附近之园林[②]。

8日，始用合赞之名祈祷。其名衔曰：“吾主，大算端，伊斯兰教与木速蛮之算端，得胜之马合谋合赞。”祈祷以后，乞卜察克与亦思马因登设教人之座，宣布教令，任命乞卜察克为西利亚全境长官，许其任命境内大马司、阿勒波、哈马特、歆姆司四州知事、法官、教职等职。大马司居民大悦，以为将受优待。宣命毕，散给金银钱币于人民，征收课税官及其他民政官吏，除在特别重要之事件中须请命于新主之丞相外，皆仍各守其旧职[③]。

合赞诸将借词子城不降，请许纵掠。合赞不许，并严为禁止。除持有省令者外，凡将士皆不许入大马司城[④]。然大马司之居民曾许缴纳战赋一百万底那也[⑤]。

9日，阿美尼亚军纵掠大马司城北相距一小时程哈雄山（Cassioun）下之撒剌希耶特城。此城及其附近，园林别墅甚众，一乐土也，至是皆毁，甚至礼拜堂、墓祠、道院之地毡、明灯亦被取去，此种建物悉被焚毁，发墓出尸以求财货，居民被杀被虏者近万人，此城遂废。闻阿美尼亚王因历受西利亚军队之侵扰，曾欲毁大马司城

① 见 Djihan Numa 571 页。

② 见《史集》。

③ 见马克利齐书。

④ 见《史集》。

⑤ 见瓦撒夫书。

以报之。然乞卜察克不许，仅以撒剌希耶特畀之，故遭此厄。麦哲惕（Mézet）、答里牙（Daria）两镇亦同时受祸。

司教塔乞乌丁（Taki-ud-din Ibn Timiet）见此种暴行，欲诉之于合赞。有人阻之，以为合赞闻其诉，必杀罪人，则未免结怨，而使大马司居民受其害。塔乞乌丁乃止，仅与丞相撒都丁与史家剌失德丁（Raschid-ud-din）言之。剌失德丁言，有蒙古统将数人未得战赋，应以此偿之。丞相命释俘虏，然大马司城仍不免受战赋与子城围攻之害。

以战赋分摊于各级人民，命蒙古军校监征之，拷取追求，无所不至。大马司附近士卒与乡民被杀被掠，因是死者近十万人。所献合赞之额，共有三百兆六十万答剌黑木（drachmes）。此外供给兵械、布谷暨马驼二万匹，逐日并须供应合赞宫廷、乞卜察克与诸蒙古统将邸之需，至若寻常士卒则掠以自给，已而食粮缺乏，物价腾贵[①]。

合赞在战前曾发愿，愿以金镫、缠头、地毡供献两军接战地附近赛甫丁哈里德（Seïf-ud-din Khalid Ibn Vélid）[②]之墓祠，至是偿其愿。又拨大马司境内数村之收入，为赫不隆（Hébron）地方奥剌憨（Abraham）墓供应之需。先是埃及诸算端曾以专供默伽、默德那两城宗教墓金之收入，为默伽巡礼人护卫之用。至是合赞为偿其愿，以此收入返其原始用途[③]。

---

① 见马克利齐书。

② 阿剌伯名将，曾战胜东罗马帝 Heraclius，而没于哈里发乌马儿时代者。

③ 见《史集》。马克利齐书仅言著名天文者徒思人纳速剌丁之子亦思塔班（lstta-bal）总管其国宗教基金者，取大马司城宗教基金二十万答剌黑木。

征收战赋既毕，合赞追认乞卜察克为大马司长官。任命别帖木儿为阿勒波、哈马特、歆姆司等地长官，额儿别乞为撒法德、特里波立暨沿海区域长官[①]，札剌鲁丁子牙喜牙（Yahia）总管课税，各以蒙古军一队赐之。留忽都鲁沙率二万四千人镇守西利亚[②]。时天时渐热，合赞畏热，乃于 2 月 4 日还其国[③]。同月 16 日，次札别儿（Dja'ber），以树皮造桥，渡额弗剌特河。

统将木莱于战后率一万五千骑追逐算端，进至合匝，尽屠所见之埃及士卒，残破其地。闻埃及算端已率二三千骑渡沙漠而归埃及，乃还[④]。1 月 23 日营于大马司城下[⑤]。

合赞行后，忽都鲁沙围攻大马司子城。蒙古军命子城附近之居民退出，登屋发矢。额儿哲瓦失乃纵火焚附近之房屋，其官厅、邸舍、道院被焚者无算。有工师某者，善发炮，曾在乌马牙族（Omayades）之礼拜堂筑炮。额儿哲瓦失恐城中发炮毁此壮丽建

① 瓦撒夫书谓当时之西利亚分为三部。一为大马司州，其境止于歆姆司附近；二为歆姆司州，亦名中部西利亚，包括特里波立、阿迦（Akka）、色勒米耶特、玛剌纳曼（ma'arrat-un-Na'man）诸城；三为阿勒波州，亦名下西利亚，包括哈马特、阿音塔卜暨速马黑、毕莱特、剌合伯特诸山。

② 见诺外利书，马克利齐书。

③ 海屯书（第 43 章）以为合赞之归国，乃因得海都侵入之讯。合赞任命数城长官后召阿美尼亚王至，告以行期。且曰，吾人甚愿以侵略之地委付基督教徒管理。曾谕忽都鲁沙待其至以地归之，并助其恢复堡寨。诺外利书云：五月十九日（2 月 11 日）曾在主教堂宣布合赞之教令两件。其一任命赛甫丁乞卜察克（Seïf ud-din Kiptchac）为苫州（Schem）长官（案：当时之苫仅指大马司州）；别一令规定此伊斯兰教礼拜堂之收入迄今供军械局之用者，改作保护每年巡礼默伽人之用。此令且言合赞将于来秋至西利亚速攻埃及，兹留忽都鲁沙率六万骑防守西利亚。

④ 见瓦撒夫书第 3 册。

⑤ 见《史集》。

筑物，乃遣死士往锯断炮架。时工师饮食卧起于礼拜堂，且以妇女置其中，穆斯林甚恚，子城中有敢死士出城杀此工师而还[①]。

2月14日，忽都鲁沙舍子城不攻，以军事委木莱而去，乞卜察克又征课税以赆之。

合赞谕西利亚境内诸堡悉降，诸堡盼埃及军之至与蒙古军之退，无一降者。合赞谕降书首云："长生天气力里，摩诃末教福荫里。"书中言其信奉伊斯兰教遵守教律，惟诺外利言其"纵阿美尼亚人焚杀，足证其行不践言"。盖阿美尼亚军在围攻子城时，曾在大马司城恣其焚毁也。

忽都鲁沙行后，木莱率二万骑侵入耶路撒冷、合匝、巴阿勒伯克、巴哈阿(Al-Baca'a)诸地。3月30日，不欲待纳昔儿之至，遽引军还波斯，时纳昔儿已率埃及新军进取西利亚矣[②]。

1月12日，算端纳昔儿偕数将还至开罗，败兵亦相续至，皆狼狈不堪[③]。人民詈其不应见鞑靼人逃，士卒习受人民尊敬，至是亦只能忍之[④]。是役也，死亡甚众。遂在开罗为死者祈祷，并筹备补充军额。命各地供给马驼枪刀，征收课税长官请诸律士决议征收特别战费，仿从前司教也速丁允许算端忽秃思征收身税每人一底那之例。副王撒剌儿命往征求司教塔乞乌丁之意，塔乞乌丁拒之。诸将诣此司教所，诉其穷，主张有取国税以为军备之必要，并以司

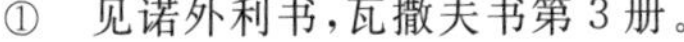

① 见诺外利书，瓦撒夫书第3册。

② 见诺外利书。

③ 见马克利齐书。

④ 见《埃及诸王史》。

教也速丁之建议为言。塔乞乌丁答曰：此司教之所以有此议者，盖因诸将尽献其金银暨其妻女之宝饰及至各人宣誓所有已罄尚不足供所需以后，始许征收身税人一底那。“然今日诸异密，吾人固知其甚富，竟有以珍珠宝石饰其诸女者，亦有以宝石饰其妻妾之履舄，而以银盆供沐浴者。”由是身税遂不果征，乃命开罗之征收课税官征税于商贾富人，得金甚巨，足供武备之需。2 月初间，新军由是成立[①]。算端贻书西利亚诸堡守将，奖其守堡之功，言将以兵来却敌，并励其坚守勿降[②]。

埃及军备完成之时，即闻合赞归国、以乞卜察克留守大马司之讯。算端致书乞卜察克、别帖木儿、额儿别乞劝其来归，三将乃俟木莱退出大马司以后，于 4 月半间复又叛归埃及[③]。木莱既弃大马司而去，异密额儿哲瓦失遂进据此城。4 月 8 日，在公共祈祷中又重见算端之名，计算端之名不见于祈祷中者凡百日。木莱以军退出西利亚。

3 月 31 日，算端引兵发自开罗，进至撒剌希耶特。4 月 14 日，异密撒剌儿引军进向大马司，在合匝、阿思哈龙两城间见乞卜察克等三将来投，撒剌儿责其引敌害国。三将辩曰：欲免剌真与其玛麦里克人免古帖木儿之陷害，不得不出亡。既闻剌真死讯之时，业已向合赞建议进兵西利亚矣。既不能变更前议，亦未能逃也。三将

---

① 见马克利齐书。

② 见诺外利书。

③ 见马克利齐书，《史集》。

诣撒剌希耶特，算端责而宥之[①]，携之还开罗[②]。

1月1日，大马司长官阿忽失（Accousch el-Afrém）入大马司捕治服务蒙古人之诸人，重者钉于十字架或缢杀之，轻者断手或足，或割舌，或挖眼。

赏异密额儿哲瓦失守城之功，赐锦袍一袭、答剌黑木六千，命诸阿剌伯部落酋长退还其所掠逃亡埃及军民之物。

遣一军至阿勒波，袭杀此城之蒙古人。命哈剌宋豁儿为阿勒波长官，以前算端乞忒不花代之为哈马特长官，异密乞卜察克为黍伯克长官。赐别帖木儿、额儿别乞、玛麦里克部各百人，并命别帖木儿为千户长。西利亚既平，5月28日，副王撒剌儿自大马司率埃及军还开罗。

先是居于克思罗汪山（Kesrovan）中之都鲁思部（Druzes）人曾利埃及军之败，劫掠败军。7月，异密阿忽失自大马司率军往讨。撒法德、哈马特、歆姆司、特里波立诸城长官各率其军会讨。都鲁思部万二千人退走山中，阿忽失等进击，败之，斩馘甚众，余请降，得免死。招其部诸酋至，命其退还所掠埃及士卒之物。诸酋献出军械衣服甚夥，并誓言未留一物。阿忽失罚此部人输战赋二十万答剌黑木，挈酋长数人还大马司。及至此城，命城民悬军械于肆中，习射击[③]。8月9日，大阅武装市民。各坊居民皆由本坊队长一人率之至。赛亦德族或摩诃末之后裔则以其长（Nakib）一人率

① 见马克利齐书。

② 见《埃及诸王史》。

③ 见马克利齐书。

领，分别检阅之[1]。

大马司既残破，此城之财货多徙埃及，至是遂又兴复，不待西利亚移民之携财货还，此城已臻富庶矣[2]。

① 见诺外利书。
② 见马克利齐书。

第七章

法儿思之被侵——合赞之营建与施舍——其对于阿里之尊敬与对赛亦德族人之赐与——其禁偶像——第二次进兵西利亚——气候不适——合赞之退军——遣使埃及——接见使臣于开罗——合赞致纳昔儿书——纳昔儿答书——合赞之游猎——大会——东罗马帝安都罗尼之遣使——安都罗尼以私生女嫁合赞——钦察汗脱脱之遣使——忙哥帖木儿之诸后王——遣使中国——阿剌贡王致合赞书

合赞远征西利亚时，其国两州曾为一蒙古军所残破。宗王忽都鲁火者(Coutlouc Khodja)者，河中汗都哇之子也。都哇曾以哥疾宁、西只斯单、巴里黑(Balkh)、巴达哈伤、马鲁等地封之，授以军队五万人，中有旧属察合台系之哈剌乌纳思部。忽都鲁火者以哥疾宁为驻冬之所，以古尔哈儿只斯单为驻夏之所。常逾申河侵入印度诸地，又在别一方面常强使也里国为其藩属。及合赞远征西利亚时，忽都鲁火者曾命爱牙赤古列干(Ayadji Kourkan)率军万人进略法儿思。此军所经行之起儿漫一地，自其主马合谋沙(Mahmoud Schah)叛变以来，复经合赞军队屯驻一年，地多残破。

故仅在巴某(Bam)[①]与赤莱甫特(Djireft)之间,遇阿黑汪部(Agvans)千人,俘其人而掠其财。自是遣军八千进取泄剌失,此城无戍兵,居民亟谋守御。赛亦德族长为之指挥,禁止居民出城。所以敌至设伏于城外,以军来诱,城中人无一出者。敌军乃弃泄剌失,而进袭可咱隆,又分兵抄掠格儿姆昔儿[②]、忽即斯单,进至脱司泰儿。法儿思州之诸游牧部落,若突厥蛮人、若曲儿忒人、若舍班哈烈人、若沙哈瓦人(Schacavah)、若忽黑蔑烈人(Couh-Mérés)多受其抄掠之害。此军所过之地皆遭残破[③],抄掠逾二月始退,集于忽里模子。然至是为札叔(Djaschou)所邀击,丧失人畜无算[④]。

合赞以歆姆司与大马司之战利品还国,遂从事于平和事业。6月4日至蔑剌合,翌日观天文台,颇注意其中仪器,命人解说其用法,言有将在帖必力思附近建设一天文台之意。后台成,所置仪器中有数件为合赞所创制者[⑤]。

合赞自蔑剌合至乌章[⑥],6月23日开大会于此地。会竣,赴帖必力思。当其驻留此都城时,常赴附近诸地,巡视其命人营建之工

① 钧案:《元史》之巴某似指此地,此地亦名忽木。有人考订巴某是 Bamyan,疑误。

② 是为法儿思之南部,波斯语 Guermsir 犹言热地,Serdsir 犹言寒地。一州两地气候不同者,皆以此二名别之,尤以法儿思、起儿漫两地为常用。

③ 瓦撒夫书云:设若根据法令供给粮秣,则所费甚巨。顾此军军中既一无所有,又从远道来至富庶之地,所以任意残毁其地者垂二月。以焚毁谷粮为乐,取羊一蹄牛一脔而弃其余,竟无所惜。所掠马驼羊驴等物之众,致使各人分有畜群甚夥。

④ 见瓦撒夫书第 3 册。

⑤ 剌失德云:合赞曾对诸学者解说其所欲制造之仪器甚明,诸人颇惊其说之异,以为难以制造。然合赞叙述既详,遂依法制造,诸学者暨诸大数学家皆诧为从前所未见者。

⑥ 钧案:即斡章。

程，其墓堂即诸工程中之一种也。

迄于今兹成吉思汗系诸蒙古汗皆择一孤寂之地为其墓所，不欲人知之。于其地种植树木，设戍以守，不许人近。合赞既信伊斯兰教，欲守其教习惯，不用其祖先遗俗。历巡波斯全国诸贤坟墓，曾曰："一人之因天佑而死，其墓为人所尊敬者，较有幸于生人。我欲与诸贤略有若干关系，将在我长眠之地周围建设慈善场所，或可获天悯也。"乃在帖必力思城西不远申卜之地，营建此种建物。

当时最大之建筑物，首数塞勒术克朝算端辛札儿在马鲁所建之圆顶堂（Kounbed）。此次合赞所建筑者，较之更为广大。有圆顶墓堂一所、礼拜堂一所、学校两所、修道院一所、赛亦德族之养济院一所、病院一所、天文台一所、图书馆一所、档案库一所、此种机关管理人之居宅一所、供给饮水之水沟一道、热水浴房一所。

合赞指定巨金以为此种场所设备地毡、香料、灯火、柴木等物之需，或其中所用多数人员给养报酬之用[①]，别以巨金供种种费用。有供创建人忌日应散食于此种机关人员与帖必力思之诸教长名人莅此巡礼者之用者，同日并应为布施。有供星期五夜散施礼拜堂、修道院、学校、诸教师糖果之用者。有供儿童百人教养之用者，授诸童以《可兰经》，命教授五人、监者五人、妇女五人教养之。对于弃儿，则雇乳母哺之，教养至于成人。对于外国人之死于帖必力思无法殡殓者则为之殡殓。在冬季六个月内，散谷黍于屋顶，以供鸟食。建设人对于任何人谋取此种鸟类抑加害者则咒诅之，命

① 例如距帖必力思八程之乌章一地之赋课一万底那，即其经费之一种（Djihan Numa383 页）。

居民防阻其事。散棉于贫家寡妇五百人，供其纺织。奴婢负瓶取水，有破瓶者，给以整瓶易之，俾免受主人之责。命人除去道石，并于帖必力思附近距离八程界内小溪之上，建设桥梁。

合赞以其私产供此种慈善事业之用，命作赠与之文约七份，由法官检证之。一份存于慈善管理人员之手，一份存于默伽之黑石堂中，一份存于帖必力思法院，一份存于报达法院。凡法官之就职者应签名盖章于其上，合赞以当时最有功绩之人位置于此种机关之中[①]。命其新任首相火者剌失德丁(Khodja Raschid-ud-din)董其事[②]。此种建物周围以园林绕之，由是未久成为大城，较广于帖必力思，而名之曰合赞尼牙(Gazaniyé)。合赞命于此新城之各门建筑商队旅邸一所、浴堂一所，由是各处来此之商人在各门有商邸可居。关吏即于邸中检查货物，浴堂即在商邸附近。合赞命人将远方各国之奇卉异木移植于帖必力思。此城城墙甚小，业已倾圮。城外颇有房屋园林，合赞遂筑新垣[③]。周围四程有半[④]，城厚十肘(guez)[⑤]。合赞曾云："设若帖必力思居民加增，将来可有余地营建。其最不清洁者莫过于人烟稠密屋高街狭之城。至若经费，我自任之。"两年工毕[⑥]。

① 见《史集》。

② 见瓦撒夫书第 4 册。据此史家云，此种机关之收入逾金钱百万。

③ 见《史集》。

④ 钧案：约合华里四十五里。

⑤ 见瓦撒夫书第 4 册。

⑥ 见《史集》。帖必力思旧城周围仅有六千忽剌只(couladjs)。新城将附郭及维良(Vélian)、辛章(Sindjan)二山包括于其中，周围遂有二万五千忽剌只。诸大建物在维良山坊中。坊为丞相剌失德所建，故名剌失德坊(Djihan Numa 380 页引 Hamd oullah 撰 Nazhat)。

先是一年,合赞曾在其春日习居之斡章一地建筑市场、浴堂,并命诸臣建筑邸舍亭园于其中。此城不久成为美丽之城[1]。

合赞欲防都哇军队之来侵,乃在泄剌失建高城,掘深壕。又在希烈(Halla)区中筑渠引额弗剌特河之水,以达忽辛之墓,灌溉克儿别剌(Kérbéla)之荒地。自是以后,墓地附近皆成良田园林,所产之谷逾十万秃哈儿(toughars),其质优于报达所产。合赞命每年散谷麦若干于此墓附近赛亦德族之贫民。当时合赞所开之渠有三。此渠名合赞上渠,别有一渠引额弗剌特河之水至赛亦德阿不维法(Seyid Aboul-véfa)之墓。先是合赞猎于此墓附近,见其地无水可以饮马,既无水草,驴鹿皆瘠,欲引水以灌溉之,遂开此渠,而名曰合赞下渠。又于沙碛东部开一新渠,名曰合赞渠。诸渠灌溉之地所得之收入,一部分供阿不维法墓修缮之费,一部分入申卜之诸慈善机关。为免阿剌伯游牧部落之侵扰,于阿不维法墓之周围筑墙以防之,并于其中建筑浴堂与其他建物。由是在沙碛之中,兴建一环以田园之城市焉。

蒙古人亦模仿其汗从事营建。剌失德云:“此辈在前此习为破坏者,兹亦知建设,房园之价遂增十倍。”

国中诸村缺乏礼拜堂与浴堂者,为数甚众。穆斯林因是不能为共同祈祷,亦不能依教礼而为沐浴。合赞乃命在无礼拜堂与浴堂之处概为营建之,两年而工毕。此种浴堂之重大收入,概供各地礼拜堂维持之用[2]。

---

① 见瓦撒夫书第 4 册。

② 据《乐园》之记载,遣赴各地村镇建筑此种礼拜堂与浴堂之使者,颇扰民,尤以在法儿思州中为甚。

合赞欲在国中诸大城，如帖必力思、亦思法杭、泄剌失、报达等城之中，为阿里遗族建设养济院，指定专款以赡之。合赞颇尊敬摩诃末之婿，曾两梦摩诃末偕其婿阿里与其二子哈散、忽辛至，命合赞与彼等结为兄弟。自是以后，合赞爱敬设教人遗族之心愈增。曾巡礼阿里族之诸墓，厚赐赛亦德族人。常曰："我对任何人无嫌恶之心。我承认设教人诸伴侣之功绩，故尊敬之。摩诃末既入梦，命我与其诸子结为兄弟。我自当殊礼待之。"[①]由是可见合赞为十叶教徒，特言其梦而自解于正宗教徒(Sunnis)而已。

合赞初即位时，命将前朝所建之诸偶像寺宇一概拆毁，命佛教僧众改从伊斯兰教，诸僧不得已从之。已而见诸僧改教之念不虔，乃命欲归国者听其归国，不归者必须虔信伊斯兰教，不得明信暗违。如有营建偶像寺宇或火祆祠者，必杀无赦，然不变其旧有信仰者仍有之。合赞曾告诸人云："我父是偶像教徒，曾建一寺而厚施之。我已将此寺共他寺一同拆毁。汝辈欲自给，可往依之。"时诸可敦与诸异密进言于合赞曰："汗父曾在寺壁作画。寺既废，汗父之绘像致招雨雪侵蚀，于心似有未安。汗父既为偶像教徒，欲死者心安，似应将其营建之寺兴复。"合赞不从。有人劝其改此寺宇为宫院，合赞亦不从。剌失德云："此种博士波斯现尚有之。然此辈与蒙古诸部皆不敢明白表示其信仰，遂仿木剌夷人秘密保存其祖先谬误之例而保存之。"

及秋，合赞重征西利亚。1300 年 9 月 16 日，忽都鲁沙率前锋先行。30 日，合赞发自帖必力思，在札别儿渡额弗剌特河。1301

① 见《史集》。

年1月6日至阿勒波城下，此城长官哈剌宋豁儿先已率所部军仓卒退走哈马特矣。合赞留阿勒波附近之地迄于17日。同月19日进营于金奈思陵(Kinnesrin)[①]，遣军入速马黑、安都两地诸山。去年蒙古军未曾侵入此地，西利亚北部之居民以为今岁亦然，遂相率避兵于此。不意蒙古军至，获马牛羊无算，男妇幼童甚众。所俘之多，致售男女一人仅得价十答剌黑木者。阿美尼亚人购入不少，复转售之于邻近富浪人所据诸岛[②]。

埃及算端闻蒙古军进向额弗剌特河之讯，急征特别税课于开罗。人民不悦，明责当局者之非。且责军人曰："昨日汝辈逃，今日汝辈则欲取我辈金。"算端乃下令，有人敢侮辱军人者死，财产籍没。

10月28日，算端率埃及兵发自开罗，至大马司，携此州之军同进。1月21日下令大马司城，凡能执兵而不作战者死，其不能作战者应退守子城，由是居民多执兵御敌[③]。算端纳昔儿进至哈马特，与乞忒不花、哈剌宋豁儿之军合，复进至兀札(El-Oudja)。遇雨，续雨不止者四十一日。军中乏食，天寒人畜冻毙甚众，已而大水损辎重一部。蒙古所受此种气候不适之灾更甚，在进兵大马司之途中，雨雪不止，冻毙马驼甚夥，骑士多无马，由是合赞放弃其进兵之策。2月3日开始退走，在剌迦重渡额弗剌特河。23日在

① 见《史集》。

② 见诸外利书。

③ 见马克利齐书。

辛札儿附近与其妃嫔会[①]。

合赞归国三月后，遣毛夕里大断事官怯马鲁丁木撒（Kémal-ud-din Moussa）偕法官帖必力思人纳速剌丁阿里火者（Nassir-ud-din Ali Khodja）使埃及。7 月 30 日使臣携随从二十人抵大马司，居于子城，复由此城送二使与其随从之突厥人一人至开罗。8 月 22 日抵开罗。次夜算端延见使者，诸将皆至山堡，士卒皆执兵护卫。殿中燃千炬，自堡门至殿门，两旁列玛麦里克部人各两行，戴金绣帽，服金绣衣。毛夕里大断事官入见，诵平和之词毕，为算端合赞暨诸埃及异密等祈愿，旋呈其主之书而退。此书至翌日始开读[②]。其文如下：

"长生天气力里，伊斯兰教福荫里，算端马合谋合赞谕算端纳昔儿大王知之。去岁其邪军侵入吾境，残害马儿丁州上帝之忠仆吾人之臣民，不守圣教，不敬上帝，为恶多端。吾人一怒，曾率军一部入汝国以讨罪。惟在行动之前，吾人循古信徒之旧迹，遵守圣经

① 见马克利齐书。剌失德曰：合赞在五月七日（2 月 18 日）营于金奈思陵（此镇在哈马特道上，北距阿勒波一日程）附近，未闻敌至之讯，以为算端留埃及不进，乃不欲加害于穆斯林，不再前进。命统领前锋之忽都鲁沙止于塞儿明（Sermin），22 日合赞引军还。观诺外利书与马克利齐书之所记，合赞未遇敌而退兵。海屯书（第 43 章）则云：冬初，合赞在额弗剌特河畔预备进军，命忽都鲁沙率鞑靼兵三万骑先行。命其至安都时通知阿美尼亚王与东方诸国以及失普勒司岛之基督教徒引兵来会，合赞然后以全军进入西利亚国。忽都鲁沙进至安都，传达汗命，阿美尼亚王来会。失普勒司国之基督教徒亦由失普勒司王弟梯泠（Tyrenn）伯率领进至安特剌德（Anterade）岛，拟再前进中，闻合赞得疾，医言不治，忽都鲁沙已偕合赞引军还，阿美尼亚王亦归国之讯，集兵于安特剌德岛之基督教徒遂还失普勒司。由是圣地之远征完全抛弃。

② 见马克利齐书。据此史家之记载，合赞书写以蒙古文，曾译为阿剌伯文。马克利齐仅摘录数语，《埃及诸王史》则录其全文。然与当时史家诺外利所志之文有异。吾人以为诺外利之文近真，故仅译此书之文。《埃及诸王史》所录大断事官之名并误。

‘使徒派遣之后，俾人民对于上帝无词可述’[①]之圣语，曾使诸司教、教长等偕牙忽卜速古儿赤（Yacoub Sikurdji）[②]使汝国，吾人曾云：‘此预言人一如古之诸预言人。裁判之日近，惟有上帝惟能启示之。’[③]当时汝固执不从，遂致汝与穆斯林皆遭其祸。上帝以胜利属吾人，具见其不直汝。‘将思避免上帝之注意欤，然则恶人独能避免欤？’[④]吾人以为汝将悔从前之失，于抵埃及时，将遣使请和，故屯兵大马司不进，以待使者之至。孰知汝归国以后，宣言于军民谓将进兵至阿勒波或额弗剌特河上。吾人乃以军来会，兵至额弗剌特河，吾人拟待汝至，而作是言曰：‘或者彼等在夜中不见光明与曙光。’[⑤]乃汝不至，又进至阿勒波附近，汝仍迟迟其行。已而闻汝引军还，足证汝欲避免战斗。吾人曾思，设若以常胜之军继续前进，军行所过，人民将受其害，遂亦回军。今兹吾人业已集合军队，建筑炮机战具，预以‘吾人未遣派使徒以前不遽讨罪’[⑥]告汝，然后进兵。特命大异密纳速剌丁阿里火者偕博识教长大断事官怯马鲁丁木撒奉此谕至汝所，并命其传达吾人之口谕：‘惟有上帝有

① 见《可兰经》。

② 案：速古儿赤为汗庭侍从之臣。速古儿（schikur），蒙古语犹言伞，其职似在算端骑而出时执伞以覆算端之首。此种习惯亚洲君主类多有之，即埃及亦有此俗。撒西之《阿剌伯文选》第2册268页注引埃及史家瑣欲迪（Soyouti）所记当时（13世纪末年）之事云：“埃及算端盛陈卤簿乘马出巡之时，以伞覆首。伞顶圆，质黄绫，绣金线，顶绣饰金之银鸟一。由异密之为百户长者一人执之，骑随算端之后。”

③ 见《可兰经》第53章第57则。

④ 见《可兰经》第7章第97则。

⑤ 见《可兰经》。

⑥ 见《可兰经》。

权使人执行其命令。设其欲之,将指导汝等全体。'[①]愿汝信从其言。盖在预告以后,不复再有谢词也。设汝不欲和,则穆斯林之流血,其财产之被毁,皆因汝咎。汝应对上帝负担责任。圣语有云:'上帝以此民付托于其人。其人不顾其民之困苦者,上帝将亦不顾其人之困苦。'[②]为汝臣民计,汝应熟思之。其已预告者,已执行其义务,无咎可承也。敬礼遵循正道者,七百年九月之次旬(1301 年 5 月杪)曲儿忒山中写来。"[③]

是书开读后数日,埃及政府诸执政语毛夕里大断事官曰:"君为穆斯林中之俊秀,明悉本教应守之义务。请告吾人,此次提议是否一种诈谋?君若明言,吾辈誓不使世人知之。"怯马鲁丁誓曰:我仅知合赞与诸臣仅有修好同恢复两国商业之意,别无所知。其实"君等严防国境,如同往年足矣。脱此次奉使有诈意,则将知之,并有防备,脱提议诚实,则和议将成,勿庸过虑也"。

(回历七〇一年)9 月 24 日,算端偕诸臣游猎数日,旋至撒剌希耶特,召合赞使臣至,集诸臣四百二十人,盛服见之[④]。语移时,纳昔儿以答书付使者,各赐荣袍一袭、答剌黑木一万及布帛赠品而遣之归[⑤]。答书内容如下:

"上帝气力里,伊斯兰教福荫里,赞谢上帝,曾使吾人为最初之信徒,为被引导者之引导人。愿上帝助吾主摩诃末,而降福于其家

① 见《可兰经》第 6 章第 150 则。

② 见《可兰经》。

③ 见诸外利书。

④ 《埃及诸王史》曰:使臣颇惊其冠服之盛,以埃及军之美服与鞑靼人之服较之,相去诚不可以道里计矣。

⑤ 见《埃及诸王史》。

属暨其门徒。天主曾云:‘其相从在先者距天座较近。’[①]

“哈剌温子算端纳昔儿告大算端马合谋合赞:敬接来书,曾注意读之。吾人见其中之责词,皆君谴责自己行为之词。君以为君之暴行无罪,而以罪属他人。上帝有云:‘勿自负担他人之罪恶。’[②]吾人不愿任其咎也。至若书言吾人边境若干戍兵侵入马儿丁境内之事,君言被迫出兵惩之,其实乃为君之暴行自解之语。兹吾人答曰:双方既无休战之约,自难免侵略之事。马儿丁之蔑力暨诸知事不断妨害此国及其居民,且庇护此种敌对行为。上帝有云:‘汝之所庇护者即属汝之一党。’[③]君既视此种侵入必须报复,则当惩罚此种地域内之居民,如圣语所云‘恶行之报偿为一相类之恶行’[④]者,则不应统率种种教徒之军队进犯一伊斯兰教之国,亦不应使十字侵入圣地,侵犯上帝第二神祠之耶路撒冷圣祠。君谓吾人可不致招来此种侵略,乃因吾人之行为有以致之,此事不难答复。盖既无和约之存在,吾人不能不出此途也。

“至若君谓仿天帝使徒之例,追随昔人之迹,预先遣使云云。吾人答曰:此种使臣来至之时,已在帐幕相接之际,两军相距不过一二日程而已。吾人并非避免战斗之人,亦非主张平和而表示一种恶行之人。上帝有云:‘设汝倾向和平,应倾向之。’[⑤]如同书卷之倾向书题。信徒之长阿里阿不塔里卜(Ali Ibn Abou Talib)曾

① 见《可兰经》。

② 见《可兰经》第 6 章第 184 则。

③ 见《可兰经》。

④ 见《可兰经》。

⑤ 见《可兰经》第 8 章第 63 则。

有言曰：'人之能显于心者，未有不显于面或发于言者也。'则若此种使臣早至，刀可不出鞘，矛仍藏于匣，箭可不发，缰可不持，吾人已早答复君之提议矣。

"君今暴然言曰：'吾人已不耐君在错误与暴行中之固执。'试问其在遣派和平使者以前与未宣战而侵入他国作战者，曾表示何种忍耐欤？

"君谓上帝常以胜利付君，第若细审君所谓之胜利，将见其实为损失。设若注意君所招致之光荣，势将承认君之所得者，实故意为之。试一思圣语'吾人中止其惩罚，特待其罪恶之增多'[①]之意，君将知伊斯兰教之刃如何待君之情形，君将见当时军队之决心，设在战斗之日联合共进，殆将不闻有君矣。吾人即位之初，曾至西利亚清理此地事务。及闻君进兵之时，吾人亟谋保障穆斯林不受其害。吾人遵照设教人之榜样与教诫，完成战争之义务，以符圣语'速博得天主之悲悯。与广袤等若天地的天堂之居留'[②]。吾人曾以现存常胜军之一部，与君相见于战场。由是圣语所云'胜利属于人数较少也'[③]，遂见实践。抑况君等多知伊斯兰教军队之进兵，每次皆使异教徒消灭。其进取也，遵上帝之路途，上帝为之辟隆盛之门，其胜利实未可以数计。君若细审其事，将释君疑，若否认之，是无异否认日之有光也。上帝从未中止保护吾人、救济吾人。君

① 见《可兰经》第 3 章第 172 则。
② 见《可兰经》第 3 章第 127 则。
③ 见《可兰经》。

欲使其退，终不免使其进。然勿忘海八儿(Khaïbar)[①]之例也。历来君主之战，其胜负皆系于天命。胜者不足荣，败者亦不足辱。其战士屡败以后因天助而获胜者，何可以数计？尤以本教之君主为多，盖‘畏上帝者享有他生之幸福也’[②]。

“君责吾人在君至大马司以后未遣使至。然吾人之还埃及，曾不断筹备军事，征集各地之军，厚给犒赏。圣语有云：‘其为事上帝而赠与其财产者，得与种子之产生七穗者相比拟。’[③]此之谓也。迨吾人发自埃及之时，则闻君已因意外之原因离去此地。吾人既无逐人之意，所以屯军不前。然‘世人所视为不动之山，将见其飞腾如云烟之速’[④]。吾人曾分遣一军收捕残留此国之余军，曾进至额弗剌特河畔，然不见君部之踪迹也。

“君谓吾人曾散布流言，言君将与吾人会于阿勒波附近，或额弗剌特河上，由是君集合军队，进至阿勒波而待我军之至。其实吾人闻君进军之讯，即偕信徒之长，上帝之使徒，凡穆斯林皆应服从之教主哈金出发。及至西利亚时，我军逾山岳平原而进，前锋抵哈马特，未见君之士卒一人敢正眼视我军，吾人乃屯军以待，迄于获知君退走而背约不以军来会之时。然应知‘上帝不背其约也’[⑤]。吾人乃遵圣诫为我军‘准备可能供给之粮马’(俾其守境以待)[⑥]。

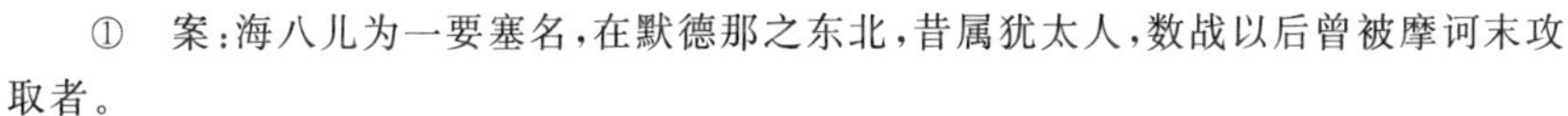

① 案：海八儿为一要塞名，在默德那之东北，昔属犹太人，数战以后曾被摩诃末攻取者。

② 见《可兰经》。

③ 见《可兰经》第 2 章第 262 则。

④ 见《可兰经》第 27 章第 90 则。

⑤ 见《可兰经》。

⑥ 见《可兰经》。

"君谓君之止于我境者，盖恐进军我国之内，残破所过之地。然吾人以力国与民之获免者，非因君之仁慈。且君之士卒无若是之美德也。其迹尚存，反证甚明。是为一自称为穆斯林者之行为欤？上帝之使徒曾云：'穆斯林者，其手与舌不妨害他人者也。'[①]君监视穆斯林俘虏甚严，曾以其付与阿美尼亚人及塔迦福儿(Tacafour)[②]之手，尚得谓为仁慈欤？穆斯林曾败阿八哈军，杀鞑靼人甚夥；曾侵略国土而取塞勒术克朝之国。然无论军之进退，从未毁灭庐舍，抑虐待居民，以现金购粮秣。穆斯林与诸君主之欲享国久远者，行为应如是也。

"君仅知威胁愤怒，言将聚集军队、准备炮具。乃圣语有云：'其受群众之威胁者，信仰愈坚。曾言曰，吾人仅恃上帝足矣。是为吾人最良之保护者。'[③]

"君谓吾人行为脱不如是，则穆斯林可免流血。此语吾人宁可不答。试问：欲求和平者为何人欤？其对于上帝与其设教人负担如许罪恶者，不能作是语也。此语甚谬。设教人云：'人之意思较重于其行为。'[④]其在此事与在永劫之中必遭天罚者。试问：如何能免穆斯林之流血欤？圣语有云：'其故意杀一穆斯林者，将永远沦入地狱。上帝之愤怒诅咒大罚将并降于其人之身。'[⑤]所以吾人以聚集军队之喜讯宣告伊斯兰民族，脱得上帝之欢，天使之

① 见《可兰经》。
② 阿美尼亚语 Tacuvou，犹言国王。东方史书常以此称指阿美尼亚诸王。
③ 见《可兰经》。
④ 见《可兰经》。
⑤ 见《可兰经》。

助，由伊斯兰教军队之夥，行止皆与胜利相偕，将如圣语所云：‘迄于裁判之日，吾民从不中止克敌也。’[①]此军将使正教获胜利，而如祈祷上帝者之愿，使‘大小军队皆逃。’[②]

“君之使臣曾受礼待。观其使命，足使吾人疑及君之国势不甚兴隆。吾人曾聆其词。虽知君现势之衰，仍答之曰：缘君有过，始求援于使词。此种人不应由君派遣来此，盖如此重大使命，应以娴于言词者为之也。

“至若君索之赠品，君虽以美物至，吾人曾报以尤美之物。君叔阿合马汗曾遣使至我父所。此使臣见先算端赐物之富，既惊且感，报以谢词，曾受礼待。

“今吾人之答复已终。吾人将云：脱王欲和，吾人亦欲之。脱其实奉伊斯兰教，服从上帝之命，守上帝之戒，脱其自位于信徒之列，履行其义务，则应知‘勿以汝之皈依伊斯兰教为吾功，是盖上帝恩佑汝，导汝进向正道’[③]。脱王之行能践言，脱其与左右之异教徒分离，脱其遣使告以议和条件，明白表示要求与答复，俾彼此得确议和好，然后吾人可以合力共御反抗之人。吾人之同盟将必覆灭各处之多神教徒。其见吾人之亲善者，将思及圣语所云：‘汝辈应思及上帝待汝之恩，汝辈原为敌，上帝使汝辈和好，由其恩宥成为兄弟。’[④]设承上帝之欢，和平将臻完善。由此盟约永不离贰，而

① 见《可兰经》。

② 见《可兰经》。

③ 见《可兰经》第 49 章第 17 则。

④ 见《可兰经》第 3 章第 98 则。

和平基础愈见巩固。作于七〇一年一月二十八日(1301 年 10 月 3 日)。”①

12 月 19 日,使臣还至阿阑,时合赞驻冬于此也。

合赞曾猎于设里汪与勒格思(Legzes)两地山中。勒格思部久未臣服者,至是来降。先有盗贼自阿哲儿拜占逃往高加索者,至是捕杀甚众。合赞大设猎场,围山牛、山羊、野驴、鹿、獐、豺、狼、熊、狐等兽甚夥。合赞与其妃不勒干可敦在猎场中亭内共观之,纵射毕而释余兽。

合赞还帖必力思,7 月复由此赴乌章。乌章处一草原之中,水草甚茂,有十字道以利交通,道旁植柳柏,群鸟栖于其上,间以房屋亭台浴池。草原环以方墙,各等人各有一门出入,中设金锦帐,匠人制之三年,装置月余始成。其廷甚广,中置宝座。落成之日,合赞聚伊斯兰教诸教师、律士及其他诸教师而告之曰:“我不欲以傲慢心入此帐,我与汝等可先求上帝宥罪。首先诵读《可兰》圣经,祈祷上帝,然后行乐。”语毕入帐,口诵上帝与设教人之名,就宝座,发表感谢上帝之语。中有云:“我为上帝之微臣,向上帝忏悔我之不少过恶。我自以为不足偿上帝之一切恩惠,感谢之忱实不足抵其以伊兰一切民族委我统治之德。我不应以此自满,上帝之恩赐使我尤感者,则使我在位时臣民安乐。”语后大宴群臣,颁赐金帛。伊斯兰教教士诵读《可兰》三日三夜,其他诸教教士亦皆祈祷,然后举行庆祝。合赞冠宝石冠,衣金锦服,腰系宝带,诸可敦、宗王、文武将吏等亦皆盛服,随合赞骑而出游。游毕开大会,决议仍命宗王合

① 见诺外利书。《埃及诸王史》亦著录算端答书,惟其词颇异。

儿班答镇守东方诸地，纽璘阿合守打耳班边境，胡剌术镇起儿漫，徙谷儿只驻军之一部守底牙儿别克儿，命统将木莱预备重征西利亚。合赞复又遣使赴开罗。

1302 年 8 月 26 日，合赞自乌章经行哈马丹、必速敦（Bisutoun）、乞里茫沙杭而至班的勒真（Bendledjin）之地。先是合赞追逐涅乎鲁思与其党之时，随从者仅有数人，曾寄宿于乞里茫沙杭附近郊野之一树下。时涅乎鲁思弟烈杰赤尚未被擒，胜负未决，颇不自安。至是合赞携诸妃嫔、将吏等重莅其地，追忆往事，不禁泣下。遂于此处作两态之祈祷，跪伏于地，求上帝常赐相类之援助，并励左右诸人，于安危时皆应求上帝之助，勿恃已力。同时合赞求上帝赐与数种恩惠，使之永远公道正直。在场诸人各以布条系于此树之上，绕树而舞。孛罗丞相以成吉思汗诸父忽必来可汗（Coubilaï-Caan）之故事告合赞。言此可汗以英勇著名当时，进击蔑儿乞部时，在道中曾祷于树下，设若胜敌，将以美布饰此树上。后果胜敌，以布饰树，率其士卒绕树而舞。合赞喜曰：祖宗信心不如是之笃，上帝决不使之为大地之王。语毕亦自起舞。

东罗马之亚洲诸属，常受小亚细亚突厥人之侵扰。东罗马帝安都罗尼（Andronic l'ancien）力不足以御之，欲与合赞和亲而求其助，乃遣使至班的勒真[①]谒合赞，请以私生女某公主妻之，并请谕诸突厥酋长勿再侵东罗马疆界。合赞许之[②]。

---

① 见《史集》。

② 见 Pachymeres，tom. II，p. 279—281，ap. Stritter，tom，III，p. 1086，1304 年记事。据此书所云，合赞许婚。但据剌失德云，亦思坦布勒（Istanboul）皇帝法西留思（Fasilious）遣使来朝贡，并请献帝女为妾。

12 月 6 日，合赞发自班的勒真，猎于瓦夕的，旋至希烈。其遣赴埃及使臣怯马鲁丁偕埃及使臣以答书至[①]。埃及使臣三人，胡撒木丁阿思迭迷儿（Houssam-ud-din Azdémir）、阿马都丁（A' mad-ud-din）、苫思丁摩诃末（Schems-ud-din Mohammed）是也。合赞命送之至帖必力思，留之不遣。同时钦察汗脱脱（Touctouca）亦遣使率从骑三百人至[②]。

脱脱[③]者，术赤后王忙哥帖木儿之子也。1291 年以来君临里海、黑海以北诸国。1280 年忙哥帖木儿死，遗子九人，不以位传之子，而以位传之弟脱脱蒙哥（Touda-Mangou）。脱脱蒙哥信仰伊斯兰教，与从前两汗同。宗王斡勒灰（Olgouï）、脱黑邻察（Togrildja）、宽彻不花（Coundjouc-Bouca）、秃剌不花（Toula-Bouca）以其痴废之，四人共摄国政[④]。诸摄政中之秃剌不花，曾著名于西方。1259 年终时，曾偕宗王那海（Nougaï，Nogai）同征波兰。既摄

① 剌失德所记只此。埃及史家仅言纳昔儿使臣之发自开罗，其抵合赞廷，与合赞死后使臣被留之事。然《乐园》撰者则志有合赞之要求与纳昔儿之答复。据云：蒙古汗命使臣所提出之议和条件，则在埃及称臣纳岁币于合赞，星期五之公共祈祷列入合赞之名。埃及所铸货币，一面于哈里发名下著录马合谋合赞之号，一面于信教词下著录埃及算端之名。埃及遣使偕合赞之使者还国，言其主不能承认此种要求。以为埃及国之收入曾经指定为神圣战争，伊斯兰教边地保护，与护教军队给养之用，其金不入国库。设削此金以为岁币，则将有妨其神圣用途。埃及使臣致词毕，以一封缄甚密之箧呈合赞。合赞询中盛何物，使臣跪答不知。及开箧，见其中各种兵器皆备，合赞怒。且算端答书不依式，纳昔儿之名用金书，尤所不悦。使臣到达之时，适遇突厥新年。新年后，合赞命送使者至哈马丹，留置使者于此城，而待其讨伐西利亚还后再行处置。

② 见《史集》。

③ 案：此名通常写作 Toucta。

④ 见诺外利书。前二王为忙哥帖木儿子，后二王为拔都子脱欢（Tougan）子答烈图（Darétou）之子，忙哥帖木儿亦为脱欢子。

政，与那海不相能。那海者，亦术赤系之宗王也[①]。封地甚广，在黑海之北，邻近阿兰、薛儿客速、斡罗思、波兰、瓦剌合（Valaques）、不里阿耳诸部皆畏服之。东罗马帝米开勒帕烈斡罗格欲利其助，以制不里阿耳部，曾于1265年以其私生女额弗罗新（Euphrosyne）妻之，遣使奉币以博其欢[②]。那海诱执秃剌不花以付脱脱，脱脱杀之，废诸摄政而即汗位。

已而那海又以兵攻其所立之新主。1298年初战虽有利，然两年以后兵败被杀。此王之名后为鞑靼一部落之号，今日阿卓甫（Azoff）海北之居民尚名那海鞑靼（Tatares Nougaïs）也。那海诸子未久皆死。由是自札亦黑（Jaïk）江口，迄于秃纳（Danube）江口，自里海、黑海迄于北冰洋之广大土地，皆归脱脱[③]。其使臣至波斯颇受优礼，得厚赐而归[④]。

1298年，合赞曾遣木阿匝木法合鲁丁阿合马（Moa'zzam Fakhr-ud-din Ahmed）、不花伊勒赤（Bocaï Iltchi）往朝中国皇帝铁木耳（Temour）可汗，献大珠宝石、奇珍异物，内有文豹。法合鲁丁并自赍珍宝往献。合赞以金十万付使臣，命购中国土产。使臣自

① 术赤子不合勒（Boucal）子塔塔儿（Tatar）之子。

② 见 Pachymeres，t. I，ap. Stritter，Tauricor，cap. V。

③ 见诺外利书。拔都诸后王之历史，与斡罗思之历史有密切之关系，惟所存史料甚少。吾人将于本书之后补注中转录埃及史家诺外利之记载。其所记载者必系闻诸往来使臣之语。

④ 见《史集》。《乐园》云：使臣之长名亦撒古列干（Yssa Kourkan）。按照成吉思汗法令，阿阑、阿哲儿拜占应属术赤后王，此次遣使为索地也。合赞怒使臣携带随从太众，所用驿马致有三百二十五匹之多。合赞曾语使臣曰：若为侵略而来，此数太寡；若为奉使而来，每使仅须从者五人足矣。对于索地一事则曰：自旭烈兀以来，兹二地即属波斯，当自守之，不能以之让人。

杭海山(Cangcaï)至可汗廷,凡物皆由驿站供应。使臣至大都,献贡物。可汗赐以上尊,命于使臣居留之时,供应其衣粮仆役及马四十五匹。使臣留可汗廷者四年。及其还也,可汗厚赐之,并以答书及蒙哥汗时代以来旭烈兀应得之岁赐付使者,遣官一人送使者还国。后法合鲁丁死于道①。

合赞之取西利亚也,诸国王多遣使来贺,阿剌贡(Aragon)国王雅各二世(Jacques II)亦遣琐里维罗(Pierre Solivero)自勒里答(Lerida)于1300年5月奉书往谒合赞。言闻其胜上帝之敌,甚喜,愿以海舟、士卒、粮马等物来助,请以所需语使者。并言曾命其臣民欲赴此种地域从合赞军者,任其往从。如欲其以军往助,则请以将来所攻取之圣地与其他地域五分之一为报。末言,冀其阿剌贡臣民自由旅行西利亚,巡礼圣墓,不纳贡赋。已而蒙古军弃西利亚之讯达阿剌贡国,其事遂止。然因合赞有再用兵之事,诸基督国家之希望又生焉。

① 见瓦撒夫书第4册。

第八章

三征西利亚——剌合伯特之被谕降——蒙古一军之败——忽都鲁沙之败——纳昔儿之凯旋开罗——蒙古残军之返波斯——按问诸将之罪——财政之整理——合赞之赐与——拥戴宗王阿剌弗朗之阴谋——罪人之惩罚——合赞之病——其临终之言——其死——国丧——其遗嘱——其信奉伊斯兰教之诚——合赞面谕诸伊斯兰教博士之说——其军事知识——其娴悉诸国语言与史事——其嗜好技艺——其化学、医学、植物学、矿物学、动物学、魔术、天文学、占卜术之知识——其治术——其善驾驭左右——其知鉴别能人——其公正——其品行

合赞决定三征西利亚，及军备完毕，乃于1303年1月30日在希烈渡额弗剌特河。2月5日谒忽辛墓，以幕覆之①。散施于此十叶派视为圣地之居民，并以合赞上渠灌溉地所产之麦，日散三千"门"(manns)于赛亦德族。旋沿河进，至于哈底彻。命大半妃嫔

① 阿里子忽辛教长之墓受十叶教徒之礼拜者垂数百年，墓在希烈西一日程克儿别剌沙原之中，忽辛兵败为白衣大食朝哈里发耶思德(Yézid)之党所杀之地。

与全部奥鲁留辛札儿，待其还师。自率其军进向阿纳（A’na），从行至是者仅不勒干可敦与妃嫔数人，亦别合赞赴辛札儿。额弗剌特河两岸自安八儿达撒鲁治，长约九十程宽约一程之地，遍植园囿，亭舍儿相接。3 月 18 日，合赞抵剌合伯特城下，检阅其军。此城守将阿林木丁辛札儿合迪迷（A’lem-ud-din Sindjar El-Gatmi）率居民退守子城。19 日，合赞命异密速台、速勒丹（Soultan）、丞相撒都丁、侍医剌失德[①]往谕其降。剌失德用阿剌伯语作谕降书，大致谓“屡次遣使埃及，埃及答词不逊，始以其不明大势，姑息容之。兹埃及过于猖獗，故特兴兵声讨其罪。我军假途西利亚，意不在西利亚人。则君辈应知顺逆，纳款请降，勿事抵抗，致取灭亡”云云。此书钤以汗印，命人送致子城之中，守将答言：来书文体深奥，容终夜读之，俾得其解，请许诘朝作答。翌日，乃遣二使请降。合赞以阿剌伯语写保障文书，付城中文武官吏，而以其地置于本人保护之下[②]。会忽都鲁沙、出班、木莱三将之兵已在剌迦渡额弗剌特河，进至阿勒波城下。合赞在底儿叶昔儿（Dir-Yessir）闻讯，遣其军往会三将之军。4 月 2 日，合赞重渡额弗剌特河，进至辛札儿。诸妃嫔来迎，当是时也。合赞以底牙儿别克儿、底牙儿剌比牙授马儿丁算端捏只木丁，并授以蔑力满速儿（mélik El-Manssour）之号[③]。既渡达曷水，遂驻留克沙夫平原，而待远征西利亚军之战讯。

---

① 此史家曾记载云：“本书撰者为汗记室，而从军行，译其命令为阿剌伯语。凡有所需，皆承汗命供给，汗并以御厩之骡一匹见赠，宠遇之厚，人皆羡之。”

② 见《史集》。诸外利书云：埃及守将奉币诣合赞营，约合赞军取西利亚后，即以城献。合赞许之，留守将子为质，重渡额弗剌特河去。

③ 见《史集》。此史家又云：毛夕里之穆斯林颇苦一基督教徒名法合儿亦撒（Fakhr Yssa El-Ghiath）者之虐政。合赞命算端赴毛夕里，治其人之罪，杀之，居民大悦。

3月杪，忽都鲁沙渡额弗剌特河，分军四千人进至哈里耶廷附近，俘突厥蛮之一部落。特里波立长官谷儿只人也先迭迷儿(Essendémir le Géorgien)者，曾以其军属哈马特长官乞忒不花营于哈马特城下。兹闻蒙古分军至，乃于3月31日率一千五百骑袭灭此蒙古军，救出被俘之突厥蛮男女六千人。

4月2日，忽都鲁沙进军营于哈马特城下，乞忒不花退走大马司。同月18日，复退出大马司。翌日，在舍术剌(Schédjoura)之地与算端纳昔儿之军合。先是纳昔儿于3月23日发自开罗，命也速丁艾伯格(Yzz-ud-din Eïbeg)留守埃及，至是进抵此地。4月19日星期五，即回历之9月1日，蒙古军进营于大马司城下。城无防军，居民大惧，或逃亡他方，或弃其妻子避入子城。20日。蒙古军绕大马司进向克思维特(Kesvet)。大马司人以为两军相见必有一战，多聚礼拜堂与街市中，高声祈天之助。妇女携其子女登屋顶，露首求天。蒙古军逾克思维特，止于一名密昔儿胁(Kenef-ul-Missri)者之山下。其军约五万人，内有阿美尼亚、谷儿只两国之军。忽都鲁沙总统全军，诸万户木莱、出班、迪塔黑(Tittac)、忽儿迷失(Courmischi)、脱欢(Tougan)、阿必失合阿者(Adjaï)等分统诸军。埃及算端列阵于一草原名黄牧场(Merdj-us-Safar)者以待，自与哈里发率埃及副王撒剌儿、大将贝巴儿思、统将艾伯格、大马司长官阿忽失等将中军，以乞卜察克将哈马特军、阿剌伯军、埃及数军为右翼，以统将别达识、阿勒波长官哈剌宋豁儿暨特里波立、撒法德等长官之军为左翼。纳昔儿偕哈里发巡视战线，诸教师诵《可兰经》随其后，鼓励战士。哈里发诰诸战士曰："教中战士等：勿念汝之算端，可为汝之家族与圣教而战。"士卒闻之多泣，致有晕坠马

下者,贝巴儿思与撒剌儿互约力战不退。纳昔儿谕诸玛麦里克卫士曰:“见逃者可杀之,即以逃者之物属汝。”以驼与辎重列于军后。

20日之日中,战争开始。忽都鲁沙进击埃及右翼。埃及右翼丧将校八人、士卒约千人,左翼与中军齐来援。撒剌儿召贝巴儿思与不儿只部进击忽都鲁沙,忽都鲁沙弃右翼来御。撒剌儿、贝巴儿思战甚力,却忽都鲁沙军。万户出班、忽儿迷失以所部军援忽都鲁沙,复为也先迭迷儿、忽都鲁拜(Coutloubeg)、乞卜察克与算端之玛麦里克部人所击退。出班等败退时,击溃异密不儿鲁乞(Bourloughij)之军。

时埃及军右翼多溃走,木莱乘胜追逐。在埃及军后观战者,见溃兵,以为军败,乃掠算端辎重,破箧取金银。大马司城之妇孺多出城逃,妇女去其面幕,大声祈求天助。

然战事实已止矣,忽都鲁沙率所部军退据山上,收集残军。木莱追逐右翼后,亦率所部还与之合。所得俘虏中有统将也速丁爱迭迷儿(Yzz-ud-din Eïdémir),忽都鲁沙询之,知埃及算端在军中。蒙古人见平原中埃及军队遍布,左翼未动,鼓号齐鸣,统将木莱逆知明日战必不利,乃于薄暮率所部下山退走。

埃及算端与其军终夜未下骑。诸逃军闻鼓声不息,皆相率还。埃及军以骑兵围守蒙古军所据之山,贝巴儿思、撒剌儿、乞卜察克等终夜巡行军中,鼓励将卒。达曙,埃及军全军皆集,有俘虏自山上逃归,言蒙古军不得水,病渴。日出以后,蒙古步骑相率下山作战,算端之玛麦里克部以刀矢却之。此种玛麦里克人勇武善骑射,他军战久须番代,此部人则战争不息,竟有一人丧三马而仍战者。日中,算端命围军开其一面,让被围者逃,然后追击,不难歼灭。异密谷儿只人也先迭迷儿遂解围一面，纵蒙古军逃。出班率前军先行，忽都鲁沙率中军继之，迪塔黑率一军殿后。逃经一河流，泅水以渡，战马多陷泥泞中。埃及军追逐至日暮始还①。

22 日，纳昔儿命异密撒剌儿追逐蒙古败军至于哈里耶廷。蒙古逃军马疲不能进，多弃其兵械延颈受死，多为军中仆隶所杀。别有逃军为阿剌伯游牧部落之任向导者所绐，误走沙漠之中，皆渴死，余皆被虏至大马司，多为城民所杀害。

22 日，纳昔儿离战场，宿于克思维特。同日，放鸽传捷报至合匝，遣人搜捕逃兵，防其逃入埃及。并遣人搜捕掠取算端之金银者。4 月 23 日，算端入大马司，城民开盛会以庆战胜。算端赏诸将，并赐荣袍，以异密不儿鲁乞败兵之将，不欲见之。诸将为之请，始待之如初。阿勒波有异密某者，曾为蒙古军向导，命钉于驼上，以徇大马司城与附近诸地。

合匝长官搜捕逃军，得所掠之金银。异密抄兀里(El-Tchaouli)偕获送帑金者守大马司道上，没收军中仆役所掠之物，投数人

① 见诺外利书，《埃及诸王史》，马克利齐书。史家诺外利谓黄牧场之战为本人所亲睹，惟谓蒙古军合阿美尼亚、谷儿只及其他诸国之军共有十万人，未免言过其实。据马克利齐书，蒙古军既未能攻破埃及军，乃于 21 日日中退守山上，至次日日出后第四时，见围开一面，始逃。剌失德所记此战甚略。《乐园》云："埃及军俘战士万人，马两万匹，以俘虏中之突厥人编隶边境戍兵与阿剌伯骑军之中。蒙古统将迪塔黑、雪你台、景叔(Kinschou)三人为埃及军所俘。纳昔儿闻迪塔黑之勇，召之至，见其身负十八创。纳昔儿命译人询之合赞年赐金若干，而使其如是效忠于其主。迪塔黑答曰：'我为我主之奴。既受我主之恩，非为金帛而效忠也。我虽为奴中之最贱者，合赞从不使我有所缺乏。'算端问士卒每年得金若干，答曰：'二至五秃合儿(tougars)不等。然此役之应惊羡者，有五千余骑因军行久马疲，曾弃马负兵甲器具于肩上步行者垂两月。彼等虽处窘苦之中，设在归国以后，不待其释甲解带，命其再往征远地，必不待思索，奉命即行。'"《乐园》撰者曰，埃及算端与诸将闻言颇奖其忠勇可以为法。

于狱。

5月21日，纳昔儿归自大马司，凯旋入开罗。练纤蒙古俘虏千六百人，各以一蒙古人首系于其颈。俘虏之前陈破鼓，以千蒙古人首置矛上，入开罗城中[①]。

5月7日，忽都鲁沙至克沙夫之原[②]，谒合赞。翌日，合赞赴阿儿德比勒。6月4日，以统将出班[③]殿后，在报达道上收聚残军有功，优奖之。合赞猎于色痕的(Sehend)诸山[④]约八日。6月26日，合赞至乌章，时诸妃嫔与奥鲁已先至矣。

翌日，开始按问败兵西利亚之诸将。7月17日，按问完毕，杀败将二人[⑤]。

次日开大会，宴乐久之，合赞大施赏赉。

合赞即位之初，帑藏空虚，民力凋尽，税课征收甚难。国家岁入又多为奸吏所侵蚀，所余无几。

① 见《埃及诸王史》、马克利齐书。

② 克沙夫堡在匝卜(Zab)、达曷两水交流处，东距额儿比勒二日程。可参考 Djihan Numa447 页，惟其名作克沙卜(Keschab)。

③ 钧考：此处又作 Tchouban，然则亦可译作出班。

④ 诸山皆在阿哲儿拜占境中，帖必力思、蔑剌合、乌章诸城并在境内。可参照 Djihan Numa 387 页。

⑤ 见《史集》。《史集》对于此役所言甚略，然埃及史家(《埃及诸王史》及马克利齐书)则记载颇详。据云，忽都鲁沙全军几没，合赞国中闻讯悲痛，诸城居民出城诘归军死者消息，帖必力思城为死者举哀者两月。据云，合赞尤悲痛，衄血几死。深居不见诸将与妃嫔者若干时，盖其军还者不及十分之一也。乃逮忽都鲁沙、出班、雪你台等诸将，尤怒忽都鲁沙，欲杀之，因谏始止。虽宥死，然命在场诸人群唾其面，已而谪放之于岐兰。木莱亦受杖。上文所记疑有过度之事。《乐园》则云：忽都鲁沙军中诸将多受杖，并禁其入斡耳朵者数日。出班虽有功受奖，合赞且以己服赐之，然亦不免于受杖焉。

旭烈兀所取报达、西利亚、木剌夷等地之宝藏，而聚藏于塔剌堡者，陆续为守者所盗卖，以其中之金锭宝石售商人。顾先后守者皆同谋，故其事密，无人知之。堡有一塔在乌儿米亚湖畔者倾圮，卫士复盗取落水之珍物。堡中余藏仅值百五十万，阿合马欲讨阿鲁浑时，曾以之犒赏士卒。至若阿鲁浑所聚积之帑藏，在其死前已罄，盖诸叛将在其病中曾杀其相与诸幸臣，分取帑金，并以之俵散于士卒也。乞合都在位时既无所积，亦无所存。所以合赞即位之初，无一物以赐其由呼罗珊领至之军队。此军队之庐帐牲畜为河中军所掠，亦无以偿之。课税所不能得国家之收入，涅乎鲁思当政时，已有不给付之习惯。其后西模娘人舍里甫丁与撒都鲁丁执政时，曾谋整理财政而无效，然应求款以赡军也。顾国库之空，竟不能得一适当之物以赐外国使臣，此种窘状无人信之。有人归咎合赞之吝啬。合赞一日语诸臣曰："汝辈以为此随营载重之骡所载者必是黄金。其实非也。所载者皆是木制品及我所嗜技艺所用之器具，脱不信可往验之，我无钱之时不能赐与。从前诸汗一无所存，仅余民力凋尽之国，我且不能得税课也。"

然两年以后，迨其组织军队、保障国境、清除盗贼，诸事完成之时，乃专注意于整理财政，征收税课，亲自改正其敕令(此事后章述之)，规定税课及其征收之法，只许以诸州税课供素知之人扑卖，其期不仅限以三年。各政既已整理，帑藏遂开始充足，逐年加增，由是合赞乃能随意赏赐。一日语诸臣曰："一方面若不赐与，则将得吝啬之咎，又一方面若赐给，则不能无弊。盖赐与难得其当。设赐此者少，赐彼者多，或赐此而不赐彼，抑应少赐者而多赐，则人必怨。其知对于此事能持其平之人颇不多见，我将努力为之。"遂以初入帑藏二三十万付诸军将，指定各军应得之数若干。本年在乌章开大会时，欲亲自散赏。乃坐大帐中，列诸州所贡之金帛于其前。集诸重臣，分别功绩俵散其金，并说明其理由。分类陈列所赏赐之衣服，包置重量不等之金银，上注分量，及何军所领等字样。分军按名赐之，散赐者约十五日，费金三十万、衣二万袭、宝石带五十条、金带三百条。其史家剌失德云："合赞在其他不少机会中表示其厚赐之举，以帑藏全供赐与之用，然从不指定诸州之金，命人持支付券就州取之。能知按功颁赏，故无怨者。每日赐钱币一万至十万，衣服一百至三百袭，视以为常。虽有此种赐与，国库不因以困乏，盖其财政整理之功也。前任诸汗所颁赐者无如其多，档中簿籍可以证之。"

9 月 8 日，合赞至帖必力思，命为三征西利亚之筹备。闻当时曾约诸基督教国君主重谋攻取圣地，盖 1303 年时，有自称为合赞之使者至巴黎，约法兰西国王与同盟，并保证合赞行将皈依基督教也[①]。又据英吉利国王爱都哇儿一世答合赞书，言英吉利国王自不思迦莱尔手得蒙古汗书。此人在十四年前已曾奉阿鲁浑相类之使命而至此。观答书之词，可以推测合赞原书曾促欧洲诸国王会师西利亚也。爱都哇儿曾致东方大主教相同之答书云：

"吾人接悉来使不思迦莱尔所奉书，并聆悉其对于圣地事件所述之词。惜诸基督教国久受战争之扰，致妨吾人出师圣地。然待教皇有命之时，吾人将竭全力经营此事。盖吾人冀其成功，较甚于

① 见烈木撒所撰《行纪》130 页，引菲力帛在位时代圣登尼年历(Chronique de St Denys)写本。

此世之其他任何事件也。”①。

筹备三征西利亚军事之后未久，合赞得眼疾，中国医师在其身两处放血以疗之。有人自印度献象至，合赞在帖必力思出发前一日，曾登一象上，游行市中数时，观者甚众。10 月 31 日，进向乌章。因新放血，身痛不能乘马，乃乘舆缓行。先是纽璘阿合在去年死，至是合赞在道中命忽都鲁沙继其任，防守阿阑边境。合赞欲赴报达，然速兀儿鲁、哈马丹两地降雪，道途难行，乃驻冬于乌兰沐涟(Houlan-mouran)，闭居一室，不与人见。随侍者仅仆役三四人，进食亦甚寡。

有人谋奉乞合都子阿剌弗朗来汗所为之招聚党徒，事泄被逮。其人供曰：司教皮儿牙忽卜(Pir Yacoub)在帖必力思得天命启示，谓阿剌弗朗不久将即汗位。合赞遣使者至帖必力思，捕皮儿牙忽卜及其他司教数人，并逮可汗使臣纳速剌丁(Nassir-ud-din)。越二日，逮至汗所。合赞曰：此种乱人必是赞章人撒都鲁丁之党羽。集诸臣讯之，果然。并悉其为马思德克(Mezdek)派徒②，欲因以传其谬说，乃在附近山巅掷杀皮儿牙忽卜，并杀其同党，宥阿剌弗朗。命其至呼罗珊投合儿班答所。阿剌弗朗感激而自陈其事曰：有人以猎为名，曾引之至帖必力思司教皮儿牙忽卜所。司教与其同党曾诳其有日即汗位云。

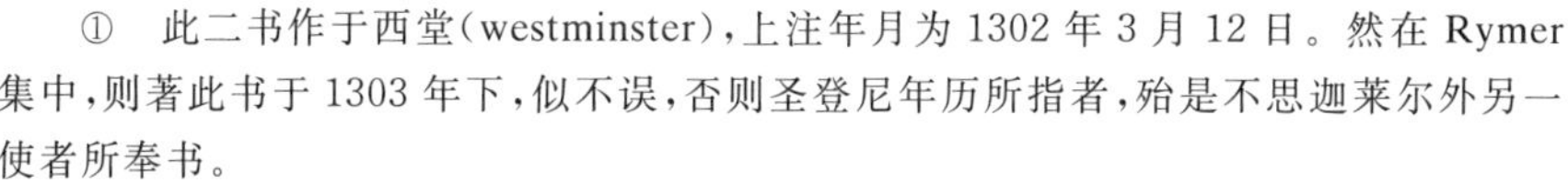

① 此二书作于西堂(westminster)，上注年月为 1302 年 3 月 12 日。然在 Rymer 集中，则著此书于 1303 年下，似不误，否则圣登尼年历所指者，殆是不思迦莱尔外另一使者所奉书。

② 案：5 世纪末年波斯王奴失儿汪(Nouschirevan)父火八的(Cobad)在位时，有马思德克者，建设一教，与摩尼教相类，惟于二元说略有变更而已。

此次阴谋发现以后，合赞愈信其相撒都丁之能。顾其权位既重，无以复加，乃命其为蒙古军千户，赐以鼓纛，命在廷诸臣皆往贺之。

1304年3月终，合赞发自乌兰沐涟[①]，取道撒维，进向剌夷。病既愈，遂游猎，常乘马驰甚久。及抵剌夷区中之海勒村，复病。亟遣使往召不勒干可敦，仍缓行，至可疾云附近之耶司克烈水(Yéskélé-roud)。5月初，不勒干可敦抵此地。合赞自知将死，集国中诸贵人各面励之。先是在四年前已命其弟完者都继承汗位，至是在遗嘱中重申其意，切嘱在场奉遗命诸人确遵其嘱。述遗命毕，独处不见人者多日，至1304年5月17日死。自得疾至临终，神智清明，语言如常。诸可敦与诸将等以马载其柩赴帖必力思，沿途经过城村，居民男女皆科头跣足，服粗毛布衣，以尘覆面出舍号哭。全国之招唤礼拜塔皆以粗毛布覆之，街市商场皆以草铺地，各级人民衣破衣或粗毛布衣者七日，帖必力思之居民服深蓝色衣，远至末站，奉迎汗柩，士卒与市民泣随柩行。先是合赞在帖必力思附近苫迷(Scham，Schem)之地营建墓堂，至是置柩于其中[②]。

合赞遗嘱之文曰："诸可敦、诸宗王、诸统将、诸千户、各级军校、诸算端、诸近臣(Inacan)、诸税课使(Mulouks)、诸法官、诸教长、诸司教、诸知事、诸收税员以及自阿母河(Amouyé)达于西方

① 乌兰沐涟，蒙古语犹言红河，与突厥语 Kezil Oussoun 之意同。此水发源于哈马丹北 Elvend 山中，流入里海。波斯语作西皮德水，此言白水。

② 根据 Pachymeres 之记载，孔士坦丁堡人颇惜其死。据云，自合赞死，东罗马帝国希望国土安宁之心因以消灭，盖只有此汗可能阻止其所部蛮族之侵扰吾人所属诸州也。故在其死后，吾人大受其害，哈剌蛮部重来围攻 Philadelphie 城，其一事也(Pachymeres，tom. II，ap. Stritter，Tataricor，cap. VI)。

边境之臣民等：应知吾人赖上帝之恩佑，上帝以伊斯兰教之光明启发吾人之心，于吾人在位之时，助吾人维持教诫，称颂圣语，善治人民，而使全国皆得其平。今既许染废疾，使吾人日近由此可灭之世移居不灭之世之时。吾人因爱民曾欲弱者完全不遭压制之害，公道普及，伊斯兰教忽视之诫重兴，顾今既不能完成此贵重使命，特嘱诸人，冀在吾人身后勿启乱事。四年前曾命爱弟为汗位之继承人，盼其速承汗位，全国人民为之效忠。盼其切勿变更吾人公布之法令，务必发扬伊斯兰教，保护穆斯林，谨守教诫，勿使敌人妨害信仰，遵守我之先例，维持人民之安宁，而重上帝之付托。凡已定之税课外，不得更有所征，不得重定新税，不得将已废之税恢复。凡供施舍之款项、宗教基金之收入以及吾人兴建之慈善机关，皆应保存其用途。吾人所许给付之恤金岁赐，仍如前支给，财政官吏不得夺之。吾人之目的既在为善，愿其散布善举，复次愿其惩罚邪恶。吾人死讯到达诸州之时，愿各地皆为丧事祈祷，而使信徒之祷告救助吾人。”①

合赞有妃八人，次妃不勒干可敦生一子曰阿勒术（Aldjou），一女曰完者忽都鲁（Oldjaï-Coutloug）。

史家剌失德曰：“合赞在位之时，谨守伊斯兰教教规。其信教也，显是出于自信，而不仅因异密、司教数人之进言。试问有何种利益能使一强主改其宗教，抑况此君主之祖先概为侵略世界之偶像教徒欤？故知其信教乃出于自己乐从也。其军中有一部分人实为蒙古人，与亚洲北方诸族皆为多神教、偶像教、佛教等教之信徒。

① 见补撰剌失德书者之《完者都传》。

合赞曾使全军改从伊斯兰教。凡有法官、司教、教士、教徒进谒合赞者，合赞必面谕其旨。一日曾集伊斯兰教诸重要教士而谕之曰：'汝辈衣教服必求上帝见汝辈之完善，而不在使人类见汝辈之完善也。人类得受外貌之愚，乃上帝则洞见其心。设怒其虚伪，在此世彼世皆降之罚，揭示伪者之假面，剥其衣服与其僭用之名声，而使其受世人之侮辱嘲笑。我言汝辈衣教服者，犹言汝辈虽与他人相同，然因所服之衣，取得一种他人所不能共之德声。汝辈且曾以演说与严肃证明此意也，可一自思能否严守此衣强使履行之义务。设能履行，则在上帝与人类之前皆为卓绝之人，否则只能取辱，而此盖因自误也。应知上帝命我为君付我以民者，盖欲我以公道治国，赏功而罚罪。对于位列在前之人，尤欲待遇更严。君主尤应注意位高者之罪恶，而惩罚之，俾作警戒众人之榜样。所以我应先求汝辈之罪恶，切勿以为我对于汝辈所衣之服有所顾虑也。务使汝辈之行为合乎设教人之律诫。务使各人履行其义务，领导他人入拯救途中。汝辈不应为互相之援助，亦不应要求他人为上帝未命为之举。盖汝辈不应以声望扰及同类，而对于人类之幸福与拯救所表现之热心，不应更甚于上帝与设教人也。设我有违法背教之举，汝辈不妨来告。应知汝辈同心尽其天职，所言必使我信。否则所言不特无益，且触我怒。我对于此事欲言实多，兹不过言其大概而已。设汝辈从我之说，彼此皆获其益。第若汝辈以此为侮，而引为恨，我对于汝辈将存嫌恶之心，则对于此世之事业以及对于宗教，皆不免蒙其害焉。'"

刺失德继云："合赞性质坚决，行为果敢，幼习战事。当其统军防守呼罗珊之时，河中之蒙古军屡屡兴师来犯，每年必有战役一二次。合赞时常教练军队，曾励之曰：‘吾人在家抑在游，在猎时抑在战中，皆足致死，然则缘何畏敌欤？恐惧仅足使吾人失策。失血或者未始无益，否则将自腐而发热。况血为人之粉黛，无人可以永存。其死于病榻者，因其病而烦苦其妻子，仅感得家属怜悯之心。然因战斗而死之战士，则受人尊敬，而君王赡养其家族焉。’

“又尝教诸将曰：‘欲侵入敌境，必须使敌不知。日夜急行，出其不意。及退军也，须在敌军集合之时以前。如须每年侵入，则侵入之时季必须逐年变更，俾敌人不能预防，且不可取同一道途，惟须有好向导而已。设若以大军进讨，则须预先宣扬进军之声，盖大军进行甚缓，不能避敌人之侦察，不能阻其防备。然有时虚声夺人，可使敌军离解也。应防敌人断我粮道，所以进兵之前，应先求有野味水草之地，俾军粮可以节省，以备驻军荒地之需。常应使谍者侦察敌人军情，盖若不知敌人之虚实而进战，无异在黑暗中以拳击人也。尤要者，战与不战，其权应操自我。行军纪律为重，不可听人自往乡村抄掠，盖不守纪律之军队，于作战时将肆抄掠，势将不能制之，是为历次失利之原因。须待敌军灭后，然后许取战利品。用兵切勿扰及本国，盖人民之祈祷降福于我军也。勿轻敌，勿过视己力，尤忌放言。’

“蒙古语固为其母语，然亦略悉阿剌伯、波斯、印度、迦叶弥儿、土番、中国、富浪等语，熟知古今帝王之历史暨其性情习惯，尤审其同时诸帝王之历史。对各国人即用其国语言与之言，人常异之。然其知之最审者，要为蒙古史。除孛罗阿合（Poulad-Aca）之外，其谙悉男女祖先之名。古今蒙古统将之名，与其系谱者，诚无逾合赞者也。本书所记之事，多得自此汗之言。然彼尚知不少蒙古异密与史事，而为本书所未及者。

“凡百技艺，若铁工、木工、画工、熔铸工、镳铲工等工，皆曾亲手为之。所制物较工人所制者为良，故常指导工人[①]。又习知化学及一切较难之艺术，曾召致此类学者。然其与前此诸汗异者，则不耗巨费而求长年药，仅使之表示其艺术，如制造珐琅、解化滑石、熔解水晶、凝缩、升华之术暨制造形似金银之物之法而已。合赞曾言其习知化学者，不在制作金银，惟在习知并能自为种种化合方法也。

“彼谙医术，识植物与其功用。顾诸医师所研究者，仅为药肆中之草木。彼则亲赴郊野采集，遂发现从前视为突厥斯单、印度、中国之特产植物，而经商人售以重价者，波斯多产有之。曾招致突厥、大食之著名植物学者数人，游猎时携之与俱，与之共采集，其植物知识盖得之于此共同采集之中也。至若包含动物学之博物学，亦所谙悉。

“粗知矿物学，能辨识矿物，知采矿与化解金属诸术，曾自为此种工作。

“知咒术，常预言未来之事。曾言某国有使臣至，使臣形貌如何，后其事果验。受天秉赋之诸君主固多具此能，然从未见有如合赞者。

“知用占卜术，以胛骨、马齿及各国所用预卜将来之种种方法，

① 剌失德书之记载，曾经 Pachymeres 所证实。此史家赞扬合赞以后，续云：此伟人无艺未经其注意者。虽贵为君主，然喜自操工人之事。彼曾以为为人凡事皆应优为之，所以其所制造之鞍、镫、缰、靴、刀、兜诸物无人能及之者。军事之暇，常为此种工作（Pachymeres，t. II，ap. Stritter，Tartar. cap. VI）。

以卜朕兆。识星宿方位及其出没时间，常莅蔑剌合（Maraga，Méragha）天文台，使人解说其仪器用法。别于帖必力思附近申卜之地，自为计划，建设圆顶天文台一所，其所制仪器，诸天文家皆讶为素所未见。

“我所记载之事，我之同时之人皆可为证，俾后来读者不以为我言过其实。

“合赞以前，盖为诸异密与诸丞相主政，君主多从事游猎及其他娱乐，不亲政事，则若诸大臣意见纷歧，其事废弛可以想见。外国使臣概由彼等接见。至是合赞自主政务，清除积弊，不受诸异密之言，凡事皆奉汗命为之，人且不敢以行期询之，他可知已。人无论老幼，官无论大小，莫不服其贤智，而乐为服从。每有外国使臣至，由彼自与使臣言，不假手诸臣，所以使臣或学者莫不惊其语言辩给。合赞且以其本国史事暨其君主性情、国内风习语之。

“乐与学者及博识之人相接，一见即知其人能否，设其人虚得名，欲欺之，则接见以后不再延见。大会议中，各界人皆有之，其对于博识之人所提出之问题，在场者莫不惊异。彼所语者虽为蒙古语，然人颇难解其意，虽反复申言，他人仍难全解。青年人酒醉时辄发狂言，合赞则不然。常为深奥细密之讨论，亦谙其他诸教之教理。曾与诸教博士辩论，其所提出之十问，诸人不知答其一问，乃彼则皆能决之。

“彼善鉴别人物。设有以奸恶之词进者，待其词毕，然后罚之。见有能人，即予信任。嫉恨者虽进谗言，莫能间之。彼常言世上之最尊贵者莫若正直，同时对于溺职者严惩不贷。常谕诸大臣与诸断事官（Yargoudjis 札鲁忽赤）曰：‘来诉长官或其他官吏之罪者，切勿轻信其言。盖诉者得因失位，抑未能豁免税课，或其他原因，挟嫌诬告，则必须采诸舆论，判其曲直。第官吏之为人民所爱戴者甚少，只须其人廉正少贪，即不应罢免之。'

"合赞持己甚严，在猎中欲得食，曾以倍价购之，以身作则。闻某军扰害某地，即杖其下级军校，严谴统将。一日语诸将曰：'汝辈欲我纵汝辈掠大食人，然试问耕者之耕牛、种子毁灭以后，何从得食？届时汝辈如来求食，我将严惩之。应思吾人以妻子为重，彼等之妻子亦犹人也，虐遇之于心安乎？'

"合赞之博施厚赏，前已言之。故自财政整理以后，赏赐诸臣，并赡养无数穷而无告之人。

"其品行纯洁，随侍之人咸谓其从未犯奸通之罪。偶羡妇女之丽，仅一注目而已。战时与诸妃嫔异处，蒙古风俗，战时得妇女，辄自留之。有统将以美女献者，合赞辄拒不纳。吾人法律中之奸淫、奸通、男色等罪，彼从未犯之。持己既严，待人亦严。曾布令，有犯此种罪名者死。"

兹于下章述合赞清除积弊，整理政务诸事。全章之文，皆出其相剌失德之手，吾人仅为转录而已。

第九章

税课征收——重利贷——使者之众——城中置馆舍——王印——公文程式——牌子——旧授之敕令与牌子——鼓励农业——军队之封地——边境之防卫——近卫之加增——军械之制造——王帑——御食——畜牧——猎捕——法官之职务——伪券及契约——货币——度量衡——盗贼——醉酒之罚——妓院——平民强取之禁

(税课征收)“在合赞改革以前,诸州税课由税课使(Hakim)定其率而征之,各使之收入有定额。其支出亦经指定。然税课司每年所征之税(coïtchour)至有征至十倍者,且有不少地方征至二十倍者,先以列为收入之额别储之。嗣后每有使者因征取钱帛或其他事件至其境者,则又征新税于民。使者之来愈众,苛征之额愈多,尤为税课使所喜,盖其得因其顿止供应而征税,或因其饮食抑其他费用而征税,或因其需索贿赂而征税也。所以税课使仅以课税之一部分供应之,自留其一部,而以其余赠之总管(Schahné)与税吏(Bitiktchis 必阇赤),以钳其口,然从未以一钱入国库。抑况诸州之收入,全为固定支出与无数支付券(bérats)所吸收。例如呼罗珊一地,此种支付券未见给付者十有其八。使者或私人自省

(Divan)持支付券来取款者,则答以州中只应缴其税之一部。如必欲给付,则应以促令立时给付之文书(al-tamgha)来。此种债权人复领文至州,课税使乃以此为借词,重征新税。告纳税人曰:'汝辈今见有不少使者(Iltchi)留此以待,必须供应之。'无人敢答以年初所征之额逾法定额以外,可以此额供应也。课税使与其同僚朋分其所征之额三分之二,而以其余供应持券人。然持券人自始至终未能得支付券上之一钱也。如是往来于省州之间,以至所持券破弊。省中人从不一查各州所负之额究有若干,以便按额发给支付券。只须有人请求,即陆续发给,明知将来未能给付,故未有不允其所请者。丞相曾与诸州税课使约,在支付券与函件上加以暗记,无暗记者不为给付。诸州长官因是亦颇自安。每年供应使者之课税有二三种,别有入市税(tamgï schéher)亦在其中。税课使不以入市税之收入留为己用,不明其事者必以为奇。其实乃故意为之,俾以此借词更征较重之税,然后将使者供应之费虚报两三倍,不以一钱入国库也。其实国库亦未能得诸州一钱,诸税课使所支之费不及通常定额五分之一,不付恤金俸给,且不供给地方必须之费用。每年之初有索款者,则答以应先以款入国库。续有请者,则许在收获时期之后付给。顾常有使者与督税人在其境,课税使则又以此为词,须先发遣此辈去。故要求恤金薪俸恩赐者,自年初至年终,冻饿不得一钱。其较狡者,祈之于税课使掾属,仅得半数,但须开具领到全额之收据。有时所得之物仅及实价之半,则所得者为应得额之四分之一而已。然得者颇自幸,盖他人有一钱不得者在也。设有人往诉之于斡耳朵,取得省中诘问何以不付某人款项之文书,税课使则借词税课延不缴纳,待征得后再付,顾税课使所征之税实已逾定额数倍。人民所欠缴者，盖为税课使任意征收之新税也。故纳税人无力缴纳数倍之税者，弃其村庄家屋而逃，至是乃许将最后征额豁免全数或其一半。历来在位诸相皆与诸州相勾结，通同舞弊，尤以撒都鲁丁抄兀亦(Sadr-ud-din Tchaouyi)勾结之法为最精。其为相时代，持支付券者不能在诸州取款，应得恤金薪俸者，不能获有一钱，盖仅用支付券为欺人之具也。常有教士或司教抑其他贫苦之人求其援助，而取得五百底那之支付券者，其人甚喜，乃贷一百底那购一乘骑，赴其地取款，以为所余者尚有四百底那，孰意大失所望，终不免避债而逃。

“掊克既甚，纳税人不免于逃亡，城乡为荒。时遣使者搜捕逋人，强其还乡。然诸纳税人畏乡里，田土甚多不敢归。其尚留城中者，以石堵塞家门，从屋顶出入。收税人势须觅一熟悉本地情形之无赖为导，求纳税人于其藏伏之所之中。脱不能得其人，则捕其妇女，驱之若羊群，至征税所，倒悬击之，痛苦之声达户外。吾人曾见有一居民见收税人登其屋顶，畏甚奔逃，致折其足。耶司德州诸乡，致有不见一人者。其仅存之居民，布哨以守，设见有人至，则放信号，诸人皆藏伏地中。闻六九一年(公元 1292 年)耶司德州有一地主赴卑路斯村取地租，周行村中二三日，不见耕者一人，仅见有一持支付券者坐村中，倒悬所捕乡民三人，笞之强索供应，盖此辈暨其随从诸人必须粮秣、酒食、女子或幼童也，竟有数地居民一人致须供应二人之衣食者。

“由是观之，诸税课使与征税人虽在定税以外剥削纳税人，然不以一钱归公，国库因以空虚。乃军队之供应，国境之防守，及国家种种需要，在在需钱，遂不能不用暴烈方法强取之。

“合赞亦知清除此累年之积弊不易。曾曰：‘此种税课使与征税人习为剥削，中饱自私，如何能使之守法就范？每年虽有被按问者，然常因金钱而免罪。纵有数人被判死刑，然辄归咎于其人命运之劣，抑受某人之陷害。则吾人应求防制诸州税课使动用公帑之方法，最良之法要在使之不能课一钱之税。’遂命每州遣必阇赤一人调查本州诸区情形，按照最近户口调查，分配税课，务使税课减轻。对于私有领地、宗教基金以及三十年来享有此种财产之人，皆别以册籍著录。

“诸必阇赤至诸州，编订各区之地册，定其税额。此种调查虽不能使臻完善，使各人按力输税，然务求其不甚悬殊。迨至以册籍呈于合赞之时，合赞又许人民有不平者诉之于省中。编诸册籍为一总册(Canoun)，储藏省中，每年年初根据总册编订各区税册，每册钤盖省员一人之印与金印。纳税人之税额每年分两次输纳，由各州之收税员征收之。除给付金印支付券外，余以归王帑之中。其税课以钱输纳者，不许收税员以物代缴于库。其由诸州收入所应付之恤金、岁赐及其他费用，亦应以现金给付。由是各纳税人从每年由都城发下之金印册，知其所应输纳之额，不许于正额外多取一钱，违者诸蔑力、八思哈、必阇赤等处死，手录支付券之吏员断手。新法行后，旧弊多除。其由汗以一村或一地封赐于某人为采地、为赐地、为俸给、为给养，抑为宗教基金者，其一乡之地因一可敦、一宗王、一蒙古统将之庇护而豁免税课者，其一村之地业已荒废者，收税人应以其额呈报省中。顾前此省官对于各村输纳之额从未知之，谨据征收员与其党之报告也。

“此种理财新法实行以后，诸州之收入更较造币厂之收入为确

实可靠。每年分二三期解入国库，不复再有延期之借词。从此对于各州不复出具支付券，命人往领钱、谷、酒、刍、羊等物。凡散给军队或付给私人者，皆由国库付以现金，而国帑之金帛亦不因此虚耗。比较新旧簿籍，从前任在何代，五年所费金帛，不及合赞时一年赏赐之多。从前预先处分来年之收获，今则国家仓库之中常储有一年之谷。

“合赞为防将来旧弊之重再发生，曾预料有省中无暇编印专册，抑将来财政长官溺职，而任诸税课使自由征税之事，曾布新令，只许按照省中所定之额税之于人民，禁止官吏自动科征。此令应布告于各区。在帖必力思附近建筑档库一所，储藏诸区税册于其中，特命专员掌管，有毁册者罪之。别抄一份存储于省中。合赞命将按照总册与金印册抄录之各区税册，由各省之税课使会集诸法官、赛亦德族人教长、绅耆等，移付于各区之代表。各区应将册之内容或刻板，或勒石，或勒于铜表铁表之上，公布之于区中，应在二十日内行之，务使其可能保存长远，并应置于村口或礼拜堂前抑其他处所。

“凡缴税输钱之处，常用钱缴纳。输物之处，则仍用物。表上并载明入市税率。每种税课表之背面，应著录制定此税之敕令，俾尽人皆知何时缴纳何物。每届缴纳之时，立账于市中，由市长或纳税人本人缴款于收税人，由收税人每日分五次缴呈州库，禁止收税人接受馈赠。其纳税人逾期未缴者，每底那罚金若干，其完全未缴者杖七十。

“乡间居民每年分两期纳税，每期不得过二十日。第一期始于春分之日（Névrouz djélali），第二期始于秋分之日。

“游牧部落仅于每年之初纳税一次。

“身税(Kharadj)自本年春分始二十日内缴纳一次。别有若干地域，如报达城之类，则在收获之时缴纳，其期限亦为二十日。

“以物缴纳之税，质言之输谷者，应由纳税人输之于各乡仓中，以四十日为限。

“入市税与过境税皆名曰印税(tamga)。

“其在封给诸可敦、诸宗王、诸蒙古贵人之诸乡中，或在军队封地中，或在赐与私人之封地中，或在定为宗教基金之区域中，必须别立专册，载明总册所定之税率，不许征税逾法定税率之外。”①

(重利贷)剌失德云：“合赞曾以重利贷借与不法交易为造乱之源。兹引若干例，具见一种不法行为所能发生之弊害。

“阿八哈汗，世人皆知其为一正直君主。当其在位时代，人民享有安宁。曾见其父旭烈兀汗之治绩仍旧维持。时有若干商人(ortaks)曾以己资购置兵械、甲胄、良马，由诸火儿赤(Couroudjis)与诸阿塔赤(Actadjis)之介绍，售之于阿八哈汗所，而得善价者。他人羡其利，欲仿行之。其无资者，借款于他人。售物以后，持火儿赤、阿塔赤等之收据，赴省中易支付券。此种贸易曾使不少毫无资力之人致富。所以前之贫民，忽见其衣服拟王公，乘阿剌伯马或壮骡、奴隶拥从，僮仆(serhenks)牵骡驼随于其后，人皆异之。寻究其忽然暴富之原因，及悉其故，羡者亦欲效之。若穆斯林与犹太教徒之缝补破衣者，以菜囊系颈奔走街市求售者，贫苦纺织工人，

① 含有此种规定之合赞令，曾经剌失德全录其文，所著录之年月为七〇三年七月半(公元1304年2月22日)，写于乌兰沐涟附近之驻所。

甚至不名一钱或不得一饱者皆借款他人，其人数不啻千万。然不购兵马，以购衣服与其他军装。省中官吏虽明悉所售者为何物，然因受贿，仍以诸州之支付券给之。其以此法致富者，复以其资转贷之于他人。由是有不少人以生息借贷为业。所贷者不仅为金钱，兼有什物衣服等类物品。此种号称为商人之骗徒，觅一娴于蒙古文字之人，使之伪造一支付券，复伪造一异密之花押于券上，持此券往见必阇赤，与之约，若许付一敕令或一支付券，将于每万中赂以若干底那。复持此证索款于省中，甚至径求之于汗本人，其证(yafté)既多，虽举大地所藏之金银不足以偿之也。

"假定聚全副甲胄一千于地上，将可以成山，虽有百库亦不足以容之。欲容万马，必须有一大平原之地。则甲胄二三十万副，马一二十万匹，试问何地可容。然此辈以其供给之物有百倍之多，手持敕令与支付券而索偿其价。阿八哈汗询其在何地交物于何军、兵械贮藏何所、马匹放牧何场，诸臣受贿者无法掩其事也。此种骗徒兼得贵人之助，一异密或一可敦受其一羊或一瓶酒之贿者，常庇护之。顾行之既久，索价既多，而其支付券又不能在诸州常受给付，由是此种作伪商人终致有衣食不给者。

"重利贷者多为蒙古人与畏吾儿人。举债之人既不能偿，由是与其妻子同沦为债权者之奴婢。

"其最大之害，则在具有阀阅声望之人皆不愿为税课使(Mulouk)与扑买人(Motassarifan)，为者皆属贫民之欲暴富者，以重价扑买一州之课税。顾在斡耳朵营谋需钱，购买奴婢、乘骑、美服又需钱，不得不转贷于他人。贷借者明知其有丧失资本之虞，不得重利不以款贷之，所以有约贷一而偿三四者。及扑买人至其州也，虽括全州课税亦不能偿其债，由是于定额外剥削纳税人。然省中仍不见其缴纳一钱也。省中官吏既受其贿，许其缓缴。偶有缴者，其实值且不及所报之额四分之一。

“撒都鲁丁抄兀亦当政时代，贷借利息之高竟出人意想之外。兹既叙及此事，似应略述其人。此人当政之时，诸州扑买人皆为庸贱之人，常以贿进。其值十底那者，则作二十底那购入，而作三十底那以献。撒都鲁丁受其贿，而语扑买人曰：国库需钱。扑买人答以：购赠馈品尚须勉力为之，安得余款解库？撒都鲁丁告之曰：可以馈物列入公账，俾免汝辈受有损失。扑买人复又借款，以本息全列公账。其值十钱者，原报作三十钱，兹加报作四十钱。撒都鲁丁曾自购羊数千头，每头价五底那，约两月交款。到期无钱给付，顾羊多瘦，死者亦夥，乃以贱价售之，以供给付两月利息之用，而将债务转期两月。其理财之术类如是也。

“此种重利借贷，破坏国家财政。乞合都时代所布恩赏之令，无一受给付者，又若俸给工资偿款亦然，是为军队积怨反对此汗之原因。而撒都鲁丁常无一钱以供应也。此事尽人皆知，此不过于千例中举一例而已。其弊尤难清除者，则在其积时已久。而诸宗王、可敦、将相、必阇赤、贵人、幸臣等多庇护此等骗徒，其中且有数人为其债权人，余则或受其贿，或为其同伙。无论君主如何严正，欲除此弊颇不易也。

“合赞以为重利贷为诸乱之源，曾于六九八年八月（公元 1299 年 5 月）以敕令禁之。其习为重利贷者多怨。诸贵人有进言者，以此令足妨一切贸易。合赞驳曰：此令之目的仅在禁止不法贸易而已，于其他贸易固无碍焉。不明事理之人与具有恶意之人曾进言，以为国库随时需要现金，脱诸州之扑买人无借贷之能力，势将不能解款于国库。合赞与诸相答言，不再预先索款于任何扑买人或收税员，无须其贷借以应也，乃禁止诸扑买人偿付其所借之本金与利息。合赞屡嘱诸可敦、宗王、异密等勿再贷金于此辈。且预告曰，设有贷金于一扑买人者，吾人不特不许其索偿于生前，且不许其索偿于债务人之死后。盖吾人既不要求诸扑买人预先解款，设其虚靡国帑，将以其动产与不动产为抵偿也。虽如是，进言者仍不已。合赞乃询之曰，上帝与其设教人认识此世之事是否优于吾人。诸人以圣诫答。合赞曰，上帝与其设教人既有此命，吾人不欲违其诫也。故自是以迄于今，不许借贷生息，然尚有人用动产为重利贷者。合赞怒曰，脱再有此事，行将命承贷人不付本息。且曰，其有资本者不能用以购买房地或耕作经商欤。由是今日贸易皆趋正轨，人类重见公道，国家富饶，而技巧之人皆经营农商与其他有益之业。

（使者之众）“派遣使者于诸州，亦为扰民之一事。盖使者随从甚盛，需索供应于地方也。诸可敦、宗王、万户、千户、百户、地方长官（Schahné）、汗廷官吏、猎户、圉人、膳人等，常以细故遣使而出，习以为常。每有诉讼，常因一势家遣使庇护而致胜诉。人民欲求庇者，常以其子献于诸可敦、宗王、异密为僮仆，此事已成习惯。其败诉者亦欲托庇于势家，由是诉讼又起，使者又至。此外遣使索馈赠者有之，掌膳官（Idadjis）所遣使者之众，致为诸城官署所不能容。使者往来道途，其数超过其他旅人。每驿虽备千马，亦不足以供应之。使者辈见商队之来自外国，官民之还其居所者，常夺其马匹行李。使者之居民家，不特索其供应饮食，且强其献纳货财，其圉人辈见物辄取。使者所取之马，常逾其所需。在村庄或军队戍地之中，所索之食粮多逾定额以外。其不能消费者，则转以之售他人。诸州居民每年供应之使者无虑数千人，供其饮食，夜间且应为之看守马匹行李，民力凋尽可知也。使者常冒称为某万户之子弟，因要事而被派遣，然从来无人信之，且受居民之轻视，致有真正使者亦为居民所轻。有索马者，常以劣马供应，有时且不能得马，盖大道旁之居民避需索而徙山中。使者须费两三倍之时间经行其地。每驿站有马五百匹，可用者不及一二。诸驿站所需经费固巨，然皆为驿令所侵蚀。其经费出于关税之收入，然尚有不足。关吏(tamgadji)惧暴行，多逃。使者与使者斗，胜者取其金。所以使者随从甚众，常携其亲友僮仆而俱行，并招聚无赖以助声势，所以使者之随从最少有二三百人，其位分较重者五百至千人不等。设有使者数人抵一城，城长官必高声诘之曰：何人使命最紧急，我将先供应之。使者为争先后，不免于殴斗。

“其尤为害者，盗贼亦假使臣之名而恣掠夺。甲使者既能夺乙使者之马，诸盗亦挟其势，止使者。不仅取其马，并取其敕令牌符。既持牌符，复往掠商队，商队以其为使者不敢拒也。

“合赞以此弊既已普及，不易一时清除，乃先为其使者设置特别驿站，每二三程之地置一站。交通频繁之道上，每站置马十五匹。此外冲要较次之站，置马较少。只有持金印符者始许乘用驿马，遣专使往来巡查。边境戍将须利用此种驿站送达急递文书者，则别以符给之。每符得用马二三四匹不等，然每符不得过四匹，虽那颜之子亦然。紧急时，戍将之文书应由此站径送彼站，得于二十四小时内移递六十程之远。例如自呼罗珊至帖必力思，寻常递送须六日者，非常急递仅须三四日。其后未久，合赞命官吏旅行自备粮马，由是官驿(Yamhai-Touman)遂废。已而又下令，除君主外，不许任何人遣使赴诸州命长官逮捕何人，由是私人因私事遣使之习亦废。凡政府使者皆给旅费，不许在沿途需索供应。两年以后，人民供应使者之害遂除。今日每年遣使不过三十人，已与其他旅人无别矣。”

(城中置馆舍)“每城之中常有使者(Iltchi)一二百人居宿民舍，城中长官所携之亲友居宿民舍者为数亦众。有隶人专以领导使者为业，自城门领使者至民舍，得赂始领之他去。终至使者所欲居之所，在民舍取卧床与其他器具，以供使者之用，后常携之而去，纵有还者，已破敝不堪。凡八思哈(Baschkak)[①]之赴任也，携带之随从不止百户，皆占居民宅。也速答儿(Yassoudar)之子耶司德长官脱海(Toghaï)罢任之时，携其随从而去，其退出所占之民宅有七百家之多。使者与八思哈等所占之民宅常为华宅大厦，所以后来无人敢建新居。纵有建者，不名之曰居宅，而名之曰养济院或道院，然亦不免于侵占。屋主不得已堵塞其门，于地下开小窦以供出入。然仍不免为使者所夺居，破墙以为门户，以乘骑付隶人，放牧于园囿之中，常有十年培植不及之花木，不足一日之践踏者。设有一沟渠，有马堕其中者，抑有马走园外者，则逮其主人，逾额索偿其价。冬日伐树以燃火，且焚及居宅之门户。六九五年(公元1296年)时，涅乎鲁思子速勒丹沙(Soltanschah)与其母借居耶司德城教长某家，居留四月，行后家具无一存者。曾命人估计其损失，仅焚毁门户一项，已值五千底那，他可知也。一教长宅所受之损害如

① 钧案：突厥语八思哈与蒙古语达鲁花赤之意同。

此，寻常居民所受之害可知。故城中人无问贵贱莫不受其害者。

“每年借词有使者至，夺民居之被褥数千具，其他家具什物被夺者亦夥。致有一宅此使者出，彼使者继之而入。邻舍闻使者至，莫不惊忧。缘其从者或由门户或由屋顶入邻舍，箭射鸡鸽，有时伤及儿童，取所见之粮秣而去。居民受害者虽诉而不能得直。一日有一老人为家长者，奔诉于公署曰：‘我老而有一幼妻，诸子皆不在宅，仅留其妇女，我兼有诸女在宅中。有使者多人强居吾宅，诸人皆青年。妇女既不能避，我又不能日夜监守之。诸家长所处情形多与我同。设其久居不去，恐数年以后不复有嫡生之子，而所生之子将尽成为私生子，成为杂种与突厥人之子矣。’此老人又述一故事云：‘昔日塞勒术克朝时，你沙不儿王宫之诸突厥将士占居民舍，与今正同。有一突厥人占一民舍，原居者适新婚，新妇颇幼丽。突厥人借词命其夫出，其夫解其意，留不去。突厥人殴之，命其往饮其马，新妇乃牵马出至溪边。适逢算端过此，见一新妇衣婚衣饮马溪畔，询之。新妇曰，盖因君之虐政所致也。算端惊询其故，新妇乃述其事。算端甚感动，即日禁止诸突厥人占居你沙不儿民舍，命之皆筑室于城外，是为 Schadiakh 之起源。’老人语毕，继之以泣，然仍无有人悯之者。

“合赞欲挽救此弊，曾将使者之数减少，非紧急时不遣之外出。除易马与进食外，不许停留。至若遣赴诸城征税之使者，则为之在各城中建设馆舍一所（Iltchi Khané），所需之物皆备。居民之害既除，始敢修饰房屋、种植园囿。其流亡在外之人，始敢相率返其故乡。

（王印）“合赞酒醉时，不许人言事，俾免有人以其所未能细读之公文使其签署，欲免奸人舞弊，自掌其大印匣钥，不再以付诸必阇赤。设有敕令与支付券甚多，必须用印者，诸书记、丞相与省中诸大员等，则请此钥于汗，在汗前钤用印信，事毕仍以钥呈汗。此种公文钤用大印以后，复由四怯薛（Kiziks）钤用黑印于背面，然后由丞相与省员钤用省印于背面。此种程序缺一者，公文不能外出。别有书记一人抄录敕令之文、发文年月、缮写人名、报告人名，每年缮具一册，附存大印匣中。掌印官（Aldjis）对于私人不得有所需索。印之种类不一。大印为玉质（yeschim），用以任命诸统将与民政长官（Mulouk）者也。别有玉印较小，对于诸法官、教长、司教等用之。又有大金印一，次要之事件用之。小金印一，文与大金印同，惟周围勒有弓一、骨朵一、刀一，以付统将，无此不能总军政。又有更小之金印一，则钤用于根据汗命所发布之一切支付券与财政官署一切公文之上。

（公文程式）"事务既繁，合赞不能一一披阅也，乃命将各类公文编订程式，并编订对于请求书之答复。由是事务不致延搁，公文统一，不致有文意争持之病。迨此种程式编订以后，合赞集诸大臣而语之曰：'吾人可详细审之，各人可将其以为必须改正者提出。一俟我与汝等完全同意以后，凡敕令皆以此为法，俾事务更较一致。'已而将所核定之一切程式编录为册。设有新事发生，则另编新程式呈汗核准颁行。

（牌子）"牌子（païzés）者，代表证书之标志也。合赞曾规定以狮头[①]大牌授诸算端、军事长官与总管等，免职时则将其牌缴回。

① 钧案：应作虎头。

每州长官各有牌子一面，不能移作他州之用。先是设在二十年内继续有长官二十人者，各有牌子一面，解职后仍保有之。至是遂将此例革除。次要之长官总管等，亦各有较小之牌子一面。禁止诸州铸造此类牌符，只有宫廷匠人一人独能为之。发给牌子之时，此匠人在汗前以钢锥刻特别标志于其上。驿递与使者亦各有专牌，付重要长官铜牌五，次要者铜牌三，以为使者递送之用。诸宗王、诸统将等至是不能再用牌符[①]。

（旧授之敕令与牌子）“从前波斯诸蒙古汗所发给于私人之敕令与牌子，为数甚众。每次新君即位，虽遣使诸州收回旧授牌令，然使者辄受贿不将敕令收回。故使者之还，所收牌令百不得一。已而又以新牌令授人。新旧牌子难免无冲突者。设有诉讼发生，原告、被告各出牌令，致使讼事无从断决。有时取得敕令之人，贿嘱必阇赤，增加数语于敕令之上。此种必阇赤且自以敕令授他人，所以蒙古断事官与行政官吏见敕令与牌子之多，竟不敢决断，听其自了。由是每年杀人案件日增。

“至是合赞乃命将新旧牌令一概作废。缘其即位最初三年中，涅孚鲁思、撒都鲁丁等执政之时，擅发牌令数亦不少，故皆废之。由是七十年来所发敕令牌子一概无效。其以正当名义受有牌令者，得以旧者易新者，其滥得者皆不敢出以示人。

---

① 鲁不鲁乞（Rubruquis）与马可波罗之《行纪》曾经著录此种牌符。前一人《行纪》（第35章）云：蒙哥汗曾以金牌授使者，牌宽若掌，高半肘，刻命令于其上。持有此项牌符者，得为任何要求，发布任何命令。《马可波罗行纪》（第4章）云：忽必烈汗曾依国俗以小金牌授维尼思人尼古剌波罗（Nicolas Polo）与马太波罗（Mathieu Polo）二人，牌子刻王徽，以作本人与其随从经行所领诸国护照之用。凡长官见牌应尽保护之责，并供应其所需。并参照本书第2册484页附注。

（鼓励农业）“波斯自经成吉思汗用兵以后，地多残破，额弗剌特、达曷两水流域亦并荒芜。东起阿母河西迄国之西境，仅见城市丘墟，土地不治。旭烈兀、阿八哈、阿鲁浑、乞合都诸汗虽有兴作，建设阿剌塔黑、阿儿迷尼牙（Arminiyé）、速忽儿鲁（Soucourlouc）、涅札思（Nédjas）、火章（Khodjan）、占丹（Zindan）、满速里牙（Manssouriyé 地在阿阑）诸地宫殿，或建一商场，创设一城，开掘一渠，然仅徒靡巨款，工既不成，尤使其地愈见残破，国内诸城庐舍有居人者，十不得一。

“土地大半荒芜。不论属私产抑属私人，无人敢为垦治，盖恐徒费资力而为人所夺也。合赞觉有鼓励此种事业之必要，乃下令保障垦民之利益。私产之地荒芜有年者，应付垦民开垦。第一年豁免全税，第二年视其在河渠远近与垦治难易，分别免税三分之一、二分之一或三分之二。因是分私产之地为三等，别设一局专司授与垦地规定赋税等事。

“至若私人土地在若干年中未经地主抛弃者，垦民垦治必须取得地主之同意，逾若干年后则否。设原地主出而证明此地属己，则由垦民以所纳赋税之半分给地主，国库仅征半税。

“先是诸税课使屡次报告政府，言诸州地多残破，人民窘苦流离，无耕牛、种子不能耕作，因是地多荒芜。然无人注意其事。至是合赞乃命将税课拨出一部，以供购买耕牛、种子与其他耕具之需，不许以作别用。

“同时禁止强取居民之驴。盖先是乡民之牲畜屡见掠夺，而乡民势须追随于其后。纵有还者，亦成残废，不能供农业与其他耕作之用也。

"合赞禁止其鹰坊人等捕取人民之鸽与家禽。曾曰:设欲禁人取其大者,必先禁取小者。盖既不能禁其取鸽,如何能禁其夺取牛羊欤? 由是禁止猎户在鸽舍附近设网。

"赖有此种新令,一部分土地遂以开辟。其中除供给军队之给养以外,尚有巨额归公。

(军队之封地)"合赞以前蒙古士卒皆依游牧部落之旧习,不特不能得饷给衣服、土地、粮储,反应纳马、牛、羊、毡、皮等物为贡赋,以供斡耳朵与诸贫苦部落之需。

"合赞首先命散麦于其驻所附近之士卒。然诸税课扑买人应供给此种给养者,不以时付,必须遣使者往征。而使者所过,又扰害官民,不仅士卒不得其食,且耗巨费。益以粮储使者(Boucaouls)之贪吝,与粮储吏员(Bitiktchis Idadjis)之疏忽,不特不按时发给支付券,且以半价购买之。士卒虽持支付券,而毫不能有所得,故常与粮储使(Idadjis)争。

"如是者四五年,诉之者众。合赞命将士卒粮食按时发给,已而以获其利者仅有士卒五分之一。欲国中士卒皆享其利,乃于七〇三年初(公元 1303 年)决以地授之,计划其事二三月,遂下令曰:

"诸赛亦德族、诸可敦、诸宗王、诸公主驸马、诸万户千户百户十户、诸算端、诸蔑力、诸必阇赤以及阿母河迄于埃及边境诸臣民,咸应知之[①]:我祖成吉思汗承天运而行其志,世人无敢违者,是以

① 合赞以前诸汗皆列诸可敦,质言之诸王之母妻于令前。兹合赞既从伊斯兰教,乃改列赛亦德族或摩诃末后裔于令首。蔑力(Mélik)者,阿剌伯语王侯之称,在蒙古统治时代则成民事长官之号。必阇赤(Bitiktchi),突厥语犹言书手,后成为下级吏员之号。观算端、蔑力位次在蒙古军十户之后,其不被重视可知。

率其蒙古军，略地自东徂西，功业满布于史册，以帝国传留诸子，其善治国者享盛名。夫人生之时有限，所获之益仅此。吾人以为在处汗位未久之时，应为臣服吾人之诸兀鲁思(Oulous)[①]谋福利，以俾功业盛名永垂不朽。

“兀鲁思处吾人父祖之时，曾负担今已完全豁免之赋役。士卒无粮，仍效忠耐劳，从征远地。自从上帝以吾人父祖之国付托吾人以后，吾人曾为士卒谋幸福。前此仅有一小部军队受军粮，而其他诸军偶而或受赏赐，然士卒泰半不能得国家之饷给也。吾人兹欲全国军队皆得恩赡，俾其皆具同一热心与武勇而卫国，乃命将属于私产或公产之地，无论为已垦或荒芜者，概以封地(akta)[②]名义，于后列条件下，拨归各千户管理。

“(一)属于私产或国库之地之农民，仍继续耕种其地。将一切应纳于国库之赋税(mal)、牲畜(coïtchour)照数纳缴于军人。

“(二)军人以后不得强取属于私人或宗教基金(vakfs)之土地或水源，不得夺其收入。应按照簿籍将此种产业之赋税缴出。

“(三)至若属于国库之已废村庄与未垦土地而在其驻地(yourt)以内改为牧场之用者，应由士卒自垦一部，余由其俘虏、僮仆垦治。各自用其耕牛与种子，而保有其一切收获物。

“(四)其已废的或赐给军人的诸村庄之人民，未归原籍不及三十年，而未经他乡户籍著录者，不论其现在何处，应遣其回本乡。设若军人封地之内有他乡之人，亦应遣还，不许借词容留他乡之居

① 蒙古君主之兀鲁思盖指所统部落之全体。

② 钧案：其制与屯田异，故不以屯田名之。

民。军人不得徙此乡之居民于彼乡。各区之居民各耕本区之地，不得以两区皆在封地之内而迁徙之。军人不应视居民为随封地而赐与者。其对于农民，只能监督其耕种田亩，按理征收赋役，不应需索他物。至若不属耕作之人民，设其依法缴纳赋税于军人者，不得强其耕种，应善待之。

“（五）军人不得借词取水，侵入其封地之邻村，应留牧地为其牛羊驴畜游牧之需。

“（六）吾人既为人民谋幸福，诸万户、千户、百户、十户及其余诸军等，应以文状（Modjelga）保证其行为善良，合乎公道。不再如前压迫人民，不再用何种名义别有需索。

“（七）财政署对于军队封地，永远不得出具支付券。此种封地应按人缴纳五十门（manns，帖必力思之通行度量）于仓。此外不再要求其缴纳何物。

“（八）此种包含荒地、垦地与水草之封地，一俟其分给诸千户以后，各乡绅耆会同吾人所派之必阇赤，先分此地为十份，分给百户，复由百户分给十户。该必阇赤将各百户、十户所得之荒地或垦地载之于册。别具册二份，以一份存财政署，以一份交诸千户长。各百户之专册则由各百户保管之。该必阇赤每年巡视其地，其怠于耕作之军人，罪之。此种封地不得买卖赠与，亦不得以任何名义移转于一盟友（anda-couda）、兄弟（aca 或 ini）或其他亲属。犯者死。

“（九）军人一人死，则以其封地归其一子，无子则归其旧奴（goulam）一人，无奴则在百户中选一人承受之。军人之有罪者，则以其封地别给他人，登载其名于册。每年应检查册籍。该管必阇赤不得许一军人之要求，逾其应得之外，设有强取情事，该管必阇赤应报告前来，不得隐匿。

（边境之防卫）“合赞曾以有增加军队之必要，盖当其国边境一州受敌侵犯之时，守境之军不能及时得援，而远境之军来助者道远亦不能至也。合赞命各军户，户有数人能执兵者出军一二人。别组一军以作援军之用，则一境之军不复再弃此境而援彼境。此外并欲内地军队处被侵地较近者，闻警时急往助之。至若有出关可守之边境，则命波斯（Tazik 大食）步兵守之，亦以军饷与封地赐之。迄于是时，国家曾以一定款项供波斯一军之需，然仅将校得之，盖无士卒也。至是合赞命组织波斯步骑为千户军、百户军，每三月检阅一次。

（近卫之增加）“合赞增其卫士，许近卫将士介绍其亲属未列军籍者供宿卫。由是每千户府中多有卫士一二百人。合赞年终检阅一次，并以封地饷给赐之，使侪于本人亲领千户军（coul）之列。由是亲军遂增至二三千人。

“当术赤诸后王与察合台诸后王长期争战之时，互相掳掠敌兵家属，而以其童稚售之商人，商人复以之转售波斯，故有不少蒙古幼童流离失所者。合赞见成吉思汗将士之后人沦为波斯人之奴婢，乃禁止买卖蒙古户口，命将国中之蒙古儿童备价购回，两三年中得此种青年约万人。合赞命为一军，驻蔑剌合，使孛罗丞相领之，而授以万户总管之号。此军历年加增，后亦成为近卫。

（军械之制造）“波斯诸城有不少波斯人与蒙古人以制造弓箭箙刀为业，每年受政府之资给而供给若干兵械者。有若干城中且设有兵械制造所，命诸火儿赤（couroudjis）领之，指定诸州之收入为经费。其额甚巨,然诸所每年不能得指定之款二十分之一。征取之使者数百人相属于道,所耗驿马费用供应,或者逾于所征之额。然诸税课扑买人借词不付,抑其款为其掾属所侵蚀。诸兵械制造人供给兵械既不得钱,遂亦不欲供给。益以此辈互相倾轧,不复致力于工作,由是多陷于穷苦之中。

“合赞乃命同城制造各项兵器者,各结为一帮,不复再受何种资给,然应供给若干价值确定之兵器。合赞曾云,此辈虽属俘虏,然其工作应得官价,与其他匠人之售物于商场者无异。遂命各帮以一人监理之,以一州之收入供此种兵械收买之用,勿需再遣使四处征求。每年应供给全副甲胄万具,乃在此时以前所供给者从未抵二千也。合赞定其自用之额:甲胄五十具,弓箭、锁子甲各数千份。此外对于制造鞍辔之匠人,与对于速古儿赤(Sekourdjis)、亦塔赤(Idadjis)所需器械之制造匠人,亦采同一方法。乃前此因汗用一物值五十或一百底那者,必须遣派一使者也。

(王帑)“迄于是时,蒙古诸汗帑藏之出入,从无计算,以管帑员数人共同司其出纳。若帑藏罄,则言之。其收藏之法颇简陋,以毡补地,置金帛于其上,且不以帐幕覆之。每次有金帛入帑,管帑员之亲友或官吏辄索赠物,管帑员常视其官位大小赠之,此事已成习惯。汗廷之酌人、膳人、阍人、圉人辈来以酒食献,而有所求者,管帑员赠之辄如其所欲。设有人索物于守帑卫士,卫士必以物赠之,卫士等亦互相自为取携,故帑藏十分之八皆为人所侵蚀。诸州税课使解送金帛入库时,纳贿于帑员,所解之物在帑员收据之上可以倍增其数。虽有命门监(Tangaouls)严为看守,不许将帑物携出,逮捕犯者之命。然在数年之中仅逮罪人一人,然且因报怨为之。

故阅年已久，其事仅二三见也。

“至是合赞命将帑藏诸物分别种类，取宝石而自藏于匣，命管帑员与监者(Khodja Sérai)各一人共管之。其由诸人匠府呈进与远地所献之金帛，由丞相调查其数，亦交此二人共管，非有汗命不许取用。别命管帑员与监者一人共管逐日赏赐之财帛，须有丞相之命，并经汗画押(nischan)，始许支出。前一帑藏名曰纳邻(narin)，后一帑藏名曰必敦(bidoun)[①]。每经六月，由丞相检查一次。先是管帑人可以帑金贷于亲友或诸贵人，至是无汗命不许贷出。所有存帑之布帛，皆盖有印记，以防调换。命诸阍者仅司门户，不再参与帑藏之事。管帑之责专由上述四人负之，管帑者对于来人不得有所需索。诸州所进金帛，许取百分之二，不许逾此额以外。合赞又制设一第三库，命一监者掌管，凡进呈之金帛取十分之一入此库，以备慈善事业之用。夏冬两季汗迁居之时，亲赴库取所携之物。余存帖必力思者，则命丞相计其数封存之。是以历来赏赐金帛之多者，无逾合赞之时。

(御食)“关于汗之饮膳，备有专款，然常为饮膳司之人员(Bitiktdjian Idadji)倾轧之源。先是曾以诸州之收入供用，其款甚充足。惟诸州财政紊乱，税课使与扑买人解库之款不时，征取之使者受贿，亦不以款至，其定额虽巨，然掌膳之官不能不以重利贷款以备御膳之需。例如酒百门实值五底那者，定价为十底那，乃购取时有值二十底那甚至有值四十底那者。

“此弊复又发生他弊。征取膳费之使者至诸州也，诸州则以上

① 蒙古语纳邻犹言细而薄，必敦犹言粗而厚。前者专供汗用，后者供赐与。

供紧急为名，停止他款不付。然使者所得之款数亦不多，仅敷十日之用。由是掌膳官吏始终不免赊贷酒肉于商人，然常不给价。

“至是合赞命将其饮膳必需之款，在六个月前先由库帑拨给。购物须用现金，由是节省不少。

（畜牧）“官有之驼、羊，先命官吏名罕赤（Candjis）者管理，然毫无监督之法。罕赤所管牧户甚众，皆免一切赋役。牧场甚佳，所牧之畜在若干年后应繁殖者，乃存者无几。

“合赞乃定各罕赤每年应献所产羊数，原有羊群不得减少。至若负载之驼，别命人掌之。自是以后，负载行李骆驼之众者，任何蒙古君主或伊斯兰教君主无逾合赞者也。

（猎捕）“先是每年指定捕鹰人（Couschdjis）与捕豹人（Barsdjis）捕取鹰豹之区域，其薪俸由诸州拨给。然诸猎户扰民实甚，要求粮秣过于所需。其携所捕鹰豹赴汗廷也，在沿途所经城驿村庄，取驿马甚夥。常以其猎物赠友人。有时为进呈二三鹰豹，使地方耗款甚巨。至其夺取乡民旅人之物，尚无从估其价也。设有人捕得或购得一堪供行猎之鹰豹者，可以求封为答剌罕（terkhan 质言之豁免一切赋役之人），因是便有扰民之特权。每年取得此号之人，为数甚众。斡耳朵之鹰坊人与猎户为数亦夥，所属尚有马夫（kouteldjis）、骡夫、驼夫村正无数。诸人皆腰系羽毛与鸟杆，见途人皆先击人首，然后与之言。若见有人头插鸱鸮毛者，辄取之，以为常人不能有此饰。其经过猎人之帐侧者，必受猎人之劫掠。凡猎人经过村庄，必取羊与家禽、草与大麦以供人畜之食，见驿马辄取售之，见良驴则夺之，见道上行人则劫取其资。欲使人畏，常捕一业主割其须，诸地无赖皆恃此辈为护符。

“合赞欲除此弊。首命诸州献鹰不得过千，献豹不得过三百。诸猎人应开列各鹰坊、豹坊、猎户之数，他人不得为猎户。视猎户所饲猎兽之多寡而定其薪给，以金印(Altoun tamga)符(yarlig)付之，不许在道索取驿马供应。自是以后，猎捕之费较前节省一半，而人民前此所受之害遂除。

“至若汗廷之鹰坊人等，先时给其俸与饲养之费。凡遣付远地行猎者，供给其驿马(oulagh)，持金印符索取本地供应，然不得逾所定之额，犯者杖七十七。故自是以后，鹰户、猎户鲜有越法者。

(法官之职务)“合赞曾以敕令宣谕诸法官曰：长生天气力里，伊斯兰教福荫里，马合谋合赞宣谕某州八思哈、蔑力以及其他官吏知之。今已派某人为某某等处法官，俾其审判伊斯兰教管辖诸案，并善为保管孤儿与失踪人之财产。此种职务不许任何人加以干涉，他人亦不得开释业已断罪之罪人出狱。按照大法令所订，诸法官、律士、阿里族人不纳一切税课，不得向其需索驿马、粮食(sous-soun)，突厥人(指驿递)与使臣等皆不得在其居宅安下。而所订之报酬金，每年应按时完全给付。其言行不敬法官者，诸州八思哈应按罪罚之。该法官亦应谨守其所出具之文约(modielga)，于执行职务时不得收受何物。订立新契约时，应将旧契约掷于法盆(thass)，俾其文字洗涤净尽。其要求三十年以外之事者，其契约在三十年以前者，一概不得受理，亦不得提示于被告人，概掷法盆洗之。

“其对于他人使用暴行强其犯法而罪状确实者，应割须骑牛徇于市，而严惩之，嗣后不许再写团体证明文书(mahzar)，现存者应洗涤之。设有讼者随同其所延之保护人到庭，法官须待其退然后

讯问。此种保护人在庭之时,绝对不许开始审讯。

“关于两蒙古人之诉讼,或一蒙古人与一伊斯兰教人之诉讼以及其他难于审判之诉讼,应由诸八思哈、蔑力、税司人员、法官、阿里族人、律士等每月集合于礼拜堂,开审判会议(Divan-ul-Mozal-im)二日,共同审判此种案件,并签名于判词,俾将来不能撤消。

“设有涉讼之土地,母或祖母(汗之母或祖母)、诸子、诸可敦、诸宗王、诸公主、诸驸马、诸万户、千户、百户、十户以及寻常蒙古人等、诸省官、诸法官、诸阿里族人、诸律士、诸司教、诸市长等,皆不得加以干涉。购买其地,该法官不得订立契约,以该涉讼地或物移转于上列诸人。如闻他人缔结此种契约者,应反抗之。

“法官印信定价十九底那有半,不许增加。

“设若某法官所管诸乡距离城治太远,而有设置补充法官之必要者,则选可任之人为之。每月稽核其行为,视其能否称职。许为缔结契约,宣布裁判。每月应将此种行为抄呈主管法官。惟设置于农区之补充法官,不得审判案件,亦不得缔结买卖契约,仅许在星期五之公共祈祷中为其祈祷,订立遗产分析文书与嫁资文约(Sadac-namé)。设有要案发生,应往求城中法官决之。

“法官任命可以信任之人一人而品行廉正者,填写契约日期,记载入册,俾有已卖或已押一种产业而再卖押者,有案可考。由是对于记录应予注意,其作伪者割须徇于市,其明知此事之注册人而不举发者,处以死刑。

(伪券及契约)“同一敕令防备法官受伪券之欺。盖若有某人开垦一地或继承业经开垦之地者,必持有证明其所有权之法定行为,其上并著录法官之证明。其人以此财产依法移转于别一人,此别一人复以移转于第三人，如是继续移转，不止一次。然其原契有时不止一份，尚有一份存于原业主或其继承人之手。事隔多年，该继承人出与现业主争，或谓其无买契，抑无其他行为，或谓其从未有之，或谓其遗失，而自出旧契要求发还此地，复发重誓延请证人，抑贿买伪证以实其事。法官见其人既出文证，复有证人数人证明其事，乃断其为业主，而不知此地实已依法移转，索地者非真业主也。

“前在塞勒术克朝算端蔑力沙时代，曾有相类案件发生。业已下令，凡旧契逾三十年者不得提出法庭。当时曾将此令送达呼罗珊、伊剌克、报达诸地之法官咨询其意，旋呈哈里发核准。在昔日法官咸属正人时代，既有此弊，则在成吉思汗后裔统治之时，此弊当然难免。缘蒙古人只认法官之缠头巾与袍服，而对于法学实一无所知。当时不学无识之人欲僭为法官者，曾结托蒙古贵人，贿买法官位置。邪人既进，正人羞与为伍，多辞法官之职。他人见法官位置可以贿求，由是竞以贿进。诸蒙古长官多为其护符，由是竟有人租赁法官职务者。此事在乞合都在位与撒都鲁丁当政时代屡见有之。撒都鲁丁曾以其弟为大断事官，时司教马合木为司教长。诸人曾以法官职务租赁于人，由是以废契争地之案遂夥。业主之敌愈多，其危险愈甚。盖诸邪人之不得一饱者，持有废契，辅以人证，常可与人争地也。其案愈多，租赁法官职务者之利愈大。所以穷年经月，诉讼不止。其无以为业者，见此事之有利，乃竞起效之。或助持有废契之人，或伪造文书，甚至伪造百五十年前之敕令，依托于蒙古人之门，而与业主争地。其因贿而为法官者，延不判断此类案件，反使人秘告业主，言告者有权门为援，法官不能判断其罪。

迁延既久，受贿必多。其正当业主因是亦托庇于权门，由是讼案常成为两权门之争矣。

“旭烈兀时代诸大食人之为相者，曾以蔑力沙时代禁止提出三十年外要求之敕令为言。旭烈兀亦曾从之发布相同之敕令。嗣后在阿八哈、阿鲁浑、阿合马、乞合都诸汗时代，亦有相类之禁。然其弊仍如故，盖因三十年以上之要求不许法庭受理之例，在教律中似无根据。复次纵有此令，然不能阻止官吏之贪心而强其奉行也。合赞乃命诸识高位重之法官起草令文，令中征引法例甚夥，由是遂见实行。

“此令于六九九年七月三日（公元 1300 年 3 月 26 日）在毛夕里附近克沙夫之地颁布。令尾殿以是语曰：‘设有势家请托法官违背本令之规定者，该法官应将其名具报。我将惩之以警其余。’本令之后著录诸法官所应出具愿书之程式。凡法官皆应出具此种愿书，遵守令文。本令命诸法官按照法律解决争讼，切实注意呈验之旧契旧券与夫其附带之证明，不可轻信，必须检查其是否伪造。复次本令说明使用旧契之欺诈方法与历来君主设定三十年时效之事。诸法官在愿书中自认严守其职，否则甘愿黜罚。

“别有一令，命在不动产售卖以前检定业主之权利。其文如下：

‘宣谕诸八思哈、蔑力、法官、税务官吏、税课使、绅耆、业主暨一切臣民知之：大维德（David）之言曰：“吾人以汝为地上之辅佐人，以汝为人类中主张公道之法官。”又设教人之言曰：“一小时之公道，较有功于七十年之祈祷。”是以吾人欲为人民保障幸福，务使公道普及，强者不得凌弱，权利不得为恶意所消灭，而使私人间之争讼平息。吾人曾注意国中种种紊乱之事，曾见臣民之争持，多本于根据旧约旧券所发生之诈欺要求。例如一人据有一地者，有时持有检定其所有权之双份文约，嗣后其地或因买卖或因其他方法移转于他人，然其文约完全或一部仍在售卖人或其继承人之手。事隔久之，售卖人乃因原约在手，要求退还其所售之地，或发重誓延请证人，或贿嘱证人出而证明。设售卖人本人无斯举者，其继承人在继承中得文约，或不知其地已售，或明知而欲诈取，亦不免有要求之事。一旦将原契呈验以后，辅以证人数人，法官当然以其为真。欲除此弊，则凡有此类买卖，买者卖者应偕公正之证人至法官前，卖者出示证明其所有权之文约，诸证人从而证明其产属彼，然后投此文约于水。设若原业主无文约，诸证人则证明售卖人自某时以来已有其地。而售卖人亦声明其无文约，其有以文约出示者，应视为无效。然后编订一种检定其所有权之文约。诸证人以文书证明讫，法官然后公证之。此文约之下著录买卖契约字样，嗣后如在售卖人或其继承人抑在他人之手，发现关于此地之何种文约者，任何法官不得承认其有效，应没收之而投诸水。设若持有此文约之人拒不交出者，法官应知会本城之八思哈没收此约，交由法庭洗去此文。不动产之买卖契约由法院书记编订。法院置一水盆名曰法盆（tass-i-adl）。如有此类争讼判决以后，应将呈验之文约洗涤[①]。

‘设有人业已证明有一种买卖或抵押文约，而在后来要求此已卖或已押之财产者，设有人将其业已抵卖于他人之不动产一部分

① 质言之，将棉料纸上所写之字用水洗去。

售卖者，应断其手，而以驴载之徇于市。设有人业已抵卖一种不动产而重复抵卖者，并处死刑。

‘诸法官对于契约与诉讼不许接受一钱，应以吾人所给付之报酬为自足。法庭书记对于所编订之文约，其价值不逾一百底那者，取一答剌黑木。逾一百底那者，取一底那，此外不得多取。凡謍吏(vékil)索资于两造者，杖而除名，并断其须。吾人对于年逾三十年以上之要求，曾有令禁。吾人兹欲全国诸城之八思哈、蔑力等，各命各城之法官。按照送达之程式，开具愿书，交由来使携回。’

“合赞曾遣专使搜捕以旧契诈骗为业之人，送致汗所。其情节确实者，皆处死。

(货币)“迄于今兹，波斯之货币从未以同一模型铸造。盖昔日此大地曾分为数国，鲁木、法儿思、起儿漫、谷儿只、马儿丁诸算端、国王享有此种铸币之权。而各铸货币之时，相去尚不甚远也。按照阿鲁浑、乞合都两代之敕令，银币成色应为十分之九，然实为十分之八。鲁木之货币较优于他国，然其成色业已大变，致使十底那中仅有银二底那，余皆为铜。成色既差，市价不一，其买货者之损失辄致百分之十至二十。而在村庄成地之中，认识货币成色尤难之地，其银币竟难得有人收受。

“合赞欲挽救此弊，乃制定一新模(sikké)，附以难以仿造之花押(nischan)，收金银货币而改铸之。其上皆著上帝与设教人之名，兼著合赞之名。谷儿只一地之货币，从未著录上帝与设教人之名者，至是亦皆著录。盖在波斯，除此货币以外，不得流行其他货币也。

“至若成色，合赞曾云：设若吾人许在金银货币之中用其他金属混合，一如哈里发埃及、非洲等货币之例，则人将多加混合之金属。应使货币之中不用混合物，以便用硼砂熔金、水银熔银，抑用火熔解时，不难发现其伪。

“当时忽里模子之金币成色之劣，不下于非洲金币。合赞命将此种劣币与其他劣币低估其价，以便执兑换业者熔之有利。由是一年以后，全国之中不复再见此种劣币。先是市上金银甚少，偶有见者，购者蜂集。及至蒙古统治时代，因制造金锦与其他金织物之用，与金之流入印度，其数愈减。然至是金货在市上则大见流通，甚至乡民亦持有之。合赞欲银底那之重量定为三钱（mitscals）。又铸百钱之金币（durusthai thila），铸各国文字于其上，俾外国尽知此币为彼所铸。货币之上并著录《可兰经》语与十二教长之名。其式之美，致使持有者不欲熔之。合赞欲使外国认识此币，曾以其供赏赐。

（度量衡）“前此度量复杂，甚至同州诸乡之中各不相同。商人多不愿流输货物，而以转运货币为业，由是布帛少见，在若干地域之中，竟难觅之。当时在各村之中，度量竟有二三种之别，居民自用其最大者，与外人交易，则用其最小者，外人虽知之亦不能拒之。其售诸军队之粮，以百斤（manns）之担（couban）为本位，交粮时每担仅重七十斤，有时且不及六十斤者。势强之人凭恃武力，则可取得整数。重量既如是复杂，纷争遂永远不息。

“合赞以为一国之中不应有数种度量，乃下令国中以齐一之。其文如下：

‘闻斡耳朵与诸城之商市中，各人任意使用一种石骨铁质之重量，意为增减。兹为统一起见，特命将自阿母河迄埃及境之一切度量，概为检定，皆用铁制，附以印记。

‘（一）全国之金银货币，概以帖必力思之重量为准，俾免重量不同，贩运他州取利，其成色亦应一律。为此特命艺师呼罗珊人法合鲁丁（Fakhr-ud-din）、巴海乌丁（Bahaï-ud-din）制造称量金银之八角量型，并命其于各州遣派二人会同本地之鉴定人（emin）与市监（mohtessib）检定此种量型。人民等遵照法合鲁丁、巴海乌丁所制之量型而以铁制者，应持赴各州鉴定人所检定，并加盖印记，有伪造印记者处死。

‘（二）凡持有此种量型之人，概应登记。其量型每月检查一次。其量型不合者，或伪造印记者，抑使用无印记之量型而为买卖者，长官应按照本令所定之罚罚之。

‘（三）关于商货之量型，亦应根据铁质八角量型制之，附有印记，并由同一鉴定人检查之。此种量型自十斤（manns）至一答剌黑木（drachme）分为十一等，即十斤、五斤、二斤、一斤、半斤、四分之一斤、八分之一斤、十答剌黑木、五答剌黑木、二答剌黑木、一答剌黑木是已。关于较重之量型，诸城之探合赤（tamgadjis）则制担（couban）型以量之。

‘（四）各州度量种类甚多，而有 kil、cofiz、djérib、tougar 种种名称之别，各人意为轻重。凡蒙古士卒、商人、外国人持券取物抑购物者，常与售物之人争持，强者多取。兹为统一起见，全国只许适用一种度量，即帖必力思之乞烈（kiké）是已。每一乞烈重十斤，每斤重二百六十答剌黑木，合十乞烈为一秃合儿（tougar）。此外不许使用其他度量。顾谷类如大麦、小麦、米黍、胡麻之重量不同，应为各类制造十斤之容量，亦以帖必力思之量为准。此种量型四面皆著录某谷乞烈字样，由同一鉴定人会同市监盖用印记于其上，每月在城乡检定一次。其有一量型而无印记者，若经长官断为有罪，应处断手或罚金之罚。

‘其盛液体之革囊，而供斡耳朵消费与分俵之用者，应有五十斤之容积。其供宴会(thouï)之用者，则应有四十斤之容积。

‘一切尺(guez)度用量布帛者，除鲁木之尺度大异外，皆以帖必力思之尺度为准。尺之两端皆盖印记，按期由鉴定人在诸城检定一次。’

(盗贼)“当时全国盗贼充斥。蒙古人、大食人(波斯人)、曲儿忒人、黍勒人皆有辅以逃奴无赖，恃乡民为向导，有间谍侦伺行旅。设有大盗被捕，辄有庇者救之，以为其人勇敢，不应致之死地。根据旧令，其共同旅行之人见盗贼至，应互相援助，联合拒之。然此令等若具文，盖盗贼熟知旅客之贫富，常命贫者退，而劫其富者。盗贼劫旅客于城乡附近，无人敢逮捕之。且在诸游牧部落中与乡间，盗贼皆有伙友，人皆不敢举发，盖恐盗贼被捕以后因庇护得释，而举发者反得祸也。诸耕夫甚至诸村正亦与盗贼相结合，而供给其所需，危急时辄隐藏之。盗贼在城中亦有友人售其赃物。

“当时固有路监(Tangaouls)防守道路，然不特无益，而且有害。此辈常以搜查盗贼为名，扣留行旅，致使盗贼先时准备，设伏以待之。诸路监应捕盗者，乃剥削旅人，旅人畏之甚于盗贼，盖盗贼之劫有时得免，而路监则各站皆有之也。是以商队多取僻道以避之。

“合赞为除此害，乃下令曰：凡遇盗侵时，同旅之人弃其他旅人而去者，负担同旅生命财产损失之责。其盗劫地附近之驻军与乡村闻警不救者，负其责任，应立时捕盗。其游牧人、城乡人不论为蒙古人或伊斯兰教民，与盗通者处死。合赞命其侍臣异密英忽里(Incouli)监督此令之执行。英忽里为人清廉，捕盗甚夥，余盗皆匿不敢出。凡举发人皆授以答剌罕之号。合赞赏英忽里之功，即以盗赃赐之。合赞欲仅在危险区域与旅客不明路径所在设置路监，许其征收经过税。凡四骡或二驼纳税半阿扯(aktché)，然仅以负载者为限，而负载粮食者不与焉。路监所驻之处，树立法表，上录每站路监人数，其长官(八思哈)应尽之职，以及旅客所应纳之税率。先是路监在大道上见人征税，至是凡离其驻所者则视同盗贼。其邻近之处有盗警而不捕盗者，应偿被盗之物。凡商队欲停留于一村或一戍地附近者，应先询该地之长吏，附近是否有盗。如言有盗，则商队可以避入村中或营中；如言无盗，商队行后遇盗，则应负担责任。此令不适用于城市。命异密不剌儿吉(Bouralghi)总管路监合计共有万人。凡为路监者豁免一切赋役。

(醉酒之罚)"酒醉常致殴斗，甚至杀人。合赞曾下令曰：酒为吾辈之立法者与其他诸天使所禁，然虽禁之不能妨其使用。设若绝对禁止，恐无效力。兹仅限定：凡在公共处所酒醉者，应剥其衣裸系树上，以示惩罚。惟不许在家宅之中搜查醉人，俾免扰民。

(妓院)"当时诸大城市礼拜堂、道院、民居左右，曾见有娼妓居留。其开设此种妓院者，以重价购入女奴以营贱业，然诸女之中有知羞耻而不愿为娼妓者。

"合赞曾云，此种妓院不应存在，宗教与道德皆所不许。顾其存在既久，不能一时废止，应渐禁之，先应救出不愿为妓之妇女。由是禁以不愿为妓之妇女售入妓院，其已在妓院者可以自由脱离，用公帑赎之，以配良人。

（平民强取之禁）“先是未久，设有衣服整洁者经行市场，必有骡夫一群聚而向其索钱曰，我辈今日需钱，以供女子、音乐、酒食之费，汝应给之。设其人不给，则群詈之，甚至殴击之。此辈群聚于街市之中，行者无得免者。所聚之人或为骡夫，或为驼夫，或为担夫，或为仆隶，皆属诸可敦、宗王、异密之人。凡节庆之日，饰其驼骡，牵赴诸显者之门。见主者出，强索其资。设主者不在，则见物即取，质之酒店，主者须以重价来赎。此事每年皆有，大致在节庆前后十日之内。故届斯时，无人敢出街市者，商店所受之害亦同。不特无人禁止，诸势家且命其仆隶饰其驼骡往求给资，有不少人竟以此法易于谋生，所以多为骡夫、驼夫、仆隶，而为民害。

“合赞乃下令禁止，再有强取者处死。命卫士在节庆日闻驼骡铃声，即以骨朵破其人首，断其人足，而杀其畜。令出以后，其害遂绝。”

第 七 卷

第一章　完者都

宗王阿剌弗朗之被害——统将哈儿忽答之被杀——合儿班答即位号完者都——其初政——其他诸蒙古汗之遣使波斯——波斯遣使埃及——完者都之婚——起儿漫哈剌契丹朝最后君主沙只罕之结局——孙丹尼牙城之建设——岐兰之侵略——惩罚贻误军事诸将——遣答尼失蛮往讨也里王——答尼失蛮之据也里——此将与其随从之被害于也里城之子城——答尼失蛮子不者之围也里——蔑力法合鲁丁之死——也里之降——摩诃末三之被杀

合赞死[①]，遗命其弟合儿班答嗣位。时合儿班答尚在呼罗珊，统将木莱劝其秘不发丧。缘统将哈儿忽答（Harcoudac）[②]，新被任为呼罗珊军都元帅者，忽都鲁沙之婿。而忽都鲁沙之妻又为乞合都子阿剌弗朗之姊，木莱恐其谋奉阿剌弗朗，欲先除之也。合儿班答乃与诸将谋，先除有抗命之嫌疑者，遣牙将也先不花（Issen-bou-

① 案：剌失德书止于合赞之死。后至帖木儿（Tamerlan）子沙哈鲁（Schahroukh）嗣位时，命奥都剌子麻速忽（Mass'oud Ibn Abd-oullah）续编完者都、不赛因（Abou-Saïd）两代之事。

② 钧案：此人前亦作火儿忽答或火儿哈答，未知孰是。

ca)、谷儿赤(Gurdji)、哈儿脱哈不花(Cartoca-bouca)三人往杀阿剌弗朗。三人至阿剌弗朗之斡耳朵,时阿剌弗朗尚未悉合赞死讯。三人伪与密议,谷儿赤乘隙刺杀之。

合儿班答既不复有争位之人,然尚欲除统将哈儿忽答。三将还,即命其率军往逮之。哈儿忽答力抗,谷儿赤战死。然哈儿忽答终以势不敌,与其党皆被擒,送致合儿班答所,尽杀之。呼罗珊既定,合儿班答遂偕其亲信忽辛贝(Husseïn Bey)、舍云治那颜(Sévindj nouyan)、月外思忽都鲁(Uveïs-Coutloug)、木莱、阿里忽失赤(Ali Couschdji)等率大军进向帖必力思。

7 月 11 日,合儿班答至乌章,依俗举行伊斯兰教君主丧礼,散丧食于将卒人民数日。已而诸可敦、宗王、异密、丞相等一致推戴合儿班答为汗。遂于星者择定之 7 月 21 日即汗位,而号完者都算端(犹言有幸运之算端)。合儿班答者,阿鲁浑汗之第三子,以 1281 年生,母乌鲁黑可敦,脱古思可敦兄(或弟)撒里哲之女也。诞生合儿班答时,适在马鲁、撒剌哈夕两地间之沙漠中,正忧无水,合儿班答甫生,天降大雨,众皆喜,遂名新生子曰完者不花(Œuldjaï-bouca)。既而依蒙古俗,改名曰塔木答儿(Tamoudar),以保其不受羡者眼光之蛊惑。嗣后又改名曰合儿班答,波斯语犹言骡夫也。即位以后,国家安宁。时成吉思汗诸系之王战争亘四十年者,至是亦息争修好,诸臣等乃上新主尊号曰完者都算端(Œuldjaïtou Soultan)。在公文之中,则多写作完者都摩诃末忽答班答(Œuldjaïtou Mehammed Khoudabendé)。忽答班答者,代替合儿班答之称,犹言上帝之仆也。

幼娶宽彻思哈惕可敦(Coundjouscat Khatoun)为妃①。乌鲁黑可敦先使合儿班答信奉基督教,曾受洗礼,名曰尼古剌②。及乌鲁黑可敦死,宽彻思哈惕可敦劝之改从伊斯兰教③。

完者都即位宴乐三日后,下令国中严守摩诃末教诫,不得违背合赞法令,分赏荣袍于诸将毕,以忽都鲁沙与出班那颜主军事,火者赛德剌失德丁(Khodja Sa'id Rasohid-ud-din)与撒维人火者撒都丁(Khodja Sa'd-ud-din de Savé)理财政,兼管大食臣民,忽都鲁海牙(Coutlouc Caya)与巴海乌丁牙忽卜(Bahaï-ud-din Ya'coub)总管宗教基金,根据诸赠与人所指定之用途而为处理,不得再效前人违背教律,私取其额十分之一。命诸八思哈、蔑力等仍各守其职,大施赏赉。

8 月 6 日,完者都自乌章至帖必力思。越日,诣申卜墓堂,泣祷兄墓,大散布施之物。

9 月 19 日,在蔑剌合接见使臣。时中国之铁木耳可汗、海都子察八儿(Tchabar)、八剌子都哇皆遣使至,告息争也。

越数日,完者都诣蔑剌合之天文台,命著名天文家纳速剌丁之子火者乌赛勒丁(Khodja Ousseïl-ud-din)主台事。及还帖必力思,复诣合赞墓,旋赴木干驻冬。12 月 9 日,接见脱脱④遣贺即位之使臣。1305 年 1 月 7 日,遣使赴埃及,并释前此合赞所留算端

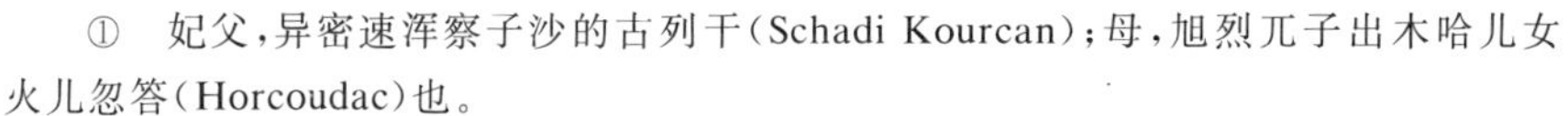

① 妃父,异密速浑察子沙的古列干(Schadi Kourcan);母,旭烈兀子出木哈儿女火儿忽答(Horcoudac)也。

② 见海屯书第 45 章。

③ 见剌失德书续编。

④ 钧案:此名又作 Touctai。

纳昔儿之使者还国[①]。使者奉国书告以完者都即位欲与修好之意。后此使臣重偕埃及使臣二人还波斯,兹二埃及使臣重又偕蒙古汗新使赴开罗[②]。

完者都娶亦怜真(Irentchin)之女忽都鲁沙可敦(Coutlouc-schah Khatoun)为妃。3 月 23 日,命孛罗丞相代表算端,火者剌失德丁代表可敦,签订婚约。3 月 29 日举行婚礼。6 月 20 日加八黑塔(bakhtak)[③]于忽都鲁沙可敦之首,以脱古思可敦之大斡耳朵赐之。6 月 23 日,完者都又纳不勒干可敦为妃,以丝九十斤赐之。

先是哈札只(Hadjadj)子摩诃末沙嗣位为起儿漫主,1303 年死。其叔锁咬儿哈的迷失子沙只罕(Schah Djihan)受合赞册封嗣位。然有人诉其不敬汗使,岁贡不时,虐遇其国中贵人。完者都征之入朝,见其年幼貌善,宥其罪。然留不遣,命蒙古官代治其国。沙只罕后退居泄剌失城,聚积货财,亦颇有权势,遂终于是城。是为 1223 年来君临起儿漫哈剌契丹朝末主之结局[④]。

回历七〇五年元旦(1305 年 7 月 24 日),完者都始建城于晃火儿乌兰之原。其父阿鲁浑在位时已有此意,因死而未果建,至是完者都绍承父志。为时未久,其城落成,而名之曰孙丹尼牙。中有礼拜堂数所,其最大者为算端出资所建,饰以大理石与绘花之瓷。建医院一所,置医师数人,附以药房,所需之物皆备。又仿报达城之木思坦昔儿学校之制,建设学校一所。诸贵人亦于城中建设华

① 见剌失德书续编。

② 见哈剌温子摩诃末传(Tavarikh-us-Salattin)。

③ 案:八黑塔,波斯语犹言兜。

④ 见剌失德书续编,Tarikh Gouzidé 第 4 篇第 10 章。

屋大厦。丞相剌失德出资建筑一坊，中有庐舍千所，别建一大厦，上有招唤礼拜塔二。中有学校、医院、修道院各一所，基金皆甚富足。其子城环以方城，上有戍楼。每坊宽五百吉思(guez)，以石砌之。城墙甚厚，城上四马并驰，尚有余地。完者都于堡中建设礼拜堂一所，八方形，每坊宽六十吉思，上覆圆顶，高一百二十吉思；窗牖甚多，饰以铁栏，中有一牖，高三十阿里失(arisch)[①]，宽十五阿里失。在其附近又为赛亦德族建礼拜堂、养济院馆舍各一所。王宫中有高殿，别有小殿十二所，各殿皆有一窗，正对庭院。院以大理石铺地。有大堂一所，可容二千人。此外尚有建物数所。完者都在位之时，每年辄以金五十万供孙丹尼牙建筑之用。设其在位能久，此城殆为亚细亚诸美城中之一城[②]。1306 年 3 月 8 日，铁木耳可汗遣使来赐海东青。

犹太教医师改信伊斯兰教者有数人。丞相剌失德曾因此进言于汗曰：犹太人改奉伊斯兰教实具诚意，可以酸乳、骡肉赐之食，将可证之。盖摩西之教禁以酸乳、熟肉，尤禁食骡肉也。完者都试之果然。

1307 年 4 月 14 日(回历七〇六年十月十日)，剌失德以所撰之《史集》(Djamiut-Tévarikh)呈完者都，完者都颇赞赏之。

孙丹尼牙北有小国，虽与诸蒙古汗之驻地为邻，然因其地险而森林密布，尚保有其独立。界于低廉之高山，山北岐兰人居焉。其

① 案：吉思与阿里失皆为波斯尺名，约长一肘。

② 诺外利述此城云：闻其落成于七一三年(公元 1313 年)，已有人居。盖忽合班答曾强帖必力思之商人、织匠与其他匠人徙居此城，为数不少。嗣闻此辈匠人多还帖必力思。

地止于里海。全境虽不逾三十程(fersenks),然分为十二部,各有其酋主之。1306 年 12 月 25 日,阿儿浑子阿儿歹合赞(Ardaï Gazan)[①]因八剌子都哇汗死,来报丧,曾语完者都曰:都哇与诸臣常笑波斯汗不能平其国中之一小国,如岐兰者。完者都闻言,颇以为耻,乃决定征服岐兰。塔林(Tharem, Tarem)长官怯烈亦(Kéraï)熟悉此国之情形,常以此国虚实入告,尤坚完者都进取之心,欲自将兵往讨。诸将谏阻,言无须汗亲出,遣一小臣往讨足矣。完者都不从,分四军进取岐兰。出班率一军取阿儿德比勒一道,忽都鲁沙率一军取哈勒哈勒(Khalkhal)一道,脱欢与木明(Moumin)取可疾云一道,完者都自率一军进向剌黑章(Lahedjan)。

出班军至昔塔烈(Sitaré),此地之酋鲁克那丁阿合马(Rokn-ud-din Ahmed)来迎,献重币,并为军中预备粮秣。忽都鲁沙命其为向导,许以全境平复以后,仍为所部之主。蒙古军遂进向黑思黑儿(Kesker),俘土人而杀其执兵者。出班至黑思黑儿附近,异密舍里甫倒剌(Schéref-ud-dévlet)奉币来迎。此岐兰境内之一部,不费一兵一矢而定。出班挈二酋至剌黑章道上,与完者都之军合。

忽都鲁沙军至哈勒哈勒,此部酋舍里甫丁(Schéref-ud-din)来降。询以虚实,舍里甫丁言地势险要,居民未必畏威,进兵必须慎重。忽都鲁沙性轻傲,以为不久可平其地,不听其言,命孛罗海牙(Poulad Caya)率军先行。岐兰人守险以拒,三战皆为蒙古军所败。底巴只(Dibadj)与其他诸酋皆遣使请降于孛罗海牙。孛罗海牙以告忽都鲁沙,忽都鲁沙将许之。然其子昔宝赤(Sipaoudji)阻

① 钧案:此名在第六卷第二章中作斡儿歹合赞。

之曰：既已兵入其境，应略其地而歼其民。如从孛罗海牙之言，则此征将无勋荣矣。忽都鲁沙从其言，乃召孛罗海牙还，命其子代之，率前锋进。昔宝赤见人即屠，进至秃明(Toumin)，所杀居民无算。岐兰人既绝望，乃聚于秃林(Toulom)、莱失特(Rescht)之间，决以死拒。昔宝赤屯兵之地，池泽甚多。两军接战以后，蒙古军失利退走，人马皆陷泥中，得脱者甚鲜。忽都鲁沙欲进兵复其前锋战败之辱，然士卒不从皆退，杀数人仍不能止。敌军至，忽都鲁沙左右仅存四十余骑，然不欲退，决以死殉。从骑尽死，己马亦中矢倒。时有一岐兰将进前语之曰："波斯无为涅孚鲁思复仇之人。上帝遣汝至此，欲我惩之。"语毕杀之。蒙古军在底巴只部所得之捕获品无数，至是皆为岐兰军所得。

统将脱欢、木明所部军自可疾云进。部酋欣都沙(Hindouschah)来降，许保其位，挈之至汗营。

1307 年 5 月，完者都发自孙丹尼牙，命孛罗丞相留守其奥鲁(Ogrouks)，军逾塔林入低廉。5 月 21 日，经行忽兰德失特(Kourandescht)道与鲁珊村(Loussan)，营于西皮德河畔。哈失章城(Khaschdjan)虽降，仍纵掠。29 日，掠塔里失(Talisch)，杀低廉人甚众。低廉人避兵林中，其妇孺多被虏。6 月 2 日，进至低廉蛮河(Deïléman)。6 日，完者都经行可疾云大道上之鲁昔塔(Roussita)，逾岐兰境，而入奴帕的沙部(Nou-Padischah)。士卒因地险，分小队进至失鲁耶塔里失(Schirouyéi-Talisch)。其地处森林中，四面皆山。居民突出掠其辎重，并取兵械甚夥。每有谷儿只、阿美尼亚、蒙古等军小队过，树中岩中即有人出狂杀士卒。完者都军至剌黑章附近，命人谕奴帕的沙部来降，许以不死。曾曰："勿恃汝之山高林厚，应知我军可以填海倒山。”岐兰王乃奉刀与丧衣出降，完者都从统将也先忽都鲁（Issencoutlouc）与丞相剌失德丁之言，善待之。军入剌黑章，岐兰王厚款之，驻军四日。于6月13日行，渡西皮德水，营于黑儿赤安（Kerdjian），此地附近皆已残破。翌日，部酋锁鲁黑（Solouk）来降。别遣一军往平帖迷章（Témidjan）部，遂循忽腾（Koutem）与西皮德水一道还。

完者都闻败讯，颇惜忽都鲁沙之死，命宋答维八哈都儿（Sondavé Bahadour）、别黑鲁勒（Behloul）、阿不别克儿（Aboubecr）三人率精骑三千往讨。兵至其地，秃明、莱失特、秃林三地居民合兵以御。6月18日，蒙古、曲儿忒、谷儿只、呼罗珊等军进击，血战终日。宋答维、阿不别克儿皆殁于阵，别黑鲁勒负伤。蒙古军受损力微，遂退。别黑鲁勒求援于完者都，完者都又命忽辛、舍云治二将率军往援。复战，较前更烈。岐兰军损伤过半，溃走山林。秃明、莱失特、秃林三地皆遭残破，人民被杀，妇孺被掳。

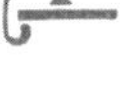

别遣之军进至帖迷章。部酋异密立摩诃末（Émiré Nohammed）纳贡请降。诸蒙古将欲许之，然有名曼沙乞（Mamschaki）者以此城甚富，不如拒降而进掠之。遂不许降。部酋乃据险以守。蒙古军轻敌，为所败，全军几没，残军退可疾云。摩诃末遣使谒完者都，言其欲尽臣职，而诸将不许其降，被迫而战，脱算端宥之，将入朝请罪。完者都乃归罪于拒降诸人，许其降。

岐兰既平，6月29日完者都拔营携诸降酋还孙丹尼牙。诸降酋中有势力最强之奴帕的沙、勇敢著名之锁鲁黑、底巴只之兄弟札剌勒丁（Djélal-ud-din）。诸酋许每年贡丝，并赎还岐兰之一切俘虏。完者都乃释还俘虏，以荣袍封册赐奴帕的沙，且以宫中美女一人赐之，并锁鲁黑等岐兰部酋一概遣归。底巴只者，撒珊（Sassanides）种也，恐完者都责忽都鲁沙殁于其境之罪，不敢入朝，然请降，完者都许之，始敢入朝。完者都善待之，嗣后遂屡入朝，常受殊礼。

完者都既归孙丹尼牙，命诸断事官按问败军之罪。鞫问结果，断昔宝赤、曼沙乞等数将为有罪，应处死。完者都念忽都鲁沙有功于国，特赦其子昔宝赤，然予杖一百二十，夺其父之万户军以畀出班，其他诸将罪轻者皆杖胸背一百二十。

去年完者都曾遣一军往讨也里王[①]。先是合赞曾命合儿班答以军往迫蔑力法合鲁丁献出尼兀答儿部人，法合鲁丁拒不从。及此王之即位，法合鲁丁畏罪不敢同诸大藩共入朝。完者都初似未注意此事，嗣后始命勇将答尼失蛮八哈都儿率万人往讨之。

答尼失蛮兵近也里城下，遣秃塔别剌（Toutac-béla）、欣都察（Hindoudjac）二人往传算端之命，谕其应执尼兀答儿部人以献，将徙居也里之马鲁、阿必威儿（Abiverd）、撒剌哈夕、占姆、哈瓦夫（Khawaf）等地居民遣还，以也里之三年关税，铸造货币之收入暨其他非常收入一概缴出。如拒命，将进围其城。法合鲁丁怒，答此二人曰："可往告答尼失蛮。脱欲我赏，我将试满其意。第若以兵来服我，将必令其失望。"答尼失蛮得报，乃命呼罗珊之诸大藩各佥军来助，已而诸藩各以步骑至。

先是也里之大断事官维只忽丁（Vedjih-ud-din Nessefi）曾得法合鲁丁许可而出城，至你沙不儿投答尼失蛮，屡劝其进围也里，

---

① 见剌失德书续编。

言断此城粮道，不难取之。答尼失蛮从其言，遣骑分守诸道。城中遂饥。然法合鲁丁预备力守，乃开仓散粮于士卒，数遣军出城，袭杀围城者甚众。越十日，答尼失蛮见屡失利，乃遣司教忽都不丁察失迪(Coutb-ud-din Tchaschti)前往告之法合鲁丁，言其本人对彼无私恨，不欲破其地而杀其民。然既奉命而来，如不执行将有罪，所以今遣使来告："我视汝如同己子，愿汝服从汗命，退居一堡数日，以城付我诸子中之一人。我意在主持平和，兼使我二人皆不得罪，无他意也。"法合鲁丁答曰："司教只能为穆斯林谋福利，我颇愿从其言。"司教曰："然则不必使也里居民死于兵火饥馑，可将尼兀答儿部人驱出城外，本人退居阿曼忽黑堡，待蒙古军退，再还也里。"法合鲁丁曰："恐答尼失蛮有诈，伏兵于阿曼忽黑道上擒我。"司教曰："如果指定答尼失蛮诸子或亲属为质，彼将遣之来。"法合鲁丁曰："然则可遣其子脱海(Togaï)留城中，其别子剌吉里(Laghiri)随我赴阿曼忽黑，迨至堡然后遣其归。"翌日，忽都不丁还报，答尼失蛮集诸将议。虽有数人劝其不从，然答尼失蛮仍命维只忽丁作誓书曰：

"今在强者、弱者、贵者、贱者所崇拜的上帝之前，在天上地上上帝之前，在认识隐密的上帝之前，并在设教人之前，宣誓曰：在伊斯兰教蔑力法合鲁丁赴阿曼忽黑堡之时，我答尼失蛮八哈都儿决不加害于其文武将吏，且将善遇城民，我决不谋取子城。"

答尼失蛮诸子与诸亲属诸蔑力诸异密等皆签名于誓书之上。忽都不丁持誓书往见法合鲁丁，法合鲁丁亦作誓书曰：

"在上帝与摩诃末之前，因敬礼圣教，服从圣诫与《可兰经》之解释，我法合鲁丁宣誓曰：我决不加害于答尼失蛮。设我安抵阿曼忽黑以后,必遣异密剌吉里还。只须异密答尼失蛮守约,我将待之若父,决不抗之。设我违此约,愿为上帝所弃,而受天主之严罚。”

答尼失蛮遣其子剌吉里与将十人偕法合鲁丁至阿曼忽黑,脱海与其他诸将入也里城。嘱其慎重将事,善待蔑力诸将,收揽民心,待其城完全占领以后,再行惩治罪人。

脱海至,蔑力以外城与子城交其旧将札马鲁丁摩诃末三(Djémal-ud-din Mohammed Sam)代守,嘱其善守子城,勿中答尼失蛮之计。设其欲索子城中何人,抑其有语面告,必拒不许。仅谢曰,甚愿往谒致敬,然蔑力曾使宣誓,无其许可不许擅离子城。脱答尼失蛮需索赠品,可以底那一万、衣服五十束、粮食若干担、阿剌伯马一匹、突厥奴一人献之。法合忽丁嘱后,集城中也里部、西只斯单部、古尔部诸将,赐以袍服,命其联合遵守摩诃末三之命。以己刀赐摩诃末三曰:“有不从命者断其首。”又以子城兵械库付之,其中兵甲弓矢充满。及夜,冠兜擐甲,率骑兵二百、步兵三百出城,夜半抵阿曼忽黑。翌日,遣剌吉里还告其父,请守约,善待也里居民。次日,答尼失蛮率军入城,导以鼓吹龙旗。见数年来法合鲁丁所增之防具,颇惊其楼垒之高、城濠之宽、城墙之坚、城门防守之严。维只忽丁与偕行,语之曰:“也里居民敢于叛变者,恃其城墙之厚也,应命毁之。”答尼失蛮命毁其所入之城门,遂守者,代以己军。布告城中,言城属算端完者都,答尼失蛮八哈都儿奉命来守,居民可安居乐业。

翌日,遣秃塔别剌往召摩诃末三来见。摩诃末三答词不逊,答尼失蛮怒,誓惩之,语诸将与诸波斯贵人,言即日攻取子城。维只忽丁谏曰:“应以不用矢为善。”答尼失蛮询以取之之法,维只忽丁曰："可遣忽都不丁往告蔑力，言公已遣子剌吉里往报算端，谓也里王已遵命将城交出，请以封册袍服赐蔑力，盖只有此古尔王能善治此国也。然公可再告法合鲁丁曰，也里城之子城，自涅乎鲁思乱后颇有名。算端必询及是否一并交出，恐将无词以对。所以请命摩诃末三任我子剌吉里率二十人入此城，俾其不致以诳言报算端。"答尼失蛮喜从其计。翌日，遣忽都不丁、秃塔别剌并亲属一人往见蔑力，以此事为请。法合鲁丁闻言始恚曰："第一日我已言此被诅之突厥人蓄意不善，不能守约。"秃塔别剌起而婉词语之曰：此请并未证明答尼失蛮有背约之意，仅不欲以诳言告其主而已。脱法合鲁丁能见许，敢誓言此举于双方皆有利。蔑力答曰："理或有之。然洵恐其为傲慢之魔所诱，将欲除子城戍兵。脱有斯举，将成大祸。盖将卒已具决心，尤以摩诃末三为甚，必不驯服也。"代表等请之既力，乃许之，作书付其转交摩诃末三，言其父答尼失蛮八哈都儿将来巡视子城，必须大礼款接。闻蔑力别有密书告摩诃末三，嘱其善为自防，勿中答尼失蛮奸计。

摩诃末三奉命后，伏三百人于子城中之各地，并预备欢迎答尼失蛮入城。已而忽都不丁来告以答尼失蛮将至。摩诃末三答曰，将从蔑力之命。只须答尼失蛮有命，即开城以迎。答尼失蛮诸将闻报，以为子城在握，互相欢庆。答尼失蛮询忽都不丁堡中人数，答有西只斯单部人二百五十、古尔部人五十。第若战，有十人即可使之败走。维只忽丁曰："其数恐无若是之多。我闻谍报，其中执武器者不及三十人，余人皆为仆隶及看守仓库者。"忽都不丁语答尼失蛮曰："脱异密入子城有异谋，将必自悔。我识摩诃末三暨其党羽，是皆敢死之徒。愿上帝保汝无事，而吾人交涉之结果不败于瞬息之中。”答尼失蛮笑曰：“汝可安心。”复密语诸子曰：“可常瞩目于我。待我索弓于圉人时，汝等立即捕取摩诃末三与其步伍。”语毕入浴。旋召一卜人名欣都（Hindou）者至，命其卜入子城之吉凶。欣都卜之不吉，劝其勿往。答尼失蛮意欲回营。维只忽丁曰：“此卜者之言不可信。只有上帝能知未来。圣诫有云，‘信星宿之影响者为异教徒’，可以证已。况卜人之所卜，常与未来之事相违欤。”答尼失蛮从其言，决入子城。命其子剌吉里率二十人先入，哈术亦（Cadjouï）率十人继之，其亲属明忽亦（Mincouï）率第三队继进。摩诃末三迎接剌吉里，执礼甚恭，导之至蔑力宫。已而两队继至，入子城者约有八十人。摩诃末三宴飨之，举盏庆祝，诸人皆答谢。

哈术亦已半醉，出视子城中之壁垒，见有古尔部人四人执兵伏于墙后，乃入诘摩诃末三曰：“我见有执兵者伏于墙后。汝有设伏谋执我辈之意欤？”摩诃末三言无此心，手执骨朵出，逐伏者于子城外。答尼失蛮闻报，尤信堡将之诚。日出后之第三时，率精骑百八十人赴子城。摩诃末三出迎。答尼失蛮尚忆其前此答语不逊之事，詈之曰：“无礼之大食，汝如何敢拒不来见？汝主尚不敢违我命，乃潜行四壁间之狗如汝者，自恃统率有若干大食士卒，敢为世界君主之敌，然则汝欲我脔割汝身削平汝堡欤？”摩诃末三答曰：“我未从命者，盖因蔑力法合鲁丁曾命我宣誓不离子城，公应知臣应服从君命。”答尼失蛮善其对，宥其拒命之罪，慰抚之，视其若子。摩诃末三亦对其表示忠诚。

答尼失蛮在子城前广场下骑，步行向堡门，从之者维只忽丁。时也里城征税官异密怯烈亦新自汗所至，亦在其侧。答尼失蛮诸将袍内服甲，顾既约不执兵入城，乃藏匕首于腰中，藏短刀于靴内，从其主将之后。登子城之道路，地上铺重价之毡。摩诃末三曾命其所部，待答尼失蛮行至某处时，即起而杀之。迨答尼失蛮至其所，蔑力部将塔只乌丁燕都赤（Tadj-ud-din Ildouz）迎于前，吻其手，让之过，执其襟，以骨朵击其首。同时蔑力之别一将阿不别克儿舍的德（Adou-dekr Sédid）自栏后跃出，持刀断其首。维只忽丁、欣都察、怯烈亦、卜人欣都等见之，急向子城城门逃，门已闭，伏者四起，诸人皆死。

杀戮时，忽都不丁察失迪适在两门之间，呼曰："上帝之怒可畏，勿违汝蔑力之命，勿使此城受害。"然无效也。剌吉里等尚在宴室，闻讯，即堵塞诸门，外攻者破窗投矢石入。剌吉里持刀出，立被杀。其他诸人由窗跃子城下，皆碎身死。答尼失蛮之妻失怜可敦（Schirin Kharoun）、其诸女、其诸子之妻及其诸兄弟等，来与会者，遇变皆大号哭，摩诃末三以赐诸将。

城外尚不知城内之变，费剌（Férah）城主亦难的斤（Inaltékin）与秃塔别剌偕诸将在子城门外。城内有一西只斯单人，亦难的斤之友也，借故奉摩诃末三之命出城。亦难的斤询以答尼失蛮宴会是否已毕，其人以其国之方言语之曰："是宴也，与款待涅孚鲁思之宴无异。"亦难的斤与秃塔别剌闻言大骇，遽谋还营。时外城之门已闭，乃以斧破城门之锁键铁链，率百骑仓卒退出外城。

诸人甫出，古尔部人登子城巅，大呼尽闭诸门，宣告城民答尼失蛮等已死，举烽火以告阿曼忽黑堡中之蔑力法合鲁丁。摩诃末三率领战士搜杀城中之蒙古士卒，全城鼎沸，至末次祈祷之时，屠杀始止。

蔑力见敌之除，私心虽引以为幸，然对其近侍则显责摩诃末三之非，曾密致书于摩诃末三曰："宁可不为斯举，汝既为之，应努力守城，尤不应使人归咎于我。汝可言答尼失蛮之入子城，有杀汝之意，而汝为势所迫，不得不为此正当防卫之举。"同时遣百人往增也里之防。

其事之经过，时在 1306 年 9 月。完者都得报，命统将牙撒兀勒（Yassaoul）往统呼罗珊诸军，结营于阿母河畔。答尼失蛮子异密不者（Boudjaï）时在鲁木西境，东罗马帝国界上，完者都命之往复家仇。

答尼失蛮之别子塔海（Tagaï）[①]时在徒思，闻父死耗，遽引兵进至也里，聚集原在此城城下之军，而待其兄之至。司教忽都不丁察失迪力劝与法合鲁丁交涉。交涉之结果，法合鲁丁命摩诃末三释失怜可敦出城。失怜可敦出城以后，杀也里居民二百人，命将此城附近四十程以内之人尽屠之。蒙古兵围攻此城时，阿曼忽黑之戍兵屡出袭杀蒙古士卒甚众。

1307 年 2 月初，不者至也里城下，偕其弟塔海与诸将等依俗举行丧礼，号哭九日。至第十日，不者遣人赴阿曼忽黑诘问法合鲁丁曰："札马鲁丁摩诃末三曾杀我父与我族三百人，可告我是否出于汝命。如非汝命，可谕也里官吏交出摩诃末三等诸罪人，俾免大祸之至，且应将所取金帛兵马退还，否则此地全境将不免受兵燹之害。"蔑力答曰："我敢宣誓未命札马鲁丁或他人谋杀汝父。我且不以此暴行为然。摩诃末三为自救而出此。顾其所部有战士二千，

① 钧案：此人与脱海疑是一人。

也里居民安能从我命执之以献？汝可好自为之。”不者得复甚怒，遣使四出，征兵于附近诸地之大藩。不者曾自富浪国携有弩手至。额思费匝儿、阿匝卜（A'zab）、也里水（Hér-a-roud）、忽速牙（Koussouyé）、八哈儿思（Bakharz）、占姆、哈瓦夫、撒剌哈夕及其他呼罗珊诸地之藩主，各以兵来会。四十日内，聚兵近三万人。

3月初，开始攻城。摩诃末三所部战士约有二千，皆擐甲，各赐以金帛衣服，励其死守，战于城下三日。不者损兵甚众，乃退至距城较远之地，改围攻为封锁。盖城甚固，难以力下，欲待其饥而取之，遂分军守诸道，禁人入城。然摩诃末三每夜遣军出袭，夺马数百匹还。

会法合鲁丁死于阿曼忽黑（3月）。摩诃末三秘丧不发，欲释人疑，伪作法合鲁丁书言微有疾，赖上帝之佑得痊愈，甚盼也里居民集全力以助摩诃末三云云。以此书示城中官民。然蔑力身死之夜，其圉人名木偰非儿（Mozaffer d'Esfézar）者，逃出阿曼忽黑堡，以蔑力死讯告不者。不者闻之大悦，脱自己之冠服以衣此圉人，集诸蔑力统将宴贺此事，纵饮终日。翌日，不者营鸣鼓角进兵攻城。两军战酣时，木偰非儿疾呼告城中人曰：“汝辈勿枉为牺牲。昨朝蔑力法合鲁丁死，我自阿曼忽黑堡出。”堡将古尔人罗黑曼（Locman）见军心摇动，亦在戍楼上呼木偰非儿而语之曰：“汝妄言。昨日吾人适得蔑力法合鲁丁手书。”旋詈不者与其军中诸将。由是不者亦疑蔑力死讯之非真，须待木偰非儿宣誓，始信非伪。

复战于城下者五日，不者见此城难以力取，欲以计离间之。乃作书告一西只斯单军将名沙亦思马因（Schah-Ismaïl）者曰：“数日前汝许我捕摩诃末三来献，设汝有守约之诚意，应于此星期内践汝约。可谕城民，言我对彼等将施恻隐之心，俾其从汝。”不者召一也里城俘至而语之曰：“我欲杀汝，然为我主祝寿，宥汝不死，惟须即日入也里，言汝逃出，并遗此书于沙亦思马因之门。”不者又用也里居民之名，作书告摩诃末三，言沙亦思马因已与不者相结，曾数致书于不者，摩诃末三应善自防备，以矢缚书射入城中。翌日，持书者为守门者所得，送致摩诃末三所，始言自蒙古营中逃出。胁之以威，乃出书。摩诃末三见之，立知是敌人之计。召沙亦思马因至，以书示之曰：“彼欲以此法离间我等。”二人乃互约不为敌人所间，且仿不者之计，作书致久在不者所之也里城居民名法合鲁丁占吉(Fakhr-ud-din Zengui)者曰：“汝怀杀不者之谋已久，何以迄今尚未实行？”并作他书致蒙古营之其他也里城民。不者得书，知其计为敌人所识。

也里城中有将名牙儿阿合马(Yar Ahmed)者，甚勇健，蔑力法合鲁丁颇宠用之。所部有战士二百，嫉摩诃末三，欲除之。曾与马合谋费哈的(Mahmoud Féhad)、捏古伯(Nikpeï)二将谋曰：“摩诃末三自以出诸人上，颇倨傲，我欲杀之而据子城。不者且使人来告，将以我为也里长官，许以底那一万贻我伴侣。”二将迟疑久之，始与之盟，谋于次日举事。然涅古伯以其谋告摩诃末三，集诸将议，皆言应捕谋乱之人。翌日，摩诃末三列卫士，延见牙儿阿合马，于座捕之，并捕马合谋费哈的，翌日杀之于市。同日，牙儿阿合马所部之二百人出子城投不者营。

统将牙撒兀勒至呼罗珊，遣摩诃末都勒带(Mohammed Douldaï)率数千人往援不者，并使之告摩诃末三，设其来降于我，将保彼与也里城民不死。摩诃末三答言：前害答尼失蛮，乃因自救，今愿从命出降。事为不者所闻，恐也里城降于都勒带，己功尽弃，乃与诸将议，亲作书致摩诃末三，言若释前此被俘之蔑力忽都不丁秃来黑(Coutb ud-din Toulek)还，对其保障以城献不者，而不以付都勒带，则将宥其杀父兄之罪，誓不加害于彼及也里城民。摩诃末三毁不者书，詈使者，仅言战而不言降。

不者谋既未遂，乃密围也里城。城中缺食，一畜载麦竟值八十底那，饿死者达六千人。饥民呼吁，求开城门，守将乃放出无食者五千人。咸为不者士卒以兵杖拒还，或死于哈儿帖八儿河(Kartébar)畔，或死于道上，或死于城下。

翌日，摩诃末三释忽都不丁秃来黑，遣其赴不者所请降。不者乃作书许不加害摩诃末三，营中诸大将皆签名于书上。翌日不者弟脱欢(Togan)与摩诃末三相见于哈儿帖八儿河畔，担保如约许其不死。又明日，开城纳蒙古军入城，不者命城中居民尽出，命将戍楼壁垒一概堕毁。6 月 23 日，全城居民尽出，散处哈儿帖八儿河畔。时摩诃末三尚与所部二百人在子城中。摩诃末三出见不者，不者延之坐于右，称之曰子，而语之曰："我宥汝杀我父兄之罪及其他诸罪，汝可安心，可开城让我军入。"摩诃末三言将听命，不者以己衣赐之，命诸将献盏，并各赐一物，旋设宴飨之。迨见不者醉，摩诃末三托词出语其随从诸人曰："不者已醉，室中仅有十余人，可往杀之。"诸人不从，且曰，此事仅足使也里居民受害，我辈人数甚少，恐难出营也。薄暮，摩诃末三还子城。翌日，沙亦思马困出谒不者，不者厚待之。每日子城有将校出，必受袍马之赐，满意而归。不者欲子城戍者全数出城，然摩诃末三屡请延期，已而所部离去者日多，仅余百人。

摩诃末三遣使往告牙撒兀勒曰，设其进至也里，彼将以城献。牙撒兀勒率五千人至也里，时在不者入据此城后之三四日，遣人往召摩诃末三至营，誓保其不受不者之害。摩诃末三信其誓诚，尽率所部投牙撒兀勒营。牙撒兀勒尽执之以付不者曰："可遵算端之命杀之，并离去也里。盖算端仅命汝报父兄之仇，未命汝治也里也。"翌日，不者杀塔只乌丁燕都赤、罗黑曼与其他勇士二十人，而拔营去。

牙撒兀勒传谕也里居民归城，各安生业，然城中已受兵燹之害矣。不者命其亲属一人系送摩诃末三赴汗所，以其必以杀答尼失蛮之罪归之于法合鲁丁，而以不者继蔑力之位。然牙撒兀勒预计摩诃末三必将以彼受贿而背誓之事诉之于汗，不欲使之至斡耳朵，遣百骑追之，得之于徒思附近，送之至别叔阑(Béschouran)牙撒兀勒所。时不者亦自木儿合卜(Murgab)抵其地，索摩诃末三于牙撒兀勒，牙撒兀勒借词奉汗命，遂杀摩诃末三[①]。

1307年7月，完者都讨岐兰还至孙丹尼牙，时法合鲁丁弟加秃丁为质于汗所，乃册封之为也里王而遣之归。[②]。

① 见剌失德书续编，《也里州志》第12编。

② 见《也里州志》第8编第4章。

第二章

伪马哈的——埃及军之侵入西里西亚——蒙古戍将之刺杀勒文王——完者都与东罗马帝安都罗尼之妹结婚——诸伊斯兰教博士之辩论及其对于蒙古人之影响——完者都之从阿里派——建设道院于斡耳朵——首相撒都丁撒兀赤之被黜与被杀——阿里沙之得幸——哈剌桑豁儿与其他诸埃及异密之至——与埃及战——剌合伯特之围攻——察合台系诸王——蒙古军之侵入印度——宗王倒的火者之被逐于阿母河外——察合台汗军之侵入呼罗珊——木儿合卜之战——此军之退走阿母河北——以呼罗珊封王子不赛因——察合台系宗王牙撒吾儿之来投——也里王加秃丁——巴巴之侵入呼罗珊——月即伯要求之得遂——哈剌蛮王之叛于鲁木——埃及军之屠马剌迪牙——阿里沙与剌失德二相之争——默伽逃王之至——其所取得之援助——其终局——完者都之死——此算端与欧洲诸国国王之互致书

完者都之还自岐兰也，在新都宴庆数日。9月7日，猎于哈马丹附近。同月十日，以其女都连的(Doulendi)下嫁统将出班。后数月，驻冬于合兀巴里(Gaoubari)。

有曲儿忒人名木撒（Moussa）者，冒称为马哈的（Mahdi）。马哈的者，十叶派之摩西（Mersie）或救世主也。其伪虽甚明，然曲儿忒人从之者众。蒙古官吏捕杀伪马哈的及其党若干人，送其首于斡耳朵。

昔思之诸阿美尼亚王历事旭烈兀朝诸汗，素忠顺。诸蒙古汗既据鲁木，而又为埃及之敌，可以庇此小国之基督教徒，不受四围伊斯兰教战士贪欲与狂信之害也。然其王既忠于蒙古汗，则不免开罪于埃及，而常受其侵掠。合赞第二次自西利亚退军时，曾留蒙古军千人，助其王海屯守其国。合赞甫死，埃及算端即借口侵入此国之阿勒波军退还时为蒙古军所邀击，于 1304 年 4 月，命异密别都鲁丁别达识率埃及军往讨之。西利亚境大马司、歆姆司、哈马特、特里波立、阿勒波等地皆以军从，别达识因病留阿勒波，然其军仍侵入西里西亚。分为二军：一军经行哈剌特鲁木、马剌迪牙；一军从打耳班（Derbend）[①]进，两军残破诸地，俘杀居民以后，会军于特勒韩敦堡下。6 月 17 日，此堡降，埃及军始退[②]。

1305 年 7 月，阿勒波长官苫思丁哈剌桑豁儿（Schems-ud-din Cara Sancour）[③]以阿美尼亚王岁贡晚期，遣其玛麦里克部将忽失帖木儿（Couschtimour）率三千人侵入其境。阿美尼亚王奉重币请退军，伊斯兰教军仍进兵其国，肆焚杀，掠妇孺。及阿美尼亚人合富浪、蒙古之军六千人来御，始仓皇退走。蒙古军追击之，忽失

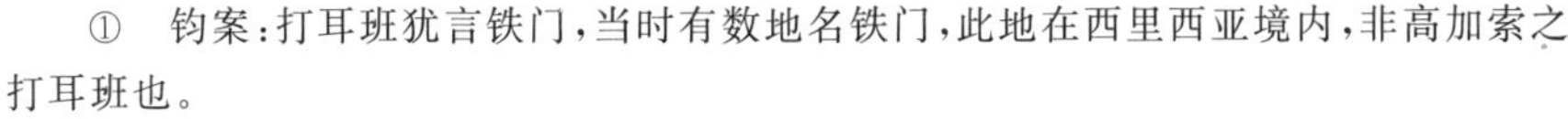

① 钧案：打耳班犹言铁门，当时有数地名铁门，此地在西里西亚境内，非高加索之打耳班也。

② 见诺外利书。

③ 钧案：此名前作哈剌宋豁儿。

帖木儿损军甚巨，还至阿勒波时，所存士卒甚寡。

海屯王即奉重币贻书哈剌桑豁儿，言鞑靼之追击埃及士卒，实未奉彼之命，将请算端合儿班答释还所俘埃及四将，嗣后必以时入贡。哈剌桑豁儿以陈埃及算端，算端受其币而许其成①。此役以后，海屯二世让位于其侄勒文四世（Lévon IV），自入道院修道（1305 年）。

勒文者，脱罗思之子也。与蒙古将不和，因以被杀。有比剌儿兀（Bilargou）者，那颜脱合察儿之亲属也，1306 年亦怜真奉命镇守鲁木之时，曾随之至鲁木，而屯所部军于西里西亚。其人狂信伊斯兰教，常窘苦西里西亚王，其所部士卒因亦效之，而虐待阿美尼亚人。

1308 年春，比剌儿兀随亦怜真往朝斡耳朵还镇后，其权愈固。比剌儿兀闻西里西亚王勒文曾诉其罪于汗廷，并曾纳贿于汗之诸幸臣，而为诸幸臣所拒，欲报之。率五百人入昔思境，请勒文许以所部伊斯兰教士卒二十人会守阿纳匝儿巴堡（Anazarba），勒文不得已许之。

勒文同时纳岁币于蒙古汗及埃及算端，曾密告埃及算端，言比剌儿兀自由处分其国之收入，使其不能缴纳岁币。纳昔儿遣使往质其事于比剌儿兀，使者以勒文之密语告之。比剌儿兀遣人往召勒文曰：埃及算端使臣欲见之，请来共议答复埃及之词。勒文乃偕其伯父前王海屯二世、其叔父大将军斡莘（Oschin）暨藩主四十人往见比剌儿兀。比剌儿兀延之独入，藉词祈祷，以刀断其首。其士

① 见诺外利书，马克利齐书。

卒亦执勒文随从诸人杀之。阿纳匝儿巴守将闻其王被害，尽杀比剌儿兀之戍卒，举烽火以告其他诸堡。比剌儿兀至阿纳匝儿巴堡下，以为其戍卒必开门纳之，不意堡中弩石交下，始知其戍卒已死。阿美尼亚军见烽火皆来救此堡。比剌儿兀军少，乃退走。阿美尼亚人不欲与其上邦主君之军队为敌，释之不追。

勒文之叔斡莘欲往诉斡耳朵，比剌儿兀遣人逮之于西瓦斯。适亦怜真自汗所还，释之，以其事报告汗所。完者都征两造至斡耳朵辩对，然赦比剌儿兀之罪不诛。已而怨比剌儿兀者进言于汗，乃正其罪杀之。斡莘为海屯二世五弟中之最幼者，继其侄为西里西亚王[①]。

诸突厥蛮仍在继续侵扰东罗马帝国边境，其建国于塞勒术克朝旧境之诸突厥君长中，以斡都曼帝国（Othoman）开业主斡思曼（Osman）地近而势强。东罗马帝安都罗尼以为与完者都和亲或能假其力制服其国边界之诸突厥蛮君长，乃以其妹玛利亚（Marie）嫁之，是为蒙古人所称之特思皮纳可敦（Tespina khatoun）[②]，完者都以阿八哈汗妃大特思皮纳之封地赐之[③]。

完者都之在呼罗珊也，左右有哈尼菲（Hanefis）派之教长甚众，故遵守伊斯兰教此派之仪式[④]。即位以后，颇袒此派，而以最初四哈里发之名铸于货币之上。哈尼菲派得汗之庇护，日见骄恣，

① 见剌失德续编，Chamisch《阿美尼亚史》。

② 见 Pachymeres 书第 2 册 433 至 444 页。

③ 见剌失德书续编。

④ 正宗穆斯林遵守阿不哈尼菲（Abou-Hannifé）、沙非亦（Schafi'yi）、蔑力克（Mélik）、韩别勒（Hannbel）四教长所创仪式之一种，此种博士在教义上立说皆同，惟在道德、教式、立法等方面见其纷歧。

遂结怨于权臣数人。若信奉沙非亦派之丞相剌失德,其一人也。剌失德丁虽怨之,然不敢开罪于汗,故隐忍不发。完者都虽袒哈尼菲派,然以沙非亦派博士蔑剌合人尼咱木丁阿不都蔑力(Nizam-ud-din Abd-oul-Mélik)为伊兰大断事官,位之于哈尼菲派一切法官之上。尼咱木丁与哈尼菲派诸教长论辩法律时,辄使其说得直,完者都遂以沙非亦派之说为优。故至1309年时,尼咱木丁宠尚未衰。是年不花剌人撒都只罕(Sadr-djihan)之子入朝斡耳朵,闻哈尼菲派诸人言尼咱木丁在汗所毁本派之说,乃谋倾之。一日在完者都前欲辱尼咱木丁,遂以沙非亦派关于一奸生妇婚姻是否正当之点质之。尼咱木丁答曰:根据沙非亦教长之说,问题实不若是,缘其反对与母或异父同母姊妹结婚之诸说也。哈尼菲派亦不承认本派主张此说。辩论久之,尼咱木丁乃引哈尼菲派所诠释的满速蔑(Manzomé)诗句曰:"男色不禁。设汝以姊妹为妻,则勿成婚。"

此种辩论颇不为完者都君臣所乐闻,完者都怒而起。有蒙古异密数人曰:"吾人缘何弃祖宗之教,弃成吉思汗之教,而从此派别甚多之阿剌伯教,从此许与其母、其女、其姊妹结婚之教? 应归向旧教也。"其实此种婚姻已为伊斯兰教教律所严禁,然蒙古人则颇信其有之,诸妃主尤恚,故对于一切头戴博士缠头巾之人,皆辱遇之。而诸蒙古人对于伊斯兰教,大致皆表示其厌恶之心焉。

完者都之归自阿阑也,次于忽里斯单(Gulistan)之离宫,夜饮时,大雷雨,旁座数人为雷所殛。完者都惧,立返孙丹尼牙。自是以后,常戴鹰羽碧玉或其他宝石,以为诸物可以避雷也。诸蒙古贵人乘机进言曰:依国俗与成吉思汗之法令,为汗者应经行两火之间。遂召博士至,特行斯礼。诸喇嘛、博士因言改信伊斯兰教致有此灾，乃劝其勿信伊斯兰教。完者都迟疑不决者三阅月，后乃答复劝其改信喇嘛教之诸幸臣曰："我热信伊斯兰教迄于今日，未能弃之也。"

时异密塔林塔思(Taremtaz)进言曰："当时最明理之人，无逾合赞。乃彼曾信奉十叶派之教，算端可效之。"完者都惊曰："汝欲我为异端(Rafizi)欤?"塔林塔思委婉陈述十叶派之优，而正宗派(Sunnis)之劣。且曰："比较其不同之点，犹之十叶派主张成吉思汗大位属其后裔，而正宗派则以其应属其诸哈剌赤将士。"完者都意为所动。时有阿里派教长数人至斡耳朵，亦从而反对正宗派，其心尤动，然尼咱木丁则辟之甚力。

1310年时，完者都乘尼咱木丁之赴阿哲儿拜占也，往礼阿里墓，感梦以后，遂决定改从十叶教，并命诸将与诸近臣从其改教。仅有出班、也先忽都鲁二人仍奉正宗教，拒绝宫廷中诸赛亦德族与诸十叶教长之游说。完者都改教以后，下令变更公共祈祷之语，在星期五之公共祈祷中，删去前三哈里发之名，仅留阿里、哈散、忽辛之名。变更货币之模型。召致诸阿里派博士，乐与讨论伊斯兰教教义。完者都欲传布教育，曾在其斡耳朵中设学校一所，命波斯学识最淹博者五人为教授，学徒百人，由汗出资养给。汗变更驻所时，此学校亦随行，为之供给驿马。又在孙丹尼牙其墓堂附近设学校一所，置教授、讲师十六人，校内可容学徒二百。

完者都不满其相撒都丁撒兀赤(Sa'd-ud-din Saoudji)，曾禁其对于诸州之收入出具支付券，欲撒都丁以所征之金献彼，由彼自处分之。撒都丁不从，完者都怒，时有权臣数人亦谋毁之。若汗之幸臣秃马黑(Tocmak)，素为撒都丁所轻，阿里沙(Ali-Schah)最得汗宠，火者剌失德前为撒都丁之友者，皆欲倾之也。其实撒都丁晚近之行为亦不自检，凡弱者与被压制者有所请，皆傲然拒之。其掾属之数大增，下有所呈，应历经官吏三十五人之手，必须尽赂之。官吏既众，靡帑甚巨，年需三千万答剌黑木，完者都对之已深致不满。会有丞相掾属二人因事在孙丹尼牙互揭其弊，各言得赃甚巨，撒都丁闻之恐，命塔只乌丁乌只（Tadj-ud-din Oudj）召之至，责其语言不慎，命其宣誓，嗣后不得再言帑金之事。异日偶见其他掾属二人，撒都丁命之往见塔只乌丁，嘱彼等从塔只乌丁之言如从己言无异。此二人如命往见，塔只乌丁命之为相同之宣誓。然此二人以其事告剌失德丁，剌失德丁乃以其事入告完者都。完者都自报达遣人往逮撒都丁，并按问其掾属之罪，掾属中有五人因曾宣誓被判处死刑。撒都丁虽无罪可归，亦于同日被杀（1312 年 2 月 19 日），所有财产籍没，其属吏被拷讯，献金甚巨。

其后未久，有一犹太人用犹太语伪作剌失德丁致异密秃马黑之家臣周赫里（Djevhéri）书，嘱其进毒于汗。鞫问得实，其人言塔只乌丁乌只及其二子与撒都丁之党羽二人皆与谋，4 月 10 日并杀之。

完者都发自报达，经行占木哈勒（Djemhal）[①]，于其地建设一城，而名之曰算端城（Soultan Abad）。5 月 1 日还孙丹尼牙，以塔只乌丁阿里沙（Tadj-ud-din Alischah）[②]为丞相，综理财政。

新相阿里沙原为贩卖宝饰、布帛等物之商人，曾夤缘于异密忽

① 犹言隘路。

② 钧案：此人与前之阿里沙应是一人。

辛古列干(Housseïn kourkan)与宗王完者台(Oldjitaï)之门，二人携之至汗所。阿里沙智巧善应对，完者都喜之。丞相撒都丁不乐其人，出之于外，使为报达人匠府总管。及完者都之至报达也，阿里沙以美帛大舟献。完者都喜，命之随侍汗廷，自是日见亲信。报达有歌女宛转善歌，常在汗所为之助，已而阿里沙娶此歌女为妻。及春，阿里沙随完者都至孙丹尼牙，曾与此城建一市场及其他建物，其式之丽，皆为前此所未睹，完者都宠之愈甚。然丞相撒都丁常毁之，而剌失德丁则常誉其能。二相因是不和。一日阿里沙宴完者都于孙丹尼牙之人匠总管府，献物于汗及诸幸臣统将。其后先以美帛三匹献剌失德丁，嗣以美帛三匹置于撒都丁之前。撒都丁适醉，责其不先献彼，且侮剌失德丁，剌失德丁不答。完者都颇直剌失德丁，而恚撒都丁之无礼，因是未久撒都丁遂败。

完者都常驻冬于报达，驻夏于孙丹尼牙。1312 年 8 月驻夏孙丹尼牙之时，有埃及玛麦里克部将数人因得罪其算端纳昔儿，来投完者都所[①]。

算端纳昔儿以大权操诸撒剌儿、贝巴儿思二人之手，不愿受其制，1309 年乃让位，退居哈剌克。由是薛儿克速人别号酌人之贝巴儿思遂为埃及算端。然一年之后，为党于旧君者所废。纳昔儿又于第三次重即算端位，缢杀贝巴儿思。次年，撒剌儿亦死[②]。

哈剌桑豁儿者，算端哈剌温之旧臣，然曾与杀哈剌温子阿失剌甫之谋，旋与剌真谋剌算端乞忒不花。剌真在位时代，始为埃及副

① 见《史集》。

② 见马克利齐书。

王，旋被废。先是在哈剌温时代为阿勒波长官，后在纳昔儿第二次在位时代为哈马特长官。及至纳昔儿退居哈剌克之时，适又为阿勒波长官。纳昔儿之谋复国也，求援于西利亚诸将，哈剌桑豁儿许助之，乃至大马司与之结合，共赴开罗。纳昔儿复位，以之为大马司长官。哈剌桑豁儿之赴大马司也，偕异密赛甫丁哈只八哈都儿(Seïf-ud-din el-Hadj Bahadour)同逮贝巴儿思于合匝。会有算端使者至，索贝巴儿思，并命哈剌桑豁儿与哈只还开罗。哈剌桑豁儿、哈只二人疑算端有图己意，悔不应以贝巴儿思付使者，遂不赴开罗，遽走大马司。

纳昔儿实有图哈剌桑豁儿之意。1311 年 5 月，从其请，改命之为阿勒波长官，遣使者阿里浑(Argounel-Dévatdar)奉册命往，密令使者致书大马司统将数人，嘱其逮捕哈剌桑豁儿。然此长官已早有所备。阿里浑至，遣人随之，任往何处，必有人监视其举动。时有流言，谓阿里浑奉命来逮长官。哈剌桑豁儿集诸将，召阿里浑至，面询之曰："有人谓汝奉逮我之命。其事若实，不必摇动人心，我将受逮。我刀在此，可取之。"乃以刀付之。阿里浑知其言伪，乃答曰："我仅奉算端册封汝为阿勒波长官之命，算端无他命也。"哈剌桑豁儿曰："然则明日我二人同赴阿勒波可也。"旋告诸将，明日行时无须送别，且无须离其邸舍，遂以其财物分配于所部玛麦里克人，俾其分携之。即夜遣家属、僮仆先行，诘朝自偕阿里浑率所部玛麦里克人六百继之。不循大道，6 月 8 日抵阿勒波。遣阿里浑还，赠金一千底那，袍一袭、马一匹、他物若干。

哈剌桑豁儿虽抵阿勒波，仍不自安，乃结欢于西利亚之阿剌伯游牧部落酋长忽撒木丁莫罕纳(Houssam-ud-din Mohanna)与其子木撒(Moussa),俾为己助,欲其怨望。伪若奉有纳昔儿书,命己逮捕莫罕纳,而告以本人无逮之之意。已而请算端许其赴默迦巡礼,纳昔儿许之,且幸其行可以乘机逮捕其所恶之将校某,乃赐底那一千为赆。哈剌桑豁儿率玛麦里克部四百人,随带马驼,离阿勒波,进至巴勒哈。闻算端已遣近卫中之玛麦里克部人北上,疑其图己,乃折回。及抵阿勒波,代理长官哈儿台(Carttaï)闭城不纳,且不许哈剌桑豁儿所部之玛麦里克人一人出城,盖奉算端之命也。哈剌桑豁儿索其留在城中之财物,哈儿台拒不付之。莫罕纳至城下,胁守者曰:若不将哈剌桑豁儿之财物交出,将攻城。城中人始许付之。哈剌桑豁儿乃进向沙漠,作书奉币于特里波立长官札马鲁丁阿忽失,俾其从己。阿忽失先是对于算端亦伪若恭顺,及闻哈剌桑豁儿之叛与算端遣军赴阿勒波之讯,亦不自安,乃离特里波立,营于距此城二日程之蔑儿只哲别勒(Merdï-ul-djébel)。时有大马司之统将也速丁艾迭木儿(Yzz ud-din Eïdemour)、赛甫丁毕勒班(Seïf-ud-din Bilban)、别都鲁丁贝巴儿思(Bedr-ud-din Beïbars)三人,因大马司新长官阿忽失额失烈菲(Accousch el-Eschréfi)之至,亦畏罪来投,特里波立将校相从者十三人。札马鲁丁阿忽失致书尚留城中诸将,劝其来投。当时史家诺外利适为特里波立之军监,得书后,曾集诸将,劝其不可从叛,并使之重宣尽忠于纳昔儿之誓。札马鲁丁阿忽失欲待城中诸将来投,然后进击歆姆司之埃及军队,及见诸将不至,乃拔营走入沙漠。哈剌桑豁儿疑阿忽失有图己之意,遽退走。阿忽失在沙漠中随踪者数日,未能与之合,乃遣使往告彼之来意。哈剌桑豁儿言如有相从之意,可仅携玛麦里克人二人来,阿忽失从之。及见,哈剌桑豁儿知其意诚,

乃留待其所部士卒之至。已而语阿忽失曰:用此军以攻算端之军则不足,用以消耗行粮则太多。遂决定与士卒分途行。阿忽失乃命其士卒留驻某地,自与哈剌桑豁儿、大马司之三将蒙古台(Mogoltaï)、莫罕纳等,进向剌合伯特,仅携各人所部之玛麦里克人随往。阿忽失之士卒既见弃,遂返特里波立。算端军队追逐诸逃将,至剌合伯特始还。哈剌桑豁儿抵此边堡以后,遣其妻妾偕其子费莱治(Féredj)暨其一部分财物马匹归埃及,阿忽失亦命其子木撒(Moussa)随往。三人命彼等跪陈算端,言其仅因畏罪而投敌国,然不欲背主,特遣妻子还国为质。嗣得完者都之许可,乃赴孙丹尼牙,沿途颇受优待[①]。1312 年 8 月抵汗所,随从者有千骑,完者都命诸官吏教长往迎。及入见,赐以冠服宝带,以蔑剌合城赐哈剌桑豁儿,以哈马丹城赐阿忽失,以那哈完的(Nehavend)、额塞德二城赐其他二将。完者都见哈剌桑豁儿[②]已老,乃改其名曰阿黑桑豁儿[③](Ac-Sancour)。

同时胡散木丁、莫罕纳亦遣使请降,完者都待之甚厚,赐以敕令袍服,命以伊剌克阿剌伯、底牙儿别克儿两地之麦三千担(toughars)给之。

完者都决定进取西利亚,10 月初,集军于阿剌塔黑。离其新都,进向毛夕里。莫罕纳子速来蛮(Soleiman)迎之于此城。完者都厚抚之,并遣其送苦法、希烈两地长官之封册于其父。此两地年

① 见马克利齐书。
② 此言黑鹰。
③ 此言白鹰。

入达四十万。完者都在哈儿吉西牙(Karkissiya)[①]附近渡额弗剌特水[②]。12 月 23 日,进围剌合伯特,继续围攻至 1 月 25 日。甫将攻下此堡之时,蒙古军忽弃其战具、辎重、马匹而退[③]。缘天热而军粮缺乏,不得不退军也[④]。时埃及军已向西利亚出发。1 月 31 日,纳昔儿离开罗。2 月 6 日,得鞑靼退走之讯,乃散其军,进至大马司城。4 月,命籍没开罗城哈剌桑豁儿之邸舍财物并夺其子也速丁费莱治(Yzz-ud-din Féredj)携归之金银宝货甚巨[⑤]。

1313 年 9 月,完者都接见也先不花(Issen-bouca)之使臣于孙丹尼牙。也先不花者,河中、突厥斯单两地君主都哇之子也。先是未久,此国屡为成吉思汗系诸王之战场。察合台系之都哇继承其父八剌之汗位以后,与其主君察八儿相争。察八儿者,窝阔台孙海都之子也。1306 年,两军相见于撒麻耳干与忽毡(Khodjend)之间。察八儿始战不利,后命其弟沙斡兀立(Schah-Ogoul)再战,败都哇军,都哇乃请和。以开衅之咎归之若干青年,乞两方各遣有经验之统将按问此战之祸首,俾能严惩之。察八儿许之,互约各遣将一人至塔失干(Taschkend)按其事。互约以后,沙斡兀立遣散其军,然都哇所遣之将以军来会。沙斡兀立虽知之不为备,为所袭,

① 钧案:此地前作吉儿吉西牙。

② 见剌失德书续编。

③ 根据诺外利书所引此堡守将报告埃及算端书如此。但据剌失德书续编则云,九月五日(公元 1313 年 1 月 4 日)完者都进围此堡,堡将别都鲁丁忽儿德(Bedr ud-din Kurd)始欲降,然翌日变计,决力守。嗣因其城有数处为蒙古军炮石所毁,乃请降。十月十五日(2 月 13 日)完者都许其降,命之仍守此堡。

④ 见剌失德书续编。

⑤ 见诺外利书。

败走。都哇军遂蹦察八儿之国,答剌速(Taraz)、别涅吉(Bénéki)、昆竹克(Coundjouc)、扯黑勒(Tchekel)诸地皆被残破。同时铁木耳可汗之军亦逾金山(Altaï)攻察八儿。时察八儿以十万人营于也儿的石河(Irtisch)与白山(Actag)之间,不知可汗与都哇互约夹攻之事也。作战之前一日,其系诸宗王各率所部军弃之而去。察八儿仅存三百骑,势穷,乃投依其敌都哇,都哇以地封之。由是察八儿之诸大藩皆降都哇。然都哇享受其胜利之时亦未能久,即在1306年死。其子宽阇(Goundjouc)嗣立,在位仅十八月。察合台子木阿秃干(Moatougan)之后王塔里忽(Talicoua)继立。有数人与之争位,终为忠于前汗之党所害。盖都哇之旧臣与都哇之幼子怯伯(Guébek)同谋,乘宴时刺杀塔里忽也。时诸王察八儿、忒黑蔑(Tekmé)、坛合察儿(Tangatchar)与宗王兀鲁思(Ourous)之诸子合攻怯伯,数战不利。察八儿穷促往投可汗庭。至中道,忒黑蔑弃之去。后未久,怯伯军杀忒黑蔑。察八儿败亡以后,察合台系诸王开大会,选举都哇子也先不花为汗(1309至1310年间)。至是海都之广大领地大半皆归也先不花[①]。

先是都哇之别子忽都鲁火者(Coutlouc-Khodja)受封于印度、呼罗珊之间。得地未久,即侵入印度。自成吉思汗以来,蒙古人之侵入印度已有数次。迄于蒙哥末年,侵入印度之事,前此已有著录[②]。兹将此时以后侵入印度之事略为言之。1257年有一蒙古军侵入木勒坛(Moultan),底里算端马合谋(Mahmoud)以军至,始

① 见瓦撒夫书第4册。

② 见瓦撒夫书第2册280页以后。

退。此底里都城在马合谋继承人八邻(Balin)在位时代,常为波斯诸王避兵之所。波斯诸王之地为蒙古人所据者,多往归之,底里算端待之亦厚。因强邻逼处,北印度常怀疑惧之心。1282 年时,蒙古军复逾申河,又为八邻之子摩诃末(Mohammed)所败。次年,成吉思汗系宗王帖木儿(Timour)据有申河以西之地,欲复前此战败之耻,进躪剌火儿(Lahore),重为摩诃末之军所败,然摩诃末殁于阵。

1286 年,蒙古军又侵入剌火儿,败于剌火儿城附近。1292 年,算端札剌勒丁卑鲁墨(Djélal-ud-din Firouz)又败蒙古军于必蓝溪(Biram)畔。1297 年,河中汗都哇侵入剌火儿州,为算端阿老瓦丁哈勒赤(Alaiud-din Khaledji)之弟伊里(Ilich)所败。越二年,忽都鲁火者又以大军渡申河,所向无敌。印度统将即费儿(Ziffer)所部之印度军见敌退走,蒙古军蹑其后,进至底里,营于驻马河(Djuma)[①]畔。时居民逃入底里城者甚众,饥乏食。阿老瓦丁乃出所集之军与象,决与敌一战。两军人数相当。蒙古军败,仓卒退走。1303 年时,察合台系宗王秃儿海(Tourghaï)进至底里,营于此城下者二月,见阿老瓦丁守备甚固,乃退。次年,成吉思汗系别一宗王名阿里(Ali)者,偕火者大石(Khodjatasch)率四万骑侵入印度,在剌火儿之北逾昔瓦里克(Sioualik)山,进至安木罗哈(Amroha),为阿老瓦丁将秃黑鲁(Touglouc)所败,俘阿里、火者大石与士卒九千人,送至算端所,皆以象足践踏死之。1306 年,都哇将怯别(Guébek)谋复仇,侵入印度,躪木勒坛,进至昔瓦里克始退。秃

① 钧案:此河即是佛经中之阎牟那,今名应写作 Djumna。

黑鲁伏兵于申河沿岸,邀击之,斩馘甚众。其得脱者逃入沙漠,皆渴死。是役也,蒙古军五万七千骑共其人数尤众之随军诸人,仅余三千人,为敌所俘,并其统将怯别送至底里,以象践踏死之。聚其首为京观,售其妇女于诸州。同年,秃黑鲁又败别一蒙古军,俘数千人,送至底里,亦用前法杀之。蒙古军屡经败创之后,迄于 1327 年,不复侵入印度。至是年,都哇子答儿麻失里(Tormé-Schirin)汗又以大军侵入印度,取北方诸州,进围底里。秃黑鲁(Tou-glouk)子算端摩诃末(Mohammed)请和,献金宝无数。蒙古军回军时,残破欣都(Sind)、胡茶辣(Guzérate)两州[①]。忽都鲁火者子倒的火者(Daoud Khodja)嗣父封,其从兄弟帖木儿古列干(Ti-mour Kourkan)欲图之。乃请于完者都,若完者都助其驱逐倒的火者,将以所部二万人来附。(1313 年)完者都许之,遣宗王明罕(Mingcan)率呼罗珊军往助。倒的火者力弱不能御,仓卒退渡阿母河外,其士卒溺于此河者约三千人,帖木儿乃如约臣附完者都。

倒的火者求援于其诸父也先不花,时也先不花更有大敌当前,不暇西顾,盖秃合赤(Tougadji)丞相统可汗之兵屯于两国境上忽都塔黑(Cout-tag)附近也。也先不花攻可汗兵于腾格里山(Tan-gri)附近,不胜败走。会有可汗使臣自波斯赍完者都贡物,道出也先不花境。也先不花拘使者并从者七十人,杀之。复引兵与秃合赤战,战终日,胜负未决,然突厥斯单之地泰半为秃合赤所侵略。也先不花既不得志于东,欲取呼罗珊以偿其失,乃遣其弟怯伯、倒的火者、月即伯帖木儿子牙撒吾儿(Yassavour)及其他成吉思汗系

① 见 Férischté 撰《印度斯单史》。

诸王，率师西进。1315年渡阿母河，在八的吉思境内之木儿合卜附近，败呼罗珊长官牙撒兀勒之军。是役也，答尼失蛮子不者殁于阵。牙撒兀勒军虽败，仍与少数勇士力战不退，及至左右仅余五骑时始逃。战胜者追杀败众迄于也里附近，遂据有呼罗珊，大扰其地凡四阅月，粮尽始奉命渡阿母河去。盖可汗军已进至塔剌速与热海（Issenkeul）之间，也先不花须集全军以御之也。怯伯归报远征结果于其兄，谓宗王牙撒吾儿信奉伊斯兰教，曾密与波斯宫廷交通，致妨其完全侵占保有呼罗珊。也先不花怒，命怯伯往惩之。牙撒吾儿拒战，怯伯为所败。牙撒吾儿虽胜，然自度势不敌，遂遣其亲属名真帖木儿（Tchintimour）者通款于完者都子不赛因（Abou-saïd），请归附。

先是完者都在1313年时以呼罗珊封其子不赛因，时不赛因甫年九岁。自旭烈兀以来，常以近亲一人守此边地，顾受封于此地者皆跻汗位。完者都故以此地封其子，命舍云治、阿勒兀（Algou）二人傅之，命宫廷诸贵人各遣近亲一人往从王子，又命火者剌失德子阿不都剌迪甫（Abd-oul-lattif）为王子相，并命二大相供给金帛宝石，赐以鼓、纛、兵甲、阿剌伯马，并宝饰、鞍辔诸物。完者都亲送之至阿八哈耳，设宴饯之。嘱诸臣毕，语舍云治曰："我知汝有旧劳，必能尽忠，故以子暨诸将诸臣之亲属托汝。汝应视彼等若子，彼等对汝亦应服从。汝勿因前已抚育一君成人，今又抚育其子，而以自骄。切勿存非分之望，致妨国家安宁，否则我将严惩不贷。"舍云治跪言其必感恩图报。

至是牙撒吾儿来请附，不赛因不敢专决，命真帖木儿赴孙丹尼牙请命于其父。完者都许牙撒吾儿率所部渡阿母河[①]，并欲其来附时不为强敌所攻击。命忽儿迷失、脱海古列干（Toghaï Kourkan）率伊剌克之二军，会同牙撒兀勒、摩诃末都勒带子八合蓝沙（Bahramschah）、别秃（Bektout）所统之呼罗珊军，渡阿母河以援牙撒吾儿。及兵渡河，适遇牙撒吾儿与敌军战，乃进助战，破敌兵，得俘虏战利品甚众而还（1316 年 9 月）。是役也，河中之地不仅为战争所毁，且丧失一部分人民。牙撒吾儿曾驱撒麻耳干、不花剌、忒耳迷等地之居民渡阿母河南，命居涉布儿干、法里牙卜（Fariab）、木儿合卜等地，等待来春以地界之。已而牙撒吾儿恐怯伯又来攻，复驱所部军民退走也里。时当冬季，在道中冻饿死者约十万人。

牙撒吾儿遣使一人奉突厥斯单之产物若红宝石、他种宝石、奴、马等，献其新主。完者都以袍一袭、宝带、汗帐、鼓、纛赐之，并以巴里黑、可不里（Coboul）、巴达哈伤、罕答哈儿（Candahar）中间之地封之[②]。

也里新王加秃丁曾以所部军随牙撒兀勒渡阿母河。先是答尼失蛮进围也里之时，此王曾自古尔入朝汗所，完者都厚遇之。适欲册封其为也里国王而遣之还，乃闻答尼失蛮被害之讯，遂留不遣。迨不者复父仇，而牙撒兀勒取也里城后，完者都喜，乃命加秃丁还国，以 1308 年至也里。时诸蒙古将据有此地，不乐加秃丁之至，欲构陷之。摩诃末都勒带、阿老瓦丁欣都（Alai-ud-din Hindou）、不

① 见剌失德书续编。

② 见《也里州志》第 7 篇第 4 章。

者共谮之于汗曰，加秃丁欲仿其兄法合鲁丁之先例，有谋叛作乱之意，自抵也里以后，不断增加堡塞，添置兵械武装。欣都别以报告呈汗，言加秃丁不久将退守杞萨儿堡。完者都征加秃丁至斡耳朵（1311 年）按问不实，然仍留之不遣，待诉者之至，当面辩对。倾之者又以法合鲁丁之叛、答尼失蛮之被害、也里城之一切事变为言。加秃丁因是被留于汗所者计三年。已而诸将亦自悔，乃请完者都释之归。完者都许其请，惟须加秃丁宣誓必尽臣节。宣誓毕，完者都厚款之，册封其为也里国与阿母河达于阿富汗斯单（Afganistan）等地之王。此国包括福森治（Fouschendj）、者哲（Djézé）、忽速牙、阿匝卜、秃莱克（Toulek）、也里水、卑路斯忽、哈儿只斯单（Ghartchestan）、费剌、古尔、格儿姆昔儿等地。诸地大半各有其王，皆为也里蔑力之藩臣。加秃丁曾以数事请于汗，汗每事皆以特别敕令许之。完者都并赐之以己袍、阿剌伯马、金锦衣、宝石冠、金带、埃及兵械、鲁木帐幕、金牌五、龙旗七、鼓七对、大鼓三面、王乐若干、白玛瑙印一口，此历来波斯藩王所未能受之于成吉思汗系之君主者也。1315 年 10 月，加秃丁盛陈卤簿而入也里，呼罗珊诸蔑力长官等皆来贺①。

术赤系有宗王名巴巴（Baba）者，曾率其万户军附完者都。1315 年，率所部侵入花剌子模境。此地钦察汗月即伯（Euzbek）之守将忽都鲁帖木儿（Coutloug-Timour）率所部万五千人御之。甫接战，所部多附敌，守将逃。巴巴遂侵入花剌子模中部，残破数镇，肆焚杀，掣俘虏五万人，财物无算，还。宗王牙撒吾儿闻讯，自忽毡

① 见《也里州志》第 7 篇第 4 章。

率二万人兼程行，于八日中行经一月之地，遇巴巴军，邀击之。巴巴弃其俘虏，败还波斯。月即伯汗遣使赴完者都所，诉其境被侵事。月即伯者，脱黑鲁哲（Togrouldjé）之子，而忙哥帖木儿之孙也。1312 年其诸父脱脱死，嗣汗位。诸将谋奉脱脱之子而除月即伯。时月即伯亦自领一军也。诸将尤怨者，月即伯常劝诸将改从伊斯兰教。诸将辄答曰："得我辈之忠顺足矣，何必问我辈之信仰？吾辈不能弃成吉思汗之教而改从阿剌伯教也。"月即伯初得脱脱死讯之时，离其军队来莅诸将会议，不虞诸将之图己也。诸将谋于宴会时杀之，然有将名忽都鲁帖木儿（Coutlouc-Timour）者，在宴中示之以目，乃托词出，忽都鲁帖木儿随之出，以诸将阴谋告之。月即伯即上马走，以所部兵至，逮诸敌，杀脱脱子并宗王一百二十人，遂据汗位，擢忽都鲁帖木儿为大将。

月即伯既怒巴巴之来侵，又愤也先不花利用此事而激其战，乃遣乞牙惕（Kiyates）族宗王名阿黑不花（Acbouca）者使完者都所。1315 年 9 月中，使者至帖必力思，时阿阑守边统将忽辛古列干在此城宴使者，奉盏而不起立。使者恚曰，一奴[①]坐而献盏，我不能受。且责之曰："一古列干对一宗王，应如臣仆立而献盏，汝忘祖宗之礼俗欤？"忽辛答言，使者为奉命而来，非为制礼而来也，使者无词以对。

阿黑不花至孙丹尼牙谒完者都，传达其主之词曰："若宗王巴巴系自动，则请将其交我辈处治。若系奉汗之命，则请勿再往阿阑驻冬，盖吾人将以数若沙漠沙砾之众之军队入其境也。"完者都答

① 使者曾用 Ongonoucoul 与 Indjou 等名词。

言，其犯境事非彼所命。脱知之，决不许其侵扰花剌子模。遂对使者杀巴巴与其子。越数日，厚慰使者而遣之归[①]。

去年，月即伯曾遣使奉厚赠与国书使埃及，其书以伊斯兰教传布至于中国事贺纳昔儿。蒙古汗言其国内仅余信奉伊斯兰教之人，自其即位以来，曾谕此北地诸民族信奉伊斯兰教，否则以兵讨之，其不从者皆被征服。其未死于兵者皆沦为俘虏，并以俘虏数人献埃及算端。纳昔儿乃遣使奉厚赠，随月即伯使者还国[②]。

1314 年 6 月，哈剌蛮王马合谋贝夺据科尼亚城。完者都命异密出班[③]率三万人赴鲁木讨之。次月，鲁木长官亦怜真还汗所。亦怜真者，完者都之舅父，小亚细亚突厥人之叛，盖由彼暴政之所致也。出班进围科尼亚，会鲁木有蝗灾，大饥馑。出班军中乏食，未能为长久之围攻，乃谕马合谋贝降。马合谋贝请宽限数日，俾其预备赠品出降，然在最后一日之夜，从剌朗迭道中遁走。追军至，自度不能逃，乃以殓衣系颈，手奉刀，请降。出班宥之，入据科尼亚城，已而奉汗命还波斯。先是两年前弘吉剌台子宗王忽儿迷失(Courmischi)叛于鲁木，曾命统将塔林塔失往讨，擒杀忽儿迷失及其四子[④]。

1315 年 4 月，大马司长官赛甫丁田黑儿(Seïf-ud-din Tenker)率埃及军侵入西里西亚，从阿音塔卜道进取马剌迪牙。月迭帖木

① 见剌失德书续编。

② 见诸外利书。

③ 钧案：《元史》本纪泰定元年(1324 年)11 月下，诸王不赛因言其臣出班有功，请官之。以出班为开府仪同三司翊国公，给银印金符。此事在此出班被杀之二年前，应是一人。

④ 见剌失德书续编。

儿(Eudektimour)率前锋围此城。逾三日,田黑儿率大军至。马剌迪牙之长官与法官来营请降,田黑儿许之。会月迭帖木儿拔其所攻城之一部,田黑儿因已许降,禁其抄掠。月迭帖木儿言,既战三日而以力取,不能禁也。乃纵掠,屠杀或俘虏基督教民,纵火焚城中庐舍之一部。4 月 30 日,埃及军还阿音塔卜而归西利亚。田黑儿报告其远征结果于算端,言马剌迪牙有毛织机万九千具,曾徙其织工于阿勒波。埃及军退后三日,避兵之阿美尼亚人甫出,哈黑塔、黑儿黑儿两堡之戍卒突至,围其城,杀阿美尼亚人三百,俘百人,取布帛等物无数而去。已而蒙古统将出班以兵至,缘完者都曾以马剌迪牙城封之也,乃以千人戍之,命将已受兵燹之处修复。嗣后埃及人陆续侵入西里西亚境数次。1316 年 2 月,取马剌迪牙附近之迭连迭堡(Dérendé),杀阿美尼亚戍卒约千人,虏妇孺,堕堡而去[①]。

亲王不赛因屡遣使入朝索军费。完者都索之于二相,剌失德谢以从未经理财政,从未在支付券上盖用其印信,无款可付。其同僚阿里沙语之曰:"我二人既共治国事,缘何在给付方面分别彼此?"剌失德曰:"此事因公已负责,我并未动用公帑也。"阿里沙曰:"然则自今日始,公可盖印于支付券上。"剌失德曰:"此事我不敢与闻。盖索于公者,公无以应,乃公之掾属各人皆富有百万也。"完者都聆二人辩论之词,乃命二人分治其国。以剌失德辖伊剌克阿只迷、忽即斯单、大小罗耳、法儿思、起儿漫诸地;阿里沙仍辖阿哲儿拜占、伊剌克阿剌伯、底牙儿别克儿、阿阑、鲁木等地。各以一人副

① 见诺外利书。

之。阿里沙重以二人共同钤印于支付券上一事为请，剌失德拒不允，言每有索款者，其同僚辄以无钱应之，彼不能负此责也。缘阿里沙为人长厚，为诸贪吝奸邪之人所操纵，正人不能与之共事也。阿里沙曾得罪幸臣脱马黑。一日阿里沙入对时，对汗言其清廉。脱马黑曰："公言或实。然公之掾属党羽所窃算端之帑十倍于撒都丁与其掾属。"时脱马黑之家臣周赫里觊觎相位，亦常怂恿脱马黑倾之。

呼罗珊索款之使者接踵而至，阿里沙辄以库中无钱应之。完者都询以钱在何所，阿里沙答以在剌失德所。时剌失德得风湿疾，不能出门者四阅月。完者都命出班稽核阿里沙簿籍，其担任钩考最后三年簿籍之副相二人，查出阿里沙掾属亏款三百万。诸掾属惧，求援于阿里沙。阿里沙夜见完者都，言诸掾属已将款付彼，并无亏欠，求汗弥缝其事。求之甚切，继之以泣，完者都悯之，命勿追求。翌日，语追款之异密亦怜真曰："此可悯的阿里沙，不知书算，曾以此款供公用，然忘言之。今既告我以用途，则不应再追究其事。"亦怜真转语出班，且曰："在旭烈兀与阿八哈时代，一大食人之进言于汗者，须经诸异密之许可。乃今之情形则异，一大食人敢于夜中私自进谒，一反旧例。"出班甚怒。然阿里沙即以重赂钳其口，遂不复言钩考事。阿里沙怨恨剌失德之心仍然未已，谮其托病，谮其以公帑入私囊。言之既屡，完者都意为所动。剌失德不得已纳巨金于脱马黑，请其庇护。完者都遂命二相释怨修好[①]。

1316 年，默伽王火买匝忒(Homaïzat)逃依完者都所。默伽之

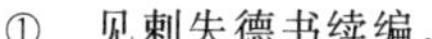

① 见剌失德书续编。

地自 1202 年来，为阿里子哈散后裔建设之哈塔答朝(Cattada)所统治。完者都时，也速丁火买匝忒(Yzz-ud-din Homaïzat)与爱塞都丁利买塔忒(Essed-ud-din Rimaïthat Ibn Abou-Noma)共治其国，臣于埃及。有默伽人与巡礼人诉二王之罪于埃及算端。1314 年 1 月，纳昔儿遣二王之弟阿不海忒(Aboul-ga th)引军往废二王。其军未至默伽，火买匝忒出走，阿不海忒遂王其国。越二月，谢遣埃及军归。已而火买匝忒复入据默伽，而逐其弟，旋遣使埃及，为纳昔儿所拘留。

1315 年 9 月，利买塔忒赴开罗请罪。埃及算端宥之，付以兵，使讨其兄火买匝忒。火买匝忒复出走，埃及军追击之，从者多殁。然火买匝忒得脱走，自伊剌克赴完者都所乞援，愿以国附。完者都命哈只底勒罕的(Hadji Dilcandi)率千骑送之返国，命于经行弼斯啰时取给军费。哈只底勒罕的至此城，取军费一百万。1317 年 3 月某夜，西利亚之阿剌伯游牧部落酋长莫罕纳之弟摩诃末(Mohammed Ibn Yssa)者，得完者都死讯，率所部四千骑来袭。火买匝忒卫卒多死，仅与哈只底勒罕的轻骑脱走，然其财货辎重皆为阿剌伯游牧部落所得[1]。有人散布流言，谓完者都曾命哈只底勒罕的将摩诃末墓旁阿不别克儿、乌马儿二哈里发之尸掘出。盖以蒙古汗奉阿里教，故以此流言诬之也。

火买匝忒逃走希札思(Hidjaz)。1317 年 5 月 29 日，埃及算端纳昔儿命二将率军往逮火买匝忒。二将至默伽，遣人往谕此王来附，随之赴算端所。火买匝忒托词无旅费不能成行。二将遣人

① 见剌失德书续编、马克剌齐书第一编。

送给旅费，火买匝忒得旅费后藏匿不出。1318 年 4 月，火买匝忒进袭默伽，逐其弟。至是在公共祈祷之中，遂以嗣汗不赛因之名代替算端纳昔儿之名。1320 年，火买匝忒为其家奴一人所刺杀[①]。

1316 年终，完者都在孙丹尼牙得风湿症，医者以禁食之法疗之，疾甫痊愈。一日入后宫，浴甚久，旋进不易消化之肉食，胃既弱，复受肉食积滞，又病。诸医生对于治疗之法意见不一，然多主用轻泻剂。然有一老医性极固执，力排众议，自承能愈汗疾，乃大进补剂。完者都疾遂大渐，而殁于 1316 年 12 月 16 日，得年三十六岁。完者都为人仁厚，不信谗言[②]。然其嗜酒，尤爱色，与诸蒙古汗同也[③]。

其棺纯以金银为之，饰以宝石，置于宝座之上。宫中与军中诸臣号哭举行丧礼，臣民服丧八日，服深蓝色衣而坐地。国中诸招唤礼拜塔与礼拜堂之讲座，皆以粗毛布覆之[④]。

完者都妃十二人，子六人（五子早夭），女三人（一女早夭），余二女皆嫁异密出班。

巴黎档案库现存有完者都致菲力帛书一件，用畏吾儿字写蒙古语。其译文如下：

“完者都算端谕富浪算端曰：昔者富浪诸算端皆与我曾祖、我祖、我父、我兄相友善，距离虽远，彼此皆视同邻国，互相传言，互相遣使，并以礼物相赠，汝当忆之。今者吾人得上帝福荫，身登大位，

① 见诺外利书。

② 见剌失德书续编。

③ 见《也里州志》。

④ 见剌失德书续编。

吾人欲遵曾祖父兄之遗教，不敢违其成规。诸祖与汝等之约，吾人仍守之，与自誓无异。彼此和好尤将胜前，彼此将遣派使臣。

“我辈兄弟因信恶臣（哈剌赤）之谗言，以致失和。乃今铁木耳可汗、脱脱、察八儿、都哇与吾人等成吉思汗诸后裔，皆赖上帝之感格与福荫，复和好如初。由是东起南家思（Nangkiyass）之国（指中国），西抵塔剌之湖，我辈之民族皆联合为一，道路复通。苟有离心者，互约共击之。

“我既不忘汝与我曾祖、父、兄之友谊，特命使者马马剌黑（Mamalac）、秃满（Touman）二人往使汝国。我闻富浪诸算端和好亲睦，实为得计。由是彼此皆可赖上帝气力，共讨扰乱我辈和好之徒。此事上帝鉴临之。七〇四年蛇儿年夏季第一月之第八日（公元 1305 年 5 月 13 或 14 日），在阿里章（Alidjan）驻所写来。”①。

① 此书原文存档库者已五百年，后经烈木撒发现，影印其文，附于其《基督教国诸王与波斯成吉思汗族诸王外交纪事》第二篇之后。烈木撒云（此书 132 页）：“此书用棉纸写，宽十八寸（pouce），长九尺（pied）余。内有字四十二行，系用畏吾儿字写蒙古语，与前件阿鲁浑书同。书上有朱印五方。其背面一端录意大利语译文，字甚细，几不可读。吾人比较二书，大小各异。盖东方人视书之大小，表示其待遇之厚薄。阿鲁浑书虽言亲好，然书甚简略，字外几无空白，仅长六尺有半。完者都书则较为尊重，约长十尺。前书仅有印三方，此书则有五方。然两书行列则仍用旧法。质言之，蒙古汗名皆抬头写，受书王名则较低。至若印文则用大篆文，其义犹言钦命帝裔招抚万夷之印。万夷云者，不仅指波斯人，兼包含基督教国与一切称臣于天子之一切西方民族而言也”。烈木撒并刊布意大利语译文于其后。以此译文与原文暨阿鲁浑书后所附 Schmidt 之译文共比较，则使臣秃满之名变为 Tomaso，并附有蒙古文所无之云都赤（Youldoutchi）官号。此云都赤盖指执刀为护卫者也。此外译文所著之年为 1306 年，地名则作 Mogano。阿鲁浑之使者是一火儿赤（couroudji），完者都之使者是一云都赤（Yldoudji），足证诸蒙古汗对于诸富浪国王并不重视。

烈木撒曰："兹二使者秃满与马马剌黑(Mamlakh)先至法国。当时接待情形，吾人完全不明，仅于其所致国书中知有其事而已，史家皆无著录。法国国王之答完者都书，亦未留存副本。鞑靼使者旋由法国赴英国，在爱都哇儿一世死后，质言之，在 1307 年 7 月 7 日后，始达英国，则距修书之时已有二年矣。"爱都哇儿二世(Edouard II)答书作于 1307 年 10 月 16 日。其文如下："吾人接悉殿下使者致先王爱都哇儿书，并聆悉使者转达之词。君与君祖父对于我父所表示之友谊，吾人甚感。今又遣使欲增进国交以续前人之好。书言赖上帝之恩佑，君等复修旧好，自东方以达于海，皆享和平。吾人闻之，无任欣慰。至若重缔海外已断之国交，吾人敢信不久将赖上帝之助，以将来之和好继前此之争端。"①

1307 年 11 月末日，爱都哇儿又致鞑靼国王书曰："苟能解除种种困难，吾人甚愿聚集全力歼灭摩诃末派之信徒。观今之势，似可图之。据吾人所闻，此邪教之经文亦预言其将灭。请君完成计划，尽除此派。兹遣里德(Lidd)主教吉约木(Guillaume)等赴汗廷传布公教，鼓励人民讨伐摩诃末派之信徒。该主教等抵君国时，希善待之。"②

观前书之内容，具见完者都之使者不惟讳言其主为穆斯林，且以完者都之名义给英国国王，请其出兵歼灭伊斯兰教矣。

观教皇克烈门五世(Clément V)于 1308 年 3 月 1 日在颇哇节(Poitiers)致完者都书，具见同一使者脱马思云都赤(Thomas Ild-

① 见 Rymer，Acta Publica 第 1 册第 4 篇 93 页。

② 出处同前 100 页。别有同日致教皇与阿美尼亚王书，嘱其善待同一传教士。

outchi)亦曾以相类之语给教皇。书云:“吾人曾接见君之使者脱马思云都赤,得其所奉书,并聆其传达之词,知君请吾人恢复圣地。待至基督教军抵其地时,将以马二十万、麦二十担饷军。此外并愿以十万骑助基督教教徒驱逐伊斯兰教敌军于圣地之外。吾人闻之甚慰。然此事必须详审如何成功之方法。脱赖上帝之助,待至气候适宜渡海之时,吾人将遣使或奉书以闻,以便殿下践约。然甚愿君归向基督之教,俾能取得天堂幸福与此世光荣。”[1]

观此书又可见罗马教廷不明东方之事。完者都自信伊斯兰教,其臣民多是穆斯林,安有以兵力财货助基督教徒恢复圣地之举?[2] 特东方之基督教徒,尤以西里西亚之阿美尼亚人希望欧洲来援之心甚切,用此法发动新十字军,则或有其事也。

---

① 见 Raynaldus 第 4 册 453 页。

② 由是可见脱马思云都赤先以 1305 年 6 月书呈菲力帛,复以内容相同之国书呈爱都哇儿。盖观 1307 年 10 月 16 日爱都哇儿答书之词,可以推测原书之内容也。脱马思必又利用其奉使之事,而请爱都哇儿出兵圣地。此据英王第二书可以知之。脱马思后至颇哇节,又以伪造之书呈克烈门五世。

第三章　不赛因

其即位——其初数年——任命——牙撒兀勒之死——宗王牙撒吾儿之据呼罗珊——阿里沙、剌失德两相之结怨——剌失德之被黜——其被杀——牙撒吾儿之叛——月即伯之从打耳班侵入——其退军——图杀出班之阴谋——数将之叛——迷纳烈答儿之战——叛人之讨平——怯伯之讨牙撒吾儿与此宗王之死——西方诸州之饥馑——禁酒——西利亚之阿剌伯游牧部酋之迁波斯——其与埃及算端重修旧好——此部酋之再徙波斯与其财产之被籍没——谋杀哈剌桑豁儿之未遂——与埃及议和——埃及算端与钦察汗之互遣使——纳昔儿求婚蒙古公主于月即伯——公主之至开罗

诸将相见汗疾大渐，遽遣使传父命往召王子不赛因，促其速莅汗所。盖诸人欲其暂与其傅舍云治分离，俾免其操纵王子，据政权而泄私恨也。时王子在祃拶答而，诸将数遣使奉迎。然不赛因诸臣皆属舍云治党，无舍云治许可，不放王子行。遂遣人赴徒思之匝迭干，以汗召其子之事告之。舍云治疑其事，且悉诸将之意不许王子行，自往祃拶答而与王子会。及汗死讯公布，仍不许王子遽赴都城，欲迁延而使诸将附己。诸将举行丧礼后，各遣其亲属一人往迎

王子,谒王子于比思塔木附近。诸将亦悉舍云治之意,欲利用出班以牵制之。出班在阿阑境内之拜勒堪闻完者都死讯,率所部军赴孙丹尼牙,诸将奉之为都元帅(Émir-ul Oméra)。舍云治抵剌夷附近,遣使名占不里(Zanbouri)者赴孙丹尼牙,侦动静,并探出班之意。出班与诸将、诸可敦等见使者至,欢接之。使者复命,舍云治乃奉幼主赴都城。

不赛因之左右欲奉舍云治为都元帅,舍云治意不欲之,乃集诸人而告之曰,既已抚育不赛因成人,尤应倍加忠忱,现王子既已得国,为安宁计,不应出此。“勿以私利误国事。设我与异密出班争此位,势将酿成内乱,应避免之。抑况我不愿离开王子,盖欲统军须在外,我体弱多病,不能任战事之劳也。”劝谕其党以后,复往见不赛因曰,虽自信有旧劳,可位在诸将上,第为王与国计,愿以都元帅职让出班[①]。不赛因嘉其让,许之。闻诸将将至,结帐以待。出班见帐下马,率奉迎诸臣,皆服黑衣,匍伏跪拜,进吻不赛因之手,旋皆上马奉之至孙丹尼牙。不赛因见父遗体,悲泣不已,致祭设食。及治丧毕,乃举行即位典礼。

诸宗王、诸可敦、诸贵人等在孙丹尼牙集大会,一致推戴不赛因承汗位。依蒙古俗,免冠,掷带项后,数拜。出班、舍云治二人各执一手,引之就宝座,散珍珠宝石于其身,时在 1317 年 4 月也。不赛因时年十二岁余,自号曰阿剌瓦都尼牙维丁[②]阿不赛亦德算端

① 案:此职突厥人名之曰 Beylerbey,犹言“别之别”也。阿剌伯与波斯史家常以异密官号称蒙古、突厥蛮玛麦里克等部之将帅。其实在此种突厥民族之中,常用之称为“别”(Bey)。蒙古人都元帅之称,似为大那颜(noyan)。

② 阿剌伯语犹言世界与信仰之庄严。

(Alaï-ud-dunia-vé-d-din Abou-Sa'ïd Soultan)。不赛因以1304年6月2日之夜中出生于别儿灰(Bercouï)之地。生后八日,以付异密舍云治与其妻斡兀立罕的(Ogoul-Candi)抚育。年五岁,其父命习骑,诸可敦、宗王、将相、贵人等皆集于异密舍云治邸前,参加习骑典礼。依星者指定之时,置王子于马上,引马首向东,从蒙古俗,执马乳一瓶,洒于马首、马臀之上。及年九岁,命之出镇呼罗珊,王子就学于其地。自斡耳朵至学,常步行,命诸师见之勿起立。习书写甫六月,以所书字样一纸送呈其父(1314年),汗命人持所书传示诸斡耳朵与诸将相邸。

新汗即位以后,遵父命以异密出班为辅①。命二相仍守旧职。出班子帖木儿塔失(Timour-tasch)镇鲁木,丞相剌失德长子火者札剌勒丁(Khodja Djélal-ud-din)综理鲁木财赋,异密亦怜真镇底牙儿别克儿,雪你台镇阿美尼亚,异密也先忽都鲁镇呼罗珊,缘牙撒兀勒在不赛因即位之前被害,兹遣也先忽都鲁继其任也。

先是牙撒兀勒将娶宗王牙撒吾儿之宗女为妇,欲纳重币以为聘礼。异密舍云治甫去,即大征税课于呼罗珊,限期八日缴齐。其征税于也里之使者二人,于拜蓝节日(Courban-Baïram)率从者五十人入此城,伤数人,余皆受拷虐,凡被逮者皆应出一百至二百底那不等。由是一日之间,竟在此城之中剥夺民财五万底那。牙撒兀勒征税以后,携金、银、宝石,饰钻石之冠、绣金之服,赴牙撒吾儿营,并献阿剌伯马若干匹、突厥奴若干人、负载酒食之牲畜三百头、

① 出班者,灭里(Mélik)之子,而秃丹八哈都儿(Toudan Bahadour)之孙,速勒都思部人也。

羊二千口。

然牙撒吾儿闻完者都死，即有谋据呼罗珊之意，曾以其事商之此州之一守将名别秃(Bektout)者。别秃以呼罗珊境内能作梗者仅有牙撒兀勒，劝其除之，缘牙撒兀勒曾因事结怨别秃与其他诸将也。先是不者死，其子阿不耶西德(Abou-Yézid)请接统其父所部，完者都许之。牙撒兀勒不奉命，且怒詈曰，不除阿不耶西德与其诸庇护人别秃、木八剌沙(Mobarekschah)、帖木儿塔失等决不休。乃以阿布耶西德所部军畀其叔脱欢(Togan)，脱欢亦答尼失蛮之子也。传檄不者旧部诸千户、百户，言阿不耶西德年幼，不能管理其父之兀鲁思，应奉异密脱欢为主，事之如同不者。诸千户、百户遂从脱欢。然别秃与庇护阿不耶西德之宗王牙撒吾儿颇恚，决谋乘机惩治牙撒兀勒。至是别秃在营设宴款牙撒兀勒。牙撒兀勒不虞其变，莅宴时，闻脱欢帐有喧哗声，别秃有部校某者，告变于牙撒兀勒，言脱欢等已被逮。牙撒兀勒偕十骑出营，伪若游行者然。行未半程之远，牙撒吾儿之士卒遽袭其帐，掠其财货，虏其从者。别秃命不者子木八剌沙率五十骑往追牙撒兀勒。翌日，牙撒兀勒行至也里附近，遇也里王加秃丁。加秃丁以粮马资之，复由是进向你沙不儿，欲于此地等待其军之至。越二日，木八剌沙率从骑追及牙撒兀勒于占姆附近。时牙撒兀勒左右仅有三十人，奋死与追骑战，马中矢倒，追者遂断其首，时在1317年3月26日也。

牙撒兀勒死后，呼罗珊诸统将若宗王明罕(Mincan)、异密别秃、木八剌沙、拜蓝沙等，或因自愿，或因势不敌，皆附宗王牙撒吾儿。会呼罗珊新长官也先忽都鲁至，牙撒吾儿遣别秃往告之，言牙撒兀勒欲害己，故杀之。

剌失德、阿里沙二相之交恶，仍如故也。时出班权甚盛，颇信任剌失德。阿里沙不自安，常进谗言，谋倾之。省中人员见二相不和，亦自分党。省中有官吏三人见剌失德，愿举发阿里沙赃迹，剌失德思久之，拒不许。三人不悦，恐事为阿里沙所闻，复往见阿里沙，与之同谋共倾剌失德。阿里沙以重金贿诸将之家臣，嘱其进谗于其主，以倾剌失德。出班之家臣阿不别克阿合（Abou-Bekr Aga）谮之尤甚。10 月初，遂夺剌失德相职。舍云治明其枉，然因病未能阻。然曾言俟病愈，将复剌失德相职。已而抱病随不赛因驻冬于报达，于 1318 年 1 月殁于此城。

春，不赛因赴孙丹尼牙，次帖必力思附近。时剌失德退居此城中，出班欲复其相职，召之至而语之曰："国之不可少公，犹馔之不可缺盐。"剌失德谢曰："我在职较诸相久，十三子皆为国服务，欲以残年修后福。"出班不许，谓将请算端降敕复其相职。阿里沙与省中诸人闻之惊惧，倾之尤力，复贿阿不别克阿合，进谗于出班，诬其曾进毒于完者都，且谓以毒药进算端者，即剌失德子酌人速勒丹亦不剌金（Soultan-Ibrahim）①。遂逮剌失德至斡耳朵鞫问。脱马黑与哈只底勒罕的出证其父子之罪，算端皆命处死。火者亦不剌金（Khodja Ibrahim）年幼貌俊，性情温和，竟面其父杀之。剌失德临死前曾云："可告阿里沙，彼杀一从未为恶之人，将必有人为我报仇。"言甫毕，底勒罕的腰斩之，时在 1318 年 7 月 18 日也。纵人民掠其家中人丁财物，籍没剌失德与其诸子财产②。以剌失德首徇

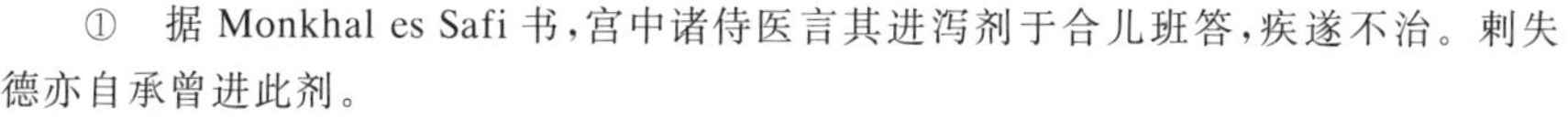

① 据 Monkhal es Safi 书，宫中诸侍医言其进泻剂于合儿班答，疾遂不治。剌失德亦自承曾进此剂。

② 见剌失德书续编。

示帖必力思城数日，且行且呼曰："是为使用上帝语言之一犹太人首。愿上帝诅之。"剌失德时年八十二岁[①]。断其四肢，分徇各地，焚其躯干[②]。剌失德倒剌维丁阿不法即勒（Raschid-ud-devlet-vé-d-din Aboul-Fazel），阿里（Ali）子阿不海儿（Aboul-Khaïr）之子，生于哈马丹城，以医术见幸于合赞，以才能致相位。有史家数人云，其人生为犹太人，后奉伊斯兰教，达观之士也[③]。

同年11月15日，出班命杀哈只底勒罕的，盖闻其与异密数人合谋欲杀己也[④]。

先是也先忽都鲁之至呼罗珊也，牙撒吾儿偕同来投之察合台系其他宗王剌好里（Lahaouri）、秃黑鲁火者（Toucloue Khodja）二人。遣使奉臣附书于算端，并由其斡耳朵诸将签名于其上。书言设若背约，将不欲复为成吉思汗之后裔，亦非摩诃末之信徒。不赛因亦以敕令付使者，重申其父与该宗王等所订之约，并对诸大臣宣誓，如诸王等守忠不贰，必保护而援助之。

然逾年牙撒吾儿即举兵叛（1318年），进至祃拶答而。同时又闻月即伯汗率重兵进至打耳班，埃及军亦入底牙儿别克儿。不赛因集诸臣议，决以亦怜真守底牙儿别克儿，忽辛往讨牙撒吾儿，不赛因自将往御月即伯。

忽辛至剌夷，闻牙撒吾儿既据呼罗珊，复进占祃桚答而。兵势甚盛，不能敌，留其地以待援。及援军至，忽辛冒大雪严寒而进。

① 见诺外利书。

② 见 Monkhal es-Safi 书。

③ 见 Messalik-ul-Abssar，《伊斯兰教王朝史》。

④ 诺外利书引 Berzali 书，谓底勒罕的（Dilcand）者，呼罗珊西模娘区之一村名。

兵至达蔑干，牙撒吾儿已退走。先是汗所得警报，张扬敌势太甚，出班欲自将兵进取呼罗珊，阅兵于拜勒寒毕，将行，闻月即伯已抵打耳班，统将塔林塔失守边军势弱不能敌，退还斡耳朵。时不赛因左右仅余士卒千人，仆隶、骡夫、驼夫之数称是，然仍进至库尔河南，沿河遍布营帐，使敌人知其军之众。出班闻算端自将御敌之讯，即舍呼罗珊不图，率二万人兼程进兵库尔。兵未至，月即伯军已退走。出班进击，斩馘俘虏甚众而还。不赛因奖其功。守边诸将见敌退走者，皆重惩之。出班杖罪重者，余夺其职，因是诸将怨之。

宗王牙撒吾儿欲利新君之幼弱，乘机占据东方诸地，且有夺国之图，曾收揽呼罗珊守将数人。别秃尤归心，颇见信任，牙撒吾儿每事必咨询之。宗王明罕者，先自河中来投，驻呼罗珊已数年。曾与拜蓝沙暨别秃所部将士谋杀别秃，拟成事以后退走徒思，往依不赛因。诸将知也里王怨别秃，曾约与同谋。也里王以百骑来助。明罕率此兵与拜蓝沙所部军夜袭别秃营，俘其士卒、妻子、牲畜。然别秃得偕亲属五人脱走，夤夜奔牙撒吾儿营。及曙，牙撒吾儿命之偕己子术乞(Djouki)与木八剌沙率七千人往击明罕，夺其营帐、妇女。回军时纵掠撒剌哈夕附近诸村。及还牙撒吾儿营，牙撒吾儿厚抚之，赐以袍服，厚偿其失，命为千户长，驻兵于八的吉思。旋自还其格儿姆昔儿之斡耳朵。

其后未久，也先忽都鲁至呼罗珊，别秃往谒。诸将以为也先忽都鲁必惩治乱首，孰知不惟不加以罪，反厚待之。且用不赛因与出班之名，以朱印文书命前此反对别秃之统将，如拜蓝沙、阿不耶西德等赴八的吉思，仍归别秃节制，由是有人疑也先忽都鲁背主与宗王牙撒吾儿同谋。

牙撒吾儿举兵之前，欲西只斯单从己，乃致书于此地之蔑力纳速剌丁(Nassir-ud-din)，言自算端完者都以呼罗珊封彼之后，此州之长官、贵人皆来委质，独西只斯单不遣使入贡。兹欲与蔑力交好，可速来见，否则进围西只斯单，将不免受兵燹之害。蔑力纳速剌丁乃遣牙撒吾儿使者数人赍厚赠与满意之答复还，留其余使者以待所征课赋之至。会有尼兀答儿部酋阿八赤子帖木儿者，劝其勿惧牙撒吾儿之威胁，彼与尼兀答儿部异密数人，将待机进袭此王，而除此地之害。纳速剌丁乃备战，杀所留牙撒吾儿使者三十人。牙撒吾儿遂进至距西只斯单十程之地，拔其二堡。虽丧失甚众，然仍进兵都会。已而闻帖木儿之谋，乃改道，突袭尼兀答儿营，杀其部酋，以此部付哈儿普思忒(Kharpoust)统率，自还其斡耳朵，而谋更较重要之军事，命士卒肥养其马，预备进取。

也里王得格儿姆昔儿、哥疾宁两地之报，闻牙撒吾儿有预备进兵呼罗珊之意。时也先不花已行，不赛因诸将留驻徒思。乃急遣使告变，俾其集合军队，收聚放牧城堡附近之牲畜，请诸将遣百人诇敌势，彼将以所得各地消息报之。然也先忽都鲁诸将不听加秃丁之言，乃曰："此大食人无事报警，牙撒吾儿不特不欲，且不敢开衅于算端也。"

1318 年 8 月中，牙撒吾儿果起兵于罕答哈儿(Candahar)，以其子术乞留守其斡耳朵，召别秃、木八剌沙暨留守八的吉思之其他诸将来会。牙撒吾儿告之曰，彼将进兵伊剌克勤土，俾不赛因不受诸将之制。嗣见诸将迟疑不决，复诱之曰，既受完者都恩，应往巩固其子之位。诸将乃从。遂与议对待也里王之策，盖若进兵，恐加秃丁袭其斡耳朵。若先进围也里，则恐呼罗珊境内不赛因军乘时聚集。别秃献议不攻也里，盖一旦占领呼罗珊、祃搒答而之后，此城可不攻自下。然须先怀柔其王，纵不亲至，或遣其亲属一人以兵来会，再不然，亦不至于视我为敌。牙撒吾儿乃致书于加秃丁，劝其从己往取呼罗珊，将以此地付之。加秃丁见书曰："此宗王渡河足履呼罗珊境内之时，我已预言其必背约为患。"乃作答书，劝其放弃企图，勿负完者都父子。呼罗珊、伊剌克两地取之不易，其势不敌不赛因军，不应视别秃、哈儿普思忒、木八剌沙等诸人为友，而使土地残破，人民流血。盖为一宗王之真正友人者，应顾及其光荣与利害。设若以为此诸将可恃，然则此辈不应先背其正主。先此八剌、都哇二王曾以较重之兵侵入呼罗珊，犹不免于败走。设其不从彼言，须待其尽服呼罗珊境内诸军，尽取其堡，击败伊剌克军以后，彼始能来降云云。

牙撒吾儿忍而不发。9 月军行也里城下，舍之不攻。留守徒思、匝迭干之诸将，虽得加秃丁之警报，毫不为备，故牙撒吾儿兵至即逃。牙撒吾儿进至祃搒答而中部，躏所过诸地，俘居民万人。谕呼罗珊诸城附己，然皆不从。

已而闻异密忽辛进兵之讯，诸将主退兵，遂于严冬之中退出祃搒答而。忽辛急进兵追蹑其后，牙撒吾儿之军朝退一地，不赛因之军即夕据之，得牙撒吾儿军所弃瘦畜与铜锡器具甚夥。

牙撒吾儿至你沙不儿境，遣军二千人往索此城币赋。居民请宽限二十日，不许，争论终日。入夜，此军出城营于附近，移时闻忽辛军队已抵距此两程之地，乃弃其营帐而逃。牙撒吾儿营于徒思城外一程之地。也里王已以牙撒吾儿进兵，呼罗珊诸将离贰及此州与也里境残破等事，报告汗所。汗命奖加秃丁，赐以袍服。出班致书也里王，嘱其出兵以扰牙撒吾儿之军。加秃丁乃遣军夺据八的吉思境内木八剌沙、别秃二人之营地。牙撒吾儿闻讯之时，适当徒思、麦失赫的（Meschhed）之长异密别都鲁丁（Bedr-ud-din）率赛亦德族来营献粮之际。牙撒吾儿适怒，不与之言。别都鲁丁等自第一祈祷时至第二祈祷时，久立亦不敢致词。已而牙撒吾儿始举目视，而语之曰："我军需粮，而我庖厨需肥羊也。"别都鲁丁请遣人往取。牙撒吾儿遣三百人往，命取羊五百口、麦粉三百担、大麦五百担及其他粮秣若干，送至占姆道上。语毕遽行。别都鲁丁领此三百人至麦失赫的，使散居城内民居之中，每家约十人，遣军分别屠之。越数日，异密忽辛军至，别都鲁丁以所得之兵马献。

入春，忽辛因军行已久，马疲，势须暂屯徒思境内。牙撒吾儿亦因同一理由屯军占姆，遣木八剌沙率六千人往扰也里。然加秃丁始闻牙撒吾儿退军之报，已命乡间居民避兵也里，藏其牲畜于城下，并命撒卜咱瓦儿、也里水、古尔等地之居民徙居堡中，征集也里、古尔、西只斯单、尼兀答儿、哈剌只、别鲁只（Belloudjes）、阿富汗诸部之军以守都城。1319 年 4 月 7 日，木八剌沙入八的吉思境，开始掠取别鲁只部之牲畜。此部人执兵以抗，复得也里援军之助，夺回一部牲畜。木八剌沙不敌，于某夜中退军十五程，求援于牙撒吾儿，请以五千人来助其围攻也里。牙撒吾儿遣其亲属名速勒丹（Soultan）者，偕别秃率万人往援，合新旧军万六千人，于 4 月 26 日进围也里。

别秃于第一次进攻后，遣司教阿不阿合马（Abou-Ahmed）往告也里蔑力，言其奉算端命治军于此地者垂二十年，从未扰及也里居民。其离算端而去者，盖因牙撒兀勒欲图己，不得不先发制之。牙撒兀勒既死，畏罪不敢归。兹为也里计，如蔑力欲免其城民受害，可将其军在八的吉思所得之俘虏放还。否则每十日必有新军至，助围其城。蔑力答曰："脱放俘虏还，必又索尼兀答儿部人；脱以此部人献，必又别有需索。我既奉算端命而俘此辈，无其命不能释之。如牙撒吾儿军尽食我国中之谷，一俟伊剌克军至，牙撒吾儿溃走以后，我将以不者一族之妇孺、牲畜售之西只斯单境中，得相等之价以购谷粮。"别秃得答书，翌日命攻城，三攻而不能克，丧士卒甚众。次日开始毁城外附近之庐舍园林。复命阿不阿合马往告蔑力，言如欲免此种毁坏，须将所俘不者五族献出，否则不使其国内有一屋一树存留。乡间居民惧其果园之毁，亦请蔑力从其要求。及使者还，别秃已率其军往投牙撒吾儿矣。

缘忽辛已得伊剌克援军之助，将进击。牙撒吾儿恐军单，故召也里城下之军还也。已而闻忽辛虽得援军之助，然在两月之内尚难作战，遂决定乘此时间攻下也里。5月13日，进至别叔阑，陆续攻城十八日，损丧士卒不少，遂止不攻，遣军蹦其附近诸地，放马食其禾稼。哈儿卜思忒等诸将数请蔑力放还不者之妻，将请牙撒吾儿拔营而去。加秃丁答曰："蝗食也里禾稼者已有七年，兹不过臆想本年又遭蝗害而已。"已而牙撒吾儿围也里城甫一月，闻忽辛进援此城之讯，乃向格儿姆昔儿退走。忽辛与蔑力合军追至梅丹哲里儿(Meïdan-Zérir)，天时酷热不能再进，始还。蔑力厚赠忽辛，以报其来援之德，忽辛亦誉其守城之功[1]。

① 见剌失德书续编。

加秃丁遣使赴阿阑报捷于汗所。不赛因闻捷报，告诸臣曰："蔑力所请者皆应降敕许之。"翌日，出班以五万底那付使者，而奖蔑力之功，蠲免也里居民一切赋税三年。以哈瓦夫、额思菲匝儿、秃莱克等地附从牙撒吾儿之诸藩主领地赐加秃丁。其经加秃丁所俘不者子之奴婢与自由人，皆归加秃丁所有。以尼兀答儿部诸异密归其节制，以呼罗珊之弓手(tcharkh-endazan)隶蔑力宫廷[①]。

不赛因年幼，难制诸将。当其自将往御月即伯之时，有数将轻其幼不从命。及出班追击月即伯军还师时，不赛因以其事诉之。出班执军法正不从命诸将罪，杖之。诸将位高者若忽儿迷失、哈赞(Gazan)、不花云都赤(Bouca Ildoudji)等恚曰："彼欲我等受制于彼。然我等之父从未隶其麾下，我等军阶较彼为高，宁死不能从彼也。"遂同谋拟杀之。不赛因还孙丹尼牙，出班散其军队，自还其驻夏之谷儿只，命其长子忽辛(Hosseïn)留守其奥鲁，自携随从甚少，进向阔扯田吉思(Gueuktché-Tenguiz)。诸结谋者见有机可乘，遣精骑往袭。有将名哈剌脱海(Cara-Togaï)者奔告于出班。犹不信，遣二将往觇之，为忽儿迷失所擒杀。麾兵亟进。出班待二将还报，不为备。有人劝其为慎重计宜出走，乃乘夜赴其奥鲁。夜半追者至其前营地，杀数将，掠其帐，不得出班。翌日，循迹追之。追及，与战。出班以人少不敌，偕其子忽辛逃。日中至一草地，有炙羊而食者，延出班父子食，辞之，疾行。脱马黑弟阿剌思(Aras)率追兵五十骑至炙羊之所，食其羊，以是出班得免。

出班至纳黑出汪，乞援于蔑力即爱木勒克(Ziaï-ul-mulk)。蔑

① 见《也里志》第 7 篇第 5 章。

力辞不能以兵助，仅以口粮献。后此出班忆其事欲杀之，献十万底那始得免。时丞相阿里沙因建一礼拜堂适在帖必力思，闻出班遇变，亟引骑兵赴之，遇出班于蔑连的，为迎归帖必力思。此城居民欲为之援。然出班不欲留，即日与阿里沙赴孙丹尼牙，命两将名锁咬儿哈的迷失（Soyourgatmisch）、忽必来（Coublaï）者守此城，逐日以敌讯来报。

忽儿迷失等说统将亦怜真使从己。亦怜真因出班夺其所辖之底牙儿别克儿以畀雪你台，亦恨出班，乃附忽儿迷失。诸人冀夺政权，伪言奉不赛因命，令亦怜真、忽儿迷失杀出班与附出班者。受其惑者甚众，其势遂增。诸人又在纳黑出汪、帖必力思间营中遣使告变于算端，言出班已叛，彼等不得不往平其乱。使者先出班至孙丹尼牙，诣亦怜真子洒克阿里（Scheïkh-Ali）所。时洒克阿里颇得幸，始欲杀出班子的马失火者（Dimaschk Khodja），旋思应以其事先陈算端。有人劝不赛因须先审其真伪，的马失火者遂未被杀。

翌日，阿里沙至。盖出班闻流言，谓其敌奉算端命来讨，不自安，命其先至，以释主疑也。阿里沙入见不赛因，力承出班之忠，乃召出班，出班至孙丹尼牙，遂面陈其敌之谋。

诸同谋者至帖必力思附近，始欲先掠此城以饷军，既而恐失人心乃止。进至乌章，锁咬儿哈的迷失兵少不能敌，奔还孙丹尼牙告变。不赛因进兵讨之。自与出班二相将中军，命阿黑桑豁儿率所部埃及人隶左翼，至距敌兵一日程之地。完者都妃忽都鲁沙可敦，亦怜真女也，请屯兵于此，遣使谕其父止兵，算端从之，停兵于占干（Zengan）。然使者还报亦怜真拒命，乃复进兵。翌日，在迷纳烈答儿村（Minaré-dar）附近见敌，两军彻夜未下骑，当此危难时间，忽都鲁沙可敦又劝其父来降，担保必赦其罪。亦怜真答曰："然则明日算端可举白旗，以为罢兵赦罪之信。"可敦喜，以陈不赛因。翌日既举白旗。亦怜真见之骄甚，以为不寨因惧不敢战。召忽儿迷失至而语之曰，算端军不足一战，遂进攻，以为必胜可得国也。

至是出班命杀亦怜真子洒克阿里，植其首于矛上，呼曰："为算端敌者如此首。"亦怜真见之，悲愤交集，虽年老，奋突敌阵，杀战士数人。其妻奇赤黑（Kitchic）持刀随其后，勇武异常。两军既接，父与子战，兄与弟战。算端军先却，不赛因乃亲出突击，诸将从之。叛党遂败。奇赤黑阵殁，擒亦怜真于加吉忽难（Kiaghidkunan）村中。得脱者，忽儿迷失与其子奥都剌合蛮（Abdour-Rahman）及不花云都赤、出班哈剌乌纳思（Tchoban Caraounas）四人而已，余皆被擒或被杀。

战毕，立帐于战场。算端祷谢上帝毕，诸将献俘。先杀阿剌思及其亲属，送亦怜真、脱马黑、也先不花（Issenboca）至孙丹尼牙。悬之钩上，置薪于其下焚之，族其家，虽在远地者亦不免。

统将雪你台闻乱事，自底牙儿别克儿赴算端之斡耳朵，路擒逃亡之四异密。立杀三人，送忽儿迷失至孙丹尼牙伏诛。雪你台奉命还镇[①]。

---

① 史家诺外利在其埃及年历七一九年下述此事较详。兹录其文如下：塔只乌丁阿里沙先出班至汗所，誉出班事君之忠，谋国之诚。其敌因羡嫉与野心而谋乱，欲害出班而揽大权。亦怜真自以系出帝胄，可跻汗位。不赛因闻其言，为所动，许出班来汗所。出班入见，系殓衣泣曰，彼等杀我诸将，夺我所受恩赐之金，毁我名，兹来请死。不赛因言不特无罪之之意，且悉其敌妒其宠，致举兵图彼，并图算端。出班乃请讨之。算端命以殁于阿音札鲁特一役之怯的不花那颜之子塔思（Taz）所统万骑归其节制，埃及降将哈剌桑豁儿率所部埃及军三百人从。不赛因亲自出征，俾出班知其袒彼而不袒其

不赛因作战甚英勇，遂在公文中加尊号曰八哈都儿汗(Bahadour-Khan)，犹言勇汗也。其事之经过在 1319 年 6 月。已而不赛因驻冬于阿阑境内之哈剌巴格(Carabag)。先是 1304 年完者都

敌。忽儿迷失、亦怜真、脱马黑之追逐出班于帖必力思道上也，帖必力思城恐纵掠，闭城不纳，然其长官哈只(El Hadji)奉酒食以饷军，忽儿迷失等索金七万底那(值六答剌黑木之底那)，罚其不应从阿里沙往迎出班，并闭城不纳之罪也。即日行，过占干，至一名曰迷纳烈村附近，与出班军遇。亦怜真见算端旗帜惧，与诸将议进止。忽儿迷失曰，应一战，算端实袒我辈也。两军既布阵，忽儿迷失使人给出班，言其将来降，请举旗为信。出班从之，然恐中敌计，去他所。忽儿迷失见旗，以出班在旗下，遽进击，双方殊死战。异密塔思、埃及人哈剌桑豁儿战尤勇，亦怜真等遂溃走，其军多投算端旗下。擒亦怜真、忽儿迷失、脱马黑等，送至孙丹尼牙，命诸断事官鞫问其罪。诸人皆答曰，奉不赛因之命而行。忽儿迷失且语出班有使者二人奉不赛因命，命我杀汝。出班召二使者至询之，使者言有其事。不赛因不认有其事，命罚其罪如同诬枉其主之人。遂依成吉思法令咸处死罪。至是亦怜真出一纸示不赛因曰，此为汝命我杀出班之手谕，遂大骂不赛因。缘其为算端母之诸父，故敢于出此。不赛因不认有此手谕，语出班曰，此辈既叛我，而又谋汝，可依法令治之。出班奉命，先害亦怜真，欲其受苦，钩其肋悬之。亦怜真仍骂不止。欲割其舌不能得，乃以铁条贯其上下颚。陈尸二日，割其首以徇呼罗珊、阿哲儿拜占、伊剌克、鲁木、底牙儿别克儿诸地。忽儿迷失、脱马黑并悬于钩杀之。——我得此事于司教阿林木丁别儿匝里(A'lem-ud-din el-Berzali)之书。而此书又系得之于额儿比勒人摩诃末(Mohammed Ibn Abou-bekr el-Cattan)者。嗣后有商人阿剌丁阿里(Alaï-ud-din Ali)自孙丹尼牙来为我述此事，与前说相类。据云，出班往讨诸异密时，我适在此城。自 6 月 1 日(七月二十日)迄 10 月末日(十二月初)，计杀三十六人。夺其财产，偿其失而有余。陈亦怜真之尸三日。同时死于钩下者，有脱马黑与其弟额儿色蔑(Erssémé)及异密别秃(Bektout)。翌日亦速甫不花(Youssouf Boga)与其弟及异密亦买(Youmaï)结局亦同。第三日杀脱马黑之二子，皆年七岁。第四日杀亦怜真之一子维法答儿(Véfader)，时年十五岁。别有一子名阿里(Ali)者已殁于阵，曾断其首掷之其母乞黑失(Kikhschek)怀中。乞黑失者，算端阿合马之女，适在战场，被擒送至不赛因所，命以马踏杀之。第七日，擒阿里纳克子忽儿迷失至，割其下颚，以尖帽名秃儿秃儿(Tourttour)者冠其首，钉其身，以徇孙丹尼牙城中，旋送至出班所，乱箭射杀之。自呼罗珊逮其弟至，甫至即杀之。合儿班答妃忽都鲁沙可敦，亦怜真之女也。不赛因罪彼曾进毒于其父，欲杀之，赖丞相阿里沙救免，以配出班子火者的马失。以脱马黑之妻配怯的不花那颜子塔思，并以塔思代忽儿迷失镇塔拔里斯单(Tabéristan)，焚诸罪人之尸。

以女都连的下嫁出班，至是死，又请不赛因以其姊撒迪别（Sati Bey）妻之，不赛因许之，遂于9月6日举行婚礼。

次年怯伯平牙撒吾儿，东方之患遂除。先是也先不花死，其弟怯伯继承河中、突厥斯单汗位。怯伯与牙撒吾儿旧有仇，见其侵入呼罗珊、伊剌克两地之失利，乃命宗王数人率四万人往平之。先以其事通知呼罗珊长官异密忽辛，请以军来助。忽辛率所部二万，会同也里、西只斯单两王之军二万，共步骑四万，进取罕答哈儿。然军次哈儿森克（Kharsenk），察合台系诸王遣使来报牙撒吾儿已平。

诸王进兵至距牙撒吾儿营十程之地，遣密使往召牙撒吾儿所部诸将来降。诸将议久之，始决定两军接战时即弃牙撒吾儿而去。牙撒吾儿未悉诸将之谋，大犒其军，励之进战。两军甫接战时，牙撒吾儿之士卒杀牙撒吾儿之谋士长别秃而投敌。牙撒吾儿挈其妻子随从二百人逃（1320年6月），诸王遣千骑往追。第三日追及，久战擒之，立杀牙撒吾儿。越三日，怯伯军挈牙撒吾儿家属及俘虏捕获品甚众而还河中[①]。

1318年，北方底牙儿别克儿、美索波塔米亚、曲儿忒斯单诸地大饥，人民多迁徙，死于饥馑疾病者甚众，以尸为食。卖子女，一幼童值五至五十答剌黑木，多为蒙古人所买。顾不欲购伊斯兰教民之子女，母之欲售其子女者，乃冒称为基督教民。马儿丁、哲吉莱特（Djéziret-ul-Omar）、毛夕里、额儿比勒等城居民遂以耗减，伊剌克阿剌伯亦受其害。先是底牙儿别克儿、辛札儿两地有蝗灾，1318

① 见剌失德书续编。

年春继之以大旱，至1319年春，灾遂成矣①。

1320年8月，孙丹尼牙附近大雨雹，每粒有重十八答剌黑木者，死畜甚夥。继之以水灾，城内淹没。人大惧，求天佑。不赛因询灾源于诸博士。诸博士以为暴政扰民与违犯教律所致，其尤悖者，礼拜堂、学校、道院附近酒店之存在。由是不赛因禁止国中开设酒店。孙丹尼牙之酒商皆应将酒送至堡下，所聚之酒万余桶。丞相塔只乌丁阿里沙自率掾属倾之于堡下濠中，引火焚之。火延不绝者二日②。同时不赛因废止谷税。

不赛因之初即位也，欲与埃及算端修好，埃及算端纳昔儿亦报以修好之意。然波斯常收容埃及降人，埃及未免有怨言。异密忽撒木丁莫罕纳者，自1284年其父舍里甫丁爱薛死，算端哈剌温命其袭父职，为西利亚之阿剌伯游牧部落酋长，嗣因曾助叛人异密哈剌桑豁儿，不敢入朝。算端纳昔儿虽屡致书，赐封地，并厚赉其子弟亲属，然顽强愈甚。1316年5月，纳昔儿见未能羁縻之，乃命忽撒木丁之弟叔札乌丁法即勒(Schudja'-ud-din Fazel)代其掌所部，依例赐袍服。忽撒木丁遂徙伊剌克阿剌伯，自报达诣完者都之斡耳朵。完者都厚待之，赐以封地，许其在国中来去自由。忽撒木丁不乐居波斯，又还西利亚，复归命于埃及算端。1317年，埃及算端纳昔儿复其职，召之入朝。然忽撒木丁恐见罪，不敢行。屡遣使召之，忽撒木丁疑算端有他意，益以纳昔儿厚赏阿剌伯游牧部落

① 见诸外利书。

② 诸外利书云，据阿林木丁别儿匝里之El Moctafi书转录。此书又云：有毛夕里商人自孙丹尼牙赴帖必力思，见街市所倾之酒较孙丹尼牙为多，复至毛夕里，见所倾之酒更多。

人，尤增其疑心。1320 年 4 月，算端遣军往征西里西亚，忽撒木丁疑此军来图己，复挈其家属与法即勒部之人徙伊剌克阿剌伯。纳昔儿遂籍没诸逃人之封地，命异密苫思丁摩诃末（Schems-ud-din Mohammed Ibn Abou-Bekr）为阿剌伯游牧部落酋，驱莫罕纳家属于西利亚境外[①]。

纳昔儿甚怨哈剌桑豁儿，欲杀之。1320 年，西利亚、马西牙（Massiat）之亦思马因派教主命亦思马因派三十人效命于埃及算端。纳昔儿遣之往帖必力思刺哈剌桑豁儿。诸刺客中有一人举发其事，哈剌桑豁儿执刺客数人杀之。已而乘马外出，有刺客一人击之不中，亦被杀。汗所闻讯，以为刺客不仅欲刺哈剌桑豁儿，且欲刺杀不赛因、出班、阿里沙与诸重臣等，遂日事警备。闻不赛因闭居十一日不敢出。出班怒责埃及使臣马只德亦思马因（Madjd Ismaïl es-Sélami）曰："汝常以赠物来献，名为修好，实欲亦思马因派人便于行刺也。"胁之以死，命逮禁之，然丞相阿里沙释之。已而又闻亦思马因派刺客持刀谋刺报达长官，未中而自杀[②]。出班甚惧，乃决与埃及人缔约修好。不赛因遣使赴开罗，先遣埃及使臣马只德还。埃及闻不赛因使者至，命大马司、阿勒波之长官以礼接之。使者抵开罗，呈国书，述欲修好意，惟附以若干条件：埃及政府勿遣刺客至蒙古属境，两国皆不索逃人。不再遣阿剌伯或突厥蛮人侵入蒙古属境。两国通行自由，以便商人往来无阻。巡礼人每年自伊剌克赴默伽巡礼者，各执著录各算端名之旗帜为志。埃及

① 见诸外利书。

② 马克利齐书云，算端曾遣亦思马因派之效死者甚多，往刺哈剌桑豁儿，皆未中，而为无益之牺牲。其被执死于刀下者，有一百二十人，而不知所终者尚未计焉。

不再要求引渡哈剌桑豁儿。纳昔儿与诸臣议，许据此条件修好。命预备赠品赠送算端不赛因。埃及人闻不赛因禁酒、禁娼、逐歌女舞人、废外国商人税、毁帖必力思附近之基督教堂，兴复伊斯兰教礼拜堂等事，颇以为然，亦仿之禁酒、禁娼[①]。

自从旭然兀与别儿哥失和以后，埃及诸算端与钦察诸汗不断遣使修好。1314 年 4 月，月即伯遣使至开罗。东罗马帝亦依旧例遣使以从。埃及算端亦遣使二人使月即伯所，1315 年终偕新使还。1316 年纳昔儿遣使奉重馈往求婚于月即伯，请以成吉思汗族公主一人嫁埃及算端。使臣奉书后，请独对。月即伯命译人传言，有他事可对诸异密言之。由是集异密七十人，召使者至，使者述请婚之意。诸人闻之甚恚，以为此事自成吉思汗以来从未有之，缘何以公主渡七海而嫁异国，初不许婚。翌日，诸人受使者馈，意乃变，遂许婚，告使者曰："历来诸国国王皆曾求婚汗女。埃及大国应许之。惟须待四年：第一年议婚，第二年请婚，第三年互致聘礼，第四年成婚。"此外应以金百万底那、马匹甲胄及其他物品为聘礼。埃及算端应命异密数人偕其妻女来迎公主，别有未能承认之条件若干，其事遂罢。

两国嗣后虽有使臣往来，然纳昔儿不再提请婚之事，国书中仅致寒暄之词而已。后异密赛甫丁(Seïf-ud-din)使钦察，献绣金饰宝石之王袍，月即伯衣此袍，复言及婚事，谓将以别儿哥汗女嫁算端纳昔儿。使臣言其事大，未请命不敢答。月即伯言将送公主往，使者不能拒，婚遂定。月即伯命使者纳聘礼，使者言未奉币来。月

① 见马克利齐书第 1 篇。

即伯命商人以金贷之。赛甫丁得二万底那,以献月即伯。月即伯复欲使者宴诸可敦,赛甫丁复又借七千底那以供宴费。1319 年 10 月 17 日,使者偕贵妇数人与萨莱城之法官奉公主登舟,历经险阻,于 1320 年 4 月抵亚历山大港。埃及以金帐舆迎公主。算端命侍臣数人以舟十八艘奉之至开罗。副王赛甫丁阿儿浑(Seïf-ud-din Argoun)率玛麦里克部诸主将迎之于河畔,以轿舁公主至别宫,入绸帐进食。三日后,埃及算端接见月即伯汗、东罗马帝、谷儿只国王之使臣,以骡车迎公主自别宫赴山堡中。算端为公主特建一宫,宫式之丽,为前此伊斯兰教诸国所未见。8 月后,订婚约。算端付三万 mitscals,前贷之二万底那应在此数内拨还。9 月,纳昔儿厚赐月即伯之使臣与公主之从者而遣之归,并致厚馈于月即伯汗及其诸近臣[1]。

① 见诺外利书。

第四章

鲁木长官帖木儿塔失之叛——与埃及缔结和约——埃及人与鲁木人之残破西里西亚——罗马教皇之为阿美尼亚人乞援——教皇约翰二十二世致不赛因之二书——西里西亚之重受残破——埃及算端许西里西亚王休战十五年——丞相阿里沙之死——其二子之继执国政——其被黜——鲁克那丁赛因之执政——出班侵入打耳班之北——不赛因之恋出班女报达可敦——答儿麻失里之侵入呼罗珊——不赛因之不满出班——的马失火者之被杀——不赛因之谋除出班与其党——出班自呼罗珊进兵伊剌克——调停之无效——出班军一部分之携贰——其逃——其走也里——其惨死——不赛因之娶报达可敦——出班遗骸之迁葬默伽、默德那——出班长子哈散之结局——鲁木长官帖木儿塔失之投埃及——不赛因之要求引渡——帖木儿塔失之在开罗被杀——哈剌桑豁儿之死——出班子洒克马合谋之被杀——剌失德子加秃丁之执政——不赛因舅父阿里帕的沙之叛——纳邻脱海之阴谋——其谋杀丞相加秃丁之未遂——纳邻脱海之被逮与被杀——异密洒克哈散之见疏——其被任命为鲁木长官——谋刺法儿思长官案与罪人之惩罚——不赛因之死

1322 年,出班子鲁木长官帖木儿塔失自立为汗。铸货币,列其名于公共祈祷之中,自命为世界末日应出现之救世主(马哈的)。遣使埃及告纳昔儿,谓将略定波斯,请以兵来助。出班闻讯大惊愕,请算端许其往讨其子,如顺命则执之以献,否则以首来献。是冬,率重军行。帖木儿塔失欲与父战,诸统将、法官、教长等皆劝其息兵,强之往见出班。出班执系之,杀其子之亲信数人,系帖木儿塔失以献算端。不赛因念其父有功于国,宥之,已而复命其为鲁木长官。

1323 年,波斯与埃及和约成,在帖必力思礼拜堂讲座公布。埃及异密亦忒迷失(Itmisch)以不赛因、出班、阿里沙守约之誓书归埃及。不赛因遣使臣赴开罗接受算端纳昔儿之誓书。自是以后,两国常互遣使以睦国交[①]。

不赛因与埃及修好,兼为西里西亚请息争。盖西里西亚甫受埃及之残破也。先是 1320 年时,勒文五世(Lévon V)继承其父斡苹之位为西里西亚国王,年仅十岁。拜勒斡苹(Baïle Oschin)监国,娶王母为妻,而以己女为后。时与埃及休战之期已满,勒文请依同一条件重订休战之约,然纳昔儿要求将算端刺真时代阿美尼亚人所取之数堡交还,阿美尼亚人仅许交还一堡。纳昔儿遂命特里波立长官失哈不丁哈儿台(Schihab-ud-din Carttaï)率一军侵入西里西亚。军渡只罕河,溺毙骑士千人,分军蹦西里西亚各地,共十七日,得捕获品而还。时在 1320 年 6 月也[②]。

---

① 见马克利齐书。

② 见诺外利书。

勒文五世与拜勒斡莘求援于教皇。约翰二十二世(Jean XXII)答以欧洲诸国国王适在互相争战,不能援救东方,彼将遣若干军队来助。然其军未至以前,纳昔儿闻勒文求援欧洲以御埃及之讯,乃授意于帖木儿塔失,使以蒙古军侵入西里西亚。时此国不虞蒙古军之攻入也,因是国境受躏,被杀与被俘之人甚众。嗣后有一突厥异密名乌马儿(Omar)者,复侵入此国。其军所过,城市为墟,杀居民甚众,掘墓求宝而焚其骸,烧禾稼与仓谷,掠牲畜,残害小阿美尼亚共二十五日,始携所掠之物退走。后未久,埃及军又至,取数城,焚阿答纳,平其堡,掠物甚多,俘二万人去。阿美尼亚境内诸藩主不合力以卫其国,反互相争战,致罹此难。教皇约翰二十二世致书欧洲信徒,励其以兵与财赴阿美尼亚人之难,命在一切教堂之中为盛大之祈祷,醵金以助持十字赴难之人。教皇并以金助勒文征集军队。又于 1322 年 7 月 13 日致书于不赛因,历言其祖先常与阿美尼亚诸王结同盟,助其抵御突厥与其他诸敌,兹冀其遵前人之例,援助阿美尼亚国王,俾保其国。

约翰二十二世乘机鼓励不赛因改从基督教。其 7 月 12 日致不赛因书,历举以前诸汗与基督教国诸王友好之事云:"吾人常闻君之祖先迭遣使向罗马教皇与圣座表示敬意,并使同一使臣致书于富浪诸王表示友好。前任诸教皇与诸基督国王曾以礼待使者,君之祖先与诸国王且互致馈赠。脱君遵先人之例,亦遣使来,吾人实无任欢慰也。"①

① 见 Odor. Raynaldus 第 5 册 198 至 199 页。此书中蒙古汗名写作 Boyssethan,盖即 Bou Saïd Khan 之讹写也。

教皇约翰二十二世曾在 1318 年 5 月 1 日任命曾经传教东方之 Francois de Pérouse 为孙丹尼牙大主教,命之管理不赛因国中之公教教徒。兼辖海都国内以及额梯斡皮、印度等国之公教教徒。以主教六人属之,命之即赴波斯[①]。1323 年继此大主教之任者,为 Guillaume d'Ada。然波斯自从蒙古人改从伊斯兰教之后,其基督教徒重处卑境,与在从前受旭烈兀、阿八哈、阿鲁浑诸汗保护之时代迥乎不同矣。

西里西亚王勒文求助于不赛因,不赛因遣军二万人往援,并请埃及算端与勒文息兵修好。蒙古军未至,小亚细亚有盗众侵入西里西亚,取阿牙司城。先纵掠,继焚之。国中大受其害。已而阿美尼亚人之总主教 Constantin 赴埃及,与纳昔儿议定修战十五年之约。及蒙古军抵西里西亚境,此约已成矣。

1324 年丞相塔只乌丁阿里沙死。先是波斯诸蒙古汗之相皆不得其死,惟阿里沙得善终。算端甚爱之,曾临视其疾。既死,命其二子代之。二子不相能,省官亦分党。二子争既烈,遂并黜之,献其父与彼等之一切财产,始获保首领。

命鲁克那丁赛因(Rokn-ud-din Saïn)为相。新相之祖父为花剌子模沙摩诃末之军监及札阑丁之重臣。鲁克那丁初隶于出班,谋相位,乃结合出班之诸家臣,以大利饵之。诸家臣进言于出班曰:自开国以来,常由异密中之权大者援引其党为相,如阿鲁浑时代斡耳朵海牙之引撒都倒剌,乞合都时代脱合察儿之引撒都鲁丁,合赞时代纽璘阿合之引撒都丁撒儿赤,完者都时代异密忽辛古列

① 见 Odor. Rayn 第 5 册第 79 页。

干之引阿里沙，皆有先例。我主位不下于此数异密，似可引鲁克那丁赛因为相。出班从之，乃荐之为相。然此新相未久即证明其无能。

出班因月即伯之逾打耳班来侵，常欲报之。1325 年乃率重兵侵入打耳班之北，纵杀掠。进至帖莱克河畔，得俘虏财物甚众而还。

时不赛因已年二十一岁，见出班与其党专政，颇忌之。先是不赛因在 1323 年时，见出班女即洒克哈散（Scheïkh-Hassan）[①]妻报达可敦（Bagdad Khatoun）貌奇丽，欲得之。案蒙古俗，自成吉思汗以来，汗欲纳其臣之妇者，臣下应献之。不赛因曾命其亲信一人以其恋报达可敦事告出班。出班既惊，且以为难，婉词拒之，冀不赛因之远离可以开解其恋疾，乃于冬初劝其离乌章，而驻冬于报达。不赛因不得已从之，遂赴报达，出班遣其婿与女赴哈剌巴格。

不赛因至报达，恋报达可敦更甚，鲜出帐外游，少见入谒之人。出班欲以猎娱之，算端仍郁郁不乐。出班询其故，不赛因谓因其子的马失火者耗费太多语言不敬所致。出班召其子至，命慎其行以博主欢，勿放佚，斥去左右恶人。的马失答言，自亦知其见疏，然以由丞相赛因诬谤所致。“此人因吾辈而跻高位，今忘恩，进谗于算端，谓出班与其家属独在国内为所欲为，无人有权与抗。”时丞相赛因已晋号曰蔑力讷思莱都丁阿的勒（Noussret-ud-din Adil），既无能，且忌出班与其党权重，屡谮之于算端，谓其尽以公帑入私囊，库

① 案：此是大那颜洒克哈散，札剌儿部（Djélaïres）人亦勒罕（Ilkan）子阿黑不花八哈都儿（Acbouca Bahadour）子忽辛古列干之子也。

中存金甚少，无其命不得动用，彼虽贵为丞相，不能动用一底那。此时不治此弊，将来恐已晚矣。言之既屡，不赛因为所动，益以不赛因每骑而出，必有无数叩马来诉之人，皆言民生凋敝，皆因出班党恶政所致。

当时呼罗珊戍兵甚寡，恐及春河中之蒙古军来侵。冬末，出班即从报达挈丞相赛因率军赴呼罗珊，以统将月古伦赤（Ekrendj）、也先忽都鲁、算端舅父阿里帕的沙（Ali-Padischah）之弟摩诃末（Mohammed）等分统此军，命数将屯驻八的吉思境内。出班至也里，可汗有使来，赐以袍服与奖敕，命之为伊兰突兰之都元帅，出班以贡品付使者而遣之归[①]。

河中汗答儿麻失里果逾阿母河来侵，为出班子忽辛败于哥疾宁附近，退还其国。忽辛获胜后，残破哥疾宁城，居民大受虐毒。是役在 1326 年秋季。敌军既退，忽辛还也里至父所。

出班与丞相赛因在外之时，的马失火者代执国政，然以政事委之于亲信四人。四人诱之为恶，遂无恶不作，夺民财，擅杀人，强奸妇女儿童。算端知之，然无权制出班之子。

1327 年春，不赛因还孙丹尼牙。的马失火者骄恣既甚，且迁怒及于请谒算端之人。不赛因不能忍，欲除之，与宽彻思哈忒（Goundjouskat）[②]、纳邻脱海、塔失帖木儿（Tasch-Timour）等合谋图之。会有人发现的马失火者与完者都之旧宫嫔晃忽台（Councoutaï）私通，常密与之会。不赛因命人侦之。及闻的马失

① 钧案：《元史》本纪泰定元年（1324）11 月诸王不赛因言其臣出班有功，请官之，以出班为开府仪同三司翊国公，给银印金符，应指此事。

② 不赛因之母族。

火者又密往内城晃忽台所，遂命人往捕杀之。然的马失闻报不敢出内城，遣人游说诸将使从己，诸将无一应者。次日，不赛因遣兵围内城。

时戮群盗，献首于孙丹尼牙。不赛因令人伪云出班与其党在也里伏诛，是为其首。的马失火者闻其父死，乃率仆从十人骑骏马突围出逃，鲁鲁阿合（Loulou-Aca）追至维儿的罕村（Virdgan）附近擒之。密昔儿火者（Missr-Khodja）欲杀之，的马失祈执之往见算端。鲁鲁亦言此囚非常人，无算端命不可擅杀，命密昔儿往请命。密昔儿遽归报，以算端之指环至，遂斩的马失火者，悬首于孙丹尼牙之一门，并杀其亲信四人，听人掠其一切财产[1]。

1327 年 8 月 25 日，不赛因杀的马失后，欲不待出班之举兵，先发制之。乃密谕自以为堪信任之月古伦赤、也先忽都鲁、涅鲁思（Nevrouz）等将，言已诛的马失，命勿待出班得讯，先杀之。且告以已遣一军往讨出班二子帖木儿塔失、洒克马合谋，并命各地尽杀出班之族。

呼罗珊诸将得密使赍来之算端手谕，惟诸将习从出班已久，不敢图之。乃共至八的吉思见出班白其事。出示算端手谕，为之抱不平，愿助之举兵复仇。诸将退出后，出班与其子哈散及诸家臣议。哈散曰："不赛因既为我辈之敌，除举兵外无他法，诸将似许效

① 的马失火者有四女：长女的勒沙可敦（Dilchad Khatoune）为不赛因妃，不赛因死后五月产一女，幼殇。复嫁大那颜洒克哈散，生二子，曰怯马丁脱丹（Kématdin Todan）、曰速勒丹乌外思（Soultan Ouveïs）。次女速勒丹八黑惕（Soultan-bakht），嫁洒克哈散子异密亦勒罕（Ilkan）。亦勒罕死，复嫁异密马速忽沙英术（Mass'oud-schah Indjou）。三女典的沙（Dendi-schah）嫁异密洒克阿里忽失赤（Scheïkh-Ali Couschdji），生异密密昔儿灭里（Missir-Mélik）。四女名阿林沙（Alem-schah）。

命，然其言不可恃。为保命计，应悉杀之。呼罗珊既属我辈，起儿漫、法儿思之赋税可以取给，则应进兵以抗不赛因。帖木儿塔失已据鲁木，马合谋又在谷儿只，可以三面围攻也。”出班以持权久，国中无足畏者，不从其言。先是出班以丞相赛因屡谮其子的马失火者于算端，恐其复为患，乃携之至军中。至是忆其过，遂杀之以祭其子。

出班集诸军得七万人，率之进取伊剌克。时不赛因亦起兵，底牙儿别克儿长官雪你台、统将倒剌沙（Dévletschah）、阿里帕的沙暨其他守边诸将一闻的马失死讯，皆率所部兵进援斡耳朵。不赛因遂率诸军出孙丹尼牙讨出班，进至可疾云之原。

出班进至徒思之麦失赫的，使诸将在此圣地宣效忠之誓，复进至西模娘，军行所过，纵掠居民。在西模娘大司教阿剌倒剌（Alai-ud-devlet）之礼拜堂中召集诸将，命重在大司教前宣誓。请此司教往与算端议和，嘱语不赛因，言其效命于不赛因与以前诸汗为年已久，自信无罪可致其主之怒。脱的马失火者有罪当诛，算端公正，不可株连其无罪之父与其诸兄弟。然闻杀的马失者非算端意，乃他人所为，其事果实，则请送罪人来，俾鞫问，然后请算端罚其罪。又嘱司教，除杀子之诸人外，可遍谒诸将相，托其为之解。

不赛因礼接司教，见其至为起立，延之坐，司教请宥出班。算端集诸将答曰：“的马失火者之骄倨，出班之权势与野心，皆已过分。我姑息已久，冀其改悔，忆我父祖之恩。然我愈容忍，而此辈愈骄恣，以罪加诸重臣，任意处分国帑，故欲讨之。脱其诚欲悔过，可独来见，我将指定一处，俾其以终余年，否则只有一战而已。”

司教再三为之解，并引证《可兰经》文，对于诸将之反对者，皆婉答以平其气。最后诸将曰:“脱算端宥出班,则应尽黜我辈,髡我辈之须发,投之远方,俾不受其害。否则彼若至,我辈亡无日矣。”司教复进言,算端拒不纳,遂不得要领而去。

出班乃继续进兵,蹂躏诸地甚于敌兵。进至忽哈儿(Couhar),距算端营仅一日程。时算端军畏出班军,不敢与敌,幸有出班诸将熟计利害,以为不应附一哈剌赤而抗正主,遂于夜半率所部三万人至忽哈儿投不赛因。及曙,出班见诸将逃,而留者亦不足恃,悔未从其子之言。遂挈诸妻亲属,弃其辎重,取道沙漠,欲还呼罗珊。仅月古伦赤、马合谋也先忽都鲁(Mohammed Issen-Coutlouc)两将从之,其士卒皆投算端。

逾三日行至撒维附近,出班见其二妻黑儿都真(Kerdoutchin)、撒迪别不能从之行,乃遣之携其幼子舍不儿干失剌(Schébourgan Schiré)[①]归于算端。撒迪别,不赛因之姊也,舍不儿干失剌为其所出,时年甚幼。出班自携其与都连的可敦所生子札老罕(Djélaoukhan)与宝石多匣、马驼数骑,走塔拔思。每经一站,随从辄减,仅余十七人,进向突厥斯单。及至木儿合卜河畔,又变计,欲逃也里,因于蔑力加秃丁旧有恩,拟往依之也。有谏者言,也里城为杀害涅乎鲁思、答尼失蛮之地,非避祸之所,宁投中国,或奔印度,抑走鲁木。出班不从,遣将名都勒罕的(Doulcandi)者先往报加秃丁,自率余人继进。加秃丁纳之。已而加秃丁得算端手谕,命杀之,许以黑儿都真公主下嫁,且以法儿思诸阿塔毕之领地

① 出班曾以救铁木真(Témoutchin)之人名为其子名(事见本书第一册42页)。其人为速勒都思部人,闻为出班之远祖。钧案:《元朝秘史》卷二此名作锁儿罕失剌。

畀之。先是不赛因遣雪你台子脱海(Togaï)率二千人往追出班。追至撒维,闻出班走入沙漠,仅得两公主还。统将月古伦赤、马速忽亦投算端所。不赛因夺其职,已而复其职。也里王得不赛因书,踌躇不决。从之则为背信,违之则为违命。与诸臣议甚久,乃决从算端命,遣人逮出班,以书示之。出班责蔑力之忘恩,请其先请命于算端,暂缓其死。加秃丁以既负出班,恐其得脱,谋复仇,拒不允。出班乃请面见蔑力嘱以后事。加秃丁不自见,遣人代往。出班召其子札老罕至,抱之泣。旋以遗命告蔑力,一本人自信无罪,且有功于国,请勿断其首,仅献其有长甲之一指,以为其已死之证;二请送札老罕至其舅算端所,必怜其幼而不罪;三请送其遗骸于默德那,葬于彼前所建之墓中。述遗命毕,为两态之祈祷。执行死刑者遂缢杀之,其随从诸人亦尽被杀。

不赛因虽经此种事变,恋爱报达可敦如故。出班既死,障碍已除,乃命大断事官木八剌沙(Mobarek-schah)求报达可敦于其夫洒克哈散。此统将不得已出其妻,不赛因亟欲纳之。木八剌沙劝其待法定限期之经过,然后完娶[①],不赛因从其言。及期,遂举行婚礼。

1327 年 11 月,不赛因在哈剌巴格得出班指,命悬之斡耳朵前市中。其后不久,加秃丁自入朝。行至剌夷,闻不赛因已娶报达可敦,既惊且惧。然事已不可挽回,即遣人还也里杀札老罕。报达可敦颇得幸,号女主(Khoudavandigar)。加秃丁至,报达可敦不欲不赛因践其约,遂留蔑力不遣,而待也里送其父弟丧柩之至。柩

① 依法须待三月然后完婚,俾知其妇是否已经受孕。

至,重新盛殓,为之祈祷。命人奉柩偕巡礼人同赴希札思。不赛因赐四万底那以为运柩之用。及绕行默伽毕,各伊斯兰教国之巡礼人因出班曾建筑一渠,引水至默伽,感其德,乃共同为之祈祷,求上帝宥其过,并诅咒杀出班之人。已而运柩至默德那,葬于斡思曼、哈散两哈里发墓旁。出班为人刚毅,信教颇笃,从未背其主,好施与。其在西利亚道上所建之邸舍,为从前诸恺撒(Césars)与诸库萨和(Chosroès)之建筑所未及者也[①]。

出班有九子。长子哈散为呼罗珊、祃拶答而两地长官。哈散有三子,最长者名塔里失(Talisch),辖亦思法杭、起儿漫、法儿思诸州。出班之自剌夷出走也,哈散、哈里失亦逃祃拶答而,赖其地一贵人助以马粮,始得脱,然此贵人因之死。父子二人疾行,追者蹑其后。哈散等仅余五人,追者七骑,射伤追骑三人,始免。逃至花剌子模,其地长官忽都鲁帖木儿礼接之。钦察汗月即伯召之至汗所,亦厚待之。已而遣之随军往平萨莱马札儿(Seraïmadjar)、薛儿客速两部。哈散预战受伤,还汗所,不久死。遗二子,曰哈只别(Hadjibey)、曰火赤忽辛(Cotch Hosseïn)[②]。

出班次子帖木儿塔失,为鲁木长官。曾斥地至海,抵于蒙古军以前足迹未经之地,历与希腊人及突厥叛人战。1327 年 8 月 22 日,留其家属辎重于额格里都儿(Égridour),自率军往讨胡答完的合儿(Khoudavendigar)部。命统将额里台(Eritai)率五千人围哈

① Raynald 书第 5 册著录有教皇约翰二十二世致出班书,其年月日为 1321 年 11 月 22 日。书略谓,闻教士二人言波斯汗国之基督教徒颇受出班善待,兹遣该二教赴汗国传道,冀其仍旧保护基督教。

② 钧案:原文如此,未言塔里失结局如何。

刺喜撒儿(Cara-hissar),自率一军攻入腹地。会有邮递自底牙儿别克儿至额格里都儿,传递的马失火者之死讯。复遣此邮递至额里台军中。额里台率其军赴不兀儿鲁(Bougourlou),与帖木儿塔失之军合。逾三日,帖木儿塔失拔营走。10 月 13 日还额格里都儿,散其军,仅留五千人。11 月 1 日,率之至凯撒里亚,留此城五十日,而等出班之讯。然诸道皆有守兵,音问不得通,流言日炽。帖木儿塔失遂赴西瓦斯,宿于相距此城七程之尼格都亦(Nigdouï)村,得其往使汗所之家臣帖不儿不花(Timourboca)谍报,知出班出亡之讯,大惊恐,立还恺撒里牙,不知所措。或劝其暂守一堡,而待算端之怒息,然后请罪。帖木儿塔失初拟从其言。已而自思,其主既杀其弟,复欲逮其父,已必不能免。乃遣一密使赴埃及,求庇身于纳昔儿。

会闻出班死讯,惊惧更甚。有人劝其上书算端,言其治理鲁木之功,脱算端欲其去职,必定从命,如是或者仍守其位。帖木儿塔失曰:“不赛因之诸臣受我父弟之制已久,概为我家之敌。算端不可恃也。”别有人劝其集合军队,与其弟洒克马合谋合兵以抗算端。亦不从。又有人劝其分遣诸将守鲁木诸堡,帖木儿塔失乃取此策,自择诸堡中最坚之忽黑剌郎迭堡(Couh-Larendé)而自守。

其密使至埃及,算端纳昔儿许以其军队、财物、土地供帖木儿塔失之需。帖木儿塔失得此讯,踌躇不决者数日,终乃决投埃及,大征鲁木赋税,以备供献埃及算端之用。1327 年 12 月 22 日,携其宝货与精骑七百人离凯撒里亚。

越七日,至西利亚边界之剌郎迭堡,欲留此待讯。然因粮秣缺乏不能留,遂继进,抵西利亚之第一城必赫司那。城中官吏出城迎，放鸽传书至开罗，报告其至埃及境内。自是时始，每日受一千五百底那之供给。进至阿勒波，其长官远迎之于距城一程之地。翌日黎明，奉以驿马二十匹，请先行，言算端急欲见之。帖木儿塔失进至大马司，西利亚长官迎之于大衢，在马上行相抱礼[①]。算端遣其酌人赛甫丁秃海(Seïf-ud-dinTougaï)奉帐幕往迎。帖木儿塔失行近开罗，诸将出迎。1328 年 1 月 21 日入开罗，由异密一人领之赴尼罗水对岸之只者惕(Djizet)，谒算端。帖木儿塔失三拜毕，算端延之坐，善言慰抚之[②]。赐以金绣衣一袭、阿剌伯马五匹，以金银饰其鞍辔[③]。旋携之出猎，同渡尼罗水，赐第于山堡[④]。翌日，又赐衣一袭、缠头巾一、金带一、刀一，盛饰其府第[⑤]。三日后，帖木儿塔失贡献之物至，计马百匹、双峰驼八十匹、祃麦里克部五人、衣五束、中饰以宝石之外褂一领。算端仅受此外褂与马一匹、驼一列。命设座于宝座之右，异密赛甫丁灭里(Seïf-ud-din el-Mélik)之下。帖木儿塔失不乐，算端遣人谕之曰，未悉其官位，故列之于其父旧臣之中，以尊之，帖木儿塔失意始解。

越数日，算端检阅其率以来投之精骑七百人，使分隶于诸异密。旋从帖木儿塔失请，遣其中九十人归国。命帖木儿塔失统玛麦里克部一队。时帖木儿塔失之家属尚留鲁木，纳昔儿致书于哈剌蛮王，命其遣送至埃及。哈剌蛮王赴帖木儿塔失家属所居之堡

① 见剌失德书续编。

② 见剌失德书续编。

③ 见剌失德书续编。

④ 见马克利齐书。

⑤ 见马克利齐书。

前，传算端之命，以帖木儿塔失之家报付之。然其家属不欲赴埃及。哈剌蛮王子且言，此出帖木儿塔失之秘密授意。此长官所杀伊斯兰教民不少，其投埃及者，盖有夺位之心。乃作书，命鲁木人捏只木丁亦沙克(Nedjm ud din Ishac)赴埃及报命。捏只木丁之父曾为帖木儿塔失所杀，诉其事于埃及算端。算端不乐，以书示帖木儿塔失，命两造在诸将前辩对。知捏只木丁之父实殁于阵中，乃遣捏只木丁持答书归报哈剌蛮王，算端由是遂确信帖木儿塔失有图己之意。

帖木儿塔失抵开罗一月后，不赛因遣使奉书于埃及算端纳昔儿，具言修好之意，且告出班之乱。因其有害主僭位之意，故不得不除之。算端询使臣知否帖木儿塔失之来投，使臣言在抵大马司以前不知其事。纳昔儿命使臣往见帖木儿塔失，帖木儿塔失拒不见[①]。

先是帖木儿塔失至埃及时，纳昔儿曾致书于不赛因，告以容留帖木儿塔失之事。不赛因遣阿八赤(Abadji)往使埃及，望埃及算端勿久留其人，留之适足鼓励逃亡，而有彼此庇护罪人之弊，因请将帖木儿塔失交出。5月初，阿八赤还国。未至以前，先有埃及使臣二人奉纳昔儿书抵阿哲儿拜占，书言容留帖木儿塔失者，始本仁心，且不使之逃奔他国，致生祸乱。请将帖木儿塔失之家属送至埃及，使臣被留于阿儿德比勒以待命。已而有乔装为商人之密使，奉纳昔儿书谒不赛因，言二使臣之所请者非实情，算端纳昔儿愿以帖木儿塔失付不赛因处治。不赛因言已命阿八赤要求引渡，埃及算

① 见马克利齐书。

端既有此意，仍请将其人交出。5月终，遣埃及使臣二人还国。

纳昔儿得密使还报，不欲与不赛因失和，且亦有不满帖木儿塔失之意，决逮之。7月5日，召之至宫中。帖木儿塔失至宫门，卫士解其佩刀。此事前此未曾有之。及入见，算端曰："汝求我索汝之家属，然闻汝密告其勿离不赛因之国，足证汝非诚心来附。"帖木儿塔失见算端欲加之罪，乃不复言，遂投之狱，以练练之[①]。并逮其所部将士，分配其玛麦里克部人于诸将[②]。算端询阿八赤是否能以帖木儿塔失还波斯，阿八赤请以人卫送至马儿丁。然纳昔儿实不欲帖木儿塔失还国，拟杀之，盖其妹报达可敦既得宠，而丞相加秃丁摩诃末又为其故交，恐复得势，谋复仇也。8月中，召阿八赤至，语之曰："闻曲儿忒人扰乱道路，恐汝不能挈帖木儿塔失还国。不如杀之，持其首还报。"阿八赤言，奉算端命，欲生致之。纳昔儿言："我所欲为者，为汝主计，亦为我计。盖我悉此人之性情，未可生致也。"8月22日夜，遣数人偕阿八赤至狱。阿八赤礼谒帖木儿塔失，见其不言，乃语之曰："异密，汝为人，而为受人类之遭际者，应顺天意。"帖木儿塔失答曰："我为人，似已证之。我知天意不可挽回，必须顺从。然汝为何至此，欲生致我身欤，抑就此杀我欤？"阿八赤言奉命携之还波斯。帖木儿塔失又曰："我颇苦练重，能否轻之？我来此国，诚铸大错。我始应归投我主，虽死亦死于其马蹄之下也。"阿八赤出。纳昔儿所遣之人遂杀帖木儿塔失，置其首于匣中，命阿八赤子归献不赛因。9月13日，阿八赤子至乌章，

① 见剌失德书续编。

② 见马克利齐书。

献首及纳昔儿书。书略曰:“察帖木儿塔失之举动,已洞悉其密谋,其生存于彼此二国皆有害。我宁受众人之责备,而固两国之友好。盖今杀之必有人谓我不义也。自是以后,两国之乱党知我二人之同心,不留逃人,将必有所儆惕,不敢造乱。”①

埃及算端之许引渡帖木儿塔失也,曾以波斯交出哈剌桑豁儿为交换条件。不赛因不许。虽有人以国家利害为言,仍不从。8月26日,质言之,在帖木儿塔失首至之十五日前,哈剌桑豁儿殁于蔑剌合。不赛因闻其死讯,颇幸未从人言,未为此不义之举②。纳昔儿怨哈剌桑豁儿甚,闻其死讯,曾曰:“我宁愿其死于我之刀下也。”不赛因终其世与纳昔儿和好。此二算端互称为兄弟,常互相遣派使臣。纳昔儿使臣之经行不赛因国中,得携其卫士,用鼓乐旗帜③。

出班第三子的马失火者被杀之时,不赛因曾遣军往讨出班之第四子阿美尼亚、谷儿只两地长官洒克马合谋,逮至帖必力思,杀之④。哈散、帖木儿塔失、的马失火者、洒克马合谋、报达可敦皆为一母所出,札老罕为都连的可敦子,舍不儿干失剌为撒迪别子,皆算端完者都之外孙。出班别有三子,曰秀克沙(Siouckschah)、曰牙

① 帖木儿塔失遗四子,一名洒克哈散,即小洒克哈散(Scheïkh Hassan Koutchouk);二名阿失剌甫(Aschraf);三名额沙儿(Escher);四名密昔儿灭里(Misser Mélik)。马克利齐书仅言帖木儿塔失之被逮,未言其死。惟在七二八年下云,十月四日(8月22日)夜,出班子帖木儿塔失死,送其首于不赛因。

② 见剌失德书续编。

③ 见《埃及诸王史》。

④ 马合谋有四子,曰皮儿忽辛(Pir Hosseïn)、曰失伦(Schiroun)、曰察马儿罕(Tchamargan)、曰笃哇罕(Douakhan)。前二人为小洒克哈散所毒害,后二人为大洒克哈散子亦勒罕所杀。

吉八思迪(Yagbibasty)、曰涅鲁思(Nevrovz),未详所出。

先是丞相赛因在军中,的马失火者代执相权。后的马失火者、赛因均死,则命剌失德子火者加秃丁摩诃末(Ghiath-ud-din Mohammed)与呼罗珊之一贵人名阿老瓦丁摩诃末(Alaï-ud-din Mohammed)者同为相。越八月,在1328年5月中,迁阿老瓦丁为赋税稽核使。加秃丁遂独执相权,鼓励农业,整理财政,以德报怨。剌失德之旧敌不特不畏其报怨,且感其恩。

先是呼罗珊惊报频来,言河中汗预备来侵。5月杪,又得报,闻敌已进兵,请速遣军来援。然纳邻脱海适应防守呼罗珊之时,乃与也里王不和。先是此国不受呼罗珊长官之管辖,至是纳邻脱海欲其属己。也里王加秃丁自出班死后即留汗所未归,兹乃请不赛因命令纳邻脱海,不许干涉也里国中政事。然纳邻脱海不从汗命,怨加秃丁愈深,加秃丁不敢归国。不赛因以此王防守东境历有功绩,乃决定遣人往代纳邻脱海,而遣加秃丁偕代者同行。遂命其舅父阿里帕的沙往代。6月10日,阿里帕的沙与摩诃末别(Mohammed Bey)、塔失帖木儿各率一军自阿儿德比勒出发。

纳邻脱海闻有军至,见将失位,乃迭遣使者往阻来军,言敌侵呼罗珊非实,请勿以兵至,诸将乃屯兵于孙丹尼牙不进。然不赛因遣异密秃儿章(Tourdjan)传谕诸将,无论如何必须继续进兵。阿里帕的沙惑于左右之言,不欲远离,乃遣数人偕秃儿章赴算端所,报告呼罗珊既无敌侵之事,而纳邻脱海且不欲此军入其境,并谓如来则将驱此军于境外。然则进军不特无益,且足生乱。不赛因复遣秃儿章至军责诸将之不从命,仍令进军。阿里帕的沙之左右复进言曰:“去出班而以权属他人,吾人之过也。吾人今为彼等所用,吾人离之愈远，此辈权势必较更重。”阿里帕的沙信其言，疑人有远己与诸将之意，遂与诸将结盟，谋去朝中重臣，进兵乌章。时不赛因已徙驻此地也。

不赛因怒，命异密洒克阿里(Scheïkh-Ali)传谕诸将回军。算端母哈只可敦(Hadji Khatoun)，阿里帕的沙之姊也，亦命其弟勿再进，致触主怒。洒克阿里遇诸将于赫思忒水(Heschtroud)，出示算端手谕。诸将答言，既近算端驻所，欲叩见，面陈其故，然后再行。不赛因命火者鲁鲁(Khodja-Loulou)率五千人守诸将来道，阻其前进。已而军中有系出世族之将领数人，恐陷逆，相偕投不赛因所，举发诸将之阴谋。不赛因见诸将之罪既明，乃曰："我遣彼等赴呼罗珊，彼等既以为未足而拒命，自开国以来，诸异密中势大者莫逾出班，尚不免于败亡，彼等应忆之。我今夺彼等之万户总管职，往隶纳邻脱海麾下可也。”哈只可敦以其弟误信人言，为之请于算端，仅谪其归其封地，闭门思过。算端许之，且曰："阿里帕的沙幼无经验，命其为万户之日，我曾告之曰，我付汝以高位，切勿以国亲自恃，盖谋国者无姻亲也。设其能忆此语，何致得咎？摩诃末别性虽暴，然为人诚实。特塔失帖木儿曾事我父，历练甚久。遣之时曾语之曰，我虽遣将数人，然只恃汝之忠诚，应由汝一人负责也。今闻是人即为谋主。我母既有所请，可命阿里帕的沙驻冬于其报达附近之封地，摩诃末别仍应赴呼罗珊。至若塔失帖木儿，则必须逮治其罪。”及逮塔失帖木儿至，命异密数人同丞相加秃丁摩诃末会讯之，塔失帖木儿不承与诸将同谋。出举发者与之对质，仍不承。诸审讯者以出班之乱杀人既多，不愿再有诛戮。丞相加秃丁虽为阴谋者所必除之人，然仍守其以德报怨之旧惯，请算端宥其

罪。算端许之,惟谪之赴呼罗珊。其他同谋诸人,若雪你台之孙亦不剌金沙(Ibrahimschah)与雪你台子哈只脱海(Hadji Togaï)者,念其祖与父之功,原其罪,命赴底牙儿别克儿、雪你台所。

塔失帖木儿赴谪所,行至阿八哈耳附近,与纳邻脱海遇。时纳邻脱海欲私赴孙丹尼牙,行至此与之相值也。二人皆怨朝廷,乃互谋除其敌人,尤以丞相加秃丁势在必去。纳邻脱海者,阔扯不花(Gueutch bouca)之子,而那颜怯的不花之孙也,幼事不赛因于呼罗珊,胆大而志高,为的马失火者所忌,排之使出外,且不许其留居斡耳朵。纳邻脱海求出班为之解。出班为人长厚,乃阻其子勿妨害之。纳邻脱海既得出班之助,遂出入汗所如初。已而见的马失火者之汗宠日疏,乃献谋除之,自任执行之责。出班一家之覆灭,盖由此人以怨报德之所致也。出班一家之财产,多为其所得,由是成巨富,权势亦重,遂渐骄恣。算端恶之,乃出之于外,命之为呼罗珊长官。纳邻脱海觊觎都元帅之职已久,既见疏外,乃谋扩张其辖地,此其与也里王争执之由来也。也里王既诉之于算端,算端依其请,命纳邻脱海不得干预也里之政事。纳邻脱海愈愤,征也里王子苫思丁(Schems-ud-din)来见。王子不从,遣军赴也里逮之。王子拒守。纳邻脱海军数战不利,退走。纳邻脱海自率军至,亦败还。时也里王行李自斡耳朵运还,纳邻脱海掠之以报怨。已闻也里王得讯遽从孙丹尼牙还也里,乃伏兵于道,谋虏之。然加秃丁预知其人之诈,取道塔拔思之沙漠,遂免。纳邻脱海之在呼罗珊也,暴政扰民,擅杀人,有诉之于算端者。纳邻脱海欲入朝弥缝其事,乃大征赋税,私自入朝。及与塔失帖木儿同谋以后,遣密使往告阿里帕的沙。时阿里帕的沙被谪,亦怨,遂与同谋。此外与其谋者尚有数

人。诸同谋者曾决定先诱算端杀诸重臣，否则夺取政权，不赛因必易就范。谋议已定，同谋者各分途执行。塔失帖木儿借词留可疾云，以待事变。纳邻脱海至孙丹尼牙。算端怒其在呼罗珊暴政扰民诸事，不许入见。报达可敦亦恨其为杀彼父兄之主谋，常龁龁之。纳邻脱海乃赂结宫中数人，首先求其戚名秃儿忒(Tourt)者为援。秃儿忒许助之，然以其谋除丞相加秃丁之事告加秃丁本人。丞相不信其言。纳邻脱海见不为算端所信，颇失望，遂谋自除其敌。以访加秃丁为名，伏兵于相邸附近一道院(Médressé)之门内，欲俟丞相出图之。丞相不虞其谋，许与独对。纳邻脱海率从者数人将入相邸。适丞相弟异密阿合马(Ahmed)至，告之曰，曾奉命，携兵械者不得入。乃解纳邻脱海之兵械，屏从者于门外，领之独见丞相。纳邻脱海见计未遂，乃托词请丞相见算端为之解。加秃丁许之，且言即入对。纳邻脱海出，伏于道院之门，而待其敌之过。然丞相从他门出，计又未遂。丞相见算端，力为纳邻脱海进言，谓其颇以跪谒算端之前为幸。不赛因已悉纳邻脱海之谋，见加秃丁反为害己者谋，过长厚，乃以纳邻脱海之谋告之，并立命逮纳邻脱海。纳邻脱海闻丞相从他道行，又闻算端有逮捕之命，遽绕道回邸，取马匹、兵械，携仆数人出逃。火者鲁鲁奉命循呼罗珊道上往追。然纳邻脱海不走此道，绕行山中，至阿八哈耳，复由是行二十四时至剌夷附近，再遵呼罗珊大路行。火者鲁鲁既失其踪，遂还。由是遣使各地，命诸守将逮捕纳邻脱海。

纳邻脱海马疲人饥，藏伏剌夷附近之山谷中，遣仆一人赴邻村求食。其地守将畏吾儿人名哈只乌云麻思(Hadji Ouyounmass)者，见有人惶惧奔走，逮问之。其人噤不能对，杖之始吐实。强其导往纳邻脱海藏伏之所，挈之至营。后未久，逮捕之使者至，以练纤之，送至孙丹尼牙。

纳邻脱海出逃之日，算端命人至可疾云召塔失帖木儿赴孙丹尼牙。及至，投之狱。报达可敦欲复父兄仇，因断二将死罪。1329年10月5日，杀之于城外大那颜洒克哈散之邸前，悬其首于孙丹尼牙子城上原的马失火者悬首处，遣使各地籍没其财产。阿里帕的沙因是算端舅父，仅黜其职。

命阿里忽失赤(Ali-Couschdji)子异密洒克阿里(Scheïkhali)为呼罗珊长官。先是呼罗珊既受出班举兵之累，复受纳邻脱海之掊克，民力凋尽，多迁徙流离，至是不许于常税外别有所征。

1329年10月，也里王加秃丁殁于也里，其长子苫思丁继其位。苫思丁英武博学，美容貌，惟嗜饮酒。其父在位时常禁之饮，父死遂日在醉乡。在位计十月，醒时不过十日。1330年，苫思丁死。诸臣奉其弟哈菲思(Hafiz)嗣位。哈菲思年幼而性怯懦，由贵人数人监国政。1332年，诸人杀哈菲思，改奉木亦速丁忽辛(Moïzz-ud-din Hossïn)。时忽辛年尚幼也，不赛因赐袍服，册命之为也里国王。其后忽辛讨除僭夺权位诸人，自执国政。

1332年，有人诉异密洒克哈散与报达可敦互致密书，谋杀算端。不赛因逮洒克哈散，欲杀之。然循其姑母之请，宥其罪[①]。惟不许其再入谒，谪之于赫马黑堡(Kémakh)。其母从之至谪所，报达可敦之宠因之渐衰。然未久不赛因悉为告者之诬陷，遂杀告者，宠遇如初。由是国中大权由报达可敦与丞相加秃丁摩诃末分执

① 洒克哈散之母是阿八哈子阿鲁浑之女。

之。次年，命倒剌沙为鲁木长官。倒剌沙甫受命死，乃以洒克哈散为鲁木长官。

同年，不赛因纳的马失火者女的勒沙可敦为妃，爱之甚，遂位之于诸妃之上。

回历七三四年(公元1333—1334年)，算端命异密木撒菲儿亦纳(Moussafir Inac)为法儿思长官。先是马合谋沙英术(Mahmoudschah Indjou)得出班之庇，久为此州长官，积财甚巨，其在法儿思所置田产之收入，计有百兆。既被黜，遂恨代者。乃与其他诸异密并恨亦纳者，若马合谋也先忽都鲁、尼克鲁思子速勒丹沙(Soultanschah Ibn Nikrouz)、摩诃末别、摩诃末必勒田(Mohammed Pilten)、摩诃末忽失赤(Mohammed Couschji)等，合谋除之，率其将卒袭亦纳于其邸。亦纳登屋逃，越诸屋脊，逃入宫中。其敌追逐及于宫中入廊，攒射之，墙壁矢皆满，要求算端出亦纳。算端恐伤及己，欲遣亦纳出。会出班子舍不儿干与火者鲁鲁以军至，讨捕诸为乱者，皆断死罪。然丞相加秃丁请宥。除马合谋沙外，皆禁锢于各堡中，至不赛因死始释出。

1334年8月，闻月即伯有从打耳班侵入之讯。不赛因将以兵往御，会得疾，11月30日死于阿阑之哈剌巴格[①]。

① 《埃及诸王史》七三六年下云："不赛因(Bou-Saïd)为本名，非别号(Kouniyét)。此王颇著名当世，勇武庄严、仁厚聪明，善书法，谙悉乐歌，品行端正，曾废止数税、禁酒，毁基督教堂，所奉者哈尼菲派之教"。案：不赛因一名在若干货币上固用阿剌伯字写作Abou-Saïd。然在六三三年所铸之货币上，则用蒙古字写作Bou-Saïd。可参照Fræhn，Recensio Numor. Muh. Acad. Imp. Scient. Petrop. p. 643。

第五章

阿儿巴汗之被推戴——报达可敦之被杀——月即伯之退兵——阿儿巴与撒迪别结婚——杀诸重臣——阿里帕的沙之起兵与木撒汗之被推戴——八合图之战——阿儿巴之败——丞相之被害——阿儿巴之死——洒克哈散之起兵与算端摩诃末之被推戴——两算端之战——阿里帕的沙之被刺杀——脱花帖木儿汗之王呼罗珊——其与木撒合兵进取阿哲儿拜占——其败——木撒之被杀——小洒克哈散之起兵与假帖木儿塔失之出现——出班系与亦勒罕系之冲突——大洒克哈散之逃——算端摩诃末之结局——假帖木儿塔失之谋杀小洒克哈散——撒迪别可敦之即位——两洒克哈散之和解——大洒克哈散之附脱花帖木儿汗——假帖木儿塔失之结局——小洒克哈散之诈谋与脱花帖木儿之出走——大洒克哈散之推戴沙只罕帖木儿汗——小洒克哈散之推戴速来蛮汗——两哈散之战与大哈散之败——脱花帖木儿弟阿里哈温之侵入伊剌克阿只迷与其败——小哈散之进兵底牙儿别克儿——其被害——速来蛮之受制于诸将——阿失剌甫、牙吉八思迪、舍不儿干三人之联合——牙吉八思迪、舍不儿干之合攻阿失剌甫——其败——阿失剌甫之推戴阿讷失烈完——舍不儿干与牙吉八

思迪之死——阿失剌甫进攻报达、设里汪、亦思法杭等地——异密哈思罕之围也里——其解围——也里王之降附河中汗——脱花帖木儿之被刺杀——撒儿别答儿部人之取祃拶答而——异密维里之据祃拶答而——阿失剌甫之暴政——札你别汗之侵入阿哲儿拜占——阿失剌甫之败擒与死——大洒克哈散之死——速勒丹乌外思之继立——乌外思之侵入阿哲儿拜占——法儿思之英术系诸王——木八里速丁摩诃末之建设木偰非儿朝——其称藩于开罗之黑衣大食哈里发——舍班哈烈朝之亡——阿不亦沙克之死——木偰非儿子摩诃末之进兵阿哲儿拜占——其退兵——算端乌外思之至帖必力思——阿乞术之结局——木偰非儿子摩诃末之被废——其诸子之分国——帖木儿之出现

不赛因无子，内乱堪虞，而月即伯汗又从库尔河进兵，应速立嗣君也。丞相加秃丁摩诃末乃说诸可敦、诸统将援立拖雷(Touloui)子阿里不哥(Aric-Bougaï)之后王阿儿巴合温(Arrpa-Gaoun)[①]，遂于治丧前推戴阿儿巴为汗。推戴毕，奉不赛因柩葬于孙丹尼牙前此所建之墓堂。时的勒沙可敦已受孕，恐被害，逃依其诸父伊剌克阿剌伯长官阿里帕的沙所[②]。阿儿巴知报达可敦素轻己，乃诬其进毒于不赛因，并与月即伯通谋，遂杀之。

是冬，阿儿巴以兵往御月即伯，结营于敌营前，别遣一军绕敌

① 阿儿巴合温者，拖雷子阿里不哥子灭里帖木儿(Mélik-Timour)子申罕(Sing-can)子速西(Soussé)之子。

② 钧案：原文(Oncle)一字可作伯叔姑舅诸解，此处似非伯叔，疑是姑舅表亲。

之后。月即伯恐受夹攻,遂退走,由是新汗遂以知兵名。

阿儿巴还,娶撒迪别可敦为妃。撒迪别者,完者都女,而出班之寡妇也。阿儿巴恐诸重臣不附己,乃借词杀以门阀地位资财显者数人,马合谋沙英术,其一人也。先是马合谋也先忽都鲁、速勒丹沙、摩诃末必勒田等谪禁诸堡,不赛因死,释出。至汗所,阿儿巴亦欲杀之,赖为丞相加秃丁所谏止。

阿里帕的沙,斡亦剌部人也,以推戴新汗事己未与闻,起兵反对阿儿巴,别推戴旭烈兀后王木撒(Moussa)[①]为汗。知诸将不乐附阿儿巴、加秃丁二人,乃诱之,欲使从己。阿儿巴遣诸将进围阿里帕的沙军。诸将冀双方和解,故迟迟进兵。会阿里帕的沙愿降阿儿巴,惟须被命为都元师,丞相不许。阿儿巴欲杀其疑与阿里帕的沙通谋之诸将,丞相亦谏止之。阿儿巴率大军发自阿阑之哈剌巴格。1336 年 4 月 29 日,遇敌于八合图(Bagatou)之地。马合谋也先忽都鲁、速勒丹沙二人素恨丞相,遂投敌军。阿儿巴军虽较敌为众,然为敌败,遂逃。丞相与其弟皮儿速勒丹(Pir-Soultan)逃至蔑剌合,为敌所擒。阿里帕的沙欲释加秃丁摩诃末,诸将皆不允。由是此聪明长厚之丞相遂见杀害。后数日,其弟亦被杀,掠帖必力思城中丞相之资财。此城民众大掠剌失德坊与加秃丁所庇诸人之庐舍,得货币、宝石、金银、贵重书籍无数。其与丞相无涉者之庐舍,亦不免焉。

获阿儿巴汗于西札思,送至乌章,为马合谋沙英术之后人所杀。

① 旭烈兀子塔剌海子伯都汗子阿里(Ali)之子。

阿里帕的沙虽胜，然不为诸将所爱戴。底牙儿别克儿长官哈只脱海逃依鲁木长官洒克哈散所，劝其举兵，夺据大权。

洒克哈散，札剌儿部人，报达可敦之前夫也，首先奉戴旭烈兀后王摩诃末（Mohammed）①为算端，命异密亦儿沙（Irschad）留守鲁木，自率突厥、鲁木、谷儿只诸部之军进取帖必力思。两军交绥之前，洒克哈散曾对阿里帕的沙建议，共举一堪以嗣位之君，然后各归驻地。阿里帕的沙欲从之，然其所部诸将不欲让出所略诸地，和议遂未成。两军订在阿剌塔黑一战。1336 年 7 月 24 日，两军至会战地。阿里帕的沙在战前曾使人告洒克哈散曰："我二人皆为穆斯林，诸王为得国而战，我二人何必参加，而在彼世负担流血之责。"洒克哈散附合其议，许彼此旁观，自率二千骑屯于高丘之上。阿里帕的沙则在对面高丘之上观战。两军会战结果，木撒胜敌。阿里帕的沙喜，下丘至一泉欲浣洗，预备作两态之祈祷以谢上帝。时洒克哈散突出杀阿里帕的沙，歼灭其所部士卒。

木撒自以为胜，遽还报达。洒克哈散进蹑其后，杀其士卒甚众。既而奉算端摩诃末至帖必力思，定都于此城。先是二月前的勒沙可敦产一女，至是洒克哈散娶的勒沙可敦为妻，厚恤丞相加秃丁摩诃末之家，命马合谋沙英术子马速忽沙（Mass'oudschah）与故相加秃丁侄苫思丁匝哈里亚（Schems-ud-din Zacaria）同为相，正速勒丹沙杀报达可敦之罪，杀之。

有将名阿里札发儿（Ali-Djafer）者，素与洒克哈散为敌，走呼

① 旭烈兀子，蒙哥帖木儿子，安八儿赤子，忽亦赤（Couïdji）子，由勒忽都鲁（Yol-Coutlouc）之子。

罗珊，说其长官异密洒克阿里举兵，往讨伊剌克、阿哲儿拜占两地之新主，谓不难取其地。呼罗珊诸将欲先自立一君，俾师出有名，遂推举原驻祃拶答而之脱花帖木儿（Togaï-timour）为汗。脱花帖木儿者，成吉思汗弟拙赤哈撒儿之后王也。旋进兵伊剌克，木撒汗与脱花帖木儿合兵，共图其敌。两汗于1337年6月遇敌于蔑剌合之地。两军交战前，脱花帖木儿先逃，木撒汗率所部之斡亦剌部人与呼罗珊军之一部，独与敌战，不胜，被擒。7月10日送至洒克哈散所，杀之。

脱花帖木儿与呼罗珊诸将未发一矢，遽离战场，奔还比思塔木，由是呼罗珊、祃拶答而两地属脱花帖木儿。然洒克哈散安据阿哲儿拜占、伊剌克两地，为时亦不久也。

别有一洒克哈散者，帖木儿塔失子，而出班孙也。出班一族败亡之后，藏伏鲁木有年。至是欲出与诸人争权，欲收揽其父党羽，乃取一突厥奴名哈剌察儿（Caradjar）者，冒称为帖木儿塔失。哈剌察儿，旧隶帖木儿塔失部将哈只韩匝（Hadji Hamza）为奴，貌类帖木儿塔失。遂伪言其自开罗狱中逃出，流离远地数年，至是始归。洒克哈散以母妻之，事之若父。有不少人信以为实，多来附。自是以后，遂有两洒克哈散争国。世称此洒克哈散曰小洒克哈散，或出班系，抑速勒都思部之洒克哈散，别一洒克哈散曰大洒克哈散，或亦勒罕系，抑札剌儿部之洒克哈散[①]。小哈散以其父出之事通知大哈散，时哈只韩匝在大哈散所，命往侦其真伪。小哈散诱哈只韩匝从己，哈只韩匝遂归言帖木儿塔失为真。由是出班族人与

① 此后省称之为大小哈散。

斡亦剌部人之诚心归附大哈散者，皆投伪帖木儿塔失营，后来虽明其伪，然仍忠事之。小哈散进取阿哲儿拜占，于 1338 年 7 月 10 日，遇敌于纳黑出汪之地。小哈散离间大哈散诸将，诱使从己，出班孙皮儿忽辛遂投小哈散营。大哈散见将卒携贰，逃伏帖必力思数日。然摩诃末汗仍率呼罗珊军与敌战，为小哈散所擒杀，时摩诃末汗尚未成年也。

伪帖木儿塔失因胜欲为自谋，遂谋杀小哈散。小哈散中刃未死，逃谷儿只。伪帖木儿塔失在其伪被揭发前，谋袭取帖必力思，然为大哈散所败。时斡亦剌部诸将亦自伊剌克阿只迷败还，遂与之合，进至报达。

小哈散走依撒迪别与舍不儿干失剌母子。先是撒迪别母子未从大哈散进击其敌，至是小哈散因用伪帖木儿塔失之失策，遂欲利用撒迪别可敦，乃奉之即汗位，列可敦名于祈祷及货币之中，已而进攻大哈散。时大哈散亦以兵至，然未战而议和，互约分据国中诸地。撒迪别与出班系还阿阑，异密哈只脱海保有底牙儿别克儿，异密阿儿帖纳(Artena)辖鲁木数地，余属帖木儿塔失子阿失剌甫。月古伦赤诸子取曲儿忒斯单、忽即斯单两地。马合谋英术诸子则据法儿思，札剌勒丁迷儿迷兰(DJélal-ud-din Mirmiran)与阿马都丁连班尼(A'mad-ud-din Lenbani)辖亦思法杭，异密木八里速丁摩诃末木偰非儿(Mobariz-ud-din Mohammed Mozaffer)仍为耶司德之主。蔑力忽都不丁忽里(Coutb-ud-din Ghouri)辖起儿漫，蔑力叔札乌丁(Schudja,-ud-din)辖巴某(Bam)，蔑力木亦速丁忽辛仍主也里，脱花帖木儿君临祃拶答而全境与呼罗珊之一部，涅乎鲁思子异密阿儿浑沙(Argounschah)保有徒思，异密阿不都剌木莱(Abd-oullah-Moulaï)保有忽希斯单。

大哈散不信和议之能持久,决附脱花帖木儿而谋自保,乃遣使二人迎之至伊剌克。脱花帖木儿偕异密阿儿浑沙与其相火者阿剌丁摩诃末(Khodja Alaï-ud-din Mohammed)至,暴征赋税,削减俸给。大哈散遂悔其失策。

斡亦剌部诸将擒伪帖木儿塔失于报达,送至乌章以献小哈散。小哈散杀之,致书于脱花帖木儿及大哈散修好。由是双方信使往来不绝。已而小哈散用计离间二人,使人授意脱花帖木儿,使之有娶撒迪别可敦之意,并使之不满大哈散,谓若进讨其敌,出班系将举军以从。脱花帖木儿要求保障。小哈散请其先以手书来,示以厚出班系而恶大哈散之意,撒迪别必许嫁之。脱花帖木儿乃作书约出班系共击大哈散。小哈散得书,乃遣人以书示大哈散曰:"汝自祃拶答而迎来之人而为耗之金百万者,欲灭汝族。而我经汝视为敌者,乃不能不以此谋见告。"脱花帖木儿耻为人所绐,即夜走呼罗珊。由是集于其麾下诸军皆散。脱花帖木儿因轻信而失国矣。大哈散势不能不又作别图,乃奉阿八哈后王沙只罕帖木儿(Schah-Djihan Timour)别号也速丁(Yzz-ud-din)[①]者为君,以苫思丁匝哈里亚为相。时其辖地为伊剌克阿剌伯、忽即斯单、底牙儿别克儿三地。

小哈散以女主不能主国政,谋废之。而撒迪别亦欲杀小哈散。事为小哈散所闻,遂杀其臣数人及其子舍不儿干失剌,别奉旭烈兀

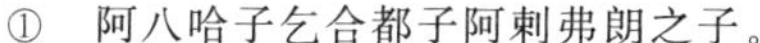

① 阿八哈子乞合都子阿剌弗朗之子。

子亦失木忒之后王速来蛮汗(Soleïman khan)[①]为君,以撒迪别妻之。此汗所辖地则有伊剌克、阿只迷、阿哲儿拜占、阿阑、木干、谷儿只诸地。

1340 年,大哈散自报达奉其主沙只罕帖木儿汗往讨速来蛮汗。进至八合图水,战不胜,败还报达。大哈散遂废沙只罕帖木儿汗,而自立为汗。

1341 年,脱花帖木儿信其弟阿里哈温(Ali kaoun)之言,命之率军为第三次谋取伊剌克之谋。时速来蛮汗新命异密舍不儿干(Schébourgan)为此州长官,脱花帖木儿约其为助。小哈散命其弟阿失剌甫往讨,败呼罗珊军于阿八哈耳附近,逐之于伊剌克阿只迷境外,舍不儿干退走低廉。

此方之患既除,小哈散谋击大哈散,仍用诈术,于进攻以前,先遣使修好。旋进兵入底牙儿别克儿,降马儿丁王,拟继续进兵报达。会其妻也速惕灭里(Yzzet Mélik)与异密哈散牙忽卜沙(Hassan Ya'coub-schah)私通,而小哈散因他事投哈散牙忽卜沙于狱。也速惕灭里以为奸通之事泄,乘其夫夜醉不醒时,扼其睾丸毙之(1343 年)。小哈散治事严,他人不敢入其室,死后二日,人尚未知。也速惕灭里偕同谋诸妇借出浴为名逃匿于外。至第三日,诸将遣一妇入小哈散室,始悉其死,遂捕也速惕灭里杀之,有人割其

① 旭烈兀子亦失木忒子僧哥(Sanga)子摩诃末之子。钧案:《世系表》又作亦失木忒子叔哥(Schouga)子亦速甫沙(Youssoufschah)之子。圣彼得堡科学研究院藏有算端速来蛮汗之货币,汗名用蒙古文,余文用阿剌伯文。其一枚在七四三年(公元 1342—1343 年)铸于额儿哲鲁木,别一枚在七四五年铸于孙丹尼牙。可参考 Fræhn 书 183 页及 646 页。

肉为食。速来蛮汗俵散小哈散之财于诸将，而还哈剌巴格。已而不堪受诸将之窘，召阿失剌甫、牙吉八思迪兄弟二人至帖必力思。时舍不儿干为小哈散拘禁于鲁木之哈剌喜撒儿堡，亦杀堡将，夺小哈散之财货，而与阿失剌甫、牙吉八思迪相结合。速来蛮汗见此三人结合，不自安，乃退走底牙儿别克儿，其将数人投帖必力思附阿失剌甫等。然此三人结合之时亦未能久。舍不儿干、牙吉八思迪二人旋合兵共击阿失剌甫，战于马木里牙（Ma'mouriyé），不胜败走。阿失剌甫胜敌之后，遂奉一王名阿讷失烈完（Anouschirévan）者为汗，别号阿的勒（Adil）。阿的勒，犹言公正也[①]。

舍不儿干、牙吉八思惕求和而不能得。舍不儿干遂走底牙儿别克儿，往依大哈散子亦勒罕，后为所害；牙吉八思惕投阿失剌甫所，亦为阿失剌甫所杀。阿失剌甫尽据其兄之故地，遂废阿讷失烈完，而自立为汗，列其名于祈祷及货币中。

1347 年，阿失剌甫进围大哈散于报达，已而解围还帖必力思。同年遣军躏设里汪，其王哈武思（Kavous）力微不能敌，退守一堡。1349 年，阿失剌甫进攻亦思法杭，攻五十日。亦思法杭人许以阿讷失烈完阿的勒列于祈祷及货币之中，始引兵去。

自不赛因死后，呼罗珊诸小酋皆乞庇于也里王木亦速丁忽辛，而也里王与脱花帖木儿汗亦互相修好。1342 年 7 月 18 日，也里王败撒儿别答儿（Serbédariens）部酋维只忽丁马速忽（Vedjih-ud-din Mass'oud）于匝维（Zavé），因胜而骄，遂自立，号伊斯兰教国王（Mélik-ul-Islam），自用其名列于祈祷及货币中，屡遣兵侵入隶属

---

① 圣彼得堡科学研究院藏有阿讷失烈完之货币一枚，可参考 Fræhn 书 132 页。

河中之安的火德(Endekhod)、涉布儿干两地。其地之阿鲁剌(Erlate)、爱比儿的(Aïbirdi)[①]两部酋欲复仇,乃侵入八的吉思,不胜败还。先是牙撒吾儿子哈赞(Cazan)君临河中,虐遇其民者亘十四年。1346 年,讨异密哈思罕(Cazgan),战不胜,殁于阵。哈思罕奉窝阔台后王答失蛮察(Danischmendjé)为汗,旋杀之,改奉伯颜忽里(Beyan-Couli)[②]为汗。1351 年,因也里屡入犯,遂奉新汗率军往讨也里。也里王忽辛不欲在平地与蒙古军作战,乃退至也里城下。其军有骑兵四千、步兵一万五千,战不胜,退守城中。哈思罕围城十五日,也里王请和。哈思罕约也里王纳重币,并宣誓入朝河中。也里王即奉重币,河中兵遂退。已而也里王至撒麻耳干朝河中汗。

先是 1353 年时,有名奥都剌匝克(Abd-our-Razzak)者,乘不赛因死后之乱,取撒卜咱瓦儿城,建设一种民国。国中当权者号撒儿别答儿(Serbédar),合军人与教士(Dervisch)为之。建国甫数月,奥都剌匝克之弟马速忽(Mass'oud)杀其兄而代之,取你沙不儿,其后继位者皆在位不久被刺杀。1353 年,其弟第六酋名牙喜牙克剌维(Yahia Kéravi)者,借词与脱花帖木儿修好,率从者多人赴脱花帖木儿之斡耳朵。12 月 13 日,于夜宴中刺杀脱花帖木儿,掠其斡耳朵,已而占据祃拶答而全境[③]。

---

① 钧案:蒙古色目中无此部落名,多桑写法应有误。

② 钧案:《世系表》又作 Bian-Couli,核以蒙古人不辨 b、m 两字之例,此名亦可作明安忽里。

③ 圣彼得堡科学研究院藏有脱花帖木儿汗时代所铸之货币一枚,系铸于七三八年(公元 1337—1338 年)者。可参考 Fræhn 书 645 页。

脱花帖木儿死，其军皆散。有统将洒克阿里欣都(Scheïkh-Ali Hindou)之子名维里(Véli)者，亦逃。后数年入据阿思忒儿(Aster-Abad)州，败牙喜牙克剌维后第四酋达蔑干人名哈散(Hassan)者之兵，由是脱花帖木儿之旧部皆归之。取阿思忒儿城，旋又两败撒儿别答儿人，占据祃拶答而全境。始欲奉戴脱花帖木儿长子罗黑曼(Locman)为汗。及召罗黑曼至，又变计，逐之出走。同时驱脱花帖木儿族于境外，旋取火木思(Comous)，斥地至于剌夷。

阿失剌甫贪财而嗜杀人，常杀富人而取其资，其官吏之富者亦不免。聚财无数，恐为人害，自防甚严。国中贵人不堪其残害，多迁徙。有法官木哈亦丁(Mohayi-ud-din de Berda)者，逃钦察汗国。时札你别汗(Djani-beg Khan)已于1342年嗣父月即伯位，为钦察汗。木哈亦丁求之往解其国人之倒悬，札你别遂以兵入阿哲儿拜台。阿失剌甫兵溃而逃，在蔑连的、库亦两地间被擒。札你别欲挈之还萨莱，设里汪王哈武思与木哈亦丁力请杀之。以为阿失剌甫若存，其旧民将寝馈不安。札你别遂杀阿失剌甫，而悬其首于帖必力思一礼拜堂之门(1355年)。

札你别挈阿失剌甫之子女帖木儿塔失(Timour-tasch)、速勒丹八黑惕(Soultan-bakht)二人还国，命其子比儿的贝(Birdibeg)率一军镇守阿哲儿拜占。已而比儿的贝闻其父病重，遂还国，以军事委付其相阿乞术(Akhidjouc)。

1356年，大哈散死于报达，其子速勒丹乌外思继立。1358年，乌外思进兵阿哲儿拜占，与阿乞术战于撒纳台山(Sanataï)附近。两军胜负未决，夜休战。翌晨，阿乞术逃纳黑出汪，乌外思遂入阿哲儿拜占，据帖必力思。阿乞术集散军于哈剌巴格，乌外思于严冬之中退走。

时阿乞术又为新近占领法儿思之摩诃末木偰非儿所攻击。先是在不赛因时，法儿思人马合谋沙管理此州算端私产，因之资多而权重。后阿儿巴汗杀马合谋沙，其子马速忽(Mass'oud)奔帖必力思，依大哈散。已而大哈散命其偕出班第四子洒克马合谋之子皮儿忽辛赴泄剌失，共理法儿思政事。皮儿忽辛忌马速忽权重而得民心，遂杀之，时在 1343 年也。

先是木八里速丁摩诃末袭父木偰非儿之位为买布的城(Maïboud)长官。1319 年不赛因命之为耶司德州长官。1340 年皮儿忽辛又命之为起儿漫长官。摩诃末至起儿漫，起儿漫王忽都不丁尼克鲁思(Coutb-ud-din Nikrouz)以国让之而出走。

1343 年，皮儿忽辛黜速勒丹沙之亦思法杭长官职，以授马速忽弟阿不亦沙克(Abou-Ishac)。同年阿失剌甫攻皮儿忽辛，阿不亦沙克与阿失剌甫合兵。皮儿忽辛势不敌，逃帖必力思，依小哈散，为小哈散所毒杀。

阿不亦沙克遂为法儿思之主。时摩诃末木偰非儿据有起儿漫、耶司德两地，常与之战。1353 年摩诃末进围泄剌失，阿不亦沙克逃。摩诃末遂据有法儿思，建设木偰非儿朝。摩诃末者，耶司德人，亦阿剌伯种也。至是遂称藩于开罗之黑衣大食哈里发，而列木塔的德(Motadhid-b-illahi)之名于祈祷及货币中。此自报达最后之哈里发亡后所未见之事也。

摩诃末取法儿思山中舍班哈烈国，其驻在伊只(Itch)城中之国王阿儿德失儿(Ardschir)逃。由是建国约三百年之舍班哈烈朝亡。

阿不亦沙克求援于大哈散，大哈散遣报达军助之。阿不亦沙克谋复国而未能，乃赴亦思法杭。摩诃末进围此城。1357 年 5 月，擒之，至泄剌失，杀之，英术朝遂亡。缘马合谋沙曾管理私产，故别号英术。英术者，蒙古语私产之称也，计传三主。

摩诃末见阿失剌甫死，札你别已退兵，而阿乞术为阿哲儿拜占之主，欲取其地，遂于 1359 年自亦思法杭率伊剌克、法儿思之军二千骑、罗耳之军万骑，败阿乞术之军三万人于迷牙涅（Miyané），取帖必力思。越二月，闻算端乌外思自报达进兵之讯，乃退走亦思法杭。乌外思至帖必力思，召阿乞术至。始厚待之，嗣诬其有害己意，杀之。由是阿哲儿拜占、阿阑两地遂属乌外思。

1359 年，摩诃末还亦思法杭，其次子沙马合谋（Schah-Mahmoud）与长子沙叔札（Schah-Schudja）疑父有传位于第三子意，拘禁其父，而烙其目。后此盲王殁于 1364 年。

其长子沙叔札既夺父位，以亦思法杭授其弟沙马合谋。已而兄弟二人不和，互相争战。

1370 年，乌外思以兵击维里，败之于剌夷，进至西模娘始退，是为其最后之战。1374 年，乌外思死。同年沙马合谋死。沙叔札见二敌遂除，已而闻乌外思子忽辛（Hosseïn）嗣位，柔弱无才，乃率万二千骑往击，取可疾云城，败忽辛之军三万骑而还。1382 年，忽辛之弟哈散（Hassan）乘其兄以军委付于伊剌克北部长官阿的勒阿合（Adil-Aca）之时，袭其兄于帖必力思，阿合马（Ahmed）杀之，而夺其位[①]。其一弟名洒克阿里（Scheïkh-Ali）者以兵与争，然败

① 钧案：此阿合马原文未言为何许人，疑文有脱误。

死。时算端哈散已取帖必力思，复据报达。其别弟名巴耶西德(Bayézid)者，奔孙丹尼牙，阿的勒阿合奉之为主。至是双方议和，以阿哲儿拜占属算端阿合马，以伊剌克阿只迷属算端巴耶西德。阿的勒阿合与阿合马所派官吏一人共辖报达[①]。

1384 年，沙叔札死，诸子分国而治。速勒丹宰奴阿比丁(Soultan Zeïn-ul-abidin)袭位而分有法儿思之地。沙牙喜牙(Schah Yahia)得亦思法杭，速勒丹阿合马(Soultan Ahmed)得起儿漫。已而亦思法杭人逐沙牙喜牙，亦思法杭遂归宰奴阿比丁[②]。

时以跛帖木儿(Tamerlan)著名之帖木儿别(Timour Bey)[③]业已进兵波斯三次矣。其继旭烈兀朝所建立的诸国之史事，应在此建设第二蒙古帝国之侵略家本传中述之。

察合台系与术赤系之历史，仅附见于波斯、斡罗思两国之史书。缘此二国北界与蒙古为邻，曾记述其与北邻和战之事也。河中、突厥斯单、钦察等地之突厥、蒙古部落，保存其原始蛮野性较久，与波斯之蒙古人处于开化民族之中者，其情形各不同也。诸部落因其封地之大与兵甲之众，常互相争战，且与其汗争战。诸敌党常欲奉其所乐戴之王为汗，言其史事，不外乎阴谋、欺诈、背盟、携贰、内应、残杀等事，若掠城市也、蹦乡村也、毁工业出产也。总而言之，吾人所知此种蛮族之大事，皆不外乎以战争消灭文化而已。故仅于波斯诸汗世系表后，列举迄于帖木儿时代两系诸汗之世系云。

---

① 钧案：此段文疑有脱误，哈散与阿合马疑是一人。

② 见《乐园》第 4 及第 5 册。

③ 钧案：即《明史》之帖木儿驸马。

附　　录[1]

诺外利在其《世界史》第 5 卷第 5 章第 11 节中（Leyde 图书馆抄本第 25 册）所志秃剌不花（Toula-boga）、脱脱（Toucta）两汗与诸王那海（Nougaï）事较详。兹录其文如下：

“六七九年三月[2]，忙哥帖木儿得喉疽，破之，因死。遗九子：曰阿勒灰（Algouï），赤彻（Tchitchek）可敦所出，曰不思鲁（Bouzlouk），曰萨莱不花（Seraï-bouca），曰脱黑鲁察（Togrouldja），曰不剌罕（Boulacan），曰秃丹（Toudan），曰脱脱（Toucta）[3]，曰哈丹（Cadan），曰忽秃罕（Coutoucan）[4]。传位于其弟脱脱蒙哥（Todan-Mangou）。

“算端哈剌温（Mélik-ul-Manssour Calavoun）遣使苫思丁（Schems-ud-dn Sancour el-Goutmi）、赛甫丁（Seïf-ud-din el-Khass）二人使其国，赍贵重布帛十六束，分赠其汗，额德赤（Edekji）、脱脱蒙哥、秃剌不花、那海四宗王，赤彻、按赤（Eltchi）、吞景（Tounkin）、哈答阑（Cadaran）、速勒丹（Soultan）、忽都鲁

---

① 参阅本书第 6 卷第 7 章。

② 钧案：原误七七九年，兹改正。

③ 马克利齐书作 Touctouca，较确。

④ 剌失德书谓尚有第十子曰阿八赤（Abadji）。

(Coutlou)诸可敦,右手异密马都哇(Madoua),阿八赤妃,鲁木前算端加秃丁(Guiath-ud-din)等。除布帛外,别有弓、甲、兜等物。使者至其国,忙哥帖木儿适死,脱脱蒙哥继立。使者献赠物,此汗受之。

“脱脱蒙哥君临此国至六八六年。其人信教颇笃,不亲政务。左右皆司教,持斋甚严。有人告以国须有一知治道之君治之,乃让位于秃剌不花。

“此汗遣军往讨黑儿黑(Kerk)之地,命术赤(Douschi)汗子木古勒(Mogol)[①]子塔塔儿(Tatar)之子宗王那海[②]率其所部诸万户军以从[③]。两军至会师之地,合军攻入黑儿黑,恣其掠杀,旋退走。时天寒多雪,那海与秃剌不花各率其军还驻冬之地。那海军归时安然无事,然秃剌不花军迷失道途,军食缺,杀军中犬马为食,其无食者皆饿死。秃剌不花疑那海有害己意,遂怨之。是为六九〇年秃剌不花不得其死之原因。秃剌不花归后,与附于己之忙哥帖木儿数子谋,集军欲讨那海。那海老而狡,多经验,伪若不知秃剌不花之谋者然。秃剌不花有使至,召之往议政。那海语秃剌不花之母曰:汝子年幼。我欲以治国之法告之,然只能私与之言,应由彼一人闻之。我将携少数随从赴彼所。秃剌不花母信其言,转告其子与之晤对,面聆其言。秃剌不花乃散其军队,召那海来见。那海集所部诸军,并召忙哥帖木儿诸子之附于己者脱脱、不思鲁、萨莱不花、秃丹四人,偕之兼程赴约会之所。及近其地,命脱脱等伏兵

① 木古勒,卷6第7章又作不合勒(Boucal)。

② 诺外利书与马克利齐书皆作Noughia,不作Noucaï或Nogaï。

③ 此人即是与旭烈兀战丧一目之那海。

于此，自携随从数人往见秃剌不花。秃剌不花偕忙哥帖木儿之其他五子阿勒灰、脱黑鲁察、不剌罕、哈丹、忽秃罕往迎。两王相见共语时，那海军忽至。那海命秃剌不花下骑，并忙哥帖木儿五子系之。那海语脱脱曰：僭夺汝父位之秃剌不花与共其同谋之汝兄弟等在此，兹皆付汝，听汝如何处治。脱脱乃杀秃剌不花。

“由是那海奉脱脱即位。脱脱以党于己之诸弟嘱之。其诸异密之附秃剌不花者，那海皆释不问，自还其封地。

“六九二年，那海遣其妃比剌可敦（Bilac-khatoun）使脱脱所。脱脱礼接之，询何故来。可敦曰：汝父对汝致敬意，并告以汝之道上尚有若干荆棘污秽未除。脱脱问所指者为何，可敦乃举统将二十三人之名，是皆为助秃剌不花而反对那海者。脱脱召诸将至，皆杀之。比剌可敦还那海所，那海心遂安。

“那海诸子与诸孙势皆强盛。三子曰察合（Tchaga）、曰塔合（Taga）、曰笃莱（Touraï）。一女曰秃兀勒察（Togouldja），下嫁门术（Moundjouc）子塔思（Thaz），生一子曰阿塔赤（Actadji）。

“六九七年，脱脱与那海开始失和。其故有数端：那海之二子察合、塔合轻视比剌可敦，致激其夫之怒。其一事也。脱脱有数臣畏罪奔投那海，那海善待之，且以其女配其中一人门术子名塔思者。脱脱索逃人，那海不欲交出。脱脱怒，遣使一人持锄一、箭一、土一撮，以付那海。那海不解，集诸将询之。诸将曰：脱脱之意犹言，汝若入地，我将掘汝出。汝若登天，我将射汝下。至若付以土一撮者，请选一战地以决胜负也。那海乃语使者曰，可还告脱脱，吾人之马渴，将饮水于董江（Don）。董江者，流经萨莱之水道，脱脱营帐即在江畔。六九七年，此两王战于两国间之牙黑夕（Yacssi)。那海有战骑二十万,脱脱战不胜,败走董江。士卒泅水渡江,多溺毙,那海不许追逐逃军杀戮伤者,携俘虏战利品而还。

“六九九年,脱脱又引兵往讨那海。时那海有数将叛其主,率三万骑投脱脱。两军相距有一日程时,那海遣校一人率百骑诇敌,中伏,从骑尽没,惟其校得脱,归报敌将进击。已而两军战于忽罕里(Couganlik?)之地。那海败。薄暮,诸子与士卒皆溃走,然那海仍死战不退。那海年已老,睫毛甚长,覆其目。脱脱军中有斡罗思士卒进前欲杀之。那海告以己是那海,命其领之往见脱脱。此斡罗思人不听其言,断其首以献脱脱曰:是为那海之首。脱脱问其何以知之。此斡罗思人曰:彼曾自言其名。脱脱痛此老人之死,命斩擅杀那海者,俾以后寻常士卒之杀宗王者有所警惕,已而收军还。

“那海诸子接领其父所部,然兄弟不和。察合杀其弟塔合,独长诸部,由是诸将离心。盖其既能杀弟,何有于诸将。会统将吞兀思(Toungouz)与门术子塔思进讨阿瓦剌(Avalac)与鲁思(Rous)之地,相约还军逮察合。然事泄,察合率百五十骑奔阿速(Ass)之地,盖其所部军有万人屯驻于此也。吞兀思、塔思二人既不得察合,遂掠其营帐。

“已而察合之军多赴阿速之地而从其主,察合军势大增,遂率之往与吞兀思、塔思战,败之。塔思妻,即察合妹,亦助其夫而与其兄战。败军求援于脱脱,脱脱命其兄不思鲁以军往援。察合见势不敌,退走阿瓦剌之地,往依其族赛鲁察(Saïroudja)。赛鲁察恐得罪脱脱,乃拘禁察合于秃秃哇堡(Toutoua)中。七〇〇年,脱脱命杀之。

“至是脱脱国中敌人皆除,那海诸子仅存幼子笃莱。遂以那海之国界其兄不思鲁，命忽木失（Coumousch）子扬赤（Yandji）代其弟阿八赤之位，徙己子别吉不花（Beguyl-boga）、亦儿八撒（Irbassa）二人于那海之国，别吉不花分有董江沿岸赛黑赤（Saïkdji）之地与铁门附近诸地，亦儿八撒分有某江（江名未详）之地。脱脱并以封地赐其弟萨莱不花。

“七〇一年，那海子笃莱欲复父兄仇，然本人无力为之，遂赴萨莱不花所，诱之废其弟脱脱而夺汗位。萨莱不花从其言，引兵渡亦的勒河（Itil，Volga）。先率少数随从往见其兄不思鲁，以其谋告。不思鲁伪允助之，阴告脱脱使为之备。脱脱遽逮萨莱不花、笃莱二人，杀之，以萨莱不花之封地赐己子。

“先是不思鲁召那海子察合之子乞失（Kischik）至，共举兵。及脱脱杀笃莱，乞失与其亲属只来帖木儿（Djirek Timour）、巴勒塔都鲁（Baltattlou）二人逃苫失门（Schemschémen）之国，至阔克（Gueuk）附近巴都勒（Badoul）之地，有三千骑随其后，苫失门纳之。迄于脱脱之死，乞失等常以抄掠邻地而自给。

“七〇七年，有人诬克里米亚（Crimée）之富浪吉那哇人（Francs-Génois）掳鞑靼儿童转售伊斯兰教诸国。脱脱怒，遣军往讨乞瓦城（Kifa）（吉那哇人所居之地）。富浪人惧，登舟逃出海。兵至不获一人，脱脱遂籍没萨莱城与其附近各地富浪人之产业。

“七〇七年，脱脱子亦儿八撒死。同年其兄不思鲁亦死。七一二年脱脱死。”

兹再将剌失德《史集》所志关于同一事变之记载转录于下，以资对照：

“秃剌不花、宽彻不花二人废其诸父脱脱蒙哥以后，忌忙哥帖木儿子脱脱英武，谋除之。脱脱悉其谋，遂逃，求援于术赤子不合勒子塔塔儿之子那海。那海曾统拔都与别儿哥之兵，并略定斡罗思、额儿巴只（Erbadj）、赫莱特（Kehret）诸地之一部，自建一国。兹许助脱脱，遂渡斡齐河（Ozy，Dniéper）。伪若有疾，每至一屯兵之地，即语士卒曰：‘我老已不能战，不欲攻击何人。然奉成吉思汗命，其后人有作乱者，应讨平之。’诸将卒见其言恳而意善，多归心。行近诸王封地，伪若疾更甚，口含血块，时吐之出。秃剌不花与宽彻不花二王之母为所欺，以此老人病重将死，命二子往视疾。那海见二王，语之曰：‘我久事汝祖与父，颇望汝等信我言，我来为调停汝等与脱脱之事。可集大会，我为汝等修好。’言时口中吐血。二王亦受其绐，不为备。那海阴命脱脱以兵至，袭擒二王，杀之。至是那海复还其国。

“脱脱即位后不久，屡征那海至，那海借词不至。已而因事失和，战端遂开。缘那海以女海颜（Cayan）配吉勒迷失阿合可敦（Guelmisch-Aca Khatoune）与珊只带古列干（Saltchidaï Kourkan）之子叶剌黑（Yaïlac）。珊只带者，弘吉剌部（Councourate）人，脱脱之妻父也。后海颜改信伊斯兰教，顾其夫为畏吾儿（犹言佛教徒），因是颇轻其妇。海颜诉之那海。那海命人告脱脱，若忆己功，若欲彼此仍存父子之名，须送珊只带来。顾脱脱幼受珊只带之抚育，事之若父，不欲以付那海。那海再索之，脱脱仍不从。会那海之三子察合、塔合、笃里（Touri）引兵数千人进扰脱脱境。脱脱亦索扰境之人。那海谓若送珊只带父子来，则彼亦将扰境者付之。由是两王战端遂开。

“六九八年，脱脱率军三十万人进至斡齐河畔。然是冬河未结冰，不能渡。乃还军，驻夏于董江沿岸。时那海未为何种动作也。

“次年，那海闻脱脱已散其军，欲以计取，以赴脱脱所在大会中修好为名，率其亲族渡董江，谋袭之。脱脱悉其谋，遽集军与之战于董江畔特只思马里(Tedjesmari)之地。脱脱败，退走萨莱。

“已而脱脱集大军，那海势不敌，遂重渡斡齐河去。那海旋掠克里木城(Crim)，其士卒得俘虏甚众。那海许居民之请，命士卒释还俘虏。由是其军遂怨，密通款于脱脱，言将来附，并执献那海。那海诸子闻其谋，欲惩叛军。诸将乃说那海次子塔合，谓彼等之所以叛者，将奉彼为汗。塔合信其言，赴叛军营，为叛军所执。那海长子进击叛军，败之。已而察合亦携守者三百人于夜中逃出。

“脱脱乘此内乱，率六十万人渡斡齐河，营于敌境别儿哈河(Berka)畔。那海率三十万人营于对岸。那海伪若有疾，卧于车中使人告脱脱，言彼历事其父祖，现已老，虽有过，然咎归诸子，请宥其罪。同时命其子察合引一军于远处渡河，袭敌营。脱脱捕谍者，悉其谋，引军与那海战，败之。那海诸子率千人退走克剌儿的(Kelardes)与巴只吉(Baschguirdes)之地。那海在逃中为脱脱军一斡罗思骑士所伤，乃自言其名，命其领之往见脱脱。此斡罗思人牵其马行，然那海死于道中。脱脱遂还其都城萨莱。

“已而塔合与其母出亦(Tchouyi)及笃里之母叶剌黑(Yaïlac)共请于察合，休战纳款于脱脱。察合疑其有别图，并杀之，自率少数士卒退守一堡。

“那海与阿八哈、阿鲁浑汗等常修好。曾遣其子笃里至波斯，阿八哈以女妻之。此次北方二王战争之开，那海数遣使于伊斯兰教国王（合赞）乞援，愿以国附。此事颇有利于我君。我君虽与那海善，然不欲乘敌之危而兴此无义之兵。脱脱亦遣使至波斯，求助己。汗召两王之使者来前，告以愿其息争，本人不愿参加此事之意。汗为使双方不致感有不安，是年不赴习于驻冬之阿阑，而留驻报达或底牙儿别克儿两地云。”

波斯诸蒙古汗世系表

拖雷
旭烈兀
1265
阿八哈
阿里不哥
1282
阿合马
塔剌海
1284
阿鲁浑
灭里帖木儿
1291
乞合都
1295
伯都
申罕
1295
合赞
阿里
1304
完者都
速西
1317
不赛因
1335
阿儿巴合温
阿剌弗朗
1335
木撒
1336
摩诃末(蒙哥帖木儿后)
1337
脱花贴木儿(拙赤哈撒儿后)
1338
只罕帖木儿
1338
速来蛮(亦失木忒后)

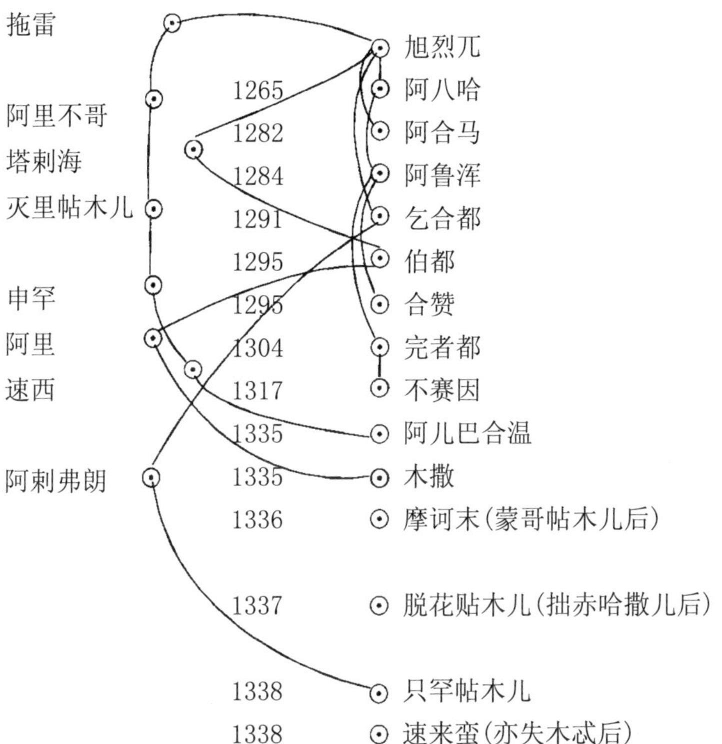

察合台系诸汗世系表

察合台
哈剌旭烈兀
也速蒙哥
倭耳干纳
阿鲁忽
木八剌沙
八剌
捏古伯
秃花帖木儿
都哇
宽阇
塔里忽
也先不花
怯伯
燕只吉台
笃来帖木儿
答儿麻失里
不赞
靖克失
也速帖木儿
阿里算端(窝阔台后)
孛罗
摩诃末
哈赞
答失蛮察(窝阔台后)
明安忽里
帖木儿沙
秃黑鲁帖木儿
叶里牙思火者
哈比勒沙
木阿秃干
拜答儿
不者
也孙都哇
撒儿班
哈答迷
札罕木
阿不干
兀鲁帖木儿
牙撒吾儿
速儿合图
亦迷火者
笃烈赤
1242
1247
1252
1260
1266
1270
1272
1306
1308
1309
1321
1330
1333
1346
1362
1363

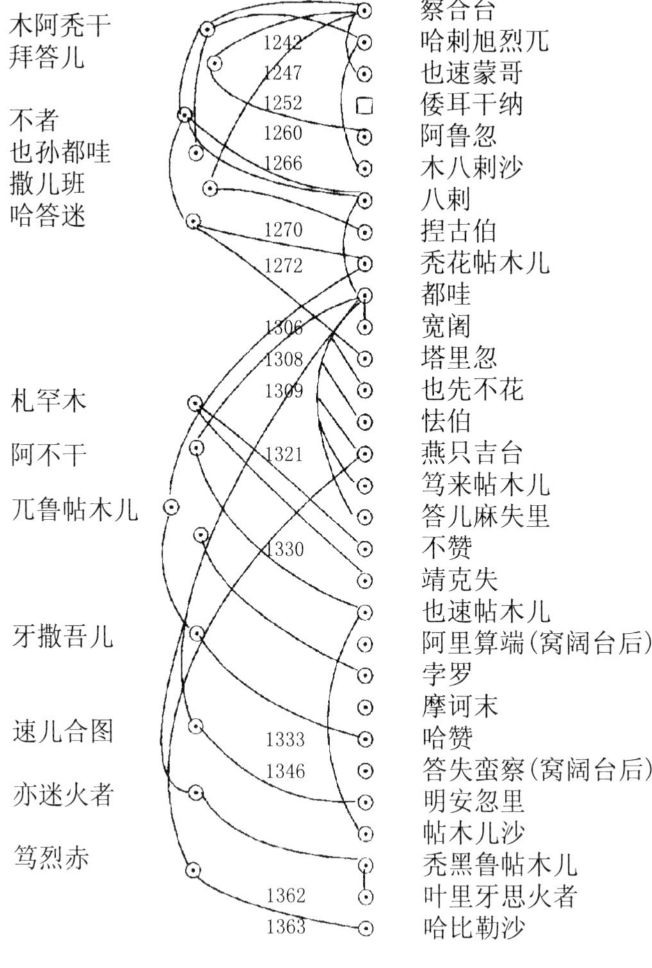

钦察诸汗世系表

术赤
1227 拔都
1256 撒儿塔
1256 兀剌赤
1257 别儿哥
1265 忙哥帖木儿
1280 脱脱蒙哥
1287 秃剌不花
1291 脱脱
1312 月即伯
1342 札你别
1356 比儿的别
兀鲁思(术赤第十七子秃花帖木儿后)
1376 秃海牙
帖木儿灭里
1378 脱脱迷失(秃花帖木儿后)
忽秃罕
答烈图
脱黑鲁察

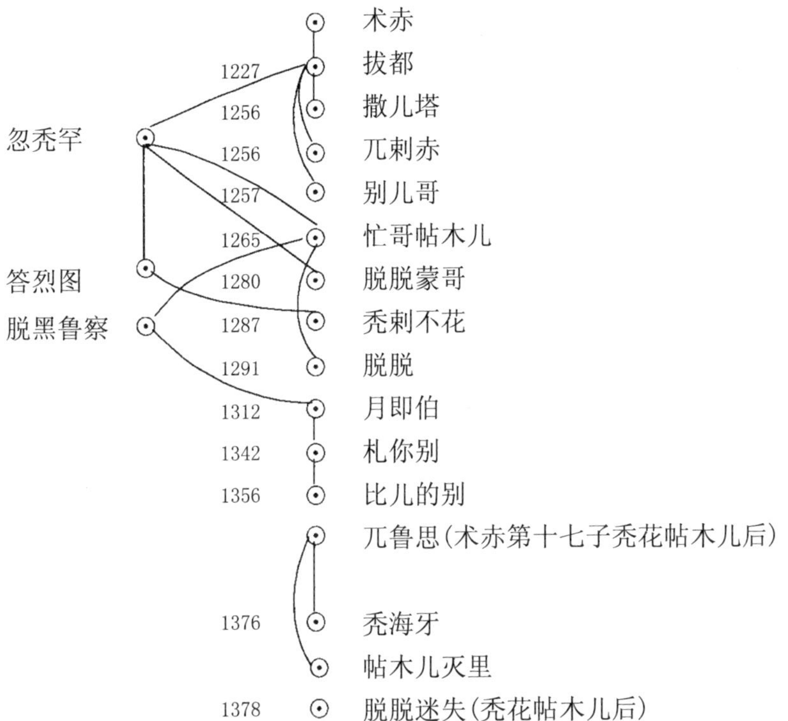

世系表中人名对照表

Abaca	阿八哈
Abougan	阿不干
Abou-Saïd	不赛因
Ahmed	阿合马
Alafrenk	阿剌弗朗
Algou	阿鲁忽
Ali	阿里
Ali-Sultan	阿里算端
Argoun	阿鲁浑
Argouna	倭耳干纳(案:照多桑写法应作阿儿浑纳。此从译文证补)
Aric-Bouga	阿里不哥
Arpa-Gaoun	阿儿巴合温
Baïdar	拜答儿
Baïdou	伯都
Barcai	别儿哥
Batou	拔都

Bian-Couli 明安忽里(一作伯类忽里)
Birdi-beg 比儿的贝
Borac 八剌
Bouzai 不者
Bouzan 不赞

Cabilschah 哈比勒沙
Cadami 哈答迷
Cara-Houlagou 哈剌旭烈兀
Cazan 哈赞
Coutoucan 忽秃罕

Danischmendjé 答失蛮察
Darétou 答烈图
Djagam 扎罕木
Djani-beg 札你别
Djihan-timour 只罕帖木儿
Djinkechi 靖克失
Djoucthi 术赤
Doua 都哇
Dourédji 笃烈赤
Douré-timour 笃来帖木儿

Elias-khodja 叶里牙思火者

Euzbec	月即伯
Foulad	孛罗
Gaïkhatou	乞合都
Gazan	合赞
Goundjouc	宽阇
Guébek	怯伯
Houlagou	旭烈兀
Iltchikdaï	燕只吉台
Imil-Khodja	亦迷火者
Issen-Timour	也先帖木儿
Mangou-Timour	忙哥帖木儿(又旭烈兀子同名,旧译蒙哥帖木儿)
Mélik-Timour	灭里帖木儿
Moatougan	木阿秃干
Mobarek-schah	木八剌沙
Mohammed	摩诃末
Moussa	木撒
Nikpeï	捏古伯

Oeuldjaïtou 完者都
Oulagtchi 兀剌赤
Ourouk-Timour 兀黑鲁帖木儿
Ourous 兀鲁思

Sarban 撒儿班
Sartac 撒儿塔
Singcan 申罕
Soleïman 速来蛮
Sourgatou 速儿合图
Soussé 速西

Talicoua 塔里忽
Taragaï 塔剌海
Tarma-Schirin 答儿麻失里
Tchagataï 察合台
Timour-Mélik 帖木儿灭里
Timour-Schah 帖木儿沙
Toga-Timour 脱花帖木儿
Togrouldja 脱黑鲁察
Touca-Timour 秃花帖木儿（又术赤子同名）
Toucaya 秃海牙
Touclouk-Timour 秃黑鲁帖木儿

Touctamisch	脱脱迷失
Touctouca	脱脱
Touda-Mangou	脱脱蒙哥
Toula-boga	秃剌不花
Toulouï	拖雷
Yassavour	牙撒吾儿
Yessoun-toua	也孙都哇
Yissou-Mangco	也速蒙哥
Yissoun-Timour	也速帖木儿